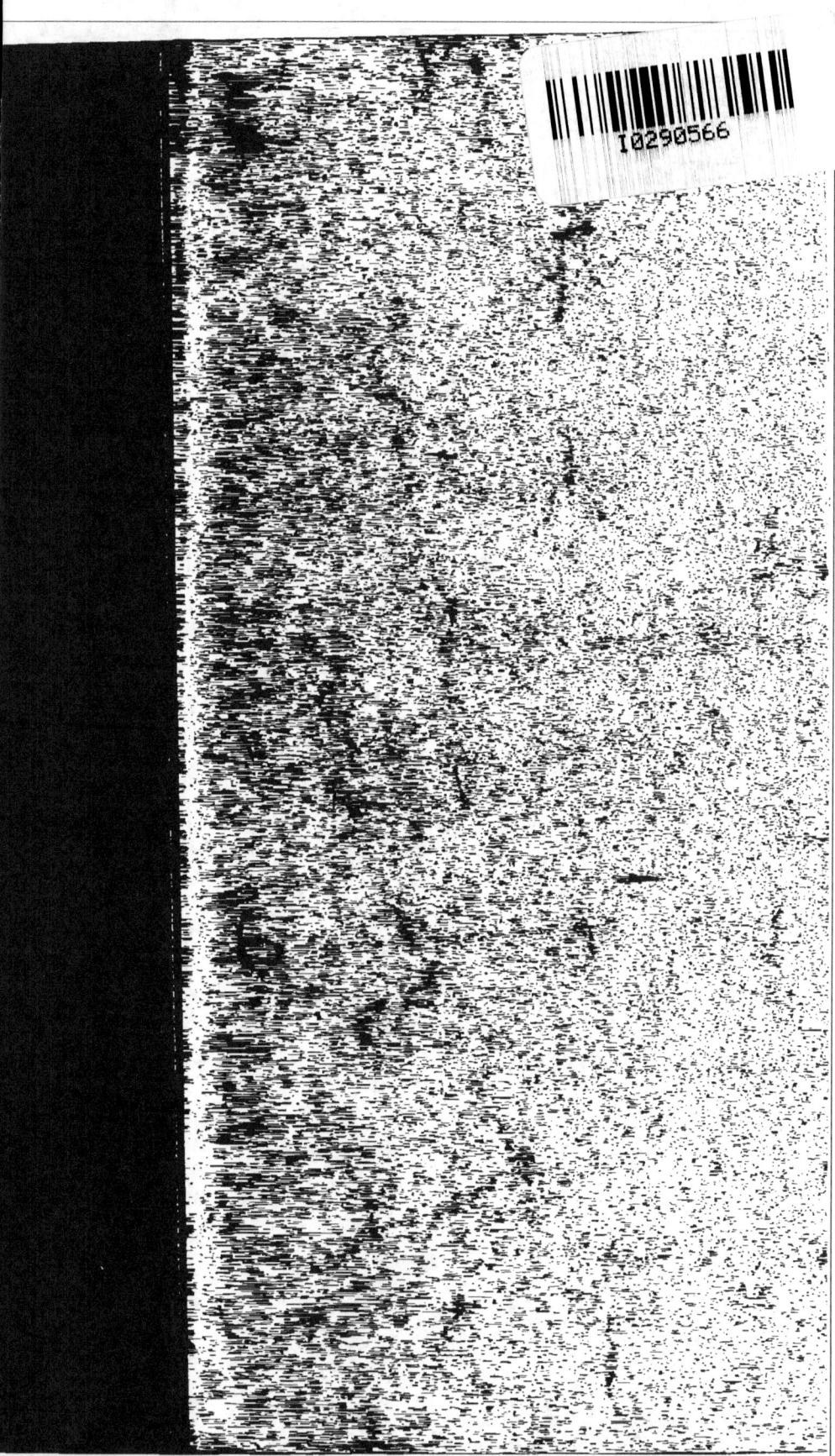

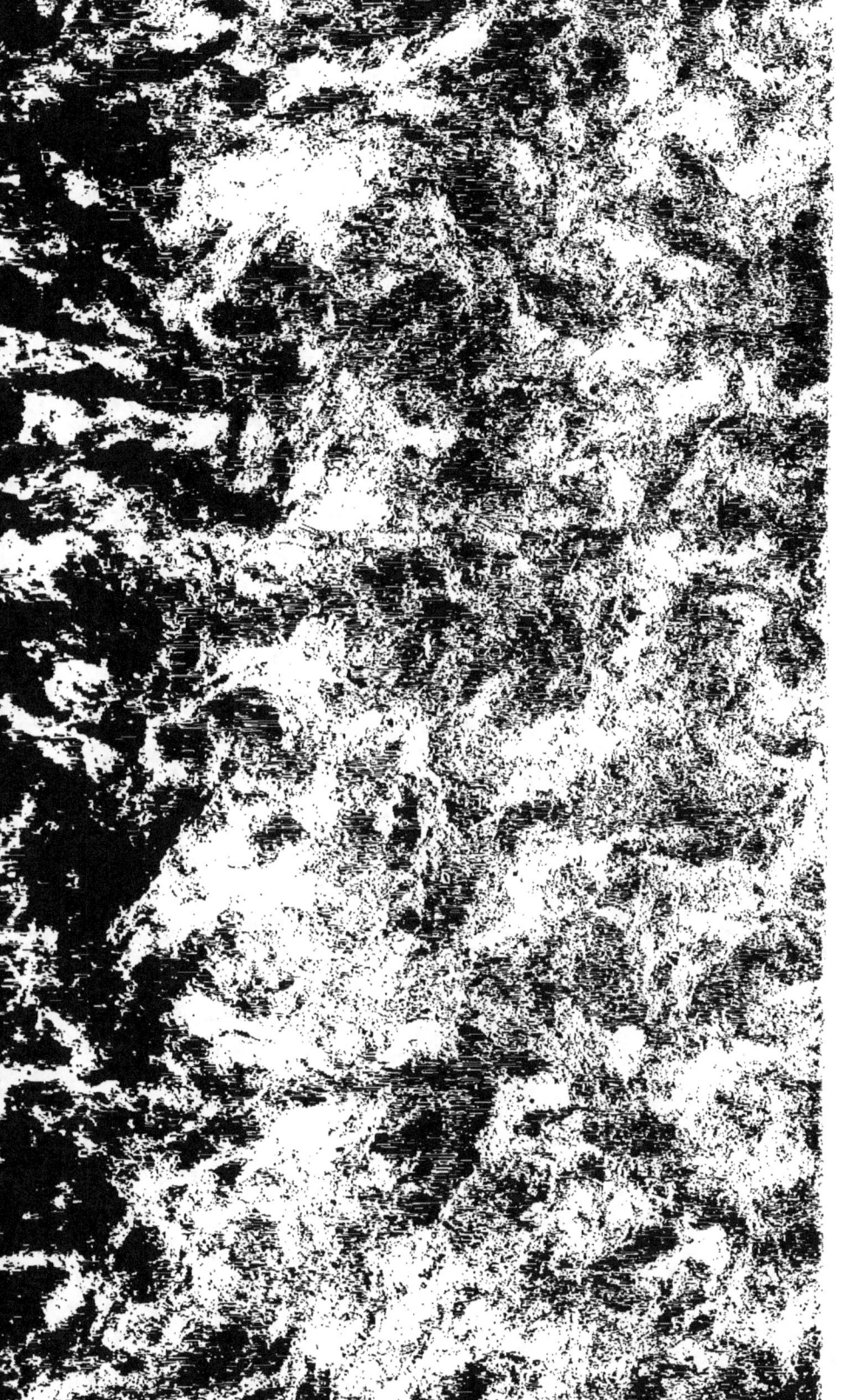

DES FONTAINES 1982

PIERRE LEHAUTCOURT

SIÈGE DE PARIS

CHATILLON, CHEVILLY, LA MALMAISON

(7 AOUT-27 OCTOBRE 1870)

Avec 6 cartes

BERGER-LEVRAULT & Cie, ÉDITEURS

PARIS | NANCY
5, RUE DES BEAUX-ARTS | RUE DES GLACIS, 18

1898

Tous droits réservés

SIÈGE DE PARIS

CHATILLON, CHEVILLY, LA MALMAISON

DU MÊME AUTEUR

LA DÉFENSE NATIONALE EN 1870-1871 :

Campagne de la Loire en 1870-1871. — Coulmiers, Orléans. Berger-Levrault et Cie, 1893.

Campagne de la Loire en 1870-1871. — Josnes, Vendôme, Le Mans. Berger-Levrault et Cie, 1895.

Campagne de l'Est en 1870-1871. — Nuits, Villersexel. Berger-Levrault et Cie, 1896.

Campagne de l'Est en 1870-1871. — Héricourt, La Cluse. Berger-Levrault et Cie, 1896.

Campagne du Nord en 1870-1871. — La Défense nationale dans le Nord de la France. Berger-Levrault et Cie, 1897.

Siége de Paris. — Châtillon, Chevilly, La Malmaison. Berger-Levrault et Cie, 1898.

Siége de Paris. — Le Bourget, Champigny. *(Sous presse.)*

Siége de Paris. — Buzenval, la Capitulation. *(En préparation.)*

Timbouctou. Voyage du Dr Lenz au Maroc, au Sahara et au Soudan. Traduction. Hachette, 1887.

Les Expéditions françaises au Tonkin. H. Noirot, 1888-1889.

L'Espagne et l'Armée espagnole. Notes d'un touriste. Lavauzelle, 1889.

Le Général Faidherbe et la Défense nationale dans le Nord. Lavauzelle 1890.

La Russie et l'Invasion de l'Inde. Lavauzelle, 1891.

L'Armée et la Marine japonaises. Lavauzelle, 1892.

PIERRE LEHAUTCOURT

SIÈGE DE PARIS

CHATILLON, CHEVILLY, LA MALMAISON

(7 AOUT-27 OCTOBRE 1870)

Avec 6 cartes

BERGER-LEVRAULT & Cie, ÉDITEURS

PARIS | NANCY
5, RUE DES BEAUX-ARTS | RUE DES GLACIS, 18

1898

Tous droits réservés

INTRODUCTION

Parmi le nombre immense des publications consacrées au siège de Paris, il en existe deux seulement, dont on peut dire à juste titre qu'elles retracent l'histoire complète de ce grand drame : *La Défense de Paris,* du général Ducrot, et la série, encore inachevée, des livres de M. Alfred Duquet qui commence à *Paris, Le Quatre-Septembre et Châtillon,* pour aboutir à *Paris, Second échec du Bourget et perte d'Avron.*

Le brillant soldat qu'était Ducrot n'avait pas toutes les aptitudes qui font l'historien. L'impartialité lui est étrangère ; il a joué un rôle de premier plan pendant le siège et s'en souvient trop. Ses antipathies, ses haines, ses colères n'épargnent personne ; ses idées politiques altèrent la justesse de ses conclusions. Malgré la quantité de documents précieux, dont beaucoup inédits, qu'il a eus à sa disposition, ses quatre volumes ne sont exempts ni d'erreurs, ni de lacunes, surtout en ce qui touche les Allemands.

M. Alfred Duquet a opéré d'immenses recherches. Il a su mettre au jour des renseignements, des faits peu ou point connus, en sorte que ses livres sont la lecture obligée de ceux qui veulent avoir une impression complète du siège de Paris. Mais nous ne saurions partager toutes ses conclusions, approuver tous ses jugements. Il s'en faut de beaucoup. Le fond et, plus encore, la forme de ses appréciations nous paraissent souvent des plus contestables.

Nous avons donc été amené à penser qu'il pouvait y avoir chance de faire œuvre utile en étudiant, après tant d'autres, ce siège fameux. Une autre raison nous y a déterminé. La présente étude est la conclusion logique des ouvrages que nous avons consacrés à la défense nationale en province. Toutes les opérations entreprises sur la Loire, dans l'Est, dans le Nord eurent Paris comme objectif final. Pour nous, comme pour les Allemands, on peut dire que ç'a été le pivot de la deuxième partie de la guerre.

Parmi les publications concernant le siège de Paris, un grand nombre possèdent une valeur documentaire. Les volumes des *Enquêtes* de l'Assemblée nationale sur le 4 septembre et le 18 mars, les collections de journaux du temps, les récits de témoins oculaires, certains recueils comme celui de M. Lorédan Larchey ou le *Journal du siège* édité par le *Gaulois*, les historiques de corps peuvent et doivent être consultés avec fruit. La principale difficulté consiste à faire un choix. On ne saurait croire combien les témoignages diffèrent sur les faits les plus simples, par exemple l'état de l'atmosphère au 21 décembre, jour de la bataille du Bourget, ou le 27, premier jour du bombardement d'Avron. Le cas échéant, nous avons donné la préférence aux documents écrits sur l'heure, aux impressions immédiates, rédigées le jour même ou peu après l'événement, au dire des spectateurs désintéressés plutôt que des acteurs, dont l'optique se fausse si volontiers.

Nous avons cherché la vérité, si attristante, si douloureuse qu'elle fût parfois. Nous l'avons dite en dehors de toute préoccupation de personne ou de parti. Ceux qui ne veulent l'envisager qu'au travers des voiles trompeurs de la légende peuvent fermer ce livre. Leur attente serait déçue.

Il faut à l'histoire militaire, semble-t-il, la discussion, l'appréciation des faits. Elle ne saurait se présenter sous la forme d'un recueil de documents, même du plus haut intérêt. Les ouvrages de ce genre préparent l'histoire; ils n'en sont pas. Ils doivent aboutir nécessairement à d'autres, c'est-à-dire à la reconstitution aussi exacte et aussi vivante que possible du passé, faisant ressortir à la fois ses causes et ses conséquences.

Ainsi, chercher à découvrir les ressorts moraux et matériels des événements nous a paru la partie essentielle de notre tâche. C'est dire que nous avons été conduit à émettre des appréciations sur le rôle des principales personnalités intéressées. Notre désir constant a été d'y mettre la plus grande modération. Si peu qu'on ait été mêlé à la conduite des troupes, on sait combien il est plus facile de combiner des opérations après coup, dans le calme du cabinet, que de les exécuter réellement au cours d'une campagne. Tant de circonstances interviennent pour troubler le jugement du chef et gêner l'effet de ses décisions! Afin de porter sur un fait de guerre une appréciation qui ait quelque apparence de justesse, il y a lieu de se placer par la pensée dans le milieu où il s'est produit, d'envisager les conditions qui ont pu le modifier, souvent contre la volonté des exécutants. Et cette reconstitution n'est pas sans présenter de graves difficultés, on le croira sans peine.

Un mot encore. Les ouvrages qui ont précédé celui-ci nous ont valu de précieuses sympathies, dont plusieurs se sont traduites par des rectifications de points douteux, des compléments de renseignements. A nos correspondants connus et inconnus, nous adressons un cordial merci. Notre reconnaissance serait acquise de même à tous ceux qui voudraient bien nous indiquer une erreur commise, une modification à opérer, une lacune à combler.

Octobre 1897.

SIÈGE DE PARIS

CHÂTILLON, CHEVILLY, LA MALMAISON

(7 août-27 octobre 1870)

Iʳᵉ PARTIE
LE 4 SEPTEMBRE

CHAPITRE Iᵉʳ

AVANT LE 4 SEPTEMBRE

Nos premières défaites. — Trouble général des esprits. — L'empereur. — La marche sur Montmédy. — Premiers bruits de désastres. — Séance du 3 septembre au Corps législatif. — Télégramme de l'empereur. — Séance de nuit. — Proposition J. Favre. — Dangers à craindre.

Après les folles espérances du début, nos premiers échecs provoquèrent dans Paris l'explosion de sentiments contradictoires, parmi lesquels dominaient le découragement et l'indignation. Le 6 août, la grande ville avait été tout entière à la joie d'une prétendue victoire. Le 7, elle apprit la défaite de Reichshoffen et, pour la première fois, vit apparaître le spectre du siège[1]. Mais cette défaillance dura peu. Le ministère

---

1. « *Samedi 6 août*.... A la Bourse, du haut en bas, ce ne sont que des têtes nues, chapeau en l'air, et dans toutes les bouches une formidable *Marseillaise*, dont les rafales assourdissantes éteignent à l'intérieur le bourdonnement de la *corbeille*. Jamais je n'ai vu un enthousiasme pareil » (*Journal des Goncourt*, 2ᵉ série, tome Iᵉʳ, p. 9 ; F. Sarcey, *Le Siège de Paris*, édition Marpon et Flammarion, p. 8).

Ollivier balayé, celui du général de Palikao inspira pleine confiance. A l'inverse de son prédécesseur il était avare de nouvelles. Mais on croyait que sa discrétion dissimulait d'heureux événements, et il ne faisait rien pour déraciner cette croyance [1]. Les journaux suppléaient au silence du ministre. « Il s'abattait, tous les matins, sur les kiosques une nuée de récits fantastiques qui tenaient en haleine la confiance et la bonne humeur des Parisiens. » On supputait le nombre des « Prussiens » morts depuis le début de la guerre ; « c'était par centaines de mille que l'on comptait les cadavres [2] ».

« Paris avait plutôt l'air de préparer une révolution qu'une défense régulière [3]. » Il y régnait une surexcitation extraordinaire, sous les formes les plus variées. C'étaient, à la Chambre, des questions incessantes aux ministres, des demandes toujours nouvelles d'armement de la garde nationale [4], des attaques continuelles contre la dynastie impériale. Au dehors, des attroupements sans motifs, des poussées, des cris, des disputes. L'attentat organisé par Blanqui contre les pompiers de la Villette (14 août) demeurait un crime isolé, sans écho comme sans excuse [5]. Mais le désarroi des esprits

---

[1]. « L'honorable M. Keller a parlé d'organiser des troupes destinées à aller couper des routes. Mais c'est fait, tout cela. Seulement, croyez bien que je n'aime pas à le dire tout haut. Cependant, en voulez-vous une preuve ?.... (Non! non! ne lisez pas!) Oh! je peux vous dire cela : soyez tranquilles, je ne lirai que ce que je voudrai (Mouvements divers). Personne ne me fera jamais dire ce que je ne veux pas dire.... »
Puis le général annonçait que « les Prussiens » avaient perdu « au moins 200,000 hommes » depuis leur entrée en France (Comptes rendus du Corps législatif, séance du 31 août; Sarcey, p. 13).

[2]. Sarcey, p. 13. Le Journal officiel du 23 août insérait ce qui suit : « Palikao, qui, aussi habile administrateur que grand général, concentre avec une rapidité foudroyante les immenses ressources disséminées dans le pays; qui remue et dirige avec une incroyable activité des masses énormes d'hommes et de chevaux, des mondes de munitions et d'approvisionnements; qui organise, en un mot, les victoires que Bazaine remporte....
« Bazaine et Palikao sont les sauveurs de la France. »

[3]. D'Hérisson, Journal d'un officier d'ordonnance, p. 36.

[4]. Les députés de la gauche les renouvelèrent notamment les 9, 10, 12 août (Comptes rendus du Corps législatif).

[5]. Le conseil de guerre prononça (29 août) 12 condamnations, dont six à mort. A l'exception de deux, Eudes et Brideau, ces condamnés étaient innocents, assurent MM. Ranc et Gustave Geffroy. Il est à noter comme un signe

était profond. On acclamait sans savoir pourquoi ; on huait de même. Les dépêches se succédaient « d'abord obscures, distillant goutte à goutte nos désastres, puis, tout à coup, plus claires, parlant d'un petit succès, des pertes immenses des Allemands, de leurs cruautés.... Tantôt on se réjouissait, on courait aux fenêtres pour y planter des drapeaux, y allumer des lampions. Une demi-heure plus tard, nouvelle dépêche. On arrachait le drapeau, on soufflait sur les lampions.... ». C'était « un épouvantable désordre intellectuel au milieu de cette population nerveuse comme une femme ». Les pires sentiments comme les meilleurs s'y faisaient jour[1].

L'affolement général gagnait le gouvernement. Si le ministre du commerce, Clément Duvernois, faisait les plus énergiques et les plus heureux efforts pour assurer l'alimentation de Paris pendant le siège à venir, des mesures inefficaces ou dangereuses étaient prises par d'autres. On appelait à Paris les pompiers de province, dans la pensée d'y trouver des défenseurs pour la capitale. On prétendait en réunir cent mille. Vers le 15 août, il en arriva quelques milliers de tout

---

des temps que, de tous côtés, on intervint en leur faveur : Gambetta, Georges Sand, Michelet, M. Édouard Hervé lui-même. « Quelqu'un que je connais bien — écrit M. Ranc — alla trouver Clément Duvernois. « L'Empire, lui dit-on, n'existera peut-être plus dans quinze jours ; encore une bataille perdue, encore un désastre et c'est chose faite. Vous êtes trop clairvoyant pour avoir là-dessus la moindre illusion. Eh bien ! si le sang des condamnés de la Villette coule, si Eudes et Brideau sont fusillés, il y aura de terribles représailles, qu'il ne sera au pouvoir de personne de réprimer. Songez-y. »

« Clément Duvernois répondit : « Vous avez raison ; je parlerai aujourd'hui « même au conseil. » Il fut sursis à l'exécution, et le 4 septembre, qui rendit aux prisonniers la liberté, en fit par surcroît une manière de héros ! » (Blanqui, l'affaire de la Villette, par M. Ranc [Figaro du 8 février 1894]; L'Enfermé, par Gustave Geffroy [Lecture du 10 août 1896, p. 299]). Voir également les Aventures de ma vie, par Henri Rochefort, tome II, p. 192 ; une lettre du même auteur, en date du 31 août 1893, et une autre de M. Chauvière, reproduites par le Journal des Débats du 13 février 1897.

1. D'Hérisson, p. 36 et suiv. — « *Vendredi 19 août.* — L'émotion de ces huit jours a donné à la population parisienne la figure d'un malade. On voit sur ces faces jaunes, tiraillées, crispées, tous les hauts et les bas de l'espérance par lesquels Paris a passé depuis le 6 août » (*Journal des Goncourt*, 2ᵉ série, tome Iᵉʳ, p. 12).

Les 11, 12, 16, 17, 18, 19, 20, 23, 24, 25, 26, 30 août, 1ᵉʳ et 3 septembre, des condamnations furent prononcées en police correctionnelle contre des gens qui avaient crié : *Vive la Prusse!* et *Vive la République!* (Pinard, *Mon Journal*, tome II).

âge, dans des tenues frisant le ridicule. L'universel désarroi fit qu'on eut peine à les loger et à les nourrir. Ils se dispersèrent et jamais plus on n'entendit parler de ce malencontreux appel[1].

La régence et l'Empire perdaient chaque jour de leur autorité déjà si faible. Le cabinet Palikao avait d'abord refusé l'adjonction de députés au conseil de défense, malgré les objurgations de la gauche. Puis il dut céder, en y faisant figurer deux sénateurs et trois députés, puis enfin M. Thiers, c'est-à-dire un adversaire non dissimulé de la dynastie, dont les visées d'ambition personnelle n'allaient pas tarder à s'affirmer[2].

L'empereur n'était plus qu'un fantôme de souverain. Aux armées, les maréchaux Bazaine et de Mac-Mahon exerçaient leur autorité sans le moindre contrôle de sa part. A Paris la régence refusait d'obéir à ses inspirations. Il était, à la Chambre, l'objet d'attaques indirectes, mais constantes. Son impopularité croissait chaque jour dans les grands centres. Dès le 9 août, M. Émile Ollivier insistait pour qu'il revînt à Paris. L'impératrice s'y refusait énergiquement, craignant qu'une explosion populaire ne suivît son retour[3]. Elle manifesta son opposition plus vivement encore, lorsque, le 18 août, le général Trochu revint de Châlons pour prendre les fonctions de gouverneur de Paris. Il avait été convenu avec l'empereur qu'il le précéderait, afin de faire accepter de la population son retour dans la capitale. L'intervention personnelle de l'impératrice, l'opposition du conseil de ré-

---

1. Cet appel aurait été provoqué par le général Trochu (*Œuvres posthumes, le Siège de Paris*, p. 228).
2. *Corps législatif, comptes rendus des séances des 22, 24, 25, 27 août*. — Le 18 août, M. Thiers faisait parvenir aux princes d'Orléans, par l'intermédiaire de M. d'Haussonville, le conseil de lever un corps franc, d'en prendre le commandement et de venir guerroyer sur les flancs de notre armée. « Il n'y a plus un préfet ni un général qui oserait les faire arrêter. » Mais le 5 septembre au matin, à la seule annonce de leur arrivée probable, M. Thiers fit un bond en arrière et s'écria : « Quoi ! ils penseraient à venir en ce moment ? Mais ce serait absurde, ce serait coupable. C'est nous jeter en plein dans la guerre civile ! » (Comte d'Haussonville, *Souvenirs personnels* [*Figaro*, n° 243, 1895]).
3. Mme Carette, *Souvenirs intimes de la cour des Tuileries*, 2e série, p. 173.

gence firent écarter ce projet[1]. Ainsi l'empereur était condamné à demeurer le spectateur attristé et passif des événements. Il ne pouvait rien pour enrayer leur marche foudroyante.

Tout n'était pas ombre dans le tableau que présentaient alors Paris et la France. Des traits de dévouement se produisaient, dignes de nos meilleurs jours. Les bureaux de recrutement regorgeaient d'engagés volontaires. Le marquis Lafond de Candaval, âgé de 87 ans, voulait rejoindre son fils à l'armée du Rhin. On dut refuser son engagement. D'autres, à peine moins âgés, furent plus heureux. Le capitaine Dancourt, maire de Montargis, âgé de 78 ans ; un médaillé de Sainte-Hélène, Siméon Guillot, qui en avait 72.

« L'activité dans Paris était devenue ardente. Comme dans une immense fourmilière, tous les efforts se tournaient vers un but unique, il semblait que la vie individuelle eût cessé[2]. » Trente élèves de l'École normale supérieure renoncèrent à l'exemption légale pour s'engager. Le supérieur général des Frères de la doctrine chrétienne, ne pouvant davantage, offrit à l'impératrice le travail de ses enfants ; une partie des sacs à terre destinés aux fortifications furent faits par eux. « Sous les mains débiles des vieillards et des enfants, sous les mains aristocratiques des femmes les plus élégantes, des monceaux de charpie s'amoncelaient.... Le Palais de l'Industrie était encombré d'offrandes de toute nature, destinées à adoucir le sort de nos soldats[3]. » La souscription de l'emprunt de guerre, qui eut lieu le 23 août, fut un grand succès. Depuis la veille, le ministère des finances était assiégé par la foule ; 170 millions y furent souscrits dans cette seule journée.

Cependant une série de batailles étaient livrées autour de Metz. On en ignorait encore le résultat positif, mais la mar-

---

[1]. Mme Carette, 2e série, p. 221 ; général Trochu, *Discours des 13 et 14 juin 1871* à l'Assemblée nationale ; *Mémoires inédits*, fragments publiés par *le Correspondant* du 1er octobre 1896 ; *le Siège de Paris*, p. 145.
[2]. Mme Carette, 2e série, p. 188.
[3]. *Ibid.*

che du prince royal de Prusse sur Châlons, l'arrivée de coureurs allemands à Épernay redoublaient l'anxiété. On s'attendait à voir l'ennemi déboucher sous huit jours, quinze au plus dans la plaine Saint-Denis. De nouveau on entrevit un siège prochain. Pourtant l'émotion dura peu. On compta sur l'imprévu, sur un miracle [1]. Le mouvement de Mac-Mahon vers le nord-est fut donc le bienvenu. Si des esprits clairvoyants en virent tout le danger, la foule ne les imita guère. « Elle fut enchantée.... Le danger s'éloignait, et pour ne plus revenir ; elle le croyait du moins [2]. » La confiance de tous en Bazaine était aussi entière qu'imméritée. Quant à Mac-Mahon, il avait paru grandir dans sa défaite [3]. La Bourse redevenait optimiste ; de nouveau le 3 p. 100 dépassait le cours de 60 fr.; l'emprunt se rapprochait, à quelques centimes près, de son taux d'émission (31 août). Mais, après plusieurs jours de silence [4], des bruits de désastre ne tardèrent pas à courir. Le 1er septembre, à 4 heures du soir, le général Vinoy télégraphiait de Mézières au ministre de la guerre : « Communications complètement interrompues avec Sedan par des forces considérables. Colonel Tissier, revenu du champ de bataille, apporte mauvaises nouvelles ; maréchal Mac-Mahon blessé ; les fuyards m'inondent ; je suis inquiet de l'empereur. » Le soir même (5h 40), le ministre lui répondait en termes significatifs : « Dans les circonstances actuelles, je vous laisse maître de vos mouvements. Faites évacuer les fuyards sur Laon ; je compte que Mézières saura tenir [5]. »

Ces terribles nouvelles ne se répandirent pas encore ; le gouvernement en attendait la confirmation avant de les

---

1. Sarcey, p. 13 et suiv. En arrivant à Paris le 18 août, avec le général Trochu, le général Favé fut « très étonné de trouver les habitants calmes et n'admettant pas l'idée d'un danger prochain » (Général Favé, *Deux combats d'artillerie sous les murs de Paris*, p. 3).
2. Sarcey, p. 16.
3. Mme Carette (2e série, p. 144) rappelle qu'après Reichshoffen on ouvrit une souscription pour offrir une épée d'honneur au maréchal.
4. Du 30 août au 3 septembre aucun renseignement ne fut publié par le ministère de l'intérieur (J. Favre, *Le gouvernement de la Défense nationale*, tome Ier, p. 54).
5. Général Vinoy, *Siège de Paris, Opérations du 13e corps et de la 3e armée*, p. 55, 56 et 431.

rendre publiques. Toutefois elles firent lentement leur chemin parmi ceux qui touchaient aux sphères officielles. Le 2, le 3 septembre, le bruit courut dans Paris qu'une grande bataille avait été livrée autour de Sedan. On ignorait encore son issue, mais l'agitation était inexprimable. Les kiosques de journaux étaient assiégés ; les mains tendues s'arrachaient les dernières éditions ; on montait sur les bancs pour les lire à haute voix. La foule était nerveuse, toute prête aux colères subites ; les voix brèves et cassantes, les physionomies farouches. Aux premiers mots on se traitait de Prussien ou d'imbécile. On échangeait des cartes pour un rien [1].

Cependant des journaux belges arrivaient, donnant des détails précis. Le gouvernement ne pouvait garder plus longtemps le silence. Le samedi 3 septembre, devant les deux Chambres, à la séance de l'après-midi, il laissa entrevoir des échecs graves. La jonction de nos deux armées n'avait pu se faire. Au Sénat, ces déclarations provoquèrent des manifestations patriotiques, mais sans portée [2]. Il n'en fut pas de même au Corps législatif. En réponse à la communication du général de Palikao, Jules Favre constatait que le « gouvernement de fait » avait cessé d'exister. Il proposait pour le général Trochu une sorte de dictature, et ses paroles ne soulevaient que de timides protestations [3]. Aucun résultat

---

1. Sarcey, p. 17 ; Mme Carette, 2e série, p. 256 ; d'Hérisson, p. 57 ; J. Favre, tome Ier, p. 54. Le général Trochu apprit la catastrophe de Sedan seulement le soir du 3 septembre (Général Trochu, *le Siège de Paris*, p. 175).

2. « Nous défendrons Paris dans ses forts, derrière son enceinte, dans ses rues (*Oui ! Oui ! — Bravo !*). Notre glorieuse cité ne capitulera pas devant l'étranger, et, s'il le faut, nous nous ensevelirons sous ses décombres. » (*Réponse de M. Jérôme David*, président du Sénat.)

3. « *M. Jules Favre.* — Nous devons savoir où nous en sommes avec le gouvernement qui nous régit (*Allons donc ! Allons donc !*). Où est l'empereur ? Communique-t-il avec les ministres ? Leur donne-t-il des ordres ?

« *M. le ministre de la guerre.* — Non !

« *M. Jules Favre.* — Si la réponse est négative, je n'ai pas besoin de longs développements pour faire comprendre à la Chambre que le gouvernement de fait a cessé d'exister.... (*Exclamations à droite et au centre*). Ce qu'il faut en ce moment, ce qui est sage, ce qui est indispensable, c'est que tous les partis s'effacent devant un représentant la France, représentant Paris, un nom militaire, le nom d'un homme qui vienne prendre en main la défense de la patrie. Ce nom, ce nom cher et aimé, il doit être substitué à tout autre (*A droite et au centre : Allons donc ! — A l'ordre ! A l'ordre !*).

« *M. Jules Favre.* — Tous les autres noms doivent s'effacer devant celui-là,

ne sortit de ce débat, qui contenait déjà en raccourci toute la révolution du lendemain. Il était à peine terminé que M. de Vougy, directeur des postes et télégraphes, remettait au ministre de l'intérieur, M. Chevreau, la dépêche suivante : « L'armée est défaite et captive ; moi-même je suis prisonnier. — Napoléon [1]. » M. Chevreau porta aussitôt le fatal message à la régente. Elle le parcourut d'un regard et retomba avec un cri déchirant. Cette défaillance fut de courte durée. Depuis le début de nos désastres, l'impératrice avait montré une énergie qui ne se démentit pas en ces cruelles circonstances [2]. Dans la journée elle avait fait pressentir M. Thiers en vue de la présidence du conseil, d'abord par l'entremise de Mérimée, puis par celle du prince de Metternich [3]. Moins d'un mois auparavant cet homme d'État avait, dit-on, offert son concours à l'empereur [4]. Mais l'heure propice était passée. Dans les circonstances présentes, se rallier

---

ainsi que ce fantôme de gouvernement qui a conduit la France où elle est aujourd'hui. Voilà mon vœu, je l'exprime en face de mon pays ; que mon pays l'entende (*Applaudissements à gauche.* — *Violents murmures au centre et à droite.* — *Agitation*).

« M. le marquis de Piré. — Moi je tiendrai mon serment jusqu'à la mort. Voilà ma réponse.

« M. le ministre de la guerre. — Messieurs, ce n'est pas par des paroles semblables à celles que vous venez d'entendre que l'union peut s'établir entre nous pour défendre la France et Paris. »

La Chambre se borne à voter l'urgence sur une proposition appelant sous les drapeaux les hommes mariés ou non mariés de 20 à 35 ans. Elle s'ajourne au lendemain, à 5 heures du soir (*Comptes rendus du Corps législatif*, séance du 3 septembre).

1. *Enquête parlementaire sur les actes du gouvernement de la Défense nationale*, déposition de M. Chevreau. — Mme Carette, 2e série, p. 256, porte au 2 septembre l'arrivée de cette dépêche. Elle la fait remettre à l'impératrice, vers 5 heures, par M. de Vougy ; en outre, elle la libelle autrement : « N'ayant pu me faire tuer au milieu de mes soldats, j'ai dû me constituer prisonnier pour sauver l'armée. » Mme Carette n'était pas à Paris les 3 et 4 septembre ; de plus, ses souvenirs, écrits plusieurs années après la guerre, comportent nécessairement des inexactitudes.

2. Duc d'Abrantès, *Essai sur la régence de 1870*, p. 382 ; Mme Carette, 2e série, p. 265 ; *Discours du général Trochu à l'Assemblée nationale*, 13 et 14 juin 1871. — « L'impératrice me parut...., pendant la durée de cette pénible entrevue (celle du 18 août), pleine de courage, mais d'un courage bien plus exalté que raisonné » (Général Trochu, fragments de *Mémoires inédits* [*Le Correspondant* du 1er octobre 1896]).

3. Mme Carette, 2e série, p. 257 ; *Enquête*, rapport Daru ; Mme Carette écrit même que cette offre fut faite après la réception de la dépêche de l'empereur.

4. Mme Carette, 2e série, p. 85.

à l'empire eût été l'équivalent d'un suicide. M. Thiers n'eut garde d'y consentir. « Il n'y a plus rien à faire, absolument rien, » répondit-il sèchement [1].

A 6 heures, le conseil des ministres se réunit en présence de l'impératrice, des présidents du Sénat et du Corps législatif. On discuta près de deux heures durant. Finalement on décida de ne pas convoquer le Corps législatif le soir même. On lancerait une proclamation pour annoncer les événements, on concentrerait dans Paris le peu de troupes disponibles ; on préparerait la formation d'une armée derrière la Loire.

La première de ces résolutions était impolitique au premier chef. Puisqu'il fallait tenir tête aux complications menaçantes, mieux valait le faire énergiquement, sans paraître fuir l'heure des résolutions suprêmes. Remettre au lendemain était donner à l'émeute qui grondait déjà le temps de s'organiser et de devenir une révolution. L'agitation croissait dans Paris. « Les détails manquaient à tout le monde, mais que nous eussions subi quelque chose de terrible, cela paraissait certain, cela flamboyait à tous les yeux [2]. » Au Corps législatif un grand nombre de députés, appartenant à tous les partis, s'étaient réunis. Tous jugeaient nécessaire une convocation immédiate. Le président, M. Schneider, se rendit à leur désir. Il les fit convoquer à domicile, ainsi que les ministres, pour une séance extraordinaire qui aurait lieu à minuit [3].

« Quel aspect que celui de Paris, ce soir, sous le coup de la nouvelle de la défaite de Mac-Mahon et de la captivité de l'empereur ! Qui pourra peindre l'abattement des visages, les allées et venues des pas inconscients battant l'asphalte au hasard, le noir de la foule aux alentours des mairies, l'assaut des kiosques, la triple ligne des liseurs de journaux devant tout bec de gaz, les *a parte* anxieux des concierges et des boutiquiers sur le pas des portes....

« Puis la clameur grondante de la multitude, en qui succède la colère à la stupéfaction, et des bandes parcourant le

---

1. Mme Carette, 2e série, p. 257.
2. Sarcey, p. 18.
3. *Enquête,* rapport Daru, dépositions Jérôme David, Chevreau, etc.

boulevard en criant : *La déchéance! Vive Trochu!* Enfin le spectacle tumultueux et désordonné d'une nation résolue à se sauver par l'impossible des époques révolutionnaires[1]. »

Des groupes armés se montrèrent dans la soirée. Une bande de quelques centaines d'hommes se jeta sur un poste de police situé en face du Gymnase. Les sergents de ville firent bonne contenance et réussirent même à s'emparer de nombreux prisonniers. Une autre échauffourée se produisait sur le boulevard Montmartre. Un mobile était blessé et, suivant la constante tradition de nos révolutions, la foule le portait au Louvre pour réclamer vengeance. Le général Trochu, empressé à saisir l'occasion, prononçait l'une de ces harangues sans fin où il excellait. Pendant cette même soirée, l'impératrice dépêchait M. Henri Chevreau, avec mission de lui annoncer la catastrophe de Sedan et de réclamer sa présence auprès d'elle. Il ne s'y rendait pas[2].

La séance du Corps législatif s'ouvrit à une heure du matin. Malgré les circonstances, les ministres rassemblés dans le cabinet du président avaient cru devoir ne rien changer aux résolutions arrêtées le soir précédent. Le général de Palikao annonça brièvement la capitulation de Sedan, la captivité de l'empereur. Il termina en demandant l'ajournement de la discussion au lendemain, à l'heure ordinaire des séances. Aussitôt Jules Favre, pâle, les traits défaits, donnait d'une voix stridente lecture de la proposition suivante, signée de 27 députés de la gauche :

« Nous demandons à la Chambre de vouloir bien prendre en considération la motion suivante :

« Art. 1er. — Louis-Napoléon Bonaparte et sa dynastie sont déclarés déchus des pouvoirs que leur a conférés la constitution.

---

1. *Journal des Goncourt*, 2e série, tome Ier, p. 19.
2. *L'Empire et la défense de Paris devant le jury de la Seine; Introduction et conclusions* par le général Trochu, déposition de M. Henri Chevreau; Mme Carette, 2e série, p. 264. — Mme Carette dit même que l'impératrice envoya trois fois chez le gouverneur pendant cette soirée. Ce fait n'est pas confirmé par le général (*Œuvres posthumes*, tome Ier, p. 179). Il dit avoir passé une grande partie de la nuit à l'examen de la situation militaire (p. 176).

« Art. 2. — Il sera nommé, par le Corps législatif, une commission de gouvernement composée de.... qui sera investie de tous les pouvoirs du gouvernement et qui aura pour mission expresse de résister à outrance à l'invasion et de chasser l'ennemi du territoire.

« Art. 3. — M. le général Trochu est maintenu dans ses fonctions de gouverneur général de la ville de Paris [1]. »

Cette proposition, si contraire à la constitution, fut lue « au milieu du plus profond silence [2] ». Un seul député, M. Pinard (du Nord), protesta timidement après l'avoir entendue [3]. Aucun ministre ne fit ressortir son illégalité, la situation singulière qu'elle faisait au général Trochu, contre toute convenance. La séance, levée à une heure et vingt minutes, fut renvoyée au lendemain 4 septembre, à midi, faute capitale qui rendait une révolution à peu près inévitable. La foule s'ameutait déjà autour du Corps législatif. Avant même la réunion elle avait cherché à envahir le palais. Gambetta, monté sur une chaise, la conjura de se retirer et parvint à la convaincre. Au sortir de la séance il renouvela ses recommandations [4] qui furent encore écoutées. Peu après, sur la place de la Concorde, la voiture de MM. Thiers et Jules Favre était entourée d'une multitude réclamant à grands cris la déchéance. Dans ces conditions, en présence de l'agitation croissante, des symptômes menaçants pour le lende-

---

1. Signé de MM. Jules Favre, Crémieux, Barthélemy Saint-Hilaire, Desseaux, Garnier-Pagès, Larrieu, Gagneur, Steenackers, Magnin, Dorian, Ordinaire, Emmanuel Arago, Jules Simon, Eugène Pelletan, Wilson, Ernest Picard, Gambetta, comte de Kératry, Guyot-Montpayroux, Tachard, Le Cesne, Rampont, Girault, Marion, Léopold Javal, Jules Ferry, Paul Bethmont (*Journal officiel* du 4 septembre).

2. *Enquête*, rapport Daru. — « Je regardai le banc où siégeaient les ministres de l'empereur; ils étaient aussi calmes que si la proposition qui venait d'être faite était tout simplement une demande de règlement de l'ordre du jour » (Estancelin, *Figaro* du 4 septembre 1894 [*Mémoires des hommes du temps présent*]).

3. « Nous ne pouvons prendre que des mesures provisoires; nous ne pouvons pas prononcer la déchéance » (*Journal officiel* du 4 septembre). Jules Favre écrit qu'il n'entendit même pas cette protestation (tome 1er, p. 63).

4. *Enquête*, rapport Daru, dépositions de MM. Bescherelle et Ernest Picard. — M. Estancelin (*Figaro* du 4 septembre 1894) écrit au contraire : « Paris ignorait encore la gravité des nouvelles, et la place de la Concorde et les rues étaient absolument calmes. »

main [1], un ajournement de douze heures était de la dernière gravité. La vacance du pouvoir, déclarée la nuit même du 3 au 4 septembre, eût selon toute apparence prévenu la révolution du lendemain [2].

---

1. « D'heure en heure, pendant cette nuit fatale, les émissaires de M. Piétri, le préfet de police, apportaient aux Tuileries la nouvelle des dispositions hostiles qui se propageaient dans la population.

« De nombreux adeptes, réunis rue de la Sourdière autour des meneurs de la révolution, attendaient le mot d'ordre » (Mme Carette, 2e série, p. 264).

2. *Enquête*, rapport Daru, dépositions de MM. Thiers, Ernest Dréolle, J. Ferry, Garnier-Pagès, E. Picard; J. Simon, *Souvenirs du 4 septembre*, p. 421; J. Favre, tome Ier, p. 61; Sarcey, p. 18.

CHAPITRE II

LE 4° SEPTEMBRE AU PALAIS-BOURBON

La matinée aux Tuileries. — Mesures prises au Palais-Bourbon. — La séance du Corps législatif. — La déchéance. — L'impératrice et la déchéance. — Envahissement du Palais-Bourbon. — La déchéance est proclamée. — Gambetta et Jules Favre. — A l'Hôtel de ville.

Le dimanche 4 septembre, le jour se leva par un temps admirable. La régente, qui n'avait pris aucun repos, visita l'ambulance des Tuileries, puis entendit la messe dans son oratoire, à 7 heures du matin. Vers 8 heures les ministres et les membres du conseil privé se réunirent, mais pour n'arrêter aucune résolution de quelque importance. Déjà M. de Lesseps, fort de sa très proche parenté avec l'impératrice, lui avait conseillé, sans rencontrer d'opposition, une sorte d'abdication en faveur de la Chambre[1]. La séance du conseil venait d'être levée quand M. Henri Chevreau annonça que le général Trochu s'était enfin décidé à venir aux Tuileries. L'impératrice le reçut aussitôt, pendant vingt-cinq minutes. Quand il fut parti, M. Henri Chevreau, inquiet, adressa ces seuls mots à la souveraine : « Eh bien ! Madame ? » Elle leva la tête, le regarda et fit un signe prouvant qu'elle n'avait pas confiance dans les protestations du général[2].

---

1. *Ma journée aux Tuileries*, par Ferdinand de Lesseps (*Figaro* du 29 novembre 1881).
2. *L'Empire et la défense de Paris*, déposition de M. Henri Chevreau. — Mme Carette écrit, au contraire, que le général assista au conseil et qu'en sortant, il prit les mains de l'amiral Jurien de la Gravière, en s'écriant avec effusion : « Quelle femme admirable ! C'est une Romaine ! » (Mme Carette, 2e série, p. 265).
Le général Trochu dit de son côté : « Dans la matinée, je me rendis aux Tuileries. Je vis l'impératrice régente, entourée de beaucoup de personnes inquiètes. Elle-même était calme. Je lui dis ces courtes paroles : « Madame, voilà l'heure des grands périls : il se passe ici des choses étranges ; ce n'est pas l'heure d'en parler, ce n'est pas l'heure de récriminer ; je reste à mon poste

Dans l'intervalle une proclamation du conseil des ministres, affichée dans Paris, y avait rendu l'agitation encore plus vive. Partout l'on commentait sa rédaction, la manière dont elle annonçait la captivité de l'empereur[1]. Dès midi, des groupes nombreux, semblant obéir à un mot d'ordre[2], se dirigeaient vers la place de la Concorde. La grande majorité n'avaient pas d'armes ; des bataillons des quartiers de l'est, récemment organisés, faisaient exception et entraînaient avec eux une foule de curieux, aux cris répétés de *la déchéance !*[3].

Quelques mesures de défense avaient été prises par la place de Paris, sur l'ordre direct du ministre de la guerre et sans que le gouverneur eût à intervenir dans leur exécu-

---

et je ne vous abandonnerai pas ; mais soyez sûre que la crise est profonde, soyez sûre que ce que j'ai dit au conseil l'autre jour était la vérité » (*Discours des 13 et 14 juin 1871 à l'Assemblée nationale*). Dans ses *OEuvres posthumes*, tome Ier, p. 179, le général dit simplement que « l'accueil de l'impératrice fut courtois ». Elle lui parut « relativement calme, courageuse et comme résignée à son sort ». Nous reviendrons sur les sujets de mécontentement personnels au général Trochu, auxquels il fait ainsi allusion.

MM. Henri Chevreau et de Lesseps écrivent que le général fut reçu en audience privée ; le général et Mme Carette assurent que l'impératrice était entourée de plusieurs personnes lors de sa réception. Cette version semble la vraie.

1. « Français ! Un grand malheur frappe la patrie.

« Après trois jours de luttes héroïques, soutenues par l'armée du maréchal de Mac-Mahon contre 300,000 ennemis, 40,000 hommes ont été faits prisonniers. Le général Wimpffen (*sic*), qui avait pris le commandement de l'armée, en remplacement du maréchal de Mac-Mahon, grièvement blessé, a signé une capitulation.

« Ce cruel revers n'ébranle pas notre courage. Paris est aujourd'hui en état de défense. Les forces militaires du pays s'organisent. Avant peu de jours, une nouvelle armée sera sous les murs de Paris ; une autre armée se forme sur les rives de la Loire.

« Votre patriotisme, votre union, votre énergie sauveront la France.

« L'empereur a été fait prisonnier dans la lutte.

« Le gouvernement, d'accord avec les pouvoirs publics, prend toutes les mesures que comporte la gravité des événements » (L. Larcher, *Mémorial illustré du premier siège de Paris*, p. 34).

2. Le *Siècle* du 4 septembre contenait un appel dans ce sens.

3. L. Larchey, p. 34. — Dans l'article du *Figaro* déjà cité (4 septembre 1894), M. Estancelin, qui traversa la place de la Concorde vers midi, n'estime pas la foule à plus de 2,000 ou 3,000 personnes. — Nous-même avons rencontré entre midi et une heure, dans la rue de Rivoli, un bataillon de garde nationale qui marchait en armes vers la place de la Concorde. Dans ses rangs, un capitaine d'infanterie en uniforme, avec épaulettes et le fusil sur l'épaule, attirait tous les regards.

tion[1]. L'accès du pont de la Concorde, du côté de la place, était barré par un peloton de la garde de Paris. Devant et derrière lui, des sergents de ville sur deux lignes ; au bas des escaliers du Palais-Bourbon, un bataillon d'infanterie. L'accès des quais à droite et à gauche était interdit de même. Enfin des gardes de Paris et un bataillon de la garde nationale occupaient la cour du palais, face à la rue de Bourgogne[2]. La garde des Tuileries avait été renforcée d'un bataillon de grenadiers de la garde et d'un escadron de guides[3]. Dans chaque caserne, un bataillon était de piquet ; deux bataillons et deux escadrons de gendarmerie, ceux-ci casernés au Palais de l'Industrie, se tenaient également prêts à prendre les armes[4].

La séance du Corps législatif, annoncée pour midi, commença à une heure seulement. Au début, M. de Kératry crut devoir monter à la tribune pour réclamer l'éloignement des troupes et des sergents de ville qui gardaient le Palais-Bourbon. Deux autres députés de la gauche, Jules Favre et Esquiros, appuyèrent cette demande si peu opportune. Mais le général de Palikao, bien qu'affaissé sous le poids de chagrins personnels[5], n'eut pas de peine à justifier les mesures prises par ses ordres.

Après des répliques de MM. Raspail et Ernest Picard, on aborda enfin la question de la déchéance.

La majorité, on pourrait presque dire l'unanimité des députés, était résigné à l'admettre, moins le nom qui répugnait à ses attachements d'autrefois[6]. Elle était en présence de trois propositions, également contraires à la constitution, dif-

---

1. Voir la lettre du général Soumain, commandant la place, citée par le général Trochu dans son discours des 13 et 14 juin 1871 à l'Assemblée nationale.
2. Estancelin, *Figaro* du 4 septembre 1894.
3. Basset de Belavalle, *l'Élysée pendant le siège et la Commune* (*Figaro* du 13 juin 1895).
4. Major de Sarrepont, *Histoire de la défense de Paris en 1870-1871*, p. 17.
5. Il venait d'apprendre la mort de son fils unique, tué à Sedan (Mme Carette, 2e série, p. 269). D'après le général Trochu, *Œuvres*, tome Ier, p. 203, ce fils n'était pas mort, et le général de Palikao aurait eu recours à ce prétexte pour expliquer sa fuite en Belgique.
6. *Enquête*, déposition de M. Thiers.

férant surtout par les termes. Celle de Jules Favre, que nous connaissons, était la plus radicale; le ministère en avait rédigé une autre, faite réellement pour escamoter le pouvoir de la régente et le transmettre au Corps législatif[1]. Enfin, M. Thiers en avait déposé une troisième, signée de quarante-six de ses collègues, qui, sous une forme moins brutale que celle de Jules Favre, entraînait des conséquences identiques.

« Vu les circonstances, la Chambre nomme une commission de gouvernement et de défense nationale.

« Une Constituante sera convoquée dès que les circonstances le permettront[2]. »

Par un vote unanime, ces trois propositions furent renvoyées à l'examen immédiat des bureaux. Le gouvernement, lui-même, admettait la déchéance sans aucune difficulté[3]. En attendant qu'une décision pût être prise, une députation de la droite et du centre[4] se rendit aux Tuileries pour soumettre à la régente le projet de M. Thiers et solliciter son acquiescement. Il était environ une heure et demie.

La cour du Carrousel, brûlante sous un ardent soleil, était

---

1. « Article premier. — Un conseil de gouvernement et de défense est institué. Ce conseil est composé de cinq membres; chaque membre est nommé par le Corps législatif.

« Art. 2. — Les ministres sont nommés sous le contre-seing des membres de ce conseil.

« *M. Jules Favre.* — Par qui nommés?

« *M. le ministre de la guerre.* — Par les membres du conseil.

« Art. 3. — Le général de Palikao est nommé lieutenant-général dudit conseil (*Journal officiel* du 5 septembre).

2. *Journal officiel* du 5 septembre. Le texte primitif portait : « Vu la vacance du pouvoir ». M. Thiers le modifia pour ne pas heurter de front les sentiments du centre. « Elle (la majorité) ne se croyait pas déliée du serment et répugnait violemment à voter la déchéance. Elle craignait d'imiter le Sénat du premier Empire et d'être réprouvée comme lui. Elle cherchait donc une formule qui pût lui permettre de faire la chose en ne prononçant pas le mot » (J. Favre, tome Ier, p. 65; *Enquête*, déposition Dréolle).

3. Après la lecture de la proposition de M. Thiers, le général de Palikao ajouta : « Je n'ai qu'un mot à dire, c'est que le gouvernement admet parfaitement que le pays sera consulté, lorsque nous serons sortis des embarras pour lesquels nous devons réunir tous nos efforts » (*Journal officiel* du 5 septembre).

4. MM. d'Aiguevives, de Pierre, le comte Daru, Dupuy de Lôme, Genton, Kolb-Bernard, Buffet, Chesnelong (Mme Carette, 2e série, p. 270; *Enquête*, déposition Buffet).

gardée par quelques détachements des dépôts de la garde. « Le palais apparaissait alors, suivant le mot de Napoléon Ier, triste comme la grandeur[1]. » Introduite presque aussitôt auprès de l'impératrice, la députation la trouva disposée, non sans répugnances, à subir l'abdication, si le conseil de régence et les ministres la lui conseillaient[2]. C'était laisser la majorité libre de ses actions.

Lorsque les délégués revinrent au Palais-Bourbon, la discussion durait encore dans les bureaux. Elle prit fin et huit commissaires furent élus[3]. Ils se mirent rapidement d'accord sur un projet de résolution ainsi libellé : « Vu les circonstances, la Chambre élit une commission composée de cinq membres choisis par le Corps législatif.

« Cette commission nomme les ministres.

« Dès que les circonstances le permettront, la nation sera appelée à élire une Assemblée constituante qui se prononcera sur la forme du gouvernement[4]. » C'était la proposition de M. Thiers, légèrement modifiée. Le rapporteur, M. Martel, allait la lire à la tribune et son adoption ne faisait aucun doute, quand les couloirs du palais et les tribunes furent brusquement envahis par la foule. Il était deux heures et demie.

Nous avons dit à quoi se bornaient les mesures de défense prises aux abords du palais. Le commandement des troupes

---

1. Mme Carette, 2e série, p. 270. Mme Carette écrit à tort que les cours étaient vides. Nous y avons vu des détachements de la garde, infanterie et cavalerie.
2. Mme Carette, 2e série, p. 270 à 278; *Récit d'un familier des Tuileries* (*Figaro* du 24 novembre 1870). — Suivant Mme Carette, il y eut entre l'impératrice et la députation un assez long échange d'idées, qui durait encore quand on annonça l'envahissement de la Chambre. Au contraire, M. A. Duquet (*Paris, le Quatre septembre et Châtillon*, p. 25) admet que les délégués étaient revenus du Palais-Bourbon avant la nomination de la commission par les bureaux. Cette version nous paraît la plus vraisemblable.
Mme Carette explique en partie la résistance de l'impératrice par l'arrivée d'une dépêche du général Fleury, portant que le czar offrait sa médiation sur la base de l'intégrité du territoire et du maintien de la dynastie. Cette dépêche n'aurait jamais été retrouvée aux archives des affaires étrangères.
3. MM. Buffet, Martel, Josseau, Daru, Le Hon, Jules Simon, Gaudin, Genton et Dupuy de Lôme. On voit que quatre des commissaires faisaient partie de la députation envoyée aux Tuileries, ce qui confirme la version de M. Duquet.
4. *Enquête*, rapport Daru.

était dévolu au général de Caussade, qui devait donner dans cette occasion et en d'autres encore la mesure de sa faiblesse. Il laissa le champ libre à l'émeute [1]. D'ailleurs celle-ci avait des alliés à l'intérieur de la Chambre. Plusieurs députés de la gauche ne se firent pas faute d'encourager les assaillants, de leur faciliter l'entrée des grilles [2]. Peu à peu des groupes s'étaient ainsi réunis sur les marches du grand escalier qui fait face au pont de la Concorde. En avant d'eux, le peloton de gardes de Paris ondulait sous la pression de la foule. Un moment il fit mine de sabrer et une panique se produisit sur la place. Mais elle dura peu. Le mince cordon fut enfoncé et l'on vit une masse noire, gardes nationaux et gens de tout âge, s'engouffrer sur le pont. Les sergents de ville cédèrent devant ce torrent, qui déferla vers les grilles.

A ce moment une compagnie de gardes de Paris débouchait par la rue de Bourgogne et venait se former en bataille, le dos au palais. On entendit des commandements et l'on vit les fusils s'abaisser [3]. Il y eut parmi les spectateurs un moment d'anxiété. La tête de colonne des manifestants s'arrêta; quelques-uns se mirent à genoux pour éviter les balles. Tout à coup les gardes de Paris, reprenant le port d'armes, firent

---

[1]. « En arrivant aux grilles de la Chambre, je vis le général commandant les troupes de service : c'était un petit homme gros, court, à l'air fort préoccupé, et je ne le crus pas, à première vue, capable de défendre résolument la Chambre. » (Estancelin, *Figaro* du 4 septembre 1894.)

[2]. M. Étienne Arago s'en vante dans son livre (*l'Hôtel de ville de Paris au quatre septembre et pendant le siège*, p. 19). — « MM. de Kératry, Glais-Bizoin, Steenackers, Jules Ferry, parlementaient avec les groupes, invitaient les municipaux à se retirer et la garde nationale à se rapprocher. MM. Arthur Picard, Charles Ferry et Étienne Arago allaient et venaient du Palais-Bourbon au quai, et, chaque fois, faisaient entrer avec eux un petit nombre d'insurgés. » (Duc d'Abrantès, p. 403.) « Soudain, sur le perron du Corps législatif, une cinquantaine d'hommes apparaissent; ils agitent leurs bras, leurs chapeaux, des journaux, des mouchoirs; une émotion irrésistible saisit la foule tout entière. « Les députés nous appellent à leur secours! s'écrie-t-on. En avant! en avant! » (Juliette Lamber [Mme Adam], *le Siège de Paris, Journal d'une Parisienne*, p. 30.)

[3]. C'est sans doute à cet épisode que se rapportent les lignes suivantes : « ....Un grand bruit se fit entendre dans la cour sur laquelle s'éclairait la pièce où nous délibérions. Mon ami, M. Pelletan, qui sortit un instant pour en connaître la cause, revint fort agité, reprochant aux chefs de corps d'avoir donné l'ordre d'apprêter les armes et d'engager le feu contre la foule qui s'amassait autour du palais. » (J. Favre, tome 1er, p. 71.)

par le flanc droit et se dirigèrent de nouveau vers la rue de Bourgogne. Un peloton de gardes à cheval qui arrivait au trot, sabre en main, tenta vainement de se déployer devant la foule [1]. Cette fois l'élan était donné et une poussée irrésistible se produisit contre les grilles ; elles furent forcées et le palais envahi en quelques instants par une cohue de gardes nationaux, de mobiles de la Seine, de manifestants de tout âge et de toute condition.

A ce moment, M. Schneider vient de remonter au fauteuil de la présidence. Il y a dans la salle quelques députés seulement ; le reste est encore dans les bureaux ou les couloirs. Les tribunes sont combles de spectateurs, et des cris furieux : *La déchéance! La déchéance! Vive la République!* retentissent de tous côtés. Vainement Crémieux essaie d'imposer silence à la foule. Sa faible voix se perd dans le tumulte. Alors Gambetta s'élance à la tribune et adjure les manifestants de respecter la représentation nationale [2]. Le grand orateur, puis M. Girault (du Cher) parviennent à se faire écouter et le silence s'établit pour un instant. Mais quelques mots de M. Schneider soulèvent un nouvel orage. La plupart des députés sortent de la salle et le tumulte recommence. Glais-Bizoin, M. Girault, Gambetta s'épuisent en efforts inutiles pour assurer la liberté des délibérations. Vainement Gambetta fait luire l'espoir d'une déchéance immédiate : « Il va sans dire que nous ne sortirons pas d'ici sans avoir obtenu un résultat affirmatif (*Bravos et applaudissements*) [3] ».

A 3 heures les portes des couloirs donnant sur le péristyle, face au pont de la Concorde, s'ouvrent avec fracas, et plusieurs centaines de gardes nationaux en uniforme ou en tenue bourgeoise, mais tous armés, se précipitent dans l'enceinte en même temps qu'une multitude de manifestants désarmés. Devant les protestations des rares députés présents, ils s'arrêtent d'abord ; puis M. Schneider déclare que, « la délibération étant impossible dans ces conditions, la séance est le-

---

1. Estancelin, *Figaro* du 4 septembre 1894.
2. *Ibidem; Journal officiel* du 5 septembre 1870.
3. *Journal officiel* du 5 septembre 1870.

vée[1] ». Puis il quitte le fauteuil ; derrière lui la foule inonde le bureau, la tribune, la salle tout entière. M. Schneider se dirige vers le jardin de la présidence, accablé d'injures, de cris de mort. Malgré M. Magnin, secrétaire de la Chambre, et M. Steenackers qui cherchent à le protéger, on se rue sur lui ; on le frappe. Il peut à grand'peine gagner une porte de son hôtel. Le général de Palikao, que M. Pelletan désigne aux fureurs de la foule, est assailli de même. Il faut qu'il soit dégagé par plusieurs des officiers présents. Il est un peu plus de 3 heures[2].

Un moment le tumulte est effroyable dans la salle des séances; on peut craindre, en l'absence de tout pouvoir constitué, que la foule ne se porte aux pires excès. Gambetta escalade la tribune, en chasse les énergumènes qui la déshonorent; puis, de sa voix puissante, il prononce la déchéance de l'empereur et de sa dynastie[3]. Mais cette déclaration ne met pas fin au vacarme. On réclame la proclamation de la République. « Ce n'est pas ici, s'écrie Jules Favre, que cet acte peut être accompli, c'est à l'Hôtel de ville : suivez-moi, je marche à votre tête. » Il croit ainsi dégager la Chambre, empêcher qu'un conflit sanglant n'éclate dans son enceinte, prévenir un coup de main qui pourrait « rendre une faction violente maîtresse du mouvement[4] ».

Le cri « à l'Hôtel de ville », répété par Jules Favre et plusieurs de ses collègues, entraîne une partie de la foule. Un autre député, M. Estancelin, juge encore possible de rendre au Corps législatif la liberté de ses délibérations. Il s'adresse

---

1. *Journal officiel* du 5 septembre 1870; Estancelin, *Figaro* du 4 septembre 1894.
2. *Journal officiel* du 5 septembre 1870.
3. « Attendu que la patrie est en danger;
« Attendu que tout le temps nécessaire a été donné à l'Assemblée nationale pour prononcer la déchéance;
« Attendu que nous sommes et que nous constituons le pouvoir régulier, issu du suffrage universel et libre;
« Nous déclarons que Louis-Napoléon Bonaparte et sa dynastie ont à jamais cessé de régner sur la France.
« *Bruyante et longue exclamation. — La République! Nous voulons la République! — Le tumulte est indescriptible.* » (*Enquête*, rapport Daru.)
4. J. Favre, tome 1er, p. 77.

au chef d'un bataillon de la garde nationale, massé en armes dans la grande cour du palais. Il en obtient un détachement dont il se fait suivre et, précédé de quatre tambours qui battent la charge, s'élance dans la salle des séances. A ce bruit, à cette apparition, l'enceinte se vide en un clin d'œil. Mais la grande majorité des députés ont déjà disparu. Il est trop tard pour revenir sur le fait accompli[1].

Il est 4 heures environ. Partout, sur la place de la Concorde, on entend les gens s'aborder par ces trois mots, énergiques dans leur banalité : « Ça y est ! » Au fronton du Palais-Bourbon, « un homme enlève au drapeau tricolore son bleu et son blanc et ne laisse flotter que le rouge. A la terrasse donnant sur le quai d'Orsay, les *lignards* offrent, par-dessus le parapet, aux femmes qui se les arrachent, des rameaux verts[2].... »

---

1. Estancelin, *Figaro* du 4 septembre 1891. M. Estancelin assure que Jules Favre était encore dans la salle lors de cette évacuation, et que le mouvement sur l'Hôtel de ville ne commença qu'un peu après, sur l'initiative de M. de Kératry. Cette version n'est pas confirmée par M. J. Favre (ouvrage cité).

2. *Journal des Goncourt*, 2ᵉ série, tome 1ᵉʳ, p. 21. — Nous avons vu dans la même après-midi un mobile de la Seine enlever le bleu et le blanc d'un drapeau placé sur la statue de Strasbourg, mais la foule manifester aussitôt sa réprobation de la façon la plus énergique.

CHAPITRE III

AUX TUILERIES

Le général Trochu et la régente. — Sa rencontre avec J. Favre. — Sa rentrée au Louvre. — Départ de l'impératrice. — Son arrivée chez le docteur Evans. — Son départ pour l'Angleterre.

Tandis que ces événements se déroulent au Palais-Bourbon, le général Trochu est d'abord resté au Louvre, ne recevant aucun avis, aucun ordre des Tuileries ou de la Chambre, mais ne cherchant pas davantage à en provoquer[1]. Dans l'après-midi, l'un des questeurs du Corps législatif, général Lebreton, se rend auprès de lui, annonçant que la Chambre est menacée et le suppliant d'intervenir pour la protéger. Le gouverneur s'y décide, non sans hésitation[2]. Il part, au pas de son cheval, suivi de deux officiers. De nombreux groupes

---

1. Général Trochu, *Discours des 13 et 14 juin 1871*; *Œuvres*, tome Ier, p. 181; d'Hérisson, p. 63. Le général porte à 1 heure la venue du général Lebreton, mais c'est sans doute à tort, car, d'après lui, cette venue précéda de « quelques minutes » son départ pour le Palais-Bourbon. Or, il rencontra J. Favre après 3 heures, heure de l'envahissement du palais. Si encombrés que fussent les quais — et ils ne l'étaient pas outre mesure, nos souvenirs personnels en font foi, — le général ne put mettre deux heures pour aller du Louvre au pont Solférino. D'ailleurs, M. d'Hérisson porte, lui aussi, à 3 heures le départ du gouverneur pour le Palais-Bourbon (p. 64). Enfin, le fait que le général Schmitz, envoyé à l'impératrice par Trochu, arriva aux Tuileries après sa disparition (*Œuvres*, p. 185) indique que le général Lebreton se rendit après 1 heure au Louvre, ou que Trochu attendit avant de se rendre au Corps législatif.

2. Le général Trochu (Discours cité) nous paraît fortement exagérer la difficulté qu'il eut à suivre les quais : « Une multitude innombrable d'hommes, de femmes, d'enfants, absolument sans armes, irritée, affolée, bienveillante, menaçante, s'agitait autour de moi et m'empêchait d'avancer. Des hommes à figure sinistre, dix fois se jetèrent sur mon cheval, le saisirent à la bride, et me dirent : « Crie : *Vive la Sociale!* » Oui, *Vive la Sociale!* Mes souvenirs sont très précis. Je leur dis : « Je ne crierai pas! Vous voulez enchaîner ma liberté, « je ne l'enchaînerai pas! » Le général ajoute qu'il mit plus d'une heure pour faire le trajet du Louvre au pont de Solférino. M. d'Hérisson, qui l'accompagnait, ne dit rien de ces détails. D'autre part, nous avons suivi à deux reprises, le 4 septembre, de 1 heure à 4 heures, la rue de Rivoli, entre la place de la Concorde et l'Hôtel de ville, sans rencontrer autre chose que des groupes. La foule n'était considérable qu'aux deux extrémités de ce trajet.

emplissent déjà la cour du Carrousel et une partie du quai qui longe les Tuileries. Le général atteint le débouché du pont de Solférino, quand il voit accourir une foule bruyante, désordonnée, « suivant ou plutôt poussant devant elle un homme de taille élevée qui, tête nue, ses longs cheveux gris épais et brouillés, semble se débattre devant elle ». C'est Jules Favre, accompagné de M. de Kératry, de Jules Ferry, de plusieurs de leurs collègues.

Dès qu'il aperçoit le gouverneur, le célèbre avocat s'approche et lui tend la main : « Où donc allez-vous, général ? — Je vais tâcher de sauver le Corps législatif. — C'est inutile. Le Corps législatif n'existe plus. Il a été envahi par le peuple. On a proclamé la déchéance.... » Puis Jules Favre engage son futur collègue à retourner au Louvre, où viendront le trouver les propositions du gouvernement à venir. Le gouverneur ne fait aucune objection et revient aussitôt vers le Louvre[1], au milieu d'une foule sans cesse grossissante. Au guichet du Carrousel, il tourne à gauche, tandis que J. Favre continue à suivre les quais. La vaste

---

1. « Il n'y a plus de gouvernement, ajoutai-je ; mes amis et moi nous allons « en constituer un à l'Hôtel de ville, nous vous prions de rentrer à votre quar-« tier et d'y attendre une délibération. » Le général ne fit aucune objection et s'éloigna au trot du côté du Louvre. » (J. Favre, tome Ier, p. 78.)

M. d'Hérisson écrit (p. 65) : « On a proclamé la déchéance, et si vous êtes soucieux d'assurer l'ordre, votre place est au Louvre, à votre quartier général, où vont venir vous trouver les députés de Paris, constitués en gouvernement de la Défense nationale.

« — Ah! dit le général, qui, sans autre réflexion, tourna bride et revint sur ses pas, au milieu d'une foule qui grossissait d'instants en instants. Lorsque, pour rentrer dans le Carrousel, nous tournâmes à gauche, J. Favre continua sa marche, toujours entouré de ses braillards. »

Le général dit, au contraire (Discours cité) : « ....Quant à moi (Jules Favre), « je vais à l'Hôtel de ville, et c'est là que doivent se rendre ceux qui entendent « contribuer à sauver le pays. »

« Je lui répondis : « Monsieur, je ne puis prendre à présent une telle réso-« lution. »

« Et nous nous quittâmes. »

Des divergences capitales séparent ces trois versions. En outre, le général Trochu écrit en propres termes qu'il ne connaissait pas J. Favre, qui dut décliner son nom. Or, le général avait longuement entretenu J. Favre au Louvre, le 21 août (J. Favre, tome Ier, p. 49), et ce fait est confirmé par les dépositions de plusieurs députés. M. Floquet, qui accompagnait J. Favre le 4 septembre, est d'accord avec lui pour dire que le général et l'avocat se serrèrent la main.

place qui s'étend du Louvre à la grille des Tuileries est comble. Des cris de : *Vive la République! A bas l'Empire!* mêlés à ceux de : *Vive Trochu!* retentissent de tous côtés. Ainsi qu'il arrive en pareil cas, les émotions de chacun se décuplent au contact des émotions voisines. « Les gens appartenant aux classes les plus diverses, ceux même qu'on eût pu croire.... les plus étrangers à la politique, étaient fanatisés. Les femmes, comme toujours, se faisaient remarquer par leurs manifestations enthousiastes, violentes, hystériques. Elles embrassaient nos chevaux. Elles embrassaient nos bottes. On eût dit que nous venions d'accomplir le plus glorieux fait d'armes.... Nous venions simplement de faire une petite promenade d'un quart d'heure et d'échanger trois phrases avec un vieil avocat[1]. »

L'impératrice a déjà quitté les Tuileries. Nous l'avons laissée au moment où les délégués du Corps législatif venaient d'obtenir son consentement conditionnel à une abdication. Les nouvelles affluent toujours plus désastreuses. On sait depuis le matin qu'une grande effervescence règne dans les départements. On a même sujet de croire que la République a été proclamée à Lyon et à Marseille. Les bruits de la rue retentissent jusque dans les Tuileries, et parfois des cris de : *Vive la République!* dominent le grondement de la foule.

L'impératrice, vêtue d'une robe de soie noire, d'un petit mantelet en soie violette galonné d'or, est pâle et glacée. Autour d'elle des familiers, des amis de la dernière heure, parmi lesquels M. de Lesseps. Vers 2 heures, un chambellan, M. de Banes de Gardone, accourt, annonçant l'envahissement du Palais-Bourbon. Puis les ministres arrivent à leur tour et supplient l'impératrice de consentir à un départ immédiat. Elle cherche à se raidir contre cette nécessité. M. Piétri, le préfet de police, insiste lui aussi : « Madame, il faut partir;

---

[1]. D'Hérisson, p. 67. Le général Trochu dit simplement (Discours cité : « Ce n'est que très tard, une heure après, que je pus arriver dans la cour du Louvre et rentrer à l'hôtel. »

hâtez-vous, il n'est que temps¹. » Pour triompher des résistances de la souveraine, on lui fait remarquer que, si le palais est envahi en sa présence, elle compromettra sans utilité la vie des amis, des serviteurs, des soldats qui l'entourent. Cette fois l'impératrice se laisse convaincre². Sa première idée est de quitter Paris en chemin de fer pour se rendre dans un port ou à l'étranger. Mais comment gagner les gares sans être reconnue ? Surviennent le prince de Metternich, très ému, et le chevalier Nigra, « qui semble tout à l'aise ». Le prince attire Mme Lebreton dans une embrasure de fenêtre et lui dit quelques mots à voix basse. Puis Mme Lebreton revient vers l'impératrice et lui parle de même. Elle fait un signe d'acquiescement.

L'infortunée souveraine adresse alors de rapides adieux aux ministres. Déjà la foule envahit les Tuileries et s'avance jusqu'à la grille du jardin réservé, encore gardée par des détachements de la garde. Les cris, les menaces retentissent dans le palais. A ce moment survient la princesse Clotilde, qui réclame noblement sa part des dangers courus par la régente. Celle-ci lui fait part de sa résolution et l'engage, elle aussi, à quitter Paris.

Cependant la foule s'accumule contre la grille extérieure du jardin réservé. Pour lui faire prendre patience, le général Mellinet, le commandant du palais, donne l'ordre d'abaisser le drapeau, qui indiquait la présence du souverain, du faîte du pavillon central. Puis il monte sur une chaise et, d'accord avec M. de Lesseps, parlemente avec les envahisseurs du jardin, encore séparés de lui par la grille, afin de gagner du temps³.

L'impératrice a pris congé de son entourage. Elle met à la hâte un chapeau, un voile épais, un manteau de voyage ; puis, suivie de Mme Lebreton, du prince de Metternich, du chevalier Nigra, de l'amiral Jurien de la Gravière et de deux

---

1. *Enquête*, rapport Daru. M. de Lesseps avait déjà quitté les Tuileries pour aller chercher des nouvelles de la Chambre (*Figaro* du 29 novembre 1884).
2. Mme Carette, 2ᵉ série, p. 281.
3. F. de Lesseps, *Figaro* du 29 novembre 1884.

autres personnes, elle traverse les appartements pour gagner le perron de droite du palais. Le brougham de l'aide de camp de service y stationne comme à l'ordinaire. Mais le prince de Metternich fait observer que la livrée impériale attirera l'attention, et il offre de faire avancer sa voiture, qui est arrêtée sur le quai. On s'y décide. Toutefois il ne faut pas songer à traverser la place du Carrousel, comble d'une foule hostile. Pendant que l'amiral de la Gravière, entouré de quelques chasseurs à pied de la garde, de gardes nationaux, parlemente pour obtenir qu'on s'abstienne de toute violence, l'impératrice remonte dans les appartements, afin de traverser le Louvre et de gagner la place de Saint-Germain-l'Auxerrois par la salle des États[1]. Elle va parcourir le trajet même qu'elle a suivi, quelques mois auparavant, avec son mari et son fils, pour aller en grande pompe recevoir les résultats du plébiscite.

On arrive ainsi à la porte du musée du Louvre. Nouvel obstacle : elle est fermée. On frappe inutilement. Enfin le trésorier de l'empereur, M. Thélin, arrive avec un passe-partout. On peut traverser plusieurs galeries, l'escalier qui descend du musée assyrien, et l'on atteint ainsi le guichet de la place de Saint-Germain-l'Auxerrois. L'impératrice n'a plus maintenant auprès d'elle que Mme Lebreton, MM. de Metternich et Nigra. Malgré les émotions de sa fuite rapide, elle ne tremble pas et prie l'ambassadeur d'Italie de le remarquer[2].

L'instant d'après, pendant que M. de Metternich est à la recherche de sa voiture, un fiacre vient à passer. Mme Lebreton l'arrête aussitôt, entraîne la souveraine et donne l'adresse d'un conseiller d'État, M. Besson. Au moment où la

---

1. Pour toute cette partie de notre écrit, nous avons suivi la version de Mme Carette. Dans ses éléments essentiels, elle ne s'écarte pas de celle admise par M. Duquet, d'après le *Figaro* du 24 novembre 1870.
2. Imbert de Saint-Amand, *les Femmes des Tuileries*, p. 312, d'après le chevalier Nigra. — MM. A. Bertrand et E. Ferrier ont écrit (*M. de Lesseps, sa vie et son œuvre*, p. 318) que M. de Lesseps offrit le bras à l'impératrice lors de son départ. M. Anatole France l'a répété dans son discours de réception à l'Académie. Mais l'article du *Figaro*, déjà cité, prouve la fausseté de cette légende.

voiture s'ébranle avec les deux fugitifs, un gamin d'une quinzaine d'années s'écrie : « Tiens ! voilà l'impératrice ! » Heureusement le chevalier Nigra ne perd pas sa présence d'esprit. Il envoie une bourrade à l'indiscret, puis, le saisissant par l'oreille, l'entraîne du côté opposé à la direction prise par le fiacre impérial, en s'écriant : « Ah ! polisson, tu cries : « Vive la Prusse ! Je t'apprendrai à être meilleur patriote[1] ! »

Cet incident se perd dans le tumulte ambiant. Quelques instants après, la régente descend de voiture sur le boulevard Haussmann. Puis elle monte dans un autre fiacre pour se rendre chez M. Evans, le dentiste américain, que rien de particulier ne désignait à cet honneur. C'est de là qu'elle partira le lendemain, 5 septembre, pour se rendre à Deauville, sans que le général Trochu ait rien fait pour faciliter sa fuite[2].

De la côte normande, un yacht appartenant à sir John Burgoyne, la *Gazelle*, l'emporta en Angleterre. Le frêle bâtiment, long de quinze mètres seulement, fut assailli par un coup de vent qui le mit en sérieux danger. Il faisait nuit. Les passagers virent tout à coup sir John Burgoyne apparaître dans la cabine, blême et les yeux pleins de larmes : « Nous sommes perdus ! » dit-il. Et prenant à partie le docteur : « C'est votre faute, à vous ! » Puis il disparut, pour remonter sur le pont. Devant cette sortie imprévue, « l'impératrice ne put retenir un grand éclat de rire, tant la tête du gentleman désespéré lui avait semblé réellement comique[3] ». Étrange nature des femmes, ajoute fort justement M. d'Hérisson ! Elles tremblent devant un danger imaginaire et affrontent gaiement des dangers réels. L'impératrice n'avait

---

[1]. Mme Carette, 2e série, p. 297 ; Imbert de Saint-Amand, p. 312.

[2]. « Pas une seconde, le général Trochu ne s'inquiéta de savoir ce qu'il était advenu de celle qu'avec tant de force il avait juré de protéger. A ma connaissance formelle, il est établi que le général ne fut pas informé que Sa Majesté se rendait chez moi, avenue de l'Impératrice ; que je l'escortais en Angleterre, et l'installais à Chislehurst.... » (Lettre du docteur Evans à l'*American Register*, reproduite par le *Figaro* du 19 octobre 1896.)

[3]. Mme Carette, 2e série, p. 301 ; d'Hérisson, p. 103.

rien à craindre en France, et elle fuyait[1] ; elle était à deux doigts de l'abîme, et elle riait.

Tandis que l'impératrice Eugénie quittait ainsi les Tuileries, où elle était entrée, quelque quinze ans auparavant, dans des circonstances si différentes, le général Mellinet parvenait à empêcher la foule d'envahir le palais, en lui annonçant le départ de la souveraine. Aux portes, la garde impériale était relevée par des mobiles, sans aucune des stupides destructions qui avaient signalé nos révolutions précédentes[2]. Au guichet principal du palais, on lisait ces mots, écrit à la craie sur les deux tablettes de marbre noir : « A la garde des citoyens », et plus loin, sur les murs : « Logement à louer. Mort aux voleurs! Respect à la propriété.[3] » Il était 4 heures environ.

---

1. « Que de fois ne lui avais-je pas entendu répéter : « Jamais je ne partirai « en fiacre, comme l'ont fait Charles X et Louis-Philippe. Jamais je ne fuierai « devant la révolution ! » (Mme Carette, 2e série, p. 268.) La princesse Clotilde n'imita pas cet exemple. Elle partit, le soir même, du Palais-Royal par la gare de Lyon, dans ses équipages, et ne recueillit partout que des témoignages de respect (d'Hérisson, p. 76).

2. Basset de Belavalle, *le Palais de l'Élysée pendant le siège et la Commune* (*Figaro* du 13 juin 1895); Victorien Sardou, *Comment j'ai pris les Tuileries* (*Lecture* du 10 septembre 1889); F. de Lesseps (*Figaro* du 29 novembre 1881).

3. *Journal des Goncourt*, 2e série, tome Ier, p. 21.

CHAPITRE IV

A L'HÔTEL DE VILLE

Jules Favre à l'Hôtel de ville. — Constitution du gouvernement. — Le général Trochu se rend à l'Hôtel de ville. — Il accepte la présidence. — Le Corps législatif et le Sénat.

Cependant Jules Favre a continué de suivre les quais. A quatre heures moins cinq minutes, il débouche sur la place de Grève, alors couverte d'une foule immense. Ainsi que ses compagnons, le célèbre avocat est porté plutôt qu'il ne monte dans la salle Saint-Jean, la plus vaste de l'Hôtel de ville. Elle regorge déjà de curieux et de manifestants. Les meneurs des partis avancés, Millière, Delescluze, Félix Pyat, Blanqui, s'y sont installés, cherchant à constituer un gouvernement révolutionnaire. Néanmoins on ouvre passage à Jules Favre, qui parvient jusqu'à des banquettes placées au fond. Il prononce quelques paroles à demi couvertes par les cris de : « Vive la République ! [1] »

Tandis qu'il parle, Ernest Picard, Gambetta, Jules Simon, E. Pelletan, Emmanuel Arago arrivent successivement. Crémieux ne tarde pas à les suivre avec un certain nombre de députés. Tous parviennent à se grouper dans un cabinet de travail qui s'ouvre par une large croisée sur la place. Il est envahi presque aussitôt, sans que la délibération en soit interrompue.

Au milieu du tumulte, des cris toujours répétés de : « Vive la République ! », on rédige la proclamation suivante : « Le peuple a devancé la Chambre qui hésitait. Pour sauver la patrie en danger, il a demandé la République. Il a mis ses représentants non au pouvoir, mais au péril. La République a vaincu l'invasion en 1792 : la République est proclamée. La révolution est faite au nom du droit, du salut public. Ci-

---

[1] J. Favre, tome 1er, p. 79.

toyens, veillez sur la cité qui vous est confiée ; demain vous serez, avec l'armée, les vengeurs de la patrie[1]. »

On discute ensuite la composition du futur gouvernement. Du milieu des spectateurs, « des interpellations violentes sont adressées à M. Gambetta, qui repousse énergiquement le nom de M. Félix Pyat[2] ». A ce moment une immense acclamation retentit sur la place de Grève. C'est M. Rochefort qui arrive, ceint d'une écharpe rouge, dans une voiture ornée de drapeaux de même couleur[3]. Malgré cet attirail significatif, on juge plus prudent de l'avoir « dedans que dehors[4] ». On fait même un instant du célèbre pamphlétaire le maire de Paris. Mais Étienne Arago a déjà reçu ces fonctions, et M. Rochefort s'efface aussitôt, « se déclarant prêt à accepter sans mot dire la mission pour laquelle il serait jugé propre.... Si l'on veut faire de moi, ajouta-t-il, le concierge de l'Hôtel de ville, je déploierai à tirer le cordon le même patriotisme que vous et vos collègues à diriger la République[5]. »

Enfin, après discussion, on décide que le gouvernement ne comprendra que les députés de Paris. Ce procédé d'une logique contestable permet d'en exclure sans difficulté les représentants des idées extrêmes, tels que Félix Pyat. Mais il impose à la France des gouvernants que Paris seul paraît avoir choisis. D'ailleurs il n'est pas strictement appliqué. M. Jules Simon et Ernest Picard, qui ont été élus à Paris, mais qui ont opté pour la province, sont adjoints à leurs collègues. Quant à M. Thiers, qui représente également la

---

1. *Journal officiel* du 5 septembre 1870.
2. Jules Favre, tome Ier, p. 79.
3. H. Rochefort, *les Aventures de ma vie*, tome II, p. 200. — « ...Rochefort montrant, une minute, sous sa tignasse révoltée, sa figure nerveuse, est acclamé comme le futur sauveur de la France. » (*Journal des Goncourt*, 2ᵉ série, tome Iᵉʳ, p. 23.) D'après le général Trochu, *Œuvres posthumes*, tome Iᵉʳ, p. 208, M. Rochefort aurait été adjoint au gouvernement en son absence.
4. *Enquête*, déposition Jules Ferry ; Jules Favre, tome Iᵉʳ, p. 375. « Ce dernier ne sera pas le moins sage ; en tout cas, nous avons préféré l'avoir dedans que dehors. » (*Discours de Jules Favre à la réunion du Corps législatif*, le 4 septembre, à 8 heures du soir.) Ces espérances ne furent pas démenties tout d'abord. M. Rochefort vécut même en bonne intelligence avec le général Trochu, ce qu'il était difficile de prévoir.
5. Sarcey, p. 23. M. Rochefort aurait adressé ce *speech* au général Trochu.

grande ville, en homme avisé il ne s'est pas rendu à l'Hôtel de ville ; il refusera de faire partie d'un pouvoir sorti d'une émeute et destiné, selon toutes les apparences, à finir de même.

Les membres du nouveau gouvernement sont unanimes dans la pensée de s'adjoindre le général Trochu, afin de se concilier l'armée [1]. Une députation, MM. Glais-Bizoin, Steenackers et Wilson, se rend aussitôt au Louvre. Il est 5 heures environ.

Le gouverneur est rentré depuis plus d'une heure à son quartier général [2]. Dès son retour il a pris soin de revêtir la tenue civile. M. Estancelin, qui arrive du Palais-Bourbon après l'avoir fait évacuer, vient le conjurer de prendre autour de la Chambre les mesures nécessaires pour assurer la liberté de ses délibérations « Il est trop tard ! » repartit le général et il ne veut pas en démordre [3]. Visiblement son parti est pris.

En arrivant près de lui, M. Steenackers et ses collègues le trouvent donc tout préparé à les accueillir. Ils l'invitent à

---

1. M. Rochefort accéda à cette proposition (Glais-Bizoin, *Une Dictature de cinq mois*, p. 9 ; H. Rochefort, tome II, p. 203).

2. M. Estancelin (*Figaro* du 4 septembre 1894) écrit qu'il vit le général au Louvre, à environ 3 heures. Suivant M. d'Hérisson, p. 83, le général rentra au Louvre à 4 heures moins un quart. Le général (*Discours des 13 et 14 juin 1871*) dit que M. Steenackers et ses collègues vinrent le trouver peu après sa rentrée. Or, cette dernière entrevue n'a pu avoir lieu que vers 5 heures, comme il résulte de divers documents. Il y a contradiction évidente entre ces trois témoignages. L'heure de M. d'Hérisson nous parait la plus vraisemblable.

3. « Général, la Chambre vient d'être envahie, mais elle est dégagée maintenant ; il faut prendre les mesures extérieures nécessaires pour que la sécurité de ses délibérations puisse être assurée maintenant.

« — Mon cher Monsieur, il est trop tard, me répond le général. J'ai voulu aller à la Chambre, mais la foule était tellement grande sur le pont de l'Alma ou de Solférino, je ne sais, que mon cheval n'a pas pu passer.

« — Général, je suis venu dans un fiacre sans la moindre difficulté et, si j'ai pu passer, vous pouvez y aller.

« — J'ai, du reste, ajouta-t-il, rencontré en chemin un certain nombre de vos collègues qui m'ont dit que tout était fini. J'étais à la disposition de la Chambre depuis quelques jours, on ne m'a trouvé bon à rien ; j'en suis désolé ! il est trop tard ! trop tard !

« — Allons, général ! Il paraît que c'est le mot de toutes les situations politiques comme celle-ci ! — Bien le bonjour ! » (Estancelin, *Figaro* du 4 septembre 1894.) Le général Trochu, dans ses *Œuvres posthumes*, tome Ier, p. 190. ne fait pas mention de cet incident.

se rendre à l'Hôtel de ville [1] et réclament son concours en faisant appel à son patriotisme. « A répondre à cette invitation, je n'eus pas l'ombre d'un combat avec moi-même », écrit le général. Il part aussitôt, après un bref entretien avec Mme Trochu, mais ce n'est pas sans difficulté qu'il atteint la place de Grève. La foule est telle qu'il doit prendre un escalier de service, pour arriver dans la petite pièce où délibèrent les membres du futur gouvernement, à la lueur incertaine d'une lampe. M. Jules Favre lui propose la situation de ministre de la guerre, faisant valoir que son nom sera une sanction morale pour le nouveau régime, en même temps qu'il lui assurera le concours de l'armée. Ces considérations paraissent plausibles au général. Mais il met des conditions à son consentement : « Je vous demande la permission de vous poser une question préalable : Voulez-vous sauvegarder les trois principes, Dieu, la famille, la propriété, en me promettant qu'il ne sera rien fait contre eux [2] ? »

---

1. « Je suis M. Steenackers, député.... Je suis envoyé vers vous, avec ces messieurs, pour vous dire qu'il se passe à l'Hôtel de ville un véritable drame ; la foule l'entoure ; des députés s'y sont réunis pour former un gouvernement provisoire ; mais il n'y a pas de troupes, il n'y a pas de soldats, il n'y pas de sanction, quelles que soient les dispositions qu'on arrête. On a pensé que votre nom serait une sanction et qu'il servirait de ralliement aux troupes dispersées dans Paris. »

« Je demandai cinq minutes pour voir ma famille. Je lui dis : L'heure de ma croix est venue, j'y vais, c'est mon devoir. Voulez-vous me suivre dans cette voie douloureuse ? — Oui, si c'est votre devoir. » Et je partis pour l'Hôtel de ville (Général Trochu, *Discours des 13 et 14 juin 1871*; voir aussi, *Œuvres posthumes*, tome 1er, p. 190).

« Le général me dit : « C'est une révolution ! Il faut aller au devant de cette révolution pour lui imprimer une rotation telle qu'elle rassure les honnêtes gens. » A ce moment, le général était assez ému. Il allait continuer quand on vint l'avertir qu'il était demandé à l'Hôtel de ville. Je lui dis : « Faites attention, mon général, le drapeau rouge sera sur le pignon de l'Hôtel de ville ! » Il me répondit : « Adieu ! Je ne sais si nous nous reverrons ; adieu ! Je vais aller faire le Lamartine là-bas ! » (*L'Empire et la défense de Paris*, déposition du général Schmitz, p. 146.)

Enfin, M. Glais-Bizoin écrit (p. 9) : « Général, dit M. Glais-Bizoin, il n'y a pas de temps à perdre ; le drapeau rouge a paru sur la place de l'Hôtel-de-Ville, il ne faut pas lui laisser le temps de s'y implanter. »

2. J. Favre, tome 1er, p. 80 ; Glais-Bizoin, p. 10 ; H. Rochefort, tome II, p. 203. — Le général reproduit à peu près cette question, non dans son discours des 13 et 14 juin 1871, mais dans ses *Œuvres posthumes*, tome 1er, p. 199. En outre, il assure dans ces deux documents qu'il alla voir le général de Palikao avant son acceptation définitive, ce qui paraît inexact.

Les députés présents n'ont garde de protester. « A cette condition, je suis avec vous, continue le général, pourvu toutefois que vous fassiez de moi le président du gouvernement. Il est indispensable que j'occupe ce poste. Ministre de la guerre ou gouverneur de Paris, je ne vous amènerais pas l'armée, et, si nous voulons défendre Paris, l'armée doit être dans notre main.... Comme chef militaire, mon autorité doit être sans limite. Je ne vous gênerai en rien dans l'exercice du pouvoir civil, mais il faut en coordonner l'action avec celle de la défense, qui est notre devoir suprême.... [1] »

En réalité, il croit, non sans raison, que « l'union des esprits et des cœurs » se fera plus aisément autour de lui que de Jules Favre, avant tout l'homme d'un parti.

Ces conditions sont aisément acceptées, et le général est reconnu président du gouvernement de la Défense nationale. Il se rend ensuite auprès du général de Palikao, qui l'approuve cordialement[2]. Le soir même, une circulaire annonce à la France l'avènement du nouveau régime. On prend soin d'y dissimuler l'attentat trop réel commis contre la représentation nationale[3].

---

1. J. Favre, tome Ier, p. 80. — De son côté, le général dit, dans son discours des 13 et 14 juin 1871 : « Si vous voulez que, dans cette effroyable crise, je sois utile, il faut que je dirige les affaires — c'était M. Favre qui était président — il faut que je sois président à sa place. » D'après les *Œuvres posthumes*, tome Ier, p. 204, cette revendication trouva place seulement après son retour du ministère de la guerre. Enfin, M. Rochefort, dans sa lettre du 1er septembre 1871 au général Trochu, se targue d'avoir *non pas seulement demandé, mais presque exigé* la nomination du général Trochu à la présidence (Général Trochu, *Œuvres*, tome Ier, p. 615). Il n'en dit rien dans ses *Aventures de ma vie*, tome II, p. 203.

2. J. Favre, tome Ier, p. 81 ; Glais-Bizoin, p. 11. — Jules Favre écrit que le général Trochu ne se rendit au ministère de la guerre qu'après avoir accepté la présidence. — « Général, me dit-il, la révolution est un fait accompli ; si vous ne prenez pas la direction des affaires, tout sera perdu ; si vous la prenez, tout sera peut-être perdu encore, mais les soldats vous rallieront » (Général Trochu, *Discours des 13 et 14 juin 1871 ; Œuvres posthumes*, tome Ier, p. 200).

3. « La déchéance a été prononcée au Corps législatif.
« La République a été proclamée à l'Hôtel de ville.
« Un gouvernement de défense nationale, composé de onze membres, tous députés de Paris, a été constitué et ratifié par l'acclamation populaire.
« Les noms sont : Arago (Emmanuel), Crémieux, Favre (Jules), Ferry,

L'attribution des portefeuilles n'a soulevé de difficultés qu'en ce qui concerne le ministère de l'intérieur, convoité à la fois par Gambetta et Ernest Picard[1]. Le premier l'emporte, circonstance qui ne sera pas sans influer sur la défense du pays.

Tandis que ces événements se succèdent à l'Hôtel de ville, les députés chassés du Palais-Bourbon se réunissent à quatre heures, au nombre de cent soixante-dix, dans la salle à manger de la présidence. La gauche n'est représentée que par six de ses membres[2]. M. Ernest Leroux préside, en l'absence de M. Schneider. On se met rapidement d'accord pour adopter le rapport de M. Martel, c'est-à-dire la proposition de M. Thiers, en y rétablissant ces mots : « Vu la vacance du pouvoir. » La déchéance est donc prononcée, presque sans opposition[3]. Il est convenu qu'une délégation se rendra à l'Hôtel de ville, pour demander aux députés qui s'y trouvent de revenir au milieu de leurs collègues. MM. Grévy, Garnier-Pagès, Cochery, Lefebvre-Pontalis, Martel, de Guiraud,

---

Gambetta, Garnier-Pagès, Glais-Bizoin, Pelletan, Picard, Rochefort, Simon (Jules).

« Le général Trochu, investi des pleins pouvoirs militaires pour la défense nationale, a été appelé à la présidence du gouvernement.

« Veuillez faire afficher immédiatement, et, au besoin, proclamer par le crieur public la présente déclaration.

« Pour le gouvernement de la Défense nationale,
« *Le Ministre de l'intérieur,*
« Léon Gambetta. »

« Paris, ce 4 septembre 1870, six heures du soir. »
(*Journal officiel* du 5 septembre 1870.)

Cette heure semble indiquer que le général Trochu se rendit au ministère de la guerre après la constitution du gouvernement, contrairement à ce qu'il assure dans son discours.

1. Les ministères furent ainsi répartis :
Ernest Picard, les finances; Crémieux, la justice; général Le Flô, la guerre; amiral Fourichon, la marine; J. Simon, l'instruction publique; J. Favre, les affaires étrangères; Dorian, les travaux publics; Magnin, le commerce.
M. de Kératry fut préfet de police; M. Steenackers, directeur des postes et télégraphes; MM. Brisson et Floquet, adjoints au maire de Paris, Étienne Arago.

2. MM. Grévy, Garnier-Pagès, Girault (du Cher), Barthélemy-Saint-Hilaire, Tachard, Raspail.

3. E. Dréolle, *la Journée du quatre septembre au Corps législatif*, p. 104; Darimon, *Notes pour servir à l'histoire de la guerre de 1870*, p. 288; *Enquête*, rapport Daru.

Johnston, Barthélemy-Saint-Hilaire sont choisis[1]. Ils arrivent à l'Hôtel de ville vers six heures. M. Grévy, qui porte la parole, annonce à Jules Favre les résolutions prises par le Corps législatif. Celui-ci demande simplement au nouveau pouvoir de concilier son action avec la sienne.

Jules Favre ne dissimule pas à la députation qu'il ne croit point à la possibilité d'un résultat quelconque pour leur démarche. Il est trop tard. D'ailleurs, il va en référer à ses collègues et se rendra, à 8 heures, à la présidence du Corps législatif, afin d'y porter la décision prise.

Elle doit être négative : les membres du gouvernement sont unanimes à penser qu'il est impossible d'accueillir les ouvertures qui leur sont faites. A huit heures et demie, MM. Jules Favre et Jules Simon arrivent à la présidence. M. Thiers préside la réunion[2]. Il fait part aux deux délégués des résolutions de l'assemblée. Jules Favre indique en quelques mots pour quelles raisons elles ne sont pas susceptibles d'une sanction pratique. Les faits accomplis l'interdisent absolument. Il n'est plus possible de remonter le courant qu'on a laissé s'établir. Puis il annonce l'acceptation de la présidence par le général Trochu[3].

M. Thiers répond courtoisement qu'il ne peut approuver les événements du jour, mais qu'il n'en fait pas moins des vœux pour ceux de ses anciens collègues qui ne reculent pas devant une tâche écrasante. A ce moment, un député proteste violemment contre la révolution accomplie. M. Thiers l'arrête d'un mot. Puis, après le départ de MM. Favre et Simon, il résume ainsi la situation : « Il ne convient ni de reconnaître un gouvernement né de l'insurrection, ni de le combattre quand il a à lutter contre l'étranger[4]. » Les dé-

---

1. D'après J. Favre, tome Ier, p. 81, à l'arrivée de la députation, le gouvernement était constitué, et le général Trochu venait de partir pour le ministère de la guerre.
2. Il fut choisi, écrit Jules Favre, tome Ier, p. 85, en l'absence de M. Schneider, « retenu par une indisposition », et sur le refus des vice-présidents qui déclinèrent cet honneur peu tentant.
3. Enquête, rapport Daru ; procès-verbal de MM. Martel et Peyrusse, inséré dans le Journal des Débats du 6 septembre 1870 ; J. Favre, tome Ier, p. 85.
4. Enquête, rapport Daru.

putés se séparent peu après. La révolution est définitivement accomplie. Dans la soirée, Glais-Bizoin mettra les scellés sur le Palais-Bourbon. MM. Floquet, Valentin, Clémenceau, Engelhard fermeront de même le Palais du Sénat. Lui aussi, ce grand Corps de l'État s'est borné à d'inutiles protestations [1].

---

1. La séance du 4 septembre fut levée à 3 heures et demie sur les paroles suivantes du vice-président Boudet : « Je demande au Sénat de se réunir demain à son heure ordinaire, à 2 heures, sans tenir compte des événements extérieurs, pour recevoir, s'il y a lieu, les communications du Corps législatif, à moins que les circonstances n'exigent que M. le président ne nous convoque auparavant. »

CHAPITRE V

RÉFLEXIONS

Aspect de Paris au 4 septembre. — Joie générale. — Les Prussiens sont oubliés. — M. Vitet. — Pouvait-on éviter la déchéance ? — Fâcheuses conséquences à prévoir.

C'est ainsi que s'écroula le second Empire, sans un simulacre de défense, sans une goutte de sang versé. L'indignation toujours croissante, provoquée par une série de désastres inouïs, dans un peuple qui, la veille encore, croyait posséder la « meilleure armée du monde », le coup terrible porté par la catastrophe de Sedan, si imprévue pour la masse, expliquaient assez cet effondrement. A ce moment suprême, les plus fidèles serviteurs du régime déchu n'avaient d'autre alternative que d'accepter les faits accomplis. Ils courbaient la tête devant une inexorable succession d'événements, faits pour briser toutes les résistances. La Fatalité, le Destin antique, semblait avoir tout conjuré en vue de la destruction d'un organisme politique acclamé quelques mois auparavant par tant de suffrages.

L'aspect de Paris, en cette journée du 4 septembre, était inoubliable. La veille, on avait appris le plus grand des désastres ; on avait nettement perçu la possibilité d'un siège ; on s'était couché désespéré. Le lendemain était un dimanche, jour de fête pour la population parisienne. Le soleil éclatant, le ciel bleu mettaient de la joie sur toutes choses. La multitude ondulait à flots pressés sur les rues et les boulevards. Mais cette foule bruyante n'avait rien d'irrité. L'allégresse se lisait sur tous les visages. On eût dit d'une « bande de lycéens dont le pion a disparu [1] ». On causait, on riait. Les

---

[1]. D'Hérisson, p. 67 ; Sarcey, p. 20 ; J. Favre, tome Ier, p. 91 ; E. Caro, *les Jours d'épreuve*, 1870-1871, p. 180 ; Vitet, *Première lettre sur le siège de Paris*, p. 11 ; Viollet-le-Duc, *Mémoire sur la défense de Paris*, p. XLVIII. — « Trottoirs, chaussées, tout est plein, tout est couvert d'hommes et de femmes, sem-

vieux refrains de la Révolution, hier inconnus des générations nouvelles, venaient sur toutes les lèvres. Les bataillons de la garde nationale, qui défilaient à tout instant dans les rues, étaient accueillis par des chants, des cris formidables de : « Vive la République ! » auxquels ils répondaient de même. Toute cette foule montrait « l'animation paisible d'un peuple heureux ». Les violences commises se bornaient à la destruction des armes impériales arborées par les fournisseurs, à celle des N couronnés figurant sur certains monuments. On se répandait en serrements de mains, en félicitations mutuelles, en propos railleurs. Les terrasses des cafés débordaient. A voir la joie de tous, il semblait que « les Prussiens » n'eussent jamais existé. On ne se serait point cru dans une ville à la veille des plus terribles épreuves. Dans le peuple, même parmi les gens instruits, beaucoup s'imaginaient que la guerre était finie : « Ils n'oseront plus venir, maintenant que nous l'avons (la République).... Ne souriez pas ; ce fut pour une heure la folie de toute la population parisienne. Elle est si habituée à se payer de phrases, qu'elle crut de bonne foi qu'à ce seul mot de République les Prussiens s'arrêteraient épouvantés [1]. »

Ajoutons, pour être vrai, qu'aux yeux d'une fraction notable de nos concitoyens, les rancœurs de la défaite disparaissaient devant la joie de voir s'écrouler un régime abhorré. Un avocat, qui occupa plus tard de hautes fonctions, s'écriait sur les marches du Palais de justice : « La disparition de l'Empire vaut l'Alsace et la Lorraine ! » Un académicien, M. Vitet, émettait la même idée sous une forme moins cy-

---

blant s'être répandus de leur *chez soi*, sur le pavé, un jour de fête de la grande ville, oui, un million d'êtres qui paraissent avoir oublié que les Prussiens sont à trois ou quatre marches de Paris, et qui, dans la journée chaude et grisante, vont à l'aventure, poussés par la curiosité fiévreuse du grand drame historique qui se joue.... Rien ne manque à la journée, pas même les chienlits des révolutions, et une voiture découverte charrie, porteurs de grands drapeaux, des hommes à barbiche et œillets rouges, au milieu desquels un turco embrasse une femme ivre » (*Journal des Goncourt*, 2e série, tome Ier, p. 22).

1. Sarcey, p. 20 et suiv. — Nous-même, le soir du 4 septembre, avons entendu un marchand de vins s'exprimer ainsi devant un nombreux auditoire sans nulle protestation.

nique[1]. Et ce n'était pas là une opinion individuelle, sans poids aucun. Ces lettres de M. Vitet, parues dans la *Revue des Deux-Mondes*, représentaient fidèlement les idées d'une importante fraction de la bourgeoisie. Elles eurent, pendant le siège, un immense retentissement.

Ainsi, aux heures sombres de 1814 et de 1815, des Français avaient fêté les victoires de l'étranger et le démembrement de la France impériale. Tant il est vrai que l'esprit de parti se retrouve, toujours le même, à travers la succession changeante des événements.

Cette révolution si aisément accomplie aurait-elle pu être évitée? L'empire pouvait-il échapper, le 4 septembre, au sort qui l'atteignit? A ces questions nous répondrons en toute sincérité : Non !

Non ! nulle force humaine ne pouvait prolonger l'existence d'un régime qui s'était suicidé par l'excès de ses fautes. La meilleure preuve en est que, des serviteurs les plus fidèles de l'empire, aucun n'osa même tenter de prendre sa défense. La déchéance fut, nous l'avons démontré, virtuellement prononcée par la Chambre avant sa dispersion. La proposition du général de Palikao était à peine moins contraire à la Constitution que celles de Jules Favre et de M. Thiers. En réalité l'empire n'existait plus dès le soir du 3 septembre. Le gouvernement de la Défense nationale releva simplement le pouvoir que la régence avait laissé échapper de ses mains.

Mais, de cette unanime condamnation du régime impérial,

---

1. « L'Empire est tombé dans les désastres provenant de sa propre faute, de sa faute évidente et notoire, et, de plus, dans la honte et dans la lâcheté : autant de boue que de sang ! C'est donc une libération complète et définitive ; les intrigants auront beau faire, nous sommes quittes de l'Empire.... Eh bien ! l'année qui a eu cet honneur de porter à son compte une telle délivrance, si meurtrière et si fatale qu'elle soit d'ailleurs, n'est pas une année stérile ; il ne faut la maudire qu'à demi et ne lui lancer l'anathème qu'en y mêlant la gratitude. » (*Dernières lettres [5e, 6e et 7e] sur le siège de Paris*, p. 10.) — Victor Hugo déclarait (*Lettre au congrès de la paix*, 20 septembre 1872) : « La France a eu deux aventures : une heureuse, sa délivrance ; une terrible, son démembrement. Dieu l'a traitée à la fois par le bonheur et le malheur. » — « Le fils d'un des membres du gouvernement nous disait que ce n'était pas avoir acheté trop cher la disparition de l'Empire que de l'avoir payée par Sedan. » (Duquet, *Paris, le Quatre-Septembre et Châtillon*, p. 72.)

il ne faut pas déduire que l'attentat commis contre le Corps législatif ait été justifié. L'étranger foulait le sol national. Il fallait choisir entre la paix immédiate et une résistance désespérée. Le moment était-il favorable pour supprimer la seule autorité légale qui subsistât encore, la seule qui émanât de la volonté du pays, librement consulté quoi qu'on en ait dit? L'assentiment populaire dont se targuait le nouveau gouvernement ne peut être pris au sérieux. En quoi les milliers d'insurgés ou de badauds qui remplissaient la Chambre et l'Hôtel de ville représentaient-ils la nation? Il convenait mal à ceux qui avaient si énergiquement protesté, pendant vingt ans, contre l'attentat du 2 décembre, de le rééditer à leur profit. Ceux des députés qui poussèrent à l'envahissement du Corps législatif ne se rendirent pas compte de la faute qu'ils commettaient contre la France et contre eux-mêmes. Quelques semaines plus tard, le 31 octobre, quand les meneurs des partis révolutionnaires essayèrent à leur tour de s'emparer du pouvoir, ils ne firent que les imiter. L'attentat commis le 4 septembre portait avec lui son châtiment.

Ainsi la déchéance était inévitable ; elle allait être prononcée quand le Corps législatif fut envahi. Si le nouveau gouvernement ne fut pas constitué d'une façon plus régulière, sinon entièrement légale, il convient d'en attribuer la faute d'abord aux partis avancés, incapables d'obéir à d'autres considérations que leurs rancunes et leurs appétits ; puis à la régence et au Corps législatif eux-mêmes. On tarda, on hésita devant des nécessités inéluctables. On ne sut ni résister aux fureurs populaires, ni céder en temps opportun. Si les députés avaient adopté la proposition de Jules Favre dans la nuit du 3 au 4 septembre, la constitution d'un gouvernement provisoire n'eût rencontré aucun obstacle[1]. Nous aurions évité la désorganisation de tous les rouages administratifs à un moment si critique, l'anarchie qui éclata bientôt dans une

---

1. Jules Favre, tome Ier, p. 61; Sarcey, p. 18; *Enquête*, déposition de MM. Thiers, Ernest Dréolle, Jules Ferry, Garnier-Pagès, Ernest Picard; Jules Simon, *Souvenirs du Quatre-Septembre*, p. 421; Caro, p. 170.

grande partie du Midi, la situation difficile qui nous fut faite au point de vue diplomatique. On peut et l'on doit déplorer le tour que prirent les événements le 4 septembre. Ils étaient le résultat inévitable des fautes accumulées à l'envi par l'empire, la régence, le Corps législatif, les partis conservateurs et révolutionnaires. Avant peu nous devions en supporter les tragiques conséquences. Elles allaient se dérouler logiquement pendant les deux sièges de Paris.

CHAPITRE VI

LE GOUVERNEMENT DE LA DÉFENSE NATIONALE

Les membres du gouvernement. — Leur opposition aux choses militaires. — Biographie du gouverneur de Paris. — Son caractère. — Le gouvernement et les partis avancés.

Tandis que le nouveau gouvernement se hâtait d'affirmer son existence par une série de décisions dont quelques-unes affectaient un caractère révolutionnaire[1], les noms de ses membres, jetés dans Paris, y provoquaient des sentiments complexes. Parmi la bourgeoisie, les gens d'opinions moyennes, deux ou trois seulement inspiraient une réelle confiance. On respectait Jules Favre, on admirait son talent de parole, mais on doutait de ses aptitudes à dominer une situation telle que la nôtre. Ses travaux antérieurs et sa tournure d'esprit devaient en faire un ministre des affaires étrangères fort insuffisant. Il abusa des discours, des circulaires et des proclamations, comme le général Trochu et avec aussi peu de succès réel. Il eût fallu un autre adversaire à M. de Bismarck.

Gambetta trouvait d'ordinaire plus de faveur, quoiqu'il ne fût connu que par quelques discours retentissants. Mais il était jeune, actif. Il avait su, tout en se créant des sympathies dans les milieux modérés, conserver une grande autorité sur les quartiers turbulents de l'est de Paris. Bref, il était populaire, mot qui explique tout en France[2].

Jules Simon, « cet universitaire égaré dans la politique », avait écrit, non sans succès, des ouvrages de philosophie et de morale courantes. Lui aussi était, avant tout, un maître

---
1. Caro, p. 181 : Dissolution du Corps législatif, suppression du Sénat, mise en liberté des condamnés politiques, parmi lesquels les assassins Mégy et Eudes. Suivant M. Rochefort (tome II, p. 193), cette mesure aurait été imposée par lui à ses collègues.
2. Sarcey, p. 24.

dans l'art de la parole. Sa manière d'être, ses façons ecclésiastiques auraient fait dire, assure-t-on, à Mgr Dupanloup : « Vous verrez que ce diable d'homme sera cardinal avant moi. »

Moins en vue que les précédents, Ernest Picard était un Parisien sceptique et gouailleur, qui allait révéler bientôt des aptitudes d'homme de gouvernement. L'un des premiers, il sut percer à jour l'énigmatique personnalité du général Trochu[1].

Quant à Jules Ferry, il ne devait sa notoriété récente qu'à un mauvais jeu de mot. Mais il montra pendant le siège, notamment le 31 octobre, des qualités d'énergie, de coup d'œil et de décision qui faisaient défaut à la plupart de ses collègues[2].

Si la tapageuse renommée de Rochefort lui valait une grande popularité dans certaines couches de la population, on s'accordait généralement à trouver sa présence compromettante pour le gouvernement. Homme d'opposition il était avant tout, et homme d'opposition il resta dans sa situation officielle[3]. D'ailleurs, elle ne tarda pas à lui peser et il rede-

---

1. M. Rochefort écrit, tome II, p. 267 : « Ernest Picard était un gros homme plein de finesse, en même temps que de scepticisme, pratiquant presque cyniquement le j'menfichisme. »

2. Suivant M. Rochefort, tome II, p. 283 : « En dehors de ses opinions politiques fort chancelantes et indéterminées, mais inclinant plutôt vers le centre gauche, Jules Ferry était une nature sèche et grincheuse, instinctivement portée aux mesures répressives. »

3. Voir sa lettre à Gustave Flourens, Larchey, p. 82 :

« Vous me pressez de donner ma démission de membre du gouvernement. J'ai accepté à mon corps défendant la mission ; mais la démission, ai-je bien le droit de la donner ? Voilà la question.

« J'ai demandé les élections municipales et bien d'autres choses encore. Je regrette qu'on ne les ait pas faites dans les premiers jours de la République. Aujourd'hui, la question de la Commune est devenue un champ de bataille, et si j'avais soulevé sur cet incident une question de cabinet, qui vous dit qu'à cette heure on n'entendrait pas à la fois les coups de canon sur les remparts et des coups de fusil dans les rues ?

« Je suis descendu presque dans les sous-sols les plus impénétrables de ma conscience, et je suis remonté en me disant que mon départ pourrait provoquer un conflit, et, que provoquer un conflit, c'était ouvrir une brèche aux Prussiens....

« Vous m'objecterez, mon cher et excellent ami, que je capitule avec mes convictions ; si cela est, vous m'excuserez, car c'est pour ne pas être obligé

vint pamphlétaire comme devant, sans laisser de regrets parmi ses collègues, ni même dans la masse des citoyens.

Les hommes que la fatalité, beaucoup plus que leur volonté propre, venait de mettre ainsi « à l'honneur et au danger », étaient loin de présenter les garanties qu'on eût été fondé à en attendre. Tous gens estimables, quelques-uns célèbres par leurs facultés oratoires ou leurs talents d'écrivain, ils avaient conquis la notoriété politique dans des luttes, souvent éloquentes, contre le gouvernement impérial. Aucun, sauf le général Trochu, n'avait l'expérience du maniement des hommes. Or, les qualités d'un avocat ou d'un homme de lettres, si brillantes qu'elles soient, se concilient mal avec les devoirs de l'homme d'État. Trop souvent la parole fait tort à l'action. On a pu dire, avec apparence de raison, qu'un peuple court de grands risques, en confiant ses destinées à des personnalités dont l'éloquence est le principal mérite. Tel était le cas pour le gouvernement du 4 septembre[1].

D'ailleurs l'opposition que, pendant près de vingt ans, Jules Favre et ses collègues avaient faite au régime impérial, entraînait de leur part certaines compromissions. Au cours de cette lutte ardente, ils englobèrent l'armée nationale dans la haine vigoureuse qu'ils portaient aux auteurs du Deux-Décembre. Souvent cette haine les porta bien au delà de ce qu'auraient exigé les intérêts de la patrie. En maintes occasions, la plupart nièrent la nécessité des armées permanentes et proclamèrent la supériorité de la garde nationale, des formations improvisées[2]. Ils avaient activement travaillé à empêcher la garde mobile de devenir une force réelle, et leur succès ne fut que trop complet. En 1867, à la Chambre, pen-

---

de capituler avec l'ennemi. Dans les circonstances actuelles, une démission serait peut-être le prélude d'un désastre....

« Je fais taire mes instincts politiques ; que nos braves amis de la première circonscription laissent sommeiller les leurs. Le moment venu, c'est-à-dire le Prussien parti, nous saurons bien nous retrouver tous. — Mille embrassements fraternels. »

Cette lettre, où M. Rochefort déploie une si naïve outrecuidance, dans une langue si singulière, fut rendue publique le 9 octobre.

1. E. Caro, *les Jours d'épreuve, 1870-1871*, p. 195.
2. E. Caro, p. 86 et 194.

dant la discussion de la loi militaire, M. Magnin déclarait : « Les armées permanentes sont jugées et condamnées. L'avenir appartient à la démocratie armée. » M. Jules Simon enchérissait encore : « Le militarisme est la plaie de l'époque. Il n'y a pas d'armée sans esprit militaire, me dit-on ; alors nous voulons une armée qui n'en soit pas une[1] ! » « Inutile au dedans pour la justice, le soldat n'est même pas nécessaire à la frontière[2]. » Jules Favre était non moins affirmatif : « Soyez-en sûrs, nos véritables alliés, c'est la justice, c'est la sagesse. La nation la plus puissante est celle qui peut désarmer. » Et Garnier-Pagès : « Il n'y a qu'une bonne organisation militaire : la levée en masse ! Lorsque nous avons fait la levée en masse, nous avons vaincu la Prusse, et nous sommes allés à Berlin[3]. » « Je ne crois pas cette guerre très prochaine, disait Jules Simon dans la séance du 23 décembre 1867 ; personne à mon sens n'y a intérêt... Je suis de ceux qui pensent que l'Allemagne complètement unie sera moins redoutable pour vous que la Confédération du Nord soumise à l'hégémonie de la Prusse.... Je suis convaincu que, dans l'Allemagne complètement unifiée, vous trouverez des sympathies qui, aujourd'hui, vous font défaut. »

Quant à Jules Ferry, dans la circulaire qu'il adressait aux électeurs de la sixième circonscription de la Seine, en 1869, il déclarait : « La France n'aura pas la liberté, tant qu'elle s'obstinera dans le système des armées permanentes, qui entretiennent, d'un bout de l'Europe à l'autre, l'esprit de haine et de défiance ; qui, à l'intérieur, éternisent les gros budgets, perpétuent le déficit, ajournent indéfiniment la réforme de l'impôt[4].... »

---

1. Séance du 21 décembre 1867.
2. *La politique radicale*, Paris. 1868, p. 181.
3. Cité par le major de Sarrepont, p. 444.
4. Cette phrase était d'abord suivie de celle-ci : « Aussi faut-il vouloir, par-dessus tout, la suppression des armées permanentes. » Quand Jules Ferry en donna lecture à Gambetta, celui-ci bondit : « Enlève ce passage ou modifie-le, s'écria-t-il. Songe que demain tu seras homme d'État et que tes adversaires te reprocheront d'avoir ainsi parlé. La suppression des armées permanentes, dans l'état où est l'Europe, mais c'est de l'aberration ! » (Antonin Proust, *Mémoires des hommes du temps présent*, *Figaro* du 29 juin 1895).

En 1869, lors de la discussion du budget, les mêmes affirmations se produisirent. Jules Favre réclama des économies sur nos dépenses militaires, accusant « les hommes de guerre » d'oublier « par quelle force supérieure la France serait défendue, si jamais elle était au moment du danger ». « Le budget de la guerre, s'écriait Garnier-Pagès, nous mène à la banqueroute. C'est la plaie, c'est le chancre qui nous dévore ! » Tous les projets de dépenses militaires, même les mieux justifiés, rencontraient pareille opposition : « C'est une erreur de croire, disait Jules Favre à la Chambre, qu'une nation n'est aujourd'hui véritablement forte qu'à la condition de se cuirasser et de se bastionner. — Si nous voulions suivre tous les progrès de la science, qui marche sans cesse, nous serions condamnés à nous épuiser dans des dépenses stériles[1]. »

Après la déclaration de guerre, les députés de la gauche réclamèrent, en toute occasion, l'armement de la population de Paris, souvent dans les termes les plus violents[2]. Ces appels à l'insurrection devaient être entendus, non seulement le 4 septembre, mais le 31 octobre et le 18 mars, pour la plus grande confusion de ceux qui n'avaient pas craint de les lancer. Il n'est pas surprenant que ces mêmes hommes aient obéi, le 4 septembre, à la pression de la foule. Le gouvernement qu'ils constituèrent semblait fait uniquement pour Paris, en vue de se concilier les électeurs de la grande ville[3].

Le choix du général Trochu comme président du nouveau pouvoir n'en devait pas modifier le caractère. L'un des historiens les plus lus de la guerre franco-allemande, le co-

---

[1]. Sarrepont, p. 450. C'était en 1868, lors de la discussion des crédits afférents à la construction des nouvelles fortifications.

[2]. « Je dis que si la Chambre, ce que je ne suppose pas un instant, accordait sa confiance aux ministres, et si, aux citoyens qui veulent défendre Paris, elle refuse des armes, mon avis est que la population devra s'en procurer par tous les moyens possibles. Oui, elle les trouvera (*Vives exclamations*) » (M. Ernest Picard à la Chambre, séance du 9 août).

[3]. « *M. Perrot.* — La seule chose que je tenais à constater, c'est que le gouvernement a été formé uniquement en vue de Paris.

« *M. Pelletan.* — Mais Paris, à ce moment, c'était la France ! » (Pelletan, *le Quatre-Septembre devant l'enquête*, p. 234; déposition de M. Pelletan devant la commission d'enquête; Caro, p. 172.)

lonel Lecomte, de l'armée helvétique, a écrit, non sans humour : « Composé surtout d'éloquents avocats et de spirituels littérateurs, sous la présidence d'un officier général à lui seul plus littérateur et plus avocat que tous ses collègues ensemble, ce gouvernement eût été plus propre à orner l'Académie française qu'à garnir la brèche, selon son expression [1]. »

Pourtant, le matin du 4 septembre 1870, quand le nom du général Trochu s'étala, pour la première fois, sur les blanches affiches officielles, en tête de ceux de Jules Favre, de Jules Ferry, de Gambetta et de M. Rochefort, à ne citer que ceux-là, il fut accueilli par un engouement presque unanime. On savait gré au gouverneur de Paris de ses difficultés récentes avec le ministre de la guerre, général de Palikao, de son attitude quelque peu frondeuse vis-à-vis du régime impérial, qui avait tant fait pour lui. Toutefois, quelques esprits enclins à la critique l'accusaient de se répandre trop volontiers en proclamations et en discours. On le traitait déjà de : « Monsieur Trochu » ou même de : « Monsieur Trop lu [2]. » Un journaliste du *Figaro*, M. Jules Richard, lui avait appliqué un surnom dangereux par son apparente justesse : « Un Ollivier militaire [3]. » Mais en France, à Paris surtout, dans les temps difficiles, la foule éprouve toujours le besoin instinctif de croire en un homme, un sauveur quelconque. Ce fut encore le cas dans les circonstances présentes. On écarta de trop réels sujets de crainte, pour espérer passionnément en ce général presque inconnu deux mois auparavant, comme il le dit lui-même.

Avant d'aller plus loin, il est indispensable d'étudier de

---

1. Colonel Lecomte, *Relation historique et critique de la guerre de 1870-1871*, tome III, p. 13. — M. John Lemoine a émis la même idée sous une autre forme : « Avec un gouvernement de dix avocats, on avait, pour correctif, la chance de le voir présidé par un militaire, et c'était justement le militaire qui parlait le plus » (*Journal des Débats* du 11 septembre 1871, cité par M. Duquet, p. 133).
2. D'Hérisson, *Journal d'un officier d'ordonnance*, p. 55.
3. Sarcey, *le Siège de Paris*, p. 25. On attribue aussi la paternité de ce surnom à Mgr Bauer, l'aumônier bien connu des Tuileries (Goncourt, *loc. cit.*, p. 204).

plus près le passé de cette haute personnalité, qui devait jouer un si grand rôle dans la défense de Paris.

Né en 1815, d'une famille militaire [1], il ne quitte Saint-Cyr que pour passer par l'École d'état-major. A vingt-cinq ans, en 1840, il est lieutenant et sert en Afrique. Là il est tour à tour distingué par les généraux Bugeaud et Lamoricière, deux bons juges. En 1851, chef d'escadron et aide de camp du général Neumayer, il est mis en disponibilité avec lui, à la suite de la fameuse revue de Satory, au cours de laquelle les soldats crièrent « spontanément » : « Vive l'Empereur ! » Le général et son aide de camp avaient, en effet, tenté vainement de refréner ces manifestations enthousiastes. Le prince-président, « oubliant les injures d'Octave », fait presque aussitôt du commandant Trochu un lieutenant-colonel. Néanmoins, en 1852, lors du plébiscite qui suit le coup d'État, le nouveau promu vote ostensiblement *non*. Il ajoute même à son vote cette phrase, qui le peint tout entier. « Je vote non, parce que c'est mon devoir [2]. » On voit, par cet exemple instructif, que son culte du devoir n'est pas exempt d'une certaine ostentation. Pourtant, six semaines après, sur le désir nettement formulé par l'empereur, il est nommé directeur adjoint du personnel au ministère de la guerre [3].

---

[1]. Trochu, *Œuvres*, tome Ier, p. 60. Le père du général, officier principal d'administration, fut trente ans conseiller général du Morbihan, ainsi, d'ailleurs, que son fils.

[2]. Mme Carette, *Souvenirs intimes de la cour des Tuileries*, 2e série, p. 156 et suiv. Après le coup d'État, les officiers avaient été astreints à signer leur vote, disposition qui fit scandale et fut rapportée.
Le colonel Trochu écrivait le 15 décembre 1851 à son père qui approuvait le coup d'État : « Aujourd'hui je vous affirme que, à moins que la Providence ne change par quelque faveur spéciale le cours de vos destinées, l'édifice où vous allez vous abriter s'écroulera sur vos têtes et vous écrasera » (Général Trochu, *loc. cit.*, p. 62).

[3]. Le général Trochu garda trois ans cette situation. Il s'était, dit-il, pour expliquer le refus de plusieurs situations importantes, lié par le *vœu* « de refuser tout commandement, en dehors du temps de guerre, et toute direction d'affaires qui l'associeraient par des emplois supérieurs à la responsabilité morale des actes du nouveau pouvoir » (Général Trochu, tome Ier, p. 64). C'est ainsi qu'il refusa, notamment, la direction du personnel, que le maréchal Vaillant lui avait offerte le 27 novembre 1855 (*Ibid.*, p. 65).
La lettre du 3 décembre 1855, adressée au maréchal Vaillant, est curieuse à titre de préface de l'*Armée française en 1867*. Elle fait, certes, le plus grand honneur au général.

Colonel en 1853, il est en 1854 le premier aide de camp du maréchal de Saint-Arnaud. Après l'Alma, il reçoit les étoiles de brigadier. Puis il refuse la haute situation de chef d'état-major général, pour ne pas en déposséder le général de Martimprey. Divisionnaire en 1859, il conduit brillamment l'une des divisions du corps Canrobert. De 1859 à 1867, il exerce les fonctions de membre du comité d'état-major, d'inspecteur général de l'infanterie. Il refuse le commandement de l'expédition de Chine, qui lui est offert avant qu'on songe au général Cousin-Montauban[1]. Dans l'intervalle, son frère meurt, laissant une veuve et onze enfants, sans fortune. L'empereur leur envoie 20,000 fr. Le général Trochu lui demande une audience et rapporte cet argent, déclarant qu'il se charge de cette famille infortunée. Mais il accepte pour elle un bureau de tabac et des bourses. L'empereur ne lui garde pas plus rancune qu'en 1852. Il est très bien accueilli à Compiègne et fait même partie, en 1866, de la commission chargée de la réorganisation de l'armée[2].

En 1867, il publie un livre anonyme, *l'Armée française en 1867*, qui, malgré ses côtés techniques, a vingt éditions peu après son apparition. Peut-être ne vaut-il ni un tel succès, ni les accusations passionnées qu'il suscite contre son auteur, aisément reconnu? Il plaît surtout au dehors de l'armée, par l'esprit critique, l'érudition, l'éloquence facile qu'il révèle chez un officier général, dans un temps et un milieu où l'étude est peu goûtée. On y trouve à la fois des vues justes, des phrases de rhéteur, des citations de Tacite et de Bugeaud, des idées étroites et fausses. Il attire au général de puissantes inimitiés. En juillet 1870, on lui réserve d'abord le commandement en chef des troupes d'observation destinées à rester sur la frontière d'Espagne[3]. Trochu ne

---

1. Mme Carette, *loc. cit.*, p. 165.
2. Mme Carette, *loc. cit.*, p. 169; général Trochu, *loc. cit.*, p. 74. Son opposition parut incommode, et il cessa, sans en avoir été informé, de faire partie de la commission. Les sentiments qu'il éprouva se traduisirent par la publication de l'*Armée française en 1867* (général Trochu, *loc. cit.*, p. 85).
3. Général Lebrun, *Souvenirs militaires*, p. 182; général Trochu, *loc. cit.*, p. 85.

peut croire à la réalité de cette mission, et il n'a point tort, puisqu'il ne reste aucune troupe dans les départements du Midi. Puis on songe à envoyer un corps de débarquement dans la Baltique. La direction suprême est destinée au prince Napoléon, son ami personnel, qui demande que la flotte soit commandée par l'amiral de la Roncière et les troupes de terre par Trochu. L'empereur y consent et le général approuve en principe l'idée même de l'expédition. Mais une entreprise aussi délicate ne peut s'improviser, et rien n'a été prévu avant le jour où l'on examine le projet au conseil. Le ministre de la guerre « dans un état d'esprit et dans une attitude qui révèlent sa tiédeur pour l'entreprise », déclare qu'il ne peut disposer d'un seul régiment de l'armée. Le ministre de la marine, amiral Rigault de Genouilly, refuse énergiquement « de donner au prince Napoléon la haute main sur une flotte de guerre[1] ». Bref, le projet n'aboutit pas, comme il est naturel. C'est ainsi que, seul parmi nos généraux en vue et quoique l'un des plus anciens parmi nos divisionnaires, Trochu reste sans commandement au début de la campagne[2]. Mais les événements eux-mêmes vont le pousser au premier plan. Dès le 7 août, M. Émile Ollivier demande à l'empereur de remplacer au ministère de la guerre le général Dejean par Trochu. « L'effet d'opinion sera infaillible », assure le président du conseil. Le consentement impérial obtenu, M. Émile Ollivier, puis le président de la Chambre, M. Schneider, et l'amiral Jurien de la Gravière tentent vainement, au nom de l'impératrice, d'amener le général à entrer dans le cabinet Ollivier. Celui-ci tombé, on va jusqu'à offrir au futur gou-

---

1. La première entrevue, où il fut question de ce projet entre Trochu et le prince Napoléon, est du 18 juillet 1870. Le général s'en montra fort partisan, mais à la condition que tout eût été préparé pour son exécution. La question fut discutée dans le conseil du 19 juillet (général Trochu, *loc. cit.*, p. 89 et suiv.).

2. Général Trochu, *Discours des 13 et 14 juin 1875 à l'Assemblée nationale*. Mme Carette, *loc. cit.*, p. 156, assure qu'il fut ulcéré par cette situation. Le général Lebrun s'explique de même, p. 182, et Trochu le laisse entendre dans son livre, p. 83 et 87. Il est pourtant évident qu'elle n'avait rien de blessant. La personnalité du général était telle qu'on ne pouvait le mettre en sous-ordre, et l'hostilité de la cour s'opposait à ce qu'on lui confiât un grand commandement.

verneur de Paris la présidence du conseil. C'est après son refus que le général Cousin-Montauban est appelé à constituer un nouveau ministère[1]. De son côté, Trochu, envoyé au camp de Châlons, y prend le commandement du 12ᵉ corps. Il le gardera quelques jours à peine.

On sait qu'à la conférence du 17 août, le prince Napoléon proposa la nomination de l'auteur de l'*Armée française en 1867* comme gouverneur de Paris et commandant en chef de toutes les forces de la capitale. L'empereur se tourna vers lui : « Vous avez entendu. Est-ce que vous accepteriez cette mission ? » Le général répondit simplement : « Oui. » Voyons quels étaient ses projets. Il va nous le dire lui-même :

« Je rêvais d'une population parisienne oubliant, devant la grandeur du péril commun, ses griefs contre l'Empire, pour s'associer à l'effort suprême que nous allions faire avec lui ; de Paris, avec ses immenses ressources, mis en état de défense par le travail de cent mille bras, et, à bref délai, rendu imprenable ; de l'armée du maréchal de Mac-Mahon, reconstituée dans son moral et dans son organisme, portée à un minimum de 200,000 hommes, surveillant au point de concours de nos chemins de fer l'arrivée des colonnes prussiennes, fondant sur elles, les accablant, revenant au centre pour se refaire et retournant au combat, soutenue par les vœux, exaltée par les applaudissements des patriotes de tous les partis ; de l'armée allemande, s'épuisant en efforts devant cet invincible obstacle, appelant à elle ses réserves, forcée de s'affaiblir autour de Metz et de rendre à l'armée du maréchal Bazaine assez de liberté pour qu'elle pût agir sur les flancs, sur les derrières de l'invasion[2] ! »

On voit que l'idée maîtresse du général est le retour sous Paris de l'armée de Châlons, comme elle a été, quelques jours auparavant, le retour sous Paris de l'armée de Metz[3]. A la suite du conseil de guerre du 17 août, il est décidé que Tro-

---

1. Général Trochu, *Œuvres*, tome Iᵉʳ, p. 107 et suiv. ; Mᵐᵉ Carette, *loc. cit.*
2. Général Trochu, *loc. cit.*, p. 133.
3. Lettre du général Trochu au général de Waubert, aide de camp de l'empereur, 10 août 1870 (général Trochu, *loc. cit.*, p. 99).

chu, nommé gouverneur de Paris[1], précédera l'empereur et fera accepter sa rentrée par la population. Pour faciliter cette partie de sa tâche, les gardes mobiles de la Seine, qui ont été maladroitement concentrés au camp, seront aussi ramenés sous la grande ville[2]. Le général adresse même à ces jeunes gens, déjà de fort médiocres soldats, des paroles faites pour les encourager à l'indiscipline : « J'ai demandé votre appel immédiat à Paris, parce que c'était votre droit, parce que votre devoir est là » (19 août)[3]. De même dans sa proclamation du 18 août aux habitants, le général marque l'intention de compter uniquement sur « l'autorité morale » pour faire face aux agitations de la rue[4]. Il affiche dans la population une confiance sans limites, et la lettre qu'il adresse le 19 août au journal *le Temps* accentue encore ces déclarations imprudentes.

A ce moment, le général Trochu prévoit la chute prochaine de l'Empire. Il pressent que les circonstances lui réservent un grand rôle[5]. Bien qu'il ait affirmé le contraire, il entre-

---

1. Ce titre et les fonctions qu'il comporte n'existaient pas jusqu'alors.
2. Général Trochu, *loc. cit.*, p. 116; le même, *Discours des 13 et 14 juin 1871*. L'empereur *lui-même* fut d'avis, comme le général Trochu, de les envoyer à Paris et non dans les places du Nord. Le prince Napoléon et le général Schmitz plaidèrent énergiquement pour la rentrée du général Trochu à Paris, comme *gouverneur commandant l'état de siège* (général Trochu, *loc. cit.*, p. 121).
3. D'Hérisson, *loc. cit.*, p. 29. M. d'Hérisson assure que ces mots furent inspirés par l'empereur. Cette explication peu vraisemblable n'excuse nullement le général d'avoir écrit une phrase aussi contraire à la discipline. Elle est extraite de la proclamation, affichée le 19 août, à tous les défenseurs de Paris.
Le général adresse (*loc. cit.*, p. 117) des éloges quelque peu surprenants à cette garde mobile. On y apprend que, « à Paris, elle n'a pas quitté les forts et les avant-postes. Elle n'a figuré, même par des individualités, dans aucune des émeutes isolées qui ont paralysé l'effort du siège.... Elle a bien mérité du pays.... » Les *faits* que nous citons dans ce livre montrent ce qu'il faut croire de ces assertions.
4. Voir le texte primitif de cette proclamation dans le livre posthume du général, p. 136. Le *Journal officiel* du 20 août donne la deuxième version.
5. En wagon, le général Schmitz, son chef d'état-major, ne cache pas au général Favé ses tristes pressentiments. Il considère la dynastie comme perdue. « Voilà le futur président de la République », dit-il en désignant Trochu (Mme Carette, 2e série, p. 218).
Bien avant cette époque, le sens critique très développé chez le général lui faisait prévoir un désastre. « Monsieur, disait-il au marquis de Mun pendant l'hiver de 1869, l'armée française, telle qu'elle est organisée, est également près d'un triomphe ou d'un immense désastre, comme jamais l'histoire n'en

tient des relations avec les députés de l'opposition[1]. Vis-à-vis d'eux, chose infiniment grave, il s'exprime sans aucune contrainte sur la responsabilité de nos désastres, sur l'état de nos ressources militaires. « Il s'étendit longuement sur l'infériorité de notre armée, due surtout à sa vicieuse organisation.... Elle n'est (la France de l'Empire) qu'un décor derrière lequel est le néant; aussi, rien ne peut condamner assez énergiquement la coupable résolution des hommes d'État et des hommes de guerre qui ont entraîné la France dans l'aventure où elle se débat. Quant à Paris, la défense n'en peut être qu'une héroïque folie ; je le sais, mais je m'y dévoue ; elle sera le dernier acte de ma vie[2].... »

Vis-à-vis de l'impératrice, sa situation est difficile dès le premier moment. Il est arrivé à Paris, un peu après minuit, dans la nuit du 17 ou 18 août. Malgré cette heure tardive, il juge qu'il doit se présenter sans retard devant la régente. Il va donc réveiller le ministre de l'intérieur, M. Chevreau, qui l'accompagne aux Tuileries. Ses sentiments pour la sou-

---

a enregistré. » (De Mun, *Un Château en Seine-et-Marne pendant la guerre de 1870-1871*, p. 75.)

Voir également le livre posthume du général Trochu, tome Ier, p. 70, 74, 78, 79, 80, etc. A la fin de 1866, il disait au comte de Maillé, à propos du général Benedeck : « Je l'ai défendu comme il faudra un jour défendre les généraux français. Oui, un jour nous serons tous des Benedeck, victimes de la détestable organisation militaire du pays. » (*Loc. cit.*, p. 79.)

1. Dans *la Politique et le Siège de Paris*, le général affirme à trois reprises (p. 25, 64, 257) qu'il ne connaissait ni Jules Ferry, ni aucun membre du gouvernement. — « Je ne sais si les hommes que j'apercevais là pour la première fois, excepté Jules Favre, que j'avais vu le matin même, étaient des usurpateurs.... » (Général Trochu, *Discours des 13 et 14 juin 1871*.) Par contre, dans ses *Œuvres posthumes*, tome Ier, p. 166, il reconnaît avoir vu un jour Jules Favre et plusieurs de ses collègues. Jules Favre (*Gouvernement de la Défense nationale. Simple récit*, tome Ier, p. 49) raconte que, le 21 août, il fut longuement reçu par le général Trochu, après avoir demandé une audience par lettre. Il était accompagné de MM. Ernest Picard, Jules Ferry et de plusieurs électeurs, parmi lesquels MM. Tirard et Montanié. De même, M. Jules Simon écrit (*Souvenirs du 4 septembre*, p. 310) : « Nous étions allés chez le général Trochu presque tous. » Le général Schmitz a déposé dans le même sens (*Procès du général Trochu contre le Figaro*). Dans sa déposition au cours du même procès, M. Rouher déclare que le général reconnut, vis-à-vis de l'impératrice, qu'il avait des rapports avec des membres de l'opposition, mais qu'il agissait ainsi pour « tâter le pouls » de l'opinion. Voir plus haut, p. 23.

2. J. Favre, *loc. cit.*, tome Ier, p. 49; général Trochu, *Œuvres*, tome Ier, p. 166.

veraine, le général le reconnaît dans ses *Œuvres posthumes*, sont à l'avance fortement nuancés d'hostilité. Il voit en elle ce qu'y verra l'histoire, l'un des principaux auteurs de nos désastres.

Il est introduit. Auprès d'elle se trouve le vice-amiral Jurien de la Gravière, avec lequel il a eu les meilleures relations. « J'exposai à l'impératrice l'objet de ma mission, mettant sous ses yeux les ordres dont j'étais porteur et cherchant à en compléter le sens par des explications qu'elle ne me laissa pas achever. Debout, l'œil ardent, nerveuse, les joues vivement colorées :

« *Général*, dit-elle en me regardant fixement, et avec une inflexion de voix où se révélait l'ironie interrogative, *je vous demande un conseil. Ne pensez-vous pas qu'en l'extrême péril où nous sommes, il conviendrait d'appeler en France les princes d'Orléans ?* »

« Surpris au plus haut point, abasourdi, devrais-je dire, tout entier d'ailleurs à l'émotion du récit que j'avais commencé et à cent lieues, par conséquent, de me rappeler en un tel moment que l'impératrice m'avait toujours considéré comme l'un des principaux agents de l'orléanisme, je ne saisis pas du premier coup ce que cette extraordinaire proposition avait d'insultant pour mon caractère, et je répondis naïvement :

« *Madame, il m'est impossible d'apercevoir en quoi la présence des princes d'Orléans pourrait simplifier une situation qui est si périlleusement compliquée.* »

« Mais l'amiral, qui connaissait bien sa souveraine, avait compris avant moi. Il me connaissait aussi. Il voyait qu'à la réflexion je ressentirais profondément cette injure, et, pressentant une explosion, il me poussa vers l'impératrice et me jeta littéralement dans ses bras, en s'écriant :

« *Mais vous êtes faits tous deux pour vous comprendre. Donnez, Madame, toute votre confiance au général : il la mérite*[1]. »

---

[1]. Général Trochu, *loc. cit.*, p. 142. — L'amiral Jurien de la Gravière a confirmé implicitement l'exactitude de cette conversation, par sa déposition lors du procès du *Figaro* : « Oui, l'impératrice pensait que si l'on mettait à la tête

« ....J'étais suspect. Je ne pouvais pas descendre à me justifier devant l'impératrice par une profession de foi politique. Je m'efforçai de la rassurer par une profession de foi patriotique[1]. Je lui dis que j'étais un honnête homme, un bon citoyen, que j'étais pénétré des grands devoirs que j'assumais, que je saurais les remplir. Je n'eus, à aucun degré, l'attitude théâtrale que la légende faite par des courtisans de l'Empire et par l'impératrice elle-même m'a prêtée. Je ne lui dis pas que j'étais « Breton, catholique et soldat », quoique je sois très Breton, très catholique et que je me croie soldat; mais je n'en ai jamais fait état, encore moins étalage, et l'heure n'était pas aux grands mots.

« Je croyais l'impératrice rassurée, elle me dit avec véhémence : *Ceux qui ont conseillé à l'empereur les résolutions que vous m'annoncez sont des ennemis. L'empereur ne reviendra pas à Paris;* — et comme se parlant à elle-même, — *il n'y rentrerait pas vivant. L'armée de Châlons fera sa jonction avec l'armée de Metz.* »

« Ainsi le prince Napoléon, le maréchal de Mac-Mahon (quoique à la conférence de Châlons il fût resté à l'état de personnage muet), le général Schmitz et moi, nous étions des ennemis. C'était, en ce qui me concernait, une autre insulte sous une forme nouvelle; mais en admettant que l'irritation nerveuse à laquelle l'impératrice cédait la conduisît à l'exagération de sa propre pensée, c'était la ruine du plan de guerre à Châlons, la ruine des conventions qui faisaient la valeur de mon mandat.

« Paris n'était plus la base des opérations militaires nouvelles que j'avais rêvées. Paris allait être une ville assiégée sans armée active de soutien, c'est-à-dire condamnée, aux termes des principes élémentaires de la guerre de siège, après une défense plus ou moins obstinée, à une capitulation certaine.

---

de l'armée un général populaire, il était d'une bonne politique de rappeler les princes dont elle avait toujours regretté l'exil. » Cette explication paraît invraisemblable, est-il besoin de le dire?

1. On remarquera la subtilité de cette distinction. En général, les honnêtes gens, les bons citoyens ne se targuent pas si volontiers de leurs mérites.

Le gouvernement de l'impératrice avait précédemment arrêté la retraite sur Paris de l'armée de Metz, en y objectant. Il arrêtait à présent la retraite sur Paris de l'armée de Châlons, en s'y opposant. Il n'y avait plus d'espoir !

« Comme, devant ces déclarations de l'impératrice, je lui représentais que ma mission était désormais sans objet : *« L'empereur vous a confié le gouvernement de Paris pour en organiser et en diriger la défense. Cette mission reste entière et vous la remplirez. »*

« Je ne pouvais m'arrêter à la pensée de la faire juge de la conception militaire, d'un caractère exclusivement technique, que mettaient à néant les résolutions prises par elle et par son gouvernement. Me réservant d'aller, au sortir du palais, l'exposer au ministre de la guerre et la défendre contre lui avec toute l'énergie de mes convictions, je lus à l'impératrice, avant de prendre congé d'elle, la proclamation que j'avais préparée. Elle m'arrêta dès les premiers mots :

« Dans le péril où est le pays, l'empereur, que je précède ici de quelques heures, m'a nommé gouverneur de Paris.... »

« *Il ne faut pas, général, que le nom de l'empereur figure dans une proclamation à l'heure présente.* »

« Et comme j'insistais, montrant que je ne pouvais faire connaître à la population de Paris la mission dont j'étais chargé, sans dire de qui je la tenais :

« *Non, cette indication n'est pas nécessaire. Il y a de sérieux inconvénients, dans l'état d'excitation où sont les esprits, à la laisser subsister. D'ailleurs, l'empereur ne devant pas revenir à Paris, vous ne pouvez pas dire que vous le précédez de quelques heures*[1]. »

Tel est le récit de cette célèbre entrevue, qui a donné lieu à tant de discussions. Nous croyons à l'entière exactitude des souvenirs du général Trochu, du moins sur ce point spécial, et les autres témoignages recueillis à ce sujet nous paraissent les confirmer. On voit quelles préventions le gouverneur de Paris inspire à l'impératrice, qui tente à peine de les dissi-

---

1. Général Trochu, *loc. cit.*, p. 147.

muler. De son côté il cherche, sans y parvenir, à lui inspirer confiance. Dans cette nuit historique, plus tard encore et à maintes reprises avant le 4 septembre, il ne recule pas devant des assurances que l'événement va presque aussitôt démentir de la façon la plus brutale : « Madame, dit le général à la régente, je n'ai qu'une manière de vous prouver mon dévouement, c'est de me faire tuer, s'il le faut, pour le salut de Votre Majesté et de sa dynastie. » Voilà ce que j'ai entendu. Je pense que M. le général Trochu en a gardé le souvenir (M. le général Trochu fait un signe d'assentiment)[1]. »

« Madame, si votre police est bien faite, vous devez savoir que j'ai des rapports avec les membres de l'opposition. Il est de mon devoir de connaître l'état de l'opinion...., mais Votre Majesté ne doit nullement douter de mon dévouement ; je lui en apporte pour garant un triple titre : je suis soldat, catholique et Breton[2]. »

Ces promesses de dévouement absolu, il les prodigua encore le matin du 4 septembre, sans parvenir à convaincre la régente. « Comme l'impératrice lui disait qu'elle comptait sur lui, il mit un genou en terre et dit : — « Madame, je suis Breton, catholique et soldat, et je vous servirai jusqu'à la mort. »

« L'impératrice, un peu gênée de cette effusion théâtrale, le releva. »

Elle dit ensuite à son entourage : « Un honnête homme n'a pas besoin de tant de phrases pour dire qu'il est prêt à faire son devoir[3]. »

D'ailleurs, sa situation est bientôt très difficile au conseil de régence. Il y marque l'intention de défendre le gou-

---

1. *L'Empire et la Défense de Paris devant le jury de la Seine*, déposition de M. Magne. Voir aussi celles de MM. Rouher, Brame, Busson-Billault, etc.
2. *L'Empire et la Défense de Paris devant le jury de la Seine*, déposition de M. Rouher, *Lettre de l'impératrice à la princesse Anna Murat*, citée dans la plaidoirie de Me Grandperret.
3. Mme Carette, *loc. cit.*, p. 228 et 229. « Je la trouvai pleine de fermeté, mais exaltée et défiante de moi. » (*Discours des 13 et 14 juin 1871 à l'Assemblée nationale.*) « Il faut se l'attacher, dit l'impératrice, en lui montrant une pleine, une absolue confiance; il me semble difficile que cette confiance ne touche pas un soldat. » (Pinard, tome II, p. 79.)

vernement en ayant seulement recours à son autorité morale, et ce procédé paraît, à bon droit, insuffisant[1]. On lui reproche des discours sans fin[2]. Avec le ministre de la guerre, ses rapports, pénibles dès le début, se tendent toujours davantage[3]. Le général de Palikao en vient à menacer de donner sa démission, si le gouverneur ne reconnaît pas son autorité. Trochu n'est plus convoqué au conseil de régence; malgré son titre de gouverneur de Paris, les ordres du ministre parviennent directement à ses subordonnés. Il semble qu'il y ait parti pris de l'annuler. D'où des discussions très vives, jusque dans le conseil.

« Un jour, à mon grand étonnement, à ma grande indignation, je constatai qu'un Prussien, arrêté bien en dehors des lignes, sur la Loire, du côté de Gien, allait être fusillé; que, par conséquent, son procès avait été instruit et les ordres donnés pour l'exécution, sans que moi, gouverneur de Paris, responsable de la justice militaire dans l'état de siège, j'eusse été informé. Je me rendis au conseil, je déclarai que, malgré tout mon dévouement, que malgré ma résolution de ne pas

---

1. Général Trochu, *Discours des 13 et 14 juin 1871*.
2. « Le général Trochu, dont l'éloquence était si naturelle qu'il ne songeait pas à la mesurer, ne sentait pas qu'il fatiguait ses auditeurs. Il attribuait alors à la malveillance l'agacement qui se trahissait chez quelques-uns. » (Mme Carette, 2e série, p. 227; général de Palikao, *Un Ministère de la guerre de 24 jours*. p. 20.) M. Rochefort écrit, tome II, p. 221 : « Il abusait, avec une cruauté coupable, de sa facilité d'élocution qui lui permettait, pendant des heures, la plus insupportable incontinence de paroles. »
3. Général Trochu, *Discours des 13 et 14 juin 1871*. — « Le ministre de la guerre, chez qui je me rendis en quittant l'impératrice, me reçut mal. Il me dit qu'indépendamment de ses pouvoirs ministériels, il avait devant le Corps législatif une situation qui le mettait en mesure de conduire utilement les difficiles affaires du moment, et que ma mission — *dont il ne pouvait comprendre l'opportunité* — allait apporter autour de lui le trouble et le désaccord. » (Général Trochu, *Œuvres*, tome Ier, p. 149.) Le soir du même jour, le général de Palikao disait au Corps législatif : « ...Cherchant un homme intelligent, actif, énergique, capable de réunir dans ses mains tous les pouvoirs nécessaires pour effectuer l'armement de Paris, j'ai songé à M. le général Trochu et je l'ai rappelé moi-même du camp de Châlons, où il pourrait être remplacé par un autre général.... » (*Journal officiel* du 19 août 1870.) — « J'étais le chef du général Trochu, et, pour qu'il comprît bien notre position respective, je la lui rappelai en conseil des ministres.... Je ne repris mon portefeuille que sous la condition que le gouverneur de Paris reconnaîtrait l'autorité du ministre de la guerre. » (Général de Palikao, *loc. cit.*)

me retirer — j'y allais être forcé ; — qu'évidemment les ordres du ministre passaient par-dessus moi.

« Le conseil parut me donner raison et le ministre de la guerre, se levant, offrit sa démission et sortit. Il fallut un grand effort de l'impératrice régente pour ramener le général de Palikao[1]. »

Au commencement de septembre, la situation est telle, entre le ministre et le gouverneur, que celui-ci est contraint de réclamer par écrit des renseignements sur la marche de l'ennemi : il ne la connaît que par les journaux[2]. Le 3, lorsque la révolution gronde, le ministre donne lui-même les ordres relatifs à la journée du lendemain. Le gouverneur n'en est informé que par une lettre du général Soumain, commandant de place[3]. Il n'est pas surprenant qu'il ait été froissé dans son légitime orgueil, et qu'il se soit désintéressé de l'exécution de mesures prescrites en dehors de lui.

Arrive le Quatre-Septembre : le général Trochu revendique la présidence du gouvernement ; dès les premiers moments, la facilité et l'aisance de sa parole lui conquièrent sur tous ses collègues un très grand ascendant[4].

De ce qui précède, on peut déduire les traits principaux de son caractère, d'une rare complexité. Il est doué de sens critique, plutôt que des qualités du commandement. « Le malheur du général Trochu a été précisément son excès d'intelligence. Il avait trop d'idées et il les exposait trop bien. Son activité cérébrale avait développé en lui le sens critique, ce frère ennemi du caractère, cet adversaire de la tradition, le sens critique qui laisse sans guide l'homme, en face des événements, et aboutit à l'inaction, à cette inaction dont il a donné un exemple mémorable pendant toute la durée du siège[5]. »

---

1. Général Trochu, *Discours des 13 et 14 juin 1871* ; Œuvres posthumes, tome 1er, p. 155.
2. Voir la lettre du général au ministre, 25 août 1870 (général Trochu, *loc. cit.*, p. 168). Elle resta *sans réponse*.
3. Voir la lettre du général Soumain, citée par le général Trochu dans son discours des 13 et 14 juin 1871, et dans ses Œuvres posthumes, tome 1er, p. 177.
4. Jules Favre, *op. cit.*, tome 1er, p. 215 ; d'Hérisson, *op. cit.*, p. 29.
5. Général du Barail, *Mes Souvenirs*, tome III, p. 232 et 231.

Il est, avant tout, un orateur ; ses facultés de langage élégant et facile priment les autres qualités de l'homme. « Ce Lamartine en pantalon rouge », suivant l'originale expression de M. le général du Barail, est plus apte à improviser une harangue qu'à dicter un ordre de mouvement.

Il s'imagine naïvement qu'avec la seule autorité de son nom, il parviendra à contenir une ville de deux millions d'hommes[1], Paris, la cité du monde la moins aisée à conduire, toujours prête à saisir le côté ridicule des choses, où la *blague* est toute-puissante, où les héros du jour sont parfois honnis, traînés dans la boue le lendemain !

A des qualités de cœur très réelles, il joint un immense orgueil, qui l'entraîne aux pires inconséquences. La modestie, on pourrait dire l'humilité, qu'il déploie parfois, est de pure forme[2]. On y sent l'une des variétés de l'amour-propre le plus caractérisé. Il se targue d'être Breton, catholique et soldat, mais, peut-être par vanité de beau parleur, par impuissance à savoir se taire en temps opportun, il ne craint pas de tenir, devant les ennemis de la dynastie qu'il sert, les discours les plus contraires à ses devoirs. Il promet à l'impératrice de mourir au besoin sur les marches du trône et entretient des relations avec l'opposition républicaine. Il pourrait user de sa popularité pour protéger la Chambre et couvrir la fuite de la régente. Ses rancunes l'en empêchent, il demeure inactif au Louvre. Il déclare aux habitants de Paris qu'il a « la foi la plus entière dans le succès » ; en réalité, il n'a pas la moindre confiance. « Nous sommes réunis ici, dit le général Trochu à MM. Jules Favre et Ernest Picard, le 5 septembre, pour commettre ensemble une héroïque fo-

---

1. Général Trochu, *loc. cit.*, p. 155.
2. A la fin de novembre, le gouverneur dit à une députation des officiers de la garde nationale : « Toutes vos espérances, comme toutes vos combinaisons, reposent évidemment sur la pensée que le général en chef est un *grand homme*. Eh bien ! il n'est, sachez-le, qu'un brave homme. » (*L'Empire et la défense de Paris*, p. 6.) Cette expression de *brave homme* hantait le général ; on la retrouve dans un discours cité par Jules Favre. Voir également Ducrot, *Défense de Paris*, tome III, p. 204. — « Il est honnête et faux », aurait dit Ernest Picard (*Journal des Goncourt*, 2ᵉ série, p. 235, d'après Paul de Saint-Victor). — Au lendemain de sa chute, en janvier 1871, il dit à son entourage : « Je suis le Jésus-Christ de la situation. » (D'Hérisson, p. 319.)

lie[1]. » Sa hauteur d'âme touche à l'indifférence : « Chez lui, le philosophe chrétien domine le soldat et ne souffre pas l'homme d'État. Il obéit au devoir sans viser au succès, et la conviction d'avoir bien fait le console trop aisément d'avoir échoué... Ce qui distingue le général Trochu, ce qui en fait vraiment une nature d'élite, c'est la hauteur de son âme : elle l'élève au-dessus de la fortune, trop peut-être, car, pour conduire les affaires humaines, il ne faut pas y être indifférent[2]. » Sa piété de catholique breton confine au mysticisme[3], mais elle ne l'empêche pas d'abandonner sa souveraine à l'heure du danger, de se faire nommer président du gouvernement provisoire, le soir du 4 septembre, lui qui était, le matin même, gouverneur de Paris, choisi par l'empereur. C'est ainsi que, vingt fois pendant le siège, devant la nécessité de « signer ou de se retirer », de « se soumettre ou de se démettre », il accepta les mesures les plus contraires à ses sentiments. Il se jugeait à ce point indispensable que la démission lui eût paru une lâcheté[4].

On verra, par la suite de cet ouvrage, le rôle politique et militaire du général Trochu pendant le siège de Paris. Disons pourtant qu'il fut fort au-dessous d'une tâche, il est vrai, très ardue. Ses conceptions ne s'élevèrent pas tout d'abord au-dessus d'une défense passive sur la ligne des forts. Il la comprenait comme celle d'une bicoque de nos frontières. Les souvenirs du siège de Saragosse le hantaient[5]. Il oubliait que

---

1. Général Trochu, *Proclamation du 18 août 1870; Discours des 13 et 14 juin 1871; Une Page d'histoire contemporaine*, p. 67. Voir aussi : Général Trochu, *Pour la vérité et la justice*, p. 32 ; *la Politique et le Siège de Paris*, p. 97 ; *Procès-verbaux de l'enquête sur le 4 septembre*, dépositions Ernest Picard, Garnier-Pagès, de Kératry. — M. Jules Ferry émit seul l'avis opposé dans sa déposition.
2. Jules Favre, tome Ier, p. 215.
3. Voir la proclamation qu'il voulait faire afficher, le 14 janvier 1871, et que la désapprobation unanime du gouvernement l'obligea de retirer. Il y remerciait sainte Geneviève, patronne de la cité, d'avoir persuadé à l'ennemi de bombarder Paris, c'est-à-dire de se déshonorer en faisant ressortir la fermeté des Parisiens (général Trochu, *Œuvres*, tome Ier, p. 503 ; d'Hérisson, *op. cit.*, p. 203 ; de Goncourt, 2e série, p. 203, 211).
4. Général Trochu, *Discours des 13 et 14 juin 1871; Œuvres posthumes*, tome Ier, p. 157.
5. Général Trochu, *Œuvres*, tome Ier, p. 223 et suiv.

l'ennemi, au lieu d'acheter une prise de vive force par des torrents de sang, avait tout avantage à nous affamer. Il ne parut s'occuper que d'une chose : mener dignement le deuil de la grande ville. Il se laissa dominer par les événements, par ses collègues, par quelques-uns de ses inférieurs, tels que le général Ducrot. Il fit preuve constamment de la plus insigne faiblesse, montrant, une fois de plus, que les qualités les plus brillantes ne rachètent pas le défaut de volonté. « *Volli, sempre volli, fortissimamente volli,* vouloir, toujours vouloir, très fortement vouloir », a dit Alfieri. C'est la première qualité du général en chef. Chez Trochu, le sens critique, trop développé, annulait la volonté.

On a prononcé des mots cruels sur l'ancien gouverneur de Paris. Le général Changarnier aurait dit de lui : « C'est Tartufe coiffé du casque de Mangin [1]. » Devant la commission d'enquête sur le 4 Septembre, le maréchal de Mac-Mahon a déclaré : « Je le croyais un honnête homme. » Depuis, les années se sont écoulées, adoucissant les regrets, émoussant les rancunes et les colères. Le général Trochu s'est condamné à une retraite qui n'était pas sans grandeur. M. Rochefort lui a fait cet honneur d'insulter son cercueil à peine clos [2]. Mais rien ne peut effacer le passé. Il ne saurait venir à personne, croyons-nous, l'idée d'affirmer qu'il a fait son devoir, tout son devoir, dans la période comprise entre le 17 août 1870 et le 27 janvier 1871.

On voit de quels éléments se composait le gouvernement de la Défense nationale, quels germes de faiblesse il recélait. Né d'une émeute, il ne devait jamais se laver de cette tache originelle. Malgré le très grand ascendant qu'exerçait sur lui le général Trochu [3], il allait obéir beaucoup plus à

---

[1]. Le *Figaro* du 27 janvier 1872. Au cours du procès intenté par le général Trochu à ce journal, on ne put faire avouer au général Changarnier si, oui ou non, il avait prononcé ce mot. Rien de plus curieux que la manière évasive dont il répondit à toutes les questions à ce sujet. Le *Figaro*, acquitté du chef de diffamation, fut condamné pour outrages.

[2]. *La Fin d'un mort*, par Henri Rochefort (Le *Journal* du 10 octobre 1896).

[3]. « Il — le général Trochu — avait conquis sur tous ses collègues un ascendant qu'expliquent fort bien et sa position exceptionnelle et son incontestable supériorité d'esprit. » (J. Favre, tome Ier, p. 215.)

des préoccupations politiques qu'aux nécessités militaires. A l'exemple de son président, il crut que des proclamations enflammées, d'éloquents discours, des conférences habilement présentées suppléeraient aux lacunes de l'action[1]. Dans les sièges ordinaires, c'est au gouverneur et à la garnison qu'il appartient d'encourager la population, de la ranimer dans ses défaillances. Ce fut le contraire à Paris; le gouvernement parut, d'une manière constante, obéir aux impulsions de l'opinion, bien loin de la conduire. Les mesures énergiques qu'il prit lui furent imposées du dehors. Comme le général Trochu, il crut que l'autorité morale lui suffirait pour l'accomplissement de sa tâche. En laissant aux opinions toute liberté de se produire, sinon de se traduire en actes, il s'imagina désarmer les partis révolutionnaires[2]. Il ne fit que les encourager. Dès le 6, le secrétaire général de l'Internationale à Londres, Dupont, écrivait: « La politique impériale amène au pouvoir les Favre et les Gambetta. Rien n'est changé. La bourgeoisie, affolée par son triomphe, s'est portée vers ce gouvernement qu'elle conservera pendant quelque temps. Il faut laisser la vermine bourgeoise se faire illusion sur la durée de sa victoire, profiter des libertés qui vont être accordées pour organiser le concert, l'accord de tous les travailleurs, afin qu'ils soient prêts au moment où l'impitoyable guerre commencera[3].... »

---

1. « Le général parlait sans cesse et bien. Les autres écoutaient toujours. Ils étaient immobiles et comme hypnotisés. Il les avait endormis, les yeux ouverts. Je ne puis mieux les comparer qu'à ces volatiles dont on applique le bec sur une ligne de craie tracée sur le parquet, et qui restent là, immobiles et en extase. » (D'Hérisson, p. 29.)

2. « Substituer à l'enthousiasme qui transporte les âmes l'obéissance passive qui les nivelle eût été une entreprise insensée, et le gouvernement qui l'aurait essayé n'aurait pas vécu vingt-quatre heures.... » (J. Favre, tome Ier, p. 99.) — Ce n'est pas ainsi que s'exprimait le Comité du Salut public aux temps héroïques de notre Révolution.

3. Sarrepont, p. 23. — Pourtant un placard, affiché du 4 au 7 septembre, contenait la phrase suivante : « Les soussignés, mettant de côté toute opinion particulière, viennent offrir au gouvernement provisoire leur concours le plus énergique et le plus absolu, sans aucune réserve ni condition, si ce n'est qu'il maintiendra quand même la République, et s'ensevelira avec nous sous les ruines de Paris, plutôt que de signer le déshonneur et le démembrement de la France. » (Gustave Geffroy, l'Enfermé [Lecture du 25 août 1896, p. 372].) Il émanait des principales personnalités du parti révolutionnaire.

La violence appelle la violence, a dit Pascal. Avant peu les députés qui avaient si follement contribué à déchaîner les fureurs populaires sur le Corps législatif devaient être accablés des mêmes injures, des mêmes outrages, qu'ils avaient vu, sans regrets trop vifs, prodiguer à leurs collègues.

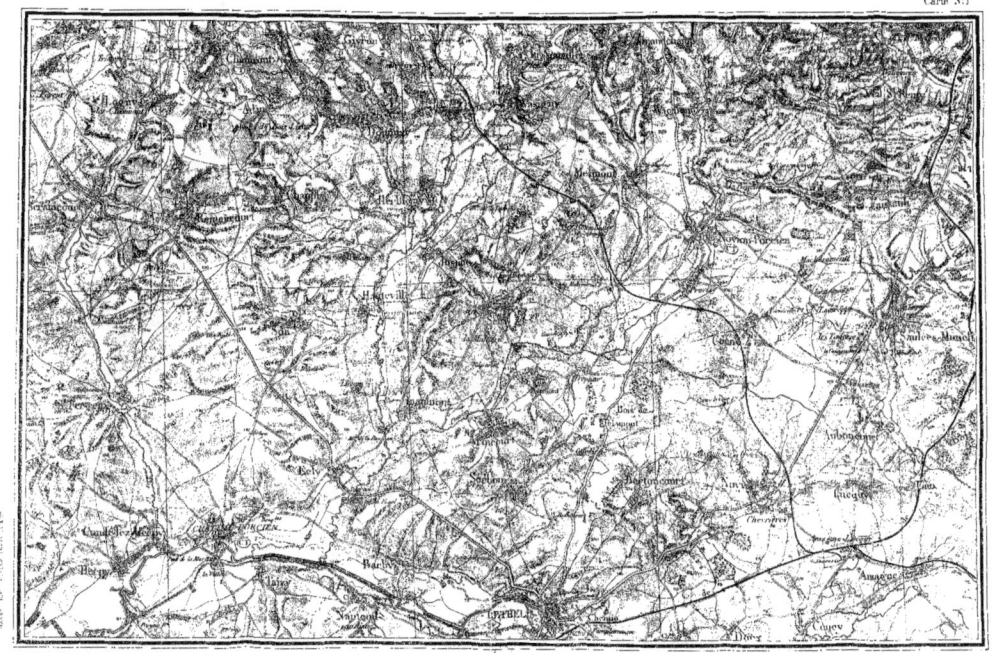

IIᵉ PARTIE

PARIS PLACE FORTE

CHAPITRE VII

RETRAITE DU 13ᵉ CORPS

Dispositions des Allemands après Sedan. — Le général Vinoy à Mézières. — Dispositions pour la retraite du 13ᵉ corps. — Combat de Saulces-aux-Bois. — Bivouac de Novion-Porcien. — Marche des Allemands sur Chaumont-Porcien. — Ordres du prince royal. — Le 13ᵉ corps à Montcornet. — Arrivée à Marle. — Départ pour Paris.

Après la capitulation de Sedan, l'ennemi s'attendait à ne plus rencontrer aucune résistance sérieuse en rase campagne[1]. Il restait à s'emparer de nos places fortes et, en particulier, de Paris. Le général de Moltke prévoyait une défense extrêmement énergique de la part de cette grande ville, à moins, toutefois, que des discordes civiles ne vinssent hâter sa reddition[2], éventualité qu'il considérait comme très probable. Il y avait donc lieu de marcher sur Paris sans perdre une heure.

Les deux armées allemandes étaient étroitement concentrées autour de Sedan, la IIIᵉ au sud et à l'ouest, la IVᵉ à l'est et au nord. Il fallait les remettre face au sud-ouest,

---

1. « La marche de Sedan à Paris, au cours de laquelle on ne devait rencontrer aucune force ennemie, ressemblait à une promenade militaire » (v. Bagenski, *Geschichte des 4. Garde-Regiments zu Fuss*, p. 205). La marche jusqu'à Paris aura plutôt le caractère d'un « voyage d'agrément » (Général Verdy du Vernois, *Im grossen Hauptquartier*, p. 169).
2. C'est du moins ce qu'écrit l'État-major prussien (*Der deutsch-französische Krieg 1870-1871*, tome III, p 1). Mais il ressort d'un grand nombre de faits et de témoignages que le général de Moltke ne prévoyait nullement une résistance aussi longue. Voir plus loin, aux chapitres VIII et XIV.

Nous avons consacré une étude détaillée à la marche des Allemands sur Paris (*Revue de cavalerie*, décembre 1896 et janvier 1897).

en rétablissant leur ordre normal, tel qu'il existait avant la marche sur Sedan et que l'exigeait la disposition de leurs lignes d'étapes réciproques. Pour cela, il était nécessaire que la IIIe armée, celle du prince royal de Prusse, marchât d'abord au sud-ouest, pour que la IVe (prince royal de Saxe) vînt à sa droite.

Les ordres dans ce sens furent donnés le 3 septembre. La IIIe armée avait déjà porté le VIe corps et la 5e division de cavalerie dans la direction de Reims; elle laisserait provisoirement autour de Sedan deux corps d'armée, le Ier bavarois et le XIe, afin de surveiller l'évacuation des prisonniers et du butin. Le reste de l'armée dépasserait le 4 septembre la ligne Montigny-Vendresse, et, le 5, celle de Rethel à Attigny.

Afin de rester liée à la précédente, l'armée de la Meuse ne porterait pas ses avant-gardes, le 4, au delà de Malmy-Stonne et, le 5, au delà de Poix-Le Chesne.

Ces mouvements préparatoires terminés, la IIIe armée marcherait au sud-ouest jusqu'à la ligne Dormans-Sézanne; la IVe jusqu'à celle Laon-Dormans. Toutes deux se maintiendraient constamment à la même hauteur, s'il était possible [1].

Afin de mieux assurer l'alimentation des troupes, elles occuperaient un très large front. Devant elles on pousserait au loin de la cavalerie, renforcée d'artillerie à cheval et même d'infanterie en voitures [2]. Les prescriptions de l'état-major du roi s'arrêtaient là; les commandants d'armée auraient à prendre les mesures de détail nécessaires. Au delà de la ligne Laon-Sézanne, la marche serait reprise suivant des indications ultérieures.

Il n'est pas inutile de remarquer, avec M. A. Duquet [3], que

---

1. *Moltkes Korrespondenz*, 3e partie, n° 254; *État-major prussien*, tome III, p. 1. — La 6e division de cavalerie, alors vers Reims, rallierait la IVe armée par Château-Porcien. Les abords de Poix et d'Attigny seraient dégagés le 8 septembre, pour laisser le champ libre au XIe corps et au Ier corps bavarois, destinés à suivre la IVe armée sur Paris. La route de Rethel à Reims servirait de limite aux deux armées.
2. *Moltkes Korrespondenz*, 3e partie, n°[s] 256 et 257.
3. *Paris, le Quatre-Septembre et Châtillon*, p. 69.

cet ordre ne tenait aucun compte de la présence de notre 13ᵉ corps à Mézières, Reims et Laon. C'était pourtant la seule force réelle qui nous restât, en dehors de nos grandes places. Sa destruction, même partielle, eût grandement compromis la défense nationale. En outre, de par les instructions du 3 septembre, le général de Moltke ne semblait pas attacher tout le prix qu'il eût fallu à la rapidité du mouvement sur Paris. Dans l'état où se trouvait cette ville, les heures même étaient précieuses. De Sedan à Paris il y a 210 kilomètres à vol d'oiseau. Si la cavalerie allemande avait pris une large avance dès le 4 septembre, elle aurait pu atteindre en moins de sept jours les environs de la capitale, c'est-à-dire qu'elle eût gêné dans une large mesure nos derniers préparatifs.

Depuis la nuit du 30 au 31 août, le général Vinoy, commandant le 13ᵉ corps, était à Mézières avec la division Blanchard, la réserve d'artillerie du corps d'armée et le 6ᵉ hussards[1]; il connaissait de la veille une partie de la situation. Dans la journée les signes avant-coureurs d'un désastre se multiplièrent. On savait l'ennemi déjà au nord de la Meuse, entre Mézières et Sedan; les fuyards affluaient de l'est. Le colonel Tissier, de l'état-major du maréchal de Mac-Mahon, annonçait pour la fin du jour la destruction de l'armée de Châlons. On signalait des troupes allemandes dans toutes les directions du nord-est au sud-est.

Le général Vinoy avait trois partis à prendre: attaquer à revers les Allemands concentrés autour de Sedan, entreprise plus séduisante que pratique avec le faible effectif dont il disposait. Le résultat eût été, presque sûrement, l'anéantissement de ses troupes. Rester sous Mézières comme avait paru le prescrire l'empereur[2], était s'exposer à y être investi sous bref délai. Il fallait donc, au plus vite, battre en retraite. Le

---

[1]. La division d'Exéa et le 6ᵉ dragons étaient à Reims; la division de Maud'huy à Laon. Le 4 septembre, après avoir ramené à Reims un détachement qu'il avait porté à Rethel, le général d'Exéa dirigeait sa division sur Soissons, par voie ferrée (Général Vinoy, *le Siège de Paris*, p. 92).

[2]. Télégramme au général Vinoy, 31 août, 10ʰ05 du matin (Ch. Yriarte, *la Retraite de Mézières*, p. 21; Vinoy, p. 431).

général en demanda l'autorisation au ministre de la guerre, qui l'accorda aussitôt[1].

Le 13ᵉ corps pouvait encore disposer de toutes les routes situées entre celle de Mézières à Reims par Rethel et la frontière belge. Vinoy crut devoir décider que les fuyards, environ 10,000 hommes, gagneraient Laon par Hirson et Avesnes. Les troupes du 13ᵉ corps marcheraient par Rethel sur Reims, où elles rallieraient la division d'Exéa.

On doit reconnaître que le général Vinoy faisait choix de la direction la plus exposée aux attaques de l'ennemi[2]. Il n'ignorait pas que des partis de cavalerie avaient coupé la voie ferrée entre Rethel et Mézières, ainsi qu'entre Reims et Rethel; que des troupes d'infanterie s'étaient montrées vers Attigny. Dès lors il eût été préférable de choisir une ligne de retraite plus excentrique, sur Montcornet, même sur Vervins ou Hirson. Il pouvait ainsi atteindre la ligne d'Hirson à Paris[3] ou même celle de Maubeuge à Paris, mieux faite pour de grands transports.

Le général Vinoy jugea préférable de marcher sur Rethel, au-devant de la division d'Exéa. Il savait l'ennemi à proximité de cette route, mais ignorait ses emplacements exacts[4]. Il pensait qu'en gagnant rapidement Rethel, il dépasserait sans encombre la zone dangereuse. Ses raisons d'éviter toute rencontre étaient péremptoires. La division Blanchard ne

---

1. Voir le texte de ce télégramme plus haut, p. 6. Il est daté du 1ᵉʳ septembre, à 5ʰ40 du soir. Le général Vinoy, p. 56 et 431, et le général de Palikao, *Un ministère de vingt-quatre jours*, en donnent deux textes qui diffèrent sensiblement.

2. A. G., *le Blocus de Paris et la 1ʳᵉ armée de la Loire*, 1ʳᵉ partie, p. 10. — *La retraite du 13ᵉ corps*, par le commandant Jacquelot du Boisrouvray. (*Revue du Cercle militaire*, 16 décembre 1888).

3. On aurait pu utiliser la ligne de Mézières à Hirson pour les évacuations et le ravitaillement. En cinq jours le gros de la colonne aurait atteint la ligne Paris-Maubeuge (A. G., *le Blocus de Paris et la 1ʳᵉ armée de la Loire*, p. 10).

4. Le 1ᵉʳ escadron du 6ᵉ cuirassiers prussien, à Guignicourt (Ardennes) le 1ᵉʳ septembre, était le plus rapproché de la ligne de retraite du 13ᵉ corps. Le reste du régiment était à Yvernaumont; le 15ᵉ uhlans vers Raillicourt; le reste de la 6ᵉ division de cavalerie à Boutancourt. Plus au sud, la 5ᵉ division de cavalerie cantonnait dans Le Chênois, Tourteron, Écordal, Pauvre. Une partie de la 12ᵉ division d'infanterie (VIᵉ corps) était à Rethel; le gros du corps d'armée aux environs de Voncq et d'Attigny (*État-major prussien*, tome III, p. 2).

comprenait que deux régiments de ligne sur quatre; les autres étaient des unités de marche, sans aucune consistance. De plus son infanterie ne disposait d'aucune réserve de cartouches [1].

Les ordres nécessaires furent donnés le soir même du 1er septembre. Le général de Maud'huy, dont la division avait commencé son mouvement de Laon à Mézières, par voie ferrée, fut invité à rebrousser chemin sur Laon. Quant aux troupes déjà concentrées à Mézières, elles partiraient à minuit, par l'ancienne route impériale de Paris, en laissant leurs bagages sur place. Dans la prévision d'une attaque, l'un des deux régiments de ligne, le 42e, marcherait à l'avant-garde avec le général Guilhem; le 35e formerait l'arrière-garde, avec le général de Susbielle. Les douze batteries étaient réparties également sur toute la longueur de la colonne, qui devait mesurer six kilomètres [2]. Le 6e hussards ferait l'extrême arrière-garde. Même en cas d'attaque, on ne devait pas suspendre la marche [3].

Le terrain qu'on allait parcourir, coupé de nombreux ravins, semé de bois peu étendus, était essentiellement propre aux petites opérations de la guerre. Il pouvait faciliter une retraite, mais n'était pas moins favorable aux surprises, aux embuscades, si dangereuses pour des troupes de faible consistance.

Des retards se produisirent avant le départ, si bien que les

---

1. Ch. Yriarte, *la Retraite de Mézières*, p. 40. D'après cet auteur, « les parcs d'artillerie de réserve, les caissons de munitions, les bagages de toute sorte » furent dirigés sur Hirson avec les échappés de Sedan, dès 9 heures du soir.
D'après l'*Historique du 42e de ligne*, ce régiment laissa au bivouac de Mézières sa musique et ses voitures.
2. Ch. Yriarte, p. 39; Vinoy, p. 63. Derrière le 42e, 2 batteries, 1 bataillon, 4 batteries, 2 bataillons, 4 batteries, 2 bataillons, 2 batteries, 1 bataillon, le 35e de ligne, le 6e hussards. Ces douze batteries représentaient l'artillerie des divisions Blanchard et de Maud'huy, l'artillerie de réserve du 13e corps.
3. Général Vinoy, p. 65. Dans l'esprit de Vinoy, cette formation s'expliquait par le fait que la colonne allait traverser un pays boisé, coupé de ravins. Il fallait qu'elle fût en état de faire face sur toute sa longueur, dans toutes les directions. De plus, ce dispositif donnait plus d'assurance à des troupes novices et réduisait les inconvénients de leur manque de cartouches. Dans les escarmouches autour de Mézières, celles que nous avions engagées avaient brûlé presque toutes leurs munitions.

premiers groupes de l'avant-garde ne franchirent qu'à 1ʰ 20 les fortifications de Mézières. La nuit était profonde. En outre le débouché, par une seule porte, étroite comme celle de nos anciennes places, s'opéra très lentement. Notre dernier élément ne dépassa l'avancée que vers 3 heures. Ce retard, qui inquiétait fort le général Vinoy, eut au contraire quelque chose de providentiel. Si l'avant-garde avait atteint Rethel aux premières heures du jour, elle eût été inévitablement engagée contre la division d'infanterie prussienne qui venait alors d'occuper cette ville[1].

A Champigneul, vers 6 heures du matin, la colonne se heurtait à des patrouilles du 6ᵉ cuirassiers prussien venues de Guignicourt. Elles furent arrêtées par quelques coups de feu. Le 2ᵉ escadron de ce régiment se dirigeait alors sur Barbaise pour nous observer et soutenir au besoin le 4ᵉ, qui restait à Guignicourt.

Dans l'intervalle, nos troupes atteignaient Launois, où elles faisaient halte (7 heures du matin), pour permettre à l'arrière-garde de serrer. Le duc de Mecklembourg-Schwerin, informé de notre approche, rassemblait la 6ᵉ division de cavalerie entre Poix et Montigny-sur-Vence; à 7 heures du matin, il la dirigeait sur Launois. Le 15ᵉ uhlans, qui marchait en avant-garde, trouvait de l'infanterie française entre Villers-le-Tourneur et Raillicourt; d'autres détachements se montraient dans Neuvizy. Ces forces, l'approche d'autres troupes venant de Mézières, en imposèrent au duc. De plus le pays lui parut défavorable à l'action de la cavalerie. Il renvoya le 6ᵉ cuirassiers prussien sur la Vence, dans son emplacement primitif; le 15ᵉ uhlans demeura en observation à l'ouest de Montigny[2].

Rassuré par l'attitude de l'ennemi, le général Vinoy crut devoir prolonger pendant une heure et demie sa halte à Lau-

---

1. Jacquelot du Boisrouvray, *la Retraite du 13ᵉ corps de Mézières à Laon*.
2. *État-major prussien*, tome III, p. 2. L'une de ses patrouilles, prenant nos hussards pour des Allemands, vint donner dans l'un de leurs groupes et se fit enlever (J. Poirier, *le 13ᵉ corps d'armée pendant la guerre de 1870, Revue du Cercle militaire*, 30 mars 1895).

nois. Vers 8 heures et demie on se remettait en marche sur Rethel, par la grand'route. La 6ᵉ division de cavalerie se bornait à cantonner aux environs de Poix, en nous faisant observer par quelques détachements[1]. Mais le commandant du VIᵉ corps et le prince royal de Prusse avaient été informés des événements survenus.

Vers 10 heures, notre colonne, toujours suivie sur son flanc gauche par des coureurs allemands, arrivait à hauteur de Saulces-aux-Bois. Aussitôt des habitants de Rethel annonçaient l'abandon de cette ville par la division d'Exéa et son occupation par l'ennemi. Les renseignements sur celui-ci étaient des plus vagues. On parlait de 20,000, de 30,000 hommes. Vinoy n'eut pas une hésitation. Avec une promptitude de décision et une justesse de coup d'œil qui doivent être remarquées, il résolut de jeter aussitôt sa tête de colonne sur Novion-Porcien, au nord-ouest. Ce mouvement commençait à peine que des obus tombaient dans Saulces et mettaient en feu plusieurs maisons. Notre arrière-garde prit aussitôt position; deux batteries, dont l'une de mitrailleuses, ouvrirent le feu, soutenues par le 35ᵉ de ligne et deux escadrons du 6ᵉ hussards[2].

Ces troupes avaient en face d'elles une partie de la 5ᵉ division de cavalerie. Le général v. Rheinbaben, qui la commandait, recevait à Tourteron des renseignements sur notre marche (vers 9ʰ30). Aussitôt il prescrivait à la 12ᵉ brigade de se porter sur Puiseux, à la 13ᵉ d'observer d'Amagne, plus au sud, la route de Mézières à Rethel.

Avant l'arrivée de cet ordre, la 12ᵉ brigade connaissait par ses patrouilles le mouvement de Vinoy. Elle se dirigeait du Chênois sur Puiseux, quand elle découvrit notre infanterie en marche sur la grand'route entre Faissault et Saulces-aux-

---

1. *État-major prussien*, tome III, p. 2. Le 15ᵉ uhlans à Launois et Raillicourt, avec avant-postes vers Rethel et Mézières; le 6ᵉ cuirassiers sur la Vence, observant ces deux directions; le 3ᵉ uhlans à Villers-le-Tourneur et Neuvizy; le reste de la division aux environs de Poix.
2. Vinoy, p. 71; Ch. Yriarte, p. 43. La 2ᵉ compagnie du 1ᵉʳ bataillon du 42ᵉ se déploya également (J. Poirier, *Revue du Cercle militaire*, 30 mars 1895).

Bois. La batterie à cheval qui l'accompagnait ouvrit le feu de la station de Puiseux. Mais nos douze bouches à feu ne tardèrent pas à rendre sa situation difficile. En outre des tirailleurs, soutenus par des groupes en ordre compact, menacèrent la droite de la cavalerie prussienne. Celle-ci se retira sur Faux et Amagne, tout en continuant de nous faire observer par le 13e dragons [1].

D'ailleurs Vinoy ne tardait pas à reconnaître qu'il s'agissait d'une démonstration seulement. Arrêtant le commandant de l'arrière-garde, général de Susbielle, qui n'aurait demandé qu'à marcher de l'avant, il fit reprendre le mouvement vers Novion-Porcien. On battit en retraite par échelons ; la batterie de mitrailleuses se tenait prête à enfiler la route suivie par la colonne [2]. Vers 3 heures celle-ci s'établissait au bivouac autour de Novion-Porcien [3]. Ce n'était pas sans avoir été, de nouveau, inquiété par la cavalerie allemande.

La 13e brigade, venant d'Écordal, avait atteint à 11 heures du matin le nord d'Amagne, avec une batterie à cheval. Apprenant que nous obliquions au nord-ouest, elle s'y porta. Sa batterie prit position à l'est de Vauzelles, d'où elle canonna notre extrême arrière-garde dans Machéroménil. Quelques obus la mirent en désordre et le 10e hussards prussien, pénétrant dans ce hameau, y prit des traînards et des voitures. Puis la 13e brigade cantonna dans Auboncourt, Vauzelles et Saulces-aux-Bois [4].

Ces alertes fréquentes, l'apparition constante de cavaliers allemands sur nos flancs et nos derrières, l'effarement de la population agitaient singulièrement la partie la moins consistante de nos troupes. A tout instant des coups de feu retentissaient, sans cause sérieuse. Le général de Valdan,

---

1. *État-major prussien*, tome III, p. 5.
2. Vinoy, p. 72 ; Ch. Yriarte, p. 44 ; nous avions perdu une trentaine d'hommes. M. Poirier dit 7 tués ou blessés seulement (travail cité).
3. Le 35e et la compagnie du 42e, restés à l'arrière-garde, n'y arrivèrent qu'après 5 heures du soir (Poirier).
4. *État-major prussien*, tome III, p. 6. A la 5e division de cavalerie, la 11e brigade était à Tourteron, la 12e à Amagne et Faux, la 13e à Auboncourt, Vauzelles et Saulces-aux-Bois. Les Allemands prirent 23 traînards et 7 voitures dans Machéroménil.

chef d'état-major du 13e corps, fut salué d'une décharge à bout portant, par un jeune soldat qui le prenait pour un uhlan. Il lui jeta ce seul mot « Maladroit ! » et passa sans sourciller [1].

Cependant le général v. Tümpling tenait le VIe corps, derrière les 5e et 6e divisions de cavalerie, prêt à nous barrer la route de Rethel. Dès l'arrivée des premiers rapports de la cavalerie (11h 15), il prescrivait à la 12e division d'infanterie de se concentrer à Rethel, dans une position défensive. Il portait sur cette ville plusieurs batteries à cheval, en dirigeant la 11e division de Semuy sur Amagne et Sausseuil.

De son côté le général v. Hoffmann, qui commandait à Rethel, apprenait (11 heures) l'approche de nos troupes. Trompé par un faux renseignement [2], il rassemblait d'abord ses troupes au nord de la ville ; puis, sachant que nous avions obliqué dans la direction de Chaumont-Porcien, il décidait de se mettre en marche sur la grand'route de Montcornet à Rethel, de façon à nous couper toute retraite vers le sud-ouest. A 4 heures du soir, la plus grande partie de sa division quittait Rethel, par une pluie torrentielle, et allait s'établir d'Inaumont à Château-Porcien, où nous aurions pu passer l'Aisne [3]. Tous les renseignements recueillis indiquaient que nos troupes s'étaient arrêtées à Novion-Porcien et Corny-la-Ville. Le général v. Hoffmann crut sans doute qu'elles y attendraient patiemment son attaque. Il prescrivit qu'à 7 heures du matin les troupes d'Ecly, d'Inaumont et de Rethel se mettraient en marche sur Novion-Porcien. Celles de Château-Porcien prépareraient la destruction du pont de l'Aisne et marcheraient ensuite sur Ecly.

---

1. Jacquelot du Boisrouvray; Ch. Yriarte, p. 45.
2. *État-major prussien*, tome III, p. 6. Le 11e hussards lui faisait parvenir à 1h 30 un rapport d'après lequel les Français marchaient de Saulces-aux-Bois sur Novy, c'est-à-dire sur Rethel.
3. *État-major prussien*, tome III, p. 7. Répartition de la 12e division le soir du 2 septembre : 5 bataillons, 4 batteries, 1 compagnie de pionniers à Ecly; 1 bataillon, 1/2 escadron à Inaumont; 6 compagnies, 1/4 escadron à Château-Porcien; 3 bataillons, 1/4 escadron, 2 batteries à Rethel; 3 escadrons à Novy. D'après l'*État-major prussien*, la colonne Vinoy occupait non seulement Novion-Porcien, mais Corny-la-Ville et le Bois-Notre-Dame.

Quant au général commandant le VIe corps, informé à 4 heures du soir de notre marche vers l'ouest, il portait le jour même la 11e division sur Rethel et Thugny, l'artillerie de corps sur Fleury. Ainsi, dès la soirée du 2 septembre, la direction de Reims nous était barrée par un corps d'armée et deux divisions de cavalerie [1]. Le moindre retard pouvait nous faire perdre toute ligne de retraite. Le général Vinoy sut l'éviter. Dès qu'il apprit que l'ennemi tenait la route de Château-Porcien comme celle de Rethel, il décida de faire une seconde marche de nuit pour gagner, par Chaumont-Porcien, la route de Rozoy-sur-Serre à Laon [2]. Le départ fut fixé à 2 heures du matin.

La colonne ne s'ébranla pas sans difficulté. La nuit était profonde ; les chemins détrempés par les pluies continuelles, nos avant-postes répartis sur un front très étendu. Les soldats, découragés par cette retraite rapide, par le voisinage de l'ennemi, par les alertes fréquentes, obéissaient mal. Plusieurs officiers généraux jugeaient excessives les fatigues imposées à d'aussi jeunes troupes [3]. Il en résulta un grand désordre lors de la mise en marche.

On partit néanmoins, laissant les feux de bivouac allumés ; après avoir suivi un instant la route de Rethel à Signy-l'Abbaye, on s'engagea dans un chemin étroit, serpentant à travers des bois et des ravins, vers Mesmont et Wasigny. A 2 heures et demie, la pluie tombait de nouveau avec violence, mais elle présentait du moins cet avantage de couvrir le roulement de notre artillerie. Au sortir de Wasigny on put suivre le chemin de grande communication qui va de Château-Porcien à Chaumont-Porcien et la marche devint plus

---

1. Nous ne savons sur quoi se base M. le commandant Roussel, *Histoire générale de la guerre franco-allemande*, tome III, p. 11, pour écrire que « tout le VIe corps était depuis la veille au soir — 2 septembre — posté à une distance de la division Blanchard qui ne dépassait pas trois kilomètres ». Il y en a onze, à vol d'oiseau, de Rethel à Novion-Porcien.

2. Nouvelle preuve qu'il eût été préférable de suivre cette route (celle de Montcornet) dès le départ de Mézières.

3. Ch. Yriarte, p. 46. Le 35e tenait la tête de colonne, le 42e l'arrière-garde, la 6e compagnie du 3e bataillon l'extrême arrière-garde (J. Poirier, *Revue du Cercle militaire*, 6 avril 1895).

facile. D'ailleurs le jour se levait, la pluie cessait; on traversait de petits villages d'aspect prospère, dont les habitants, les bras chargés de provisions, venaient au-devant de la colonne, prêts à réconforter nos soldats : nouveau danger pour la discipline de troupes si peu consistantes [1].

Entre Bégny et Givron une route descend vers le sud sur Ecly. Le guide de la colonne l'avait déjà engagée dans cette périlleuse direction, quand Vinoy s'aperçut de l'erreur. Il fallut rebrousser chemin, au prix d'un immense désordre [2].

Vers 8 heures on faisait halte entre Chaumont-Porcien et Chatigny, sans avoir été inquiété par l'ennemi. On y restait deux heures, sous la protection de détachements poussés au sud. Il fallait maintenant gagner Rozoy-sur-Serre, mais les les chemins à suivre étaient impraticables. Vinoy décida de rejoindre la route de Rethel à Laon par Logny et Seraincourt, en décrivant un nouveau crochet au sud. Vers midi ce mouvement était en pleine exécution et il ne restait que des traînards à Chaumont-Porcien, quand le canon retentit sur nos derrières.

Du côté des Allemands, le prince royal de Prusse avait reçu dans la soirée du 2 des rapports annonçant la présence de nombreuses forces françaises sous Reims. Sans les vérifier et surtout sans examiner s'il n'était pas plus nécessaire de détruire la colonne Vinoy, il prescrivit aussitôt que le VIe corps, les 5e et 6e divisions de cavalerie marcheraient sans tarder sur cette ville.

Les 5e et 6e divisions, renonçant à poursuivre Vinoy, se conformèrent à cet ordre dès le matin du 3, non sans que le 15e uhlans eût harcelé nos troupes au sortir de Wasigny. La 6e division marcha sur Attigny, la 5e sur Bergnicourt, Neuflize et Tagnon. Leurs patrouilles, poussées vers Reims, rendaient compte qu'il y avait encore dans cette ville 8,000 hommes, pour la plupart gardes mobiles [3]. De même le général

---

1. Ch. Yriarte, p. 47; Général Vinoy, p. 76.
2. « Ce fut alors une cohue indescriptible » (J. Poirier, *Revue du Cercle militaire*, 6 avril 1895).
3. *État-major prussien*, tome III, p. 10. Pourtant Reims aurait déjà été éva-

v. Tümpling croyait devoir exécuter littéralement les ordres du prince royal. Ses deux divisions d'infanterie étaient invitées à rompre le 3, dès 8 heures du matin, sur Juniville et Bignicourt. Toutefois la 12ᵉ division était autorisée à continuer la poursuite de la colonne Vinoy, autant qu'elle pourrait se concilier avec le nouvel objectif de marche [1].

Par suite la 11ᵉ division et l'artillerie de corps se portaient sur Juniville et Aussonce. Le général v. Hoffmann avait dirigé la 12ᵉ division sur Novion-Porcien avant la réception du dernier ordre. Y croyant encore Vinoy, il décida de poursuivre son mouvement vers le nord, sauf à se reporter ensuite sur Bignicourt. Un cavalier chargé de l'informer du départ de nos troupes vers le nord-ouest ne parvenait pas à le rejoindre [2]. Au contraire une patrouille du 15ᵉ dragons rapportait faussement que nous occupions Sery et la Maladrie au sud-ouest de Novion-Porcien, renseignement que semblait confirmer la capture de quelques traînards. La tête de la 12ᵉ division continuait sur Sery, puis sur Novion-Porcien. A 9 heures et demie, elle atteignait ce village et apprenait seulement alors que nos dernières troupes en étaient parties à 6 heures [3].

Le général v. Hoffmann savait en outre que les 5ᵉ et 6ᵉ divisions de cavalerie avaient abandonné la poursuite. Il crut néanmoins pouvoir encore nous atteindre. Jetant à notre suite le 15ᵉ dragons et deux batteries à cheval, il porta derrière eux le reste des troupes engagées sur la route de Château-Porcien. Quant à celles qui arrivaient de Rethel (vers 11 heures), elles recevaient l'ordre de s'arrêter.

---

cuée par la division d'Exéa, en retraite sur Soissons (*État-major prussien*, tome III, p. 3). — En réalité, l'évacuation paraît avoir eu lieu le 4 seulement (Ch. Yriarte, p. 59; Jacqmin, *les Chemins de fer pendant la guerre de 1870-1871*, p. 145; Vinoy, p. 92).

1. M. Duquet (p. 92 et suiv.) suppose que l'*État-major prussien* invente de toutes pièces cet ordre du prince royal, afin de dissimuler l'erreur commise en laissant échapper Vinoy de Novion-Porcien. Les raisons qu'il en donne ne nous paraissent nullement convaincantes.

2. *État-major prussien*, tome III, p. 11.

3. *État-major prussien*, tome III, p. 11. Il est vraiment incompréhensible que le 15ᵉ dragons n'ait pas rendu compte plus tôt de notre départ.

Les dragons prussiens trouvèrent des traces de notre passage sur le chemin de Mesmont à Wasigny et à Gevron. Mais le nombre des prisonniers qu'ils recueillirent fut très faible[1]. Vers midi, quand leur avant-garde parut devant Chaumont-Porcien, ils furent accueillis à coups de fusil par des traînards embusqués autour de ce village. Leurs deux batteries ouvrirent alors le feu et mirent plusieurs maisons en flammes. Notre artillerie, déjà engagée tout entière sur le chemin de Logny, ne répondit pas. Croyant avoir encore devant eux toute la colonne Vinoy, les Allemands déployèrent un bataillon à l'attaque, sans nul résultat. Nos dernières troupes avaient déjà quitté le village.

Dans l'après-midi, six bataillons ennemis atteignaient successivement Chaumont-Porcien. Ils avaient parcouru 30 kilomètres sous une pluie battante, sur de fort mauvais chemins. En l'absence des 5e et 6e divisions de cavalerie, le général v. Hoffmann jugea impossible de rejoindre la colonne Vinoy et se borna à cantonner ses troupes à Chaumont et à Novion-Porcien. D'ailleurs un officier de l'état-major du VIe corps apportait à Chaumont (4 heures du soir) la confirmation de l'ordre de marcher sur Reims. Le corps d'armée devait y être concentré le 5 septembre, suivant les prescriptions du prince royal.

Par suite, le général v. Hoffmann prescrivait à la 12e division de se porter le 6 septembre de Chaumont et de Novion-Porcien sur la Suippe. Quant à la colonne Vinoy, elle marchait le jour même, par Seraincourt et Fraillicourt, sur Montcornet où sa tête arrivait (vers 6 heures du soir), après avoir consacré 16 heures à parcourir 48 kilomètres sur des chemins souvent fort mauvais. La rapidité de décision, la justesse de coup d'œil et l'énergie du général Vinoy lui avaient permis de sauver sa colonne, quoique, le soir du 3, elle fût presque cou-

---

1. 42 prisonniers pour toute la 12e division (*État-major prussien*, tome III, p. 11). M. Duquet écrit (p. 92, note 4) : « Les Allemands disent qu'ils n'avaient pas de cavalerie (*la Guerre franco-allemande*, 2e partie, p. 12). Ils se trompent.... » L'*État-major prussien* se borne à écrire que les 5e et 6e divisions avaient abandonné la poursuite. Le 15e dragons était le seul corps de cavalerie présent à Chaumont-Porcien.

pée de sa ligne de retraite, et cela par des forces de beaucoup supérieures. Il faut ajouter que cet heureux résultat n'eût pu être obtenu sans la série de fautes commises par nos adversaires. L'état-major du roi, en ne prenant aucune disposition contre nos troupes de Mézières, dont il connaissait cependant l'existence ; le prince royal, en prescrivant au VIe corps de marcher sur Reims, toute autre considération cédant ; enfin le général v. Hoffmann, en portant la 12e division sur Novion-Porcien au lieu de Seraincourt, avaient leur part dans cet insuccès. Il y a lieu de remarquer, en outre, que le 15e dragons prussien, le plus à portée de Novion-Porcien, aurait dû tenir v. Hoffmann mieux au courant de nos mouvements.

Quoi qu'il en soit, le 13e corps, intact, allait être à la disposition du gouvernement de la Défense nationale, fait qui devait puissamment contribuer à la prolongation de notre résistance. On sait trop comment Vinoy, devenu grand chancelier de la Légion d'honneur, en fut récompensé[1]. Même pendant le siège de Paris, le général Trochu ne parut lui en savoir aucun gré.

Les troupes du 13e corps étaient dans un état de complet épuisement en arrivant à Montcornet. Heureusement un temps magnifique succédait aux averses continuelles des derniers jours, et notre bivouac pouvait être organisé dans des conditions satisfaisantes. Malgré la fatigue générale et le grand nombre des éclopés[2], le général Vinoy, ne se croyant pas encore en sûreté, crut nécessaire de repartir dès 4 heures du matin, le 4 septembre. Le début de cette nouvelle étape, sur les deux côtes qui encadrent le village de Montcornet, fut des plus pénibles. Une panique sans

---

[1]. Il est choquant, pour ne pas dire plus, de lire les appréciations consacrées par le général Trochu à Vinoy et à sa retraite (Œuvres, tome Ier, p. 292).

[2]. Le général avait pris des mesures judicieuses pour le transport des éclopés pendant la dernière partie de la marche du 3 septembre. Des voitures étaient requises dans tous les villages traversés. Elles arrivèrent combles au bivouac, mais l'ennemi ramassa très peu de trainards, surtout appartenant aux 35e, 42e de ligne, 18e et 19e chasseurs (Vinoy, p. 82 ; Jacquelot du Boisrouvray, *Revue du Cercle militaire*, 16 décembre 1888).

motif aucun fit même refluer l'arrière-garde sur la tête de colonne. Mais l'ordre reparut bientôt et on atteignit Marle, après avoir parcouru 18 kilomètres seulement sur une bonne route.

De graves nouvelles attendaient Vinoy : un ambulancier venu de Sedan lui apprenait le désastre du 1er septembre et la captivité de l'empereur, faits que le général de Maud'huy confirmait de Laon, par un télégramme[1]. Puis, le soir, il recevait une dépêche partie de Paris à 5^h 20 : « La révolution vient de s'accomplir dans Paris. Revenez avec votre corps d'armée vous mettre à la disposition du gouvernement qui s'établit[2]. »

Le devoir du général Vinoy était tout tracé. Le soir même il se rendait à Laon, laissant au général Blanchard l'ordre de le suivre dès le lendemain. Le moral de nos troupes était tellement affaibli à la suite de cette retraite que, dans la nuit du 4 au 5, l'approche vraie ou fausse d'un peloton de uhlans suffit à jeter parmi elles une nouvelle panique[3]. Par mesure de précaution, Blanchard crut devoir prendre, le 5, une route détournée pour gagner Laon. Il s'y rendit par Crécy-sur-Serre. Sa division et celle du général de Maud'huy s'embarquèrent à Laon ou à Tergnier les 5 et 6 septembre, afin de se diriger sur Paris. Quant à la division d'Exéa[4], à l'artillerie de réserve et au 6e hussards, ils s'y rendirent par

---

1. Ch. Yriarte, p. 54 ; Général Vinoy, p. 87. A la date du 4 septembre, la division d'Exéa était à Soissons et la division Maud'huy à Laon.
2. Général Vinoy, p. 88 et 433. Cette dépêche était adressée sous le timbre du ministre de la guerre. Le général Le Flô n'ayant pas encore pris la direction du ministère, le télégramme en question ne peut avoir été envoyé que par le général de Palikao ; il était encore au ministère dans la soirée, lors de la visite du général Trochu (Voir plus haut, p. 33).
3. Ch. Yriarte, p. 57. L'*État-major prussien* ne confirme pas ce détail ; il est probable qu'il s'agit là d'une alerte sans motifs.
4. La division d'Exéa, partie de Paris le 27 août, s'établit autour de Reims le même jour, sauf 2 bataillons dirigés le 26 sur Épernay.
Le 29, la division occupe Bazancourt ; le 30, Rethel. Le 31, elle reconnaît Mourmelon ; elle évacue Rethel dans la nuit du 1er au 2 septembre ; elle est ralliée, le 2, par le 6e dragons venant de Paris. Le 3, nouvelle reconnaissance sur la route de Rethel ; le 4, évacuation de Reims. Un régiment de marche, l'artillerie, la cavalerie et les bagages se rendent à Soissons par la route ; le reste des troupes y va par voie ferrée (Ch. Yriarte, p. 59).

étapes. Le 9 septembre, le 13e corps était concentré sur l'avenue de la Grande-Armée [1]. Le transport des « échappés de Sedan » et d'une grande partie des troupes de Vinoy (43,068 hommes, 13,567 chevaux, 273 canons ou voitures) avait été effectué du 5 au 8 septembre inclus, par 135 trains. Cette grande opération, dans des circonstances aussi critiques, sur des lignes déjà encombrées par des causes multiples, faisait honneur à la Compagnie du chemin de fer du Nord [2].

1.

	Division D'EXÉA.	Division MAUD'HUY.	Division BLANCHARD.	Artillerie de réserve et 6e hussards.
5 septembre...	Soissons.	Laon à Paris, par voie ferrée.	Marle à Laon.	Marle à La Fère, par Laon.
6 septembre...	Cavalerie et artillerie, Villers-Cotterets ; infanterie, Dammartin (par voie ferrée).	Paris.	Laon - Tergnier, Tergnier - Paris (par voie ferrée).	La Fère-Noyon.
7 septembre...	Livry.	»	Paris.	Noyon à Pont-Ste-Maxence.
8 septembre...	Paris.	»	»	Luzarches.
9 septembre...	»	»	»	Paris.

(Général Vinoy, p. 100.)

2. Les échappés de Sedan s'embarquèrent à Hirson, Avesnes, Landrecies, Valenciennes, Douai, Albert, etc. Le transport des troupes fut ralenti par l'envoi à Reims, le 2 au soir, des trains vides qui stationnaient à Laon. Le général de Maud'huy avait cru devoir les expédier au-devant de la colonne Vinoy. On dut les faire revenir à Laon le 4 (Jacqmin, *les Chemins de fer pendant la guerre de 1870-1871*, p. 145 ; Ernouf, *Histoire des chemins de fer français pendant la guerre franco-allemande*, p. 119).

CHAPITRE VIII

MARCHE DES ALLEMANDS SUR PARIS

Débuts du mouvement sur Paris. — Occupation de Laon. — La IIIe armée. — La cavalerie allemande sous Paris. — Premières escarmouches vers Créteil. — La IVe armée. — Tentative sur Soissons. — Sentiments de l'ennemi en débouchant sous Paris.

Tandis que le général Vinoy opérait la retraite qui vient d'être racontée, les Allemands commençaient leur mouvement définitif sur Paris. Le 3 septembre, ils n'exécutaient que des déplacements préliminaires ayant pour but de dégager les environs de Sedan et de replacer les deux armées dans leur ordre primitif[1]. Les renseignements reçus dans la journée semblaient indiquer que Montmédy était occupé par des gardes mobiles seulement. On en conclut qu'un coup de main ferait aisément tomber cette petite place, et la garde royale prussienne reçut l'ordre d'y procéder le 4, sans toutefois ralentir le mouvement général sur Paris. Cette tentative eut lieu, en effet, mais les obus allemands n'obtinrent aucun résultat sérieux et le détachement chargé de l'attaque[2] rallia son corps d'armée.

Le même jour les deux armées continuaient leur déploiement ; la IVe était vers Malmy et Stonne ; la IIIe se formait face au sud-ouest, en détachant une pointe vers Reims. La 11e division d'infanterie et la 5e division de cavalerie étaient

---

1. *IIIe armée :* Ve corps à Flize, division wurtembergeoise à Guignicourt ; IIe corps bavarois à Malmy ; 2e division de cavalerie à Poix. La 4e division de cavalerie restait provisoirement à Vrigne-aux-Bois, pour aider à la surveillance des prisonniers. Le quartier général de l'armée était à Donchery.

IVe armée : La garde prussienne vers Carignan, sur la rive droite du Chiers ; XIIe corps entre le Chiers et la Meuse ; le IVe, à Raucourt ; le quartier général de l'armée à Mouzon.

Le Ier corps bavarois et le XIe corps restaient à Sedan (*État-major prussien*, tome III, p. 15).

2. 1 brigade d'infanterie, 6 escadrons, l'artillerie de la 1re division, l'artillerie de corps et 1 compagnie de pionniers, sous les ordres du général prince v. Hohenlohe. Les pertes des Prussiens furent de 4 hommes et 6 chevaux ; ils tirèrent 3,812 obus (*État-major prussien*, tome III, p. 22).

les plus rapprochées de cette grande ville; le 4 septembre elles continuèrent leur mouvement dans sa direction. Les renseignements recueillis indiquaient que des forces considérables avaient été rassemblées. Mais les patrouilles allemandes ne tardèrent pas à constater leur disparition, et le général v. Tümpling porta la 11e division sur Reims par la grand'route de Rethel, tandis que la 13e brigade continuait par Pomacle dans la même direction. De la part des populations plusieurs tentatives de résistance signalaient ce mouvement, préludant à la guerre nationale qui allait commencer. Un groupe de paysans armés et d'échappés de Sedan attaqua l'avant-garde de la 11e division près de Lavannes et dut être dispersé à coups de canon. Les premiers cavaliers entrés dans Reims, entourés par une foule furieuse, eurent peine à s'enfuir. Les Allemands avaient cru la guerre terminée; ils voyaient avec étonnement se multiplier les indices d'une résistance acharnée [1]. La disparition de nos troupes de Reims faisait regretter au prince royal l'abandon de la poursuite de Vinoy; il prescrivait à la 6e division de cavalerie de reprendre la direction de Laon. Le 4, elle cantonnait à Château-Porcien.

Le 5 septembre, les deux armées continuaient leur mouvement, sans que le VIe corps, qui les précédait, dépassât Reims. De Vendresse, le roi portait son quartier général dans cette ville [2].

Pour la plupart des troupes, le 6 septembre était consacré

---

1. *État-major prussien*, tome III, p. 17. A la IIIe armée, le gros de la 5e division de cavalerie atteignit Bazancourt; celui de la 12e division d'infanterie, Warmériville et Heutrégiville; la division wurtembergeoise, Novy; le Ve corps, Saulces-aux-Bois et Novion-Porcien; la 2e division de cavalerie, Attigny; le IIe corps bavarois, Charbogne; le quartier général, Attigny; la 6e division de cavalerie, Château-Porcien.

2. *IIIe armée*: VIe corps à Reims; 5e division de cavalerie à Neufchâtel, pour rallier la IVe armée; les Wurtembergeois à Bazancourt; le Ve corps à Juniville; la 2e division de cavalerie à Heutrégiville; le IIe corps bavarois à Machault; le quartier général à Reims.

IVe armée: La garde à Mouzon; le IVe corps à Vendresse; le XIIe corps à la Besace; le quartier général à Mouzon (*État-major prussien*, tome III, p. 18 et 24). L'état-major du roi apprit le 5 septembre la révolution survenue à Paris. L'impression fut nulle, car on prévoyait la chute de l'Empire dès avant la guerre (Général Verdy du Vernois, *Im grossen Hauptquartier*, p. 161).

au repos. Évidemment l'état-major du roi ne se rendait pas un compte exact de l'urgence d'arriver sous Paris, où les préparatifs de défense étaient encore si incomplets à cette date.

La 6ᵉ division de cavalerie portait un peloton du 16ᵉ hussards de Château-Porcien vers Laon. A 10 kilomètres environ de cette ville, à Eppes, il rencontrait de l'infanterie française [1]. Les gens du pays annonçaient, en outre, la présence de fortes masses de troupes aux environs. Pour obtenir des renseignements plus précis, la 6ᵉ division détacha (6 septembre) le 15ᵉ uhlans dans la même direction. Un peloton parvint sans être inquiété jusqu'au mur d'enceinte de Laon et, profitant de l'effarement universel, pénétra dans la ville. Mais, à la vue de ce petit nombre de cavaliers, des gardes mobiles de l'Aisne ouvrirent un feu très vif. En même temps des habitants cherchaient à fermer les portes. Les uhlans se firent jour en perdant quelques-uns d'entre eux blessés ou pris. Ils rapportaient cette fois des renseignements positifs: la garnison de Laon ne comprenait que des gardes mobiles; la citadelle était armée de 20 pièces, mais elle capitulerait sûrement après avoir reçu quelques obus. De grands transports de troupes avaient eu lieu sur les lignes ferrées du voisinage; ils semblaient dirigés vers l'ouest.

Par suite, la 6ᵉ division se porta le 7 septembre de Château-Porcien à Saint-Quentin, village à 30 kilomètres de Laon, vers l'est. Le duc de Mecklembourg-Schwerin, qui la commandait, fit sommer la place de se rendre [2].

Dans un autre ouvrage [3] nous avons dit comment le général Théremin d'Hame se laissa effrayer par les menaces de l'ennemi et par l'attitude hostile de la population. Il crut devoir capituler le 9 septembre. Le duc de Mecklembourg-Schwerin prenait possession de Laon, dans l'après-midi du même jour,

---

1. *État-major prussien*, tome III, p. 22. Cette infanterie appartenait peut-être à la division Blanchard ou à celle du général de Maud'huy. M. E. Fleury (*les Éphémérides de la guerre de 1870-1871 dans le département de l'Aisne*) ne fait pas mention de ce fait dans son récit, quoiqu'il soit très détaillé.
2. *État-major prussien*, tome III, p. 24.
3. *Campagne du Nord en 1870-1871*, 2ᵉ édition, p. 6.

quand un garde d'artillerie mit le feu à l'une des poudrières de la citadelle. Une explosion épouvantable se produisit, tuant ou blessant plusieurs centaines d'hommes parmi lesquels le brave Henriot [1].

Bien qu'il eût coûté beaucoup plus cher à nos troupes qu'à celles de l'ennemi, cet acte de farouche énergie eut le plus grand retentissement. Il montra aux Allemands comme à la France qu'une autre guerre commençait, la guerre de races, la guerre du peuple. Quelques semaines avaient suffi pour la destruction des belles armées impériales ; nous n'avions plus que des débris à peine en voie de reconstitution. Pourtant il allait falloir près de cinq mois, avant que l'ennemi triomphât de nos efforts obstinés.

Pendant ces événements, la masse principale des IIIe et IVe armées continuait lentement sa marche sur Paris. Le roi de Prusse, à Reims depuis le 5 septembre, savait que la dernière atteindrait seulement le 12 septembre la ligne Laon-Fismes, tandis que, dès le 10, la IIIe serait à hauteur de Dormans-Sézanne. Ce fait n'avait rien qui pût étonner, en raison du défaut de précision de l'ordre du 3 septembre [2]. Quoi qu'il en soit, l'état-major du roi jugea impraticable d'accélérer le mouvement de la IVe armée ; en outre il croyait nécessaire d'accorder quelque repos aux troupes. La suite du mouvement fut ainsi réglée (7 sept.) : la IVe armée marcherait sur le front nord de Paris, en maintenant sa gauche au nord de la route qui suit la vallée de la Marne. Elle s'étendrait vers la droite suivant les circonstances. Quant à la IIIe armée, elle se dirigerait, par de plus courtes étapes, vers le front sud de Paris, la droite à la Marne. Les corps francs devenant toujours plus gênants et la population plus hostile, les troupes d'étapes ne suffisaient plus à garder les

---

1. La garnison eut 19 officiers et 350 hommes tués ou blessés ; les Allemands 15 officiers et 99 hommes (*Campagne du Nord en 1870-1871*, p. 11).
2. Cet ordre portait simplement (*Moltkes Korrespondenz*, 3e partie, n° 254 ; *État-major prussien*, tome III, p. 1) que les deux armées se dirigeraient, l'une jusqu'à hauteur de Dormans-Sézanne, l'autre jusqu'à Dormans-Laon, en se maintenant à la même hauteur s'il était possible. Aucune date n'était fixée pour leur arrivée, ce qui constituait une erreur absolue.

communications avec l'Allemagne. La division wurtembergeoise fut désignée pour leur servir de point d'appui; elle dut rester provisoirement à Reims. Mais, afin de la rendre plus tôt disponible, ordre fut donné (8 sept.) au prince Frédéric-Charles de prélever le XIII⁰ corps sur les troupes qui investissaient Metz. Ce corps d'armée, nouvellement arrivé d'Allemagne, aurait à assurer la sécurité des routes à l'ouest de la Moselle. Dans ce but il porterait l'une de ses divisions à Châlons et à Reims. L'autre hâterait la prise de Toul, qui commandait encore la grande ligne ferrée de Wissembourg à Paris, si importante pour les Allemands. Enfin le général v. der Tann était invité à accélérer l'évacuation des prisonniers et du butin faits à Sedan, puis à marcher sur Paris, le XI⁰ corps par Rethel et Reims, le I⁰ʳ corps bavarois par Attigny et Épernay[1].

Ces dispositions firent que l'ensemble du mouvement, déjà peu rapide, fut encore sensiblement ralenti[2]. Évidemment le but du général de Moltke était d'amener les deux armées allemandes simultanément sous Paris, de façon à produire un grand effet moral par un investissement qui, dès le premier jour, serait absolu. Cette considération n'était pas sans importance, mais, d'autre part, les jours, les heures mêmes avaient leur prix dans l'état présent de Paris et de ses fortifications. Si la III⁰ armée, mettant à profit l'avance qu'elle avait sur la IV⁰, avait pris les devants pour venir s'établir au sud de la grande ville, elle aurait pu couper sensiblement plus

---

[1]. *Moltkes Korrespondenz*, 3⁰ partie, n⁰ˢ 257 et 265; *État-major prussien*, tome III, p. 16. Nous verrons que le XIII⁰ corps ne put être longtemps consacré à cette tâche, et qu'il fallut le porter sur la Loire, en face de rassemblements dont le général de Moltke ne prévoyait pas encore la formation à la date du 7 septembre.

[2]. La distance parcourue en 13 jours, du 3 au 16 septembre, oscille entre un minimum de 143 kilomètres pour le VI⁰ corps et un maximum de 244 pour le II⁰ corps bavarois. Pour les divisions de cavalerie, le minimum est de 176 kilomètres (5⁰ division), et le maximum de 225 (2⁰ division). La moyenne des étapes, repos compris, est de 11 kilomètres pour le VI⁰ corps et de 18^{km},8 pour le II⁰ corps bavarois; de 13^{km},5 pour la 5⁰ division de cavalerie, et de 17^{km},4 pour la 2⁰ (C. v. H., *Aus dem deutsch-französischen Kriege*, 51⁰ volume, 4⁰ livraison, 1894, *Organ*, p. 191). Voir également notre étude (*la Cavalerie allemande de Sedan à Paris* [*Revue de cavalerie* de décembre 1896 et suiv.]).

tôt les lignes ferrées qui rayonnent vers le sud et l'ouest. La défense en eût certainement été rendue plus difficile, sans que, dans l'état présent de nos forces, la III⁰ armée ait eu à courir aucun risque.

Du 7 au 10 septembre, elle opère une conversion à gauche, puis se déploie à hauteur de la ligne Dormans-Orbais-Sézanne[1]. La IV⁰ armée continue son mouvement, le IV⁰ corps à droite, le XII⁰ à gauche, la garde prussienne au centre. Les 5⁰ et 6⁰ divisions de cavalerie couvrent son front à grande distance, suivies en seconde ligne par les divisions de la garde et du XII⁰ corps, qui précèdent de quelques kilomètres seulement leurs corps d'armée. Le 9 septembre, la IV⁰ armée atteint ainsi la région de Montcornet, Sérigny, Château-Porcien ; la 5⁰ division est à Beaurieux; la 6⁰, à Laon[2].

Le 13 septembre, la 2⁰ division de cavalerie, qui devançait la III⁰ armée, n'était encore qu'à Coulommiers, avec deux escadrons à La Chapelle-sur-Crécy[3]. Dans les rues de Meaux, l'une de leurs patrouilles, attaquée par des chasseurs à cheval[4], perdit quelques hommes. Un autre escadron, poussé sur Mortcerf (14 sept.), reçut des coups de feu de ce village et d'une station voisine, Bec-d'Oiseau. D'après les habitants, deux compagnies de francs-tireurs occupaient ce dernier point. Les hussards prussiens mirent pied à terre et les refoulèrent dans la forêt de Crécy. Une forte patrouille, qui

---

1. Le 7 septembre, le VI⁰ corps est à Ville-en-Tardenois; les Wurtembergeois, à Reims; le V⁰ corps, à Sillery; la 2⁰ division de cavalerie, à Mourmelon; le II⁰ corps bavarois, à Suippes. Les 8 et 9, la III⁰ armée opère une conversion à gauche. Le 10, elle est sur la route Dormans-Orbais-Sézanne; la 2⁰ division de cavalerie, à une étape vers l'ouest, est à Vieils-Maisons; le VI⁰ corps, qui suit la Marne, pousse de fortes avant-gardes sur chaque rive jusqu'à Château-Thierry (*État-major prussien*, tome III, p. 181).
2. *État-major prussien*, tome III, p. 25.
3. Le 12 septembre, l'amiral Saisset télégraphiait du fort de Noisy à l'amiral de la Roncière (1ʰ 10 du matin) que, d'après le chef de gare, le fil télégraphique et la voie avaient été coupés tout près de Noisy (Larchey, p. 42). Il paraît impossible que ce fait soit exact, en raison de la distance où se trouvaient encore les coureurs ennemis. L'*État-major prussien* n'en fait pas mention.
4. De la division de cavalerie Reyau, destinée au 13⁰ corps, et qui fut peu après répartie entre les troupes de la Loire et celles de l'ouest.

s'y aventurait le 15 septembre, la trouvait pleine de fuyards de toute nature.

Le même jour, le gros de la 2ᵉ division atteignait Tournan, avec un régiment à Brie-Comte-Robert. De là, sur l'ordre du prince royal, elle reconnaissait la Seine de Corbeil à Choisy-le-Roi. Les ponts de Corbeil, de Villeneuve-Saint-Georges et de Choisy-le-Roi n'existaient plus; partout des abatis, des coupures rendaient les routes impraticables.

Cette reconnaissance n'était troublée que par des coups de feu provenant de la rive ouest de la Seine. Les cavaliers prussiens arrivaient jusque sous le canon de Paris. Dans Créteil, à 2,500 mètres du fort de Charenton, ils sabraient des maraudeurs et enlevaient dix prisonniers. A Draveil, des gardes mobiles étaient délogés par des hussards pied à terre. L'ennemi cherchait à traverser la Seine à gué, en face de Juvisy; cette tentative échouait sous le feu d'infanterie postée sur l'autre rive[1].

Le 16 septembre, la 2ᵉ division de cavalerie poussait jusqu'à Brie-Comte-Robert. La 5ᵉ brigade, chargée de détruire la voie ferrée qui longe la rive gauche de la Seine, atteignait Vigneux par Villeneuve-Saint-Georges. La batterie à cheval qui l'accompagnait canonnait un ponceau situé entre Ablon et Athis, sur la ligne ferrée d'Orléans à Paris. L'arrivée d'infanterie venue en chemin de fer du nord et du sud[2] obligeait les Allemands à se mettre en retraite, mais leur inoffensive démonstration suffisait pour interrompre la circulation sur la

---

1. *État-major prussien*, tome III, p. 19. Cette infanterie et les prétendus gardes mobiles de Draveil n'étaient sans doute que des gardes nationaux ou des corps francs. De Paris aucune troupe régulière ne paraît avoir été détachée dans cette direction.

2. *État-major prussien*, tome III, p. 19. Cette infanterie était sans doute des détachements de passage sur la ligne pour se rendre à Paris ou en province. Le gouverneur n'avait pris aucune disposition pour défendre la Seine (Général Ducrot, *la Défense de Paris*, tome Iᵉʳ, *passim*). — Il n'est pas exact que le ponceau en question ait été détruit, comme l'écrit l'*État-major prussien*. La voie fut simplement endommagée; l'inspecteur de l'exploitation, M. Fayolle, la fit aisément réparer et poussa jusqu'à Juvisy sur une locomotive (Ernouf, p. 252). Néanmoins, un télégramme parti de la gare d'Ablon (6ʰ 30 du soir) arrêta toute circulation : « N'expédiez aucun train; la voie a été coupée par la canonnade, au deuxième pont entre Ablon et Athis » (G. d'Heylli, *Journal du siège de Paris*, tome Iᵉʳ, p. 148).

ligne d'Orléans, dès l'après-midi du 15 septembre. Plus au nord, un escadron de hussards venant de Limeil rencontrait un corps franc, les éclaireurs Franchetti, près du carrefour Pompadour, et le refoulait après une courte mêlée. Il fallait que de l'infanterie postée près de Maisons-Alfort arrêtât les cavaliers ennemis.

La IIIe armée continuait son mouvement derrière le voile tendu par sa cavalerie. Le 16 septembre, le prince royal de Prusse avait son quartier général à Coulommiers; le VIe corps était depuis le 14 à Meaux, avec une avant-garde à Lagny. Tous les ponts avoisinants étant détruits sur la Marne et le canal de l'Ourcq, le VIe corps jetait le 14 un pont de bateaux à Trilport et y faisait commencer la construction d'un passage permanent. D'autres situés à Lagny ou entre Trilport et Meaux étaient également rétablis.

Au sud de la Marne, le Ve corps avait une division à Tournan et l'autre à Fontenay; son avant-garde occupait Ozouer-la-Ferrière et Chevry; des patrouilles poussaient jusqu'à Champigny le 16 septembre, sans se heurter à aucune troupe française. Des préparatifs étaient faits pour jeter un pont d'équipage le 17 en amont de Villeneuve-Saint-Georges. Le IIe corps bavarois, réparti entre Moissi-Cramayel, Lieusaint et Saint-Germain-lès-Corbeil, atteignait déjà la Seine. Partout ses patrouilles rencontraient des francs-tireurs, qui se retiraient dans la forêt de Sénart. Le pont de Saint-Germain-lès-Corbeil avait été détruit; on en jetait un autre sous la protection de deux bataillons portés en bateau sur la rive gauche. Il n'était terminé que le matin du 17[1].

Les corps francs épars le long de la Seine gênaient sensiblement la dernière partie de ces mouvements. Ils enlevaient plusieurs patrouilles de cavalerie, quitte à se retirer dans les bois ou les villages voisins à l'approche de plus forts détachements. Ainsi, le 13 septembre, des uhlans bavarois étaient attaqués à Nangis et à Villeneuve-les-Bordes. Une fraction du 1er uhlans, envoyée vers Melun, rencontrait à

---

[1]. *État-major prussien*, tome III, p. 20.

Rubelles une assez vive résistance de la part de gardes nationaux et de francs-tireurs. Il fallait faire canonner le parc, le château et le village voisin pour venir à bout de cette résistance imprévue. Melun était ensuite occupé sans combat. Il ne s'y trouvait que des gardes nationaux destinés à surveiller la maison d'arrêt.

Enfin, la 10ᵉ brigade de cavalerie, qui venait de Sedan avec une batterie à cheval, avait rallié la gauche de la IIIᵉ armée par Reims, Épernay et Sézanne. Le 16, elle atteignait Nangis et se reliait au IIᵉ corps bavarois. Entre la Seine et l'Yonne, comme dans les bois vers Dannemarie, ses patrouilles avaient partout rencontré, elles aussi, des francs-tireurs et des paysans armés qui se montraient fort entreprenants.

La IVᵉ armée accomplissait son mouvement dans des conditions analogues. Le 10 septembre, elle atteignait la ligne Laon-Craonne-Cormicy, derrière les 5ᵉ et 6ᵉ divisions de cavalerie en exploration vers Soissons et la Fère. Ces deux places étaient assez fortement occupées. Toutefois, la situation topographique de Soissons, au fond d'une vallée, dominée de tous côtés et à courte distance, semblait si fort de nature à favoriser un bombardement, que le IVᵉ corps reçut l'ordre d'y procéder (14 sept.). Des collines au sud-est, la 7ᵉ division échangea quelques obus avec cette place, mais sans résultat aucun. Le commandant, sommé de se rendre, s'y refusa, et le prince royal de Saxe s'empressa de reprendre sa marche [1]. Le même jour, la 6ᵉ division atteignait Crépy-en-Valois; ses patrouilles trouvaient Senlis occupé par des francs-tireurs. Le lendemain, elle entrait sans résistance dans cette petite ville et y capturait trois locomotives. A Creil elle coupait les lignes de Tergnier, d'Amiens et de Beauvais à Paris et, là aussi, s'emparait d'un important matériel [2].

Le 16 septembre, le IVᵉ corps atteignait Nanteuil-le-Hau-

---

1. *État-major prussien*, tome III, p. 25. Voir, à ce sujet, *Campagne du Nord en 1870-1871*, p. 14.
2. 4 locomotives et 150 wagons (Lemas, *l'Invasion dans l'Oise;* Ernouf, ouvrage cité; voir aussi *Campagne du Nord*, p. 14).

doin; la garde prussienne, Acy-en-Multien; le XII⁰ corps, Lizy-sur-Ourcq, où il forçait les habitants à rétablir le pont que nous avions détruit. La 6ᵉ division de cavalerie bordait l'Oise à Beaumont. Ses patrouilles, qui battaient l'estrade jusqu'auprès de Saint-Denis, se heurtaient à nos avant-postes vers Saint-Brice et Écouen. Elles constataient l'existence de bivouacs à Montmagny, entre Pierrefitte et Saint-Denis. La 5ᵉ division arrivait à Dommartin; dans cette direction tous les villages étaient abandonnés par leurs habitants. On rencontrait de la cavalerie, en nombre, à Arnouville et au Blanc-Mesnil [1].

Derrière la IV⁰ armée, les Wurtembergeois, venant de Reims, atteignaient le 16 La Ferté-sous-Jouarre, dans sa proximité immédiate. De même, la 5ᵉ division de cavalerie, les XI⁰ corps et I⁰ʳ corps bavarois avaient quitté les environs de Sedan, après avoir assuré l'évacuation des 105,000 prisonniers qui y étaient rassemblés. Le 15 septembre, le XI⁰ corps était à Épernay et le I⁰ʳ corps bavarois à Reims; la 4ᵉ division atteignait le lendemain Nangis, Orbais et Châtillon-sur-Marne.

Ainsi, le 16 septembre, les Allemands débouchaient simultanément au sud et au nord de Paris, sans avoir rencontré, de la Meuse à la Seine, aucune difficulté réelle. Les corps francs, les gardes nationaux, les habitants en armes avaient gêné jusqu'à un certain point la marche de leur cavalerie. Mais ces essais de résistance étaient trop isolés pour produire un effet marqué; d'ailleurs, dans les départements de Seine-et-Marne et Seine-et-Oise, la population faisait souvent preuve d'un manque absolu de patriotisme et d'énergie. Le 12 septembre, un peloton de cavalerie requérait du tabac à Coulommiers. Comme il ne pouvait emporter toute la quantité requise, il distribuait le reste à la foule curieuse, qui recevait cette aumône avec reconnaissance. Le 14, deux cavaliers bavarois, entrant dans Lumigny, étaient entourés

---

[1]. Cette cavalerie faisait partie de la division Royau. — Le quartier général de la IV⁰ armée était, le 16, à Crouy-sur-Ourcq; celui du roi était, le 14, à Château-Thierry, et, le 15, à Meaux (*État-major prussien*, tome III, p. 26).

par les habitants et accueillis avec des poignées de main et des verres d'eau-de-vie[1]. A Corbeil, des francs-tireurs, qui voulaient arrêter les coureurs ennemis, en étaient empêchés par le maire, M. Darblay fils[2]. Le général de Moltke écrivait le 21 septembre au chef d'état-major de la 11ᵉ armée : « Versailles a reçu nos troupes à bras ouverts. Sèvres demande une garnison prussienne[3] ». D'ailleurs, nos tentatives de résistance étaient dues à l'initiative individuelle. Ni le gouverneur de Paris, ni le ministre de la guerre n'avaient fait d'efforts sérieux pour ralentir les mouvements de l'ennemi. Ils se bornèrent à prescrire des destructions d'ouvrages d'art et de routes, dont beaucoup inutiles, sinon dangereuses. Même dans l'état de désorganisation complète où nous laissait le grand désastre du 1ᵉʳ septembre, il semble qu'il eût été possible et nécessaire de faire mieux[4].

En débouchant devant Paris, les Allemands éprouvaient des sentiments contradictoires. La vue des villages entièrement abandonnés, entourés de meules encore brûlantes, éveillait en eux un vague effroi. Puis, ils apercevaient Paris « brillant gaiement au soleil, Paris, la ville géante, avec sa mer infinie de maisons, ses centaines de clochers et de tours, au milieu d'environs qui ressemblent à des jardins fleuris. De nombreux villages, de magnifiques maisons de campagne, ressortant pour la plupart de parcs ombreux ou entourés de vergers et de vignes bien cultivées, ajoutaient le charme et la grâce à la grandeur de l'impression et provoquaient cette exclamation involontaire : « Que Paris est donc beau ! »....
C'était la ville même, qui, avec ses deux millions d'habitants,

---

1. De Mun, *Un Château en Seine-et-Marne en 1870*, p. 20 et 25.
2. Millard, *Souvenirs de l'invasion : les Allemands à La Ferté-Alais*, p. 4.
3. *Moltkes Korrespondenz*, 3ᵉ partie, nº 287 ; Verdy du Vernois, p. 202.
4. A. G., *le Blocus de Paris et la 1ʳᵉ armée de la Loire*, 1ʳᵉ partie, p. 42. Toutefois, nous ne croyons pas, comme le lieutenant-colonel G., qu'il eût été possible d'établir les 13ᵉ et 14ᵉ corps le long de la Seine et de l'Orge, de Choisy-le-Roi à Montlhéry, de défendre cette ligne et ensuite celle de Choisy-le-Roi à Palaiseau, puis, enfin, le plateau de Villejuif et les hauteurs de Châtillon. Nos troupes n'étaient pas assez consistantes pour tenir la première de ces lignes, dont la droite eût été tout à fait en l'air. Il était possible de ralentir la marche de l'ennemi, et non de l'arrêter. On ne le vit que trop, le 19 septembre, à Châtillon.

coupée de toute communication, devait nous résister héroïquement cinq mois, à notre grande surprise et à celle du monde entier[1] ! »

Si bon nombre de soldats allemands ressentaient une certaine appréhension en approchant de Paris, les officiers étaient pleins de confiance. Ils ne doutaient pas d'un prompt succès[2]. Dans le corps de la garde on se répétait, avec un sourire d'incrédulité, ce qu'avait dit le prince royal à un chevalier de Saint-Jean retournant en Allemagne : « C'est dommage que vous partiez si tôt. Vous auriez pu nous aider ici à orner l'arbre de Noël[3] ! » Le vieux roi partageait les craintes du Kronprinz. Dès le 7 septembre il s'en ouvrait à l'un de ses confidents : « C'est maintenant seulement que la guerre commence. On va prêcher la levée en masse, comme en 1814, le soulèvement des paysans qui, alors, nous a donné assez d'embarras. Nous aurons peut-être encore à passer des jours difficiles. Mais personne ne veut le croire ; tous sont aveuglés par ces succès sans exemple. » Plus tard, à Versailles, Guillaume continuait à penser de même : « Ces gens ont été gâtés par 1866. Pourquoi l'idée ne vient-elle à personne de comparer les événements actuels à ceux de 1814[4] ? »

En effet, l'avenir réservait des surprises à l'ennemi. Ni le général de Moltke, ni le roi lui-même n'avaient prévu que la défense nationale serait prolongée aussi longtemps, avec autant d'énergie. Mais, dans cette résistance obstinée, la part de Paris devait être presque absolument passive. Le général Trochu avait pourtant sous ses ordres, dès le 15 septembre, un ensemble de forces susceptibles de paraître à bref délai devant l'ennemi et qui n'existaient nullement en province.

---

1. Bagenski, p. 209.
2. De Mun, p. 40 ; Verdy du Vernois, p. 162 et 166 ; *Moltkes Korrespondenz*, 3ᵉ partie, nᵒˢ 266, 267, 268, 269, 272, 276, 293, 297, du 8 au 28 septembre.
3. Bagenski, p. 211.
4. L. Schneider, *l'Empereur Guillaume : Souvenirs intimes*, tome II, p. 262. La longue résistance de Paris surprit tellement la plupart des Allemands que certains déplorèrent, pendant le siège, qu'on n'eût pas simplement attendu sur place les attaques des Français après Sedan, en se bornant à occuper le terrain conquis. Ce ne fut jamais l'avis du général de Moltke (Verdy du Vernois, p. 163).

CHAPITRE IX

PARIS PLACE FORTE

Situation de Paris. — Ses avantages. — La Seine et la Marne, les canaux. — L'enceinte. — Les forts. — Les hauteurs du sud et de l'ouest — Travaux faits avant le siège. — Ouvrages extérieurs entrepris. — Destructions d'ouvrages d'art. — Organisation du commandement.

La vallée de la Seine s'élargit sensiblement dans sa partie moyenne, vers les confluents de l'Aube, de l'Yonne, du Loing, de la Marne et de l'Oise. C'est là, au fond d'une sorte de cuvette dessinée par les hauteurs des deux rives, que s'étend Paris. Les cours d'eau que nous avons cités facilitent ses communications avec tout le nord de la France. De plus, la Loire s'infléchit à Orléans, en dessinant une grande courbe dans la proximité immédiate de la capitale : elle semble ainsi mettre à sa portée le réseau fluvial des provinces centrales.

Non seulement la situation topographique et géographique de Paris est telle qu'il convient à l'une des grandes cités de la terre, mais le sol du voisinage renferme des matériaux de construction en quantités inépuisables. La nature semble avoir voulu en faire le pôle d'attraction de la vaste étendue comprise entre les Ardennes et le plateau central, de l'Océan au Rhin. Le grand nombre de voies ferrées, de routes et de cours d'eau qui y aboutissent, les ressources de tout genre qui y abondent, le chiffre de sa population, enfin nos habitudes de centralisation excessive lui donnent une importance stratégique qu'aucune ville du monde ne possède au même degré [1].

La large dépression qu'occupe Paris est traversée et limitée en partie par le double crochet que dessine la Seine, à l'intérieur du triangle équilatéral dont les sommets sont marqués par le confluent de la Marne et les courbes du fleuve

---

1. Gœtze, *Die Thätigkeit der deutschen Ingenieure u. technischen Truppen im deutsch-französischen Kriege 1870-1871*, tome II, p. 3 ; E. Ténot, *Les nouvelles défenses de la France. Paris et ses fortifications*, p. 15.

à Sèvres et à Saint-Denis. Dans cet intervalle, l'altitude moyenne du sol est de 30 mètres seulement. Au nord et à l'est, sur la rive droite de la Seine, des hauteurs nettement marquées s'étendent jusque dans la ville, tandis qu'au sud-est elles restent à près de dix kilomètres. Sur la rive gauche l'altitude moyenne des collines est plus élevée, 80 mètres environ. D'abord situées à 2,000 mètres environ de l'enceinte, elles lui sont parallèles ; de Sèvres à Asnières, elles longent immédiatement la Seine, qui dessine un large fossé devant Paris. Au delà s'étend une zone basse, couverte de bois et d'habitations, celle de Boulogne-Neuilly.

L'ensemble de ces hauteurs semble décrire un cercle protecteur autour de la ville. Mais, en 1870, elles n'avaient pas été utilisées autant qu'il eût convenu pour la défense. Nous en dirons plus loin les raisons.

La Seine offre également de grands avantages au défenseur. En amont, au confluent de la Marne, elle atteint une largeur de 170 mètres avec une profondeur de 3 à 5 mètres. Elle coupe toutes les directions que peut suivre l'assaillant pour aborder le front sud. Il faut d'ailleurs remarquer que la totalité des voies ferrées, la grande majorité des routes rayonnent de Paris aux frontières[1]. Les Allemands étaient donc forcés de suivre des chemins latéraux pour se porter au sud de la grande ville.

En aval, les inflexions si marquées que décrit la Seine de Meulan à Paris rendent une attaque à peu près impossible. De même la boucle que dessine la Marne au sud-est couvre efficacement une partie du périmètre du camp retranché. Cette rivière, large de 75 mètres et profonde de 2 en moyenne, coupe la plupart des routes et des voies ferrées qui rayonnent vers l'est.

La Seine et la Marne offrent un autre avantage, celui d'assurer dans toutes les circonstances l'alimentation en eau d'une population supérieure à deux millions d'hommes.

Les canaux de l'Ourcq et de Saint-Denis, qui débouchent

---

1. En 1870 (*État-major prussien,* tome III, p. 34).

à Paris du nord-est et du nord-ouest, protègent aussi le camp retranché contre une attaque rapprochée. Dans leur voisinage, plusieurs ruisseaux venant du nord et de l'est peuvent être utilisés pour tendre des inondations. De même la Bièvre inonderait au besoin une partie des abords sud de l'enceinte.

Paris a toujours joué un rôle capital dans notre histoire; il a été maintes fois assiégé, des invasions normandes aux guerres de religion. Ses fortifications, plusieurs fois remaniées, avaient à peu près disparu à la fin du XVIIe siècle. Vauban, qui l'appelait le vrai cœur de la France, Napoléon Ier, Gouvion-Saint-Cyr en 1818, le maréchal Soult en 1830 projetèrent de le fortifier à nouveau. Mais c'est de 1840 à 1845 seulement que fut établi son système défensif, tel qu'il existait en 1870. Lors de sa construction, on s'imaginait qu'il rendrait impossible tout bombardement et même tout investissement, pour l'armée la plus nombreuse[1]. En 1870, cette opinion était encore répandue dans l'armée, surtout parmi les officiers du génie[2].

Quoi qu'il en soit, au début de la guerre, les défenses fixes de Paris consistaient en une enceinte mesurant 34 kilomètres de tour et répartie en 94 bastions. Cette chemise protectrice était constituée par un mur d'escarpe de 10 mètres de hauteur sur $3^m,50$ d'épaisseur, construit en moellons avec revêtement de 1 mètre en pierres meulières. Un fossé de 15 mètres de largeur, une contrescarpe non revêtue et un glacis précédaient l'escarpe. Malgré les défauts inhérents au système bastionné et ceux particuliers à cette enceinte, l'étendue de ses fronts était telle que, presque partout, les faces des bastions échappaient à l'enfilade. Paris pouvait donc être considéré comme suffisamment garanti d'une surprise ou même d'une attaque régulière.

En avant de l'enceinte, à une distance variant de 1,500 à

---

1. C'était l'opinion du général de Chabaud-Latour, qui prit une part active à l'établissement des projets du général, plus tard maréchal Vaillant (Guizot, *Mémoires pour servir à l'histoire de mon temps*, tome VI, p. 25 et suiv.).
2. Ducrot, tome Ier, p. 192. Le colonel belge Vandevelde l'écrivait encore dans sa *Description des fortifications de Paris*, en 1870.

4,500 mètres, seize grands forts détachés et un certain nombre de redoutes formaient une première ligne de défense, longue en tout de 53 kilomètres. Ces ouvrages extérieurs présentaient de nombreux défauts. La forme très aiguë de leurs bastions exposait les faces à l'enfilade et réduisait leur action extérieure. Les flancs étaient très exposés aux ricochets; l'organisation intérieure laissait à désirer; les abris voûtés manquaient ou étaient insuffisants; les casernes à trois étages formaient des objectifs visibles de fort loin. Enfin, la maçonnerie des escarpes était exposée jusqu'au pied au tir plongeant. En raison des progrès récents de l'artillerie, une transformation complète de ces ouvrages eût été nécessaire. Mais la France, à qui l'argent faisait défaut pour construire des forts détachés à Metz, à Strasbourg et à Belfort, n'avait eu garde d'en consacrer à la réfection de défenses généralement considérées comme inutiles [1].

La Seine, la Marne et le ravin qui descend de Versailles à Sèvres dessinent autour de Paris sept secteurs dont l'aspect et la constitution topographique diffèrent sensiblement.

Celui du nord-ouest, entre la Seine à Saint-Germain-en-Laye et le ruisseau du Croud, est, dans son ensemble, accidenté et semé de nombreux lieux habités. D'une faible altitude dans la grande boucle de la Seine, le sol s'élève peu à peu, pour atteindre 170 mètres au sud de Franconville. Quoique les environs de Gennevilliers et de Saint-Denis fussent entièrement dominés par ces hauteurs, nous avions renoncé à y établir des fortifications, parce qu'il eût fallu porter la défense trop loin de l'enceinte, sans pouvoir s'y relier d'une façon sûre.

---

[1]. On sait que le Corps législatif réduisit sensiblement les crédits demandés pour la mise en état de nos places fortes. L'initiative de ces réductions fut prise par la gauche.

C'était, avant 1870, une opinion répandue dans le peuple et même la bourgeoisie, que les forts avaient été construits plutôt *contre* Paris que pour protéger Paris. « ....Pour fortifier Paris, il a fallu triompher d'un mouvement d'opinion aussi violent qu'irréfléchi. J'ai entendu hurler contre les Bastilles; du haut du balcon de la Chancellerie, j'ai vu défiler la garde nationale aux cris de : « A bas les forts! » (Lecture du duc d'Aumale à l'Académie française, 18 mars 1897).

Le secteur du nord, entre le Croud et le canal de l'Ourcq, présente l'aspect d'une plaine découverte. Les lieux habités y sont nombreux dans le voisinage de ces cours d'eau, et rares ailleurs.

A l'intérieur de ces deux secteurs s'élèvent les ouvrages de Saint-Denis et le fort d'Aubervilliers. Les premiers forment un ensemble relié par un retranchement qui aboutit au canal Saint-Denis. Ils comprennent le fort de La Briche, ouvrage à couronne situé entre la route d'Épinay et la ligne ferrée de Creil à Paris ; la Double Couronne du Nord, dont la gorge n'est fermée que par le ruisseau du Rouillon, enfin le fort de l'Est, quadrilatère bastionné. Plusieurs redoutes battent le canal Saint-Denis et le retranchement cité plus haut.

Le fort pentagonal d'Aubervilliers est de 10 mètres plus élevé que les ouvrages de Saint-Denis. Il est tout à fait en dehors de la zone d'action des hauteurs de Montmorency. Au contraire, celles-ci dominent entièrement les ouvrages de Saint-Denis, surtout la Double Couronne du Nord et le fort de la Briche.

Le secteur qui s'étend du canal de l'Ourcq à la Marne est en grande partie couvert par une longue chaîne de hauteurs, dont les contreforts pénètrent jusque dans Paris. Deux profondes dépressions la divisent en trois parties. Celle de l'ouest, le plateau de Romainville, domine au nord la plaine Saint-Denis et au sud la rive gauche de la Marne. Quatre quadrilatères bastionnés, les forts de Romainville, Noisy-le-Sec, Rosny et Nogent, les redoutes intermédiaires de Noisy-le-Sec, Montreuil, la Boissière et Fontenay bordent les pentes nord de ce plateau. Plusieurs villages étendus en facilitent la défense.

A l'est du fort de Rosny et sous son canon se dresse le plateau du Mont Avron, qui commande la vallée de la Marne vers Chelles et Neuilly, de même que la plaine qui borde la forêt de Bondy vers l'ouest. Il est lui-même dominé par les hauteurs de Montfermeil, qui s'étendent jusque vers Lagny. Leurs pentes ouest sont très raides ; des bois en couvrent les sommets ainsi que les versants nord.

Au sud de Vincennes s'étend une région basse, en partie boisée et dont une portion est entourée par la boucle de la Marne. Le fort neuf de Vincennes, accolé au vieux château de ce nom et construit dans le voisinage immédiat de la ville, commande le plateau de Gravelle ainsi que le bois qui y touche. Les redoutes de la Faisanderie et de Gravelle, unies par un front bastionné de 1,500 mètres, ferment la boucle de la Marne et battent au nord-est la vallée de cette rivière, comme au sud l'intervalle qui la sépare de la Seine.

Le canal de Saint-Maur, en partie souterrain, coule en avant de ces redoutes.

Le secteur qui va de la Marne à la Seine se termine en leur confluent par une plaine triangulaire que les hauteurs boisées de Champigny, Chennevières, Boissy-Saint-Léger dominent d'environ 100 mètres. Le pentagone bastionné de Charenton a été construit entre ces deux cours d'eau. Dans l'espace au sud se dresse le piton isolé de Mont-Mesly, à 70 mètres d'altitude et à 8 kilomètres environ de l'enceinte. Il est dominé par les collines de Boissy-Saint-Léger et de Sucy au sud-est.

Entre la Seine et la Bièvre, à 1,500 ou 2,000 mètres du fleuve, s'élève un dos de pays qui atteint son sommet aux Hautes-Bruyères, à l'ouest de Villejuif (123 mètres). Il commande à courte portée la vallée de la Bièvre, vers laquelle il s'incline en pentes rapides. Les deux pentagones bastionnés d'Ivry et de Bicêtre défendent ce secteur ; le premier, à 60 mètres d'altitude, bat les pentes est et la vallée de la Seine ; le second, à 123 mètres, est construit à mi-chemin de l'enceinte aux Hautes-Bruyères. Ces deux forts, beaucoup trop rapprochés de Paris, sont commandés par les hauteurs du sud. En outre, celui de Bicêtre n'a que des vues peu étendues.

Le secteur de la Bièvre au ravin de Sèvres est plus accidenté que le précédent. Des hauteurs dont le pied avoisine l'enceinte s'élèvent peu à peu vers l'ouest et atteignent leur point culminant au plateau de Villacoublay. Celui-ci est coupé en deux parties par le ravin de Meudon : celle du nord, boisée en général, s'allonge vers Sèvres ; celle du nord-est jusqu'auprès de Clamart et de Châtillon, avec une altitude comprise entre 169 et 162 mètres. Des pentes rapides en descendent vers le nord ; puis il se forme un étage inférieur, à 80 mètres environ de hauteur. C'est là qu'ont été construits les forts de Montrouge, de Vanves et d'Issy. Ce sont des quadrilatères ou des pentagones bastionnés, commandés à 2,000 mètres environ par les hauteurs de Châtillon, de Sèvres et de Montretout. De ces collines, qui les dominent de 80 mètres environ, on distingue, à l'œil nu, leurs moindres détails intérieurs. Le fort d'Issy, surtout, peut être enveloppé et se trouve dans de très mauvaises conditions défensives. Il résulte de ce qui précède que le secteur de la Bièvre au ravin de Sèvres est le point le plus faible de la défense. C'est par là que les Anglais attaquèrent Paris en 1360 ; de même pour Henri III et le Béarnais en 1589. Enfin, c'est sur les hauteurs du sud-ouest que Blücher s'établit en 1815. On commit donc une faute grave en ne faisant pas rentrer ces positions dangereuses dans la première ligne des défenses de Paris. Même avec l'artillerie de l'époque, les forts étaient vis-à-vis d'elles dans des conditions d'infériorité évidentes. Cette erreur, qui fut signalée dès 1840, s'explique d'autant moins que des forts placés sur les collines du sud n'auraient pas été plus loin de l'enceinte que ceux de Nogent ou de Rosny[1].

Du ravin de Sèvres à la Seine le sol est également très accidenté. Plusieurs groupes de collines rayonnent des environs de Rocquencourt. Au nord-est les hauteurs de Marly sont trop éloignées de Paris pour exercer une action sur sa défense. Quant au plateau de Jardy, entre le ravin de Sèvres et celui de Vaucresson, il est entouré de bois dominants. Mais, entre ces deux massifs, les collines de la Celle-Saint-Cloud et de la Bergerie ferment la partie sud de la presqu'île de Gennevilliers et dominent de leurs pentes raides la vallée de la Seine. Toutes ces hauteurs sont boisées en général,

---

1. *État-major prussien*, tome Ier, p. 38 ; Ducrot, tome Ier, p. 185 ; Téuot, p. 115.

sauf dans la partie est, vers Saint-Cloud. Elles s'inclinent au nord-est en talus rapides qui s'adoucissent bientôt. Au delà d'une dépression cotée de 70 à 80 mètres, le sol se relève brusquement en un piton isolé, haut de 161 mètres. C'est le Mont-Valérien, dont le sommet est occupé par l'ouvrage le plus important du camp retranché.

Son enveloppe est formée d'un pentagone bastionné qu'un cavalier intérieur domine de 30 mètres. Il commande tous les environs jusqu'au ravin de Sèvres et aux collines de La Celle-Saint-Cloud. Les pentes à l'est, qu'il ne voit pas, sont battues par l'enceinte. Quant à la presqu'île de Gennevilliers, qui allonge ses étendues monotones entre la Seine et le Mont-Valérien, elle est sous le canon de ce fort, d'une partie de l'enceinte et des ouvrages de Saint-Denis; en outre, le double fossé que la Seine creuse autour d'elle la rend très peu abordable.

Tels étaient les environs de Paris en 1870. Pour se rendre compte des obstacles qu'ils présentaient aux Allemands, il faut se souvenir que leur ensemble est couvert de villages, de villas, de constructions de tout genre; que les bois, les parcs, les jardins, les murs de clôture y abondent; que des carrières de pierre, de gypse, de sable découpent en tous sens les flancs des collines et les fonds de vallée. Si ces accidents du sol offrent à l'attaque de bons points d'appui, ils rendent non moins difficiles des mouvements offensifs de la part du défenseur [1].

Dès le mois de juillet 1870 on s'occupa d'organiser les défenses de Paris, mais en évitant d'effrayer une population nerveuse par des travaux trop apparents. Le général de Chabaud-Latour, du cadre de réserve, rappelé à l'activité le 15 juillet, y présida. La mise en état de défense ne fut poussée avec quelque activité qu'après nos premières défaites, lors de l'arrivée aux affaires du cabinet du 10 août [2]. Mais aucune conception d'ensemble ne dirigea cette gran-

---

1. Ducrot, tome Ier, p. 185.
2. *Enquête*, déposition Jérôme David; Général Ambert, *Récits militaires: le Siège de Paris*, p. 5; Ducrot, tome Ier, p. 185.

diose opération. Le comité de défense ne fut même constitué que le 19 août, sous la présidence du général Trochu, et il subit plusieurs remaniements qui portèrent le nombre de ses membres de 8 à 21[1]. Quant au gouverneur, dès le premier moment, son attention fut trop complètement absorbée par les événements politiques pour qu'il consacrât le temps voulu à la partie militaire de son rôle. Il disait au général Ducrot, le 15 septembre : « Depuis le 4, j'ai eu tant à faire au point de vue politique et militaire que je n'ai pu m'occuper de ces travaux[2]. » En outre, nous l'avons vu, il n'avait pas foi en la défense ; il songeait plutôt à sauver l'honneur de Paris et de la France qu'à obtenir des résultats positifs[3].

Il en résulta une grande incohérence dans les immenses

---

[1]. Les 25, 26 août, 7, 22 septembre, 18 octobre (Ducrot, tome Ier, p. 201 ; Sarrepont, p. 40).
Ce comité comprenait, le 19 août, le général Trochu, président, le maréchal Vaillant, l'amiral Rigault de Genouilly, le baron Jérôme David (ministre des travaux publics), les généraux de Chabaud-Latour, Guiod, d'Autemarre d'Erville, Soumain.
Le 25 août, un décret y ajouta M. Béhic et le général Mellinet, sénateurs ; MM. Daru, Dupuy de Lôme, de Talhouet, députés.
Le 26 août, un nouveau décret y fit entrer M. Thiers.
Le 7 septembre, un arrêté du gouvernement nomma membres MM. Dorian, ministre des travaux publics, le contre-amiral de Dompierre d'Hormoy, Dupuy de Lôme (à titre d'ancien inspecteur général du génie maritime), le général Frébault.
Le 22 septembre, nouvel arrêté pour la nomination de MM. Gambetta, Garnier-Pagès, Emmanuel Arago.
Le 18 octobre, nomination de l'amiral de la Roncière le Noury.
La première séance eut lieu le 18 août, la dernière le 27 novembre.
[2]. Ducrot, tome Ier, p. 2 et 3. Le général Trochu écrit (*Œuvres posthumes*, tome Ier, p. 215) qu'il consacrait alors dix-huit heures par jour à la préparation du siège.
[3]. Le 11 septembre, le chef de bataillon de mobiles de Lareinty se rend à la redoute et n'y voit qu'une soixantaine de travailleurs. Le 12, même remarque ; il va, le jour même, chez le gouverneur avec le général de Bernis, et offre de faire travailler ses mobiles. On trouverait ainsi aisément 40,000 bras.
Le général Trochu est absent, mais le général Schmitz répond : « C'est inutile, car nous ne pouvons pas nous défendre ; nous sommes décidés à ne pas nous défendre. » Il leur montre des lettres que lui a adressées le maréchal de Mac-Mahon, et dit : « Comme il n'y a pas d'armée qui soit en état de tenir de Versailles à Châtillon, il est inutile de songer à nous défendre ; le travail qu'on pourrait faire avec vos hommes serait en pure perte » (*Enquête*, déposition Lareinty).

travaux accomplis autour de Paris du 10 août au 19 septembre. On mura 13 portes ; on en rétrécit 54, dont les larges débouchés furent réduits à un ou deux ponts-levis. On ferma les trois passages de rivière, les deux entrées de canaux, les neuf passages de chemins de fer. Mais la routine fit que l'on procéda pour un camp retranché tel que Paris comme pour l'une de nos bicoques de la frontière. Les portes, fermées par les ponts-levis, devinrent si étroites, que les grands mouvements de troupes et même la circulation des voitures en furent très ralentis. On vit telle route, du Point-du-Jour jusqu'à mi-chemin de Saint-Cloud, couverte de trois ou quatre rangées de véhicules de toute nature, cherchant vainement à entrer dans Paris[1]. Une évaluation, probablement exagérée, porte à 27,000 le nombre des charrettes qui passèrent les portes dans la seule journée du 27 août[2].

Outre ces travaux, inutiles en grande partie, on répara les talus de contrescarpe, on abattit les plantations et les constructions voisines de l'enceinte[3], on ouvrit des embrasures, on créa des magasins à poudre. On planta 61 kilomètres de palissades ; on emplit 4 millions de sacs à terre ; on acheta 12,000 futailles pour suppléer à des gabions. L'atelier de Versailles produisit plus de 4,000 gabions et de 6,000 fascines ; celui de l'avenue d'Orléans, à Paris, 6,000 gabions, 15,000 fascines, 12,000 claies et 9,000 piquets. On employa 11,000 ouvriers à la fermeture des portes, des passages de toute nature ; 80,000 travaillèrent à l'enceinte proprement dite et aux ouvrages extérieurs[4]. Avant même le 4 septembre, les dépenses pour les fortifications de Paris atteignirent 40 millions de francs[5].

---

1. *Journal des Goncourt*, 2e série, p. 31, à la date du 8 septembre.
2. Larchey, p. 18. — Pendant la deuxième semaine de septembre, nous avons vu la grille de la porte d'Allemagne remplacée par deux portes à ponts-levis de la dimension réglementaire. Un camion chargé d'un wagon à ballast, engagé dans l'une d'elles, ne pouvait en sortir, arrêtant une longue file de voitures chargées de fourrages, de grains, de mobiliers misérables venus de la banlieue.
3. Arrêté du gouverneur en date du 27 août.
4. *Rapport au général Trochu* (*Journal officiel* du 17 octobre).
5. Ducrot, tome 1er, p. 185.

L'étendue de l'enceinte était telle qu'il fallut renoncer à l'organiser tout entière contre une attaque régulière. En général, on se borna aux travaux nécessaires pour la mettre à l'abri de l'escalade. Les bastions du Point-du-Jour et le front situé derrière le fort de Vanves firent seuls exception.

Tous les ouvrages détachés devaient être en état de résister à une attaque régulière. Dans la réalité, l'enceinte et la défense rapprochée absorbèrent plus d'attention et de travail qu'il n'eût convenu [1]. Il en résulta qu'à l'arrivée des Allemands, vers le 15 septembre, plusieurs forts n'auraient pu tenir, même contre une attaque brusquée [2]. Là encore se montrait l'absence de direction et de contrôle supérieurs.

Le service du génie ne se rendait pas un compte suffisant de la nécessité d'étendre nos lignes de défense. Le 1er août on avait décidé la construction d'ouvrages extérieurs, destinés surtout à occuper les hauteurs dominantes, trop voisines des forts. Elle était indispensable en vue de la défense active. Mais on parut dédaigner ces travaux. Ils furent parfois confiés à des ingénieurs civils, à des entrepreneurs qui s'en acquittèrent avec plus de bonne volonté que de compétence. D'ailleurs, le recrutement des travailleurs offrit de grandes difficultés. Il fut impossible d'obtenir du travail de nuit. Bien plus, après le 4 septembre, les chantiers se vidèrent comme par enchantement. Des 6,000 ouvriers employés à la redoute

---

1. Ducrot, tome Ier, p. 185.
2. Notamment les redoutes de la Faisanderie et de la Gravelle, qui n'étaient pas armées à cette date. Le gouverneur craignait que l'ennemi n'en profitât pour forcer le passage de la Marne et pénétrer sur le plateau de Gravelle. Il fut même question, nous le verrons, d'abandonner ces deux ouvrages.
Le 12 septembre seulement, on commença l'armement du mont Valérien; le 18, on faisait sauter le château des Landes qui eût gêné beaucoup la défense (G. Moussoir, *Six mois au Mont-Valérien, 1870-1871*, p. 81).
La porte du Bas-Meudon demeura d'un accès des plus faciles jusqu'aux derniers jours de septembre, malgré les incessantes réclamations du commandant du 7e secteur (*Histoire critique du siège de Paris,* par un officier de marine, p. 25). Le 26 août, les forts de Romainville, de Noisy, de Rosny étaient en mauvais état, sans aucun armement. Les redoutes de Montreuil et de la Boissière tombaient en ruines. L'amiral Saisset estimait qu'un ennemi audacieux pourrait les enlever sans coup férir. Les travaux de défense ne furent terminés que le 1er octobre, du canal de l'Ourcq à la route nationale no 144, celle de Nogent-sur-Marne (*Rapport du contre-amiral Saisset au vice-amiral de la Roncière,* 6 octobre 1870).

de Montretout, 500 seulement reprirent leurs travaux le 5 septembre[1]. « J'occupais de 90,000 à 100,000 travailleurs, a dit le général de Chabaud-Latour. Il fallut passer huit jours à les retrouver[2]. » L'exaltation universelle les décourageait du travail. On dut faire venir des ouvriers de province, alors que ceux de Paris « manifestaient » et réclamaient des armes.

Les ouvrages extérieurs projetés avaient une importance particulière au sud et à l'ouest de Paris. Au nord, bien que ce fût l'un des points faibles du camp retranché, on renonça, comme nous l'avons vu, à occuper les hauteurs de Montmorency. On se borna à tendre des inondations, à construire une redoute près de la Seine, à un kilomètre en aval du fort de la Briche ; on fortifia la ferme du Temps-Perdu, le château de Villetaneuse et le moulin de Stains ; on relia le tout par des tranchées-abris, de façon à constituer une ligne avancée, de la Seine à l'inondation du Rouillon. De même, à l'est des forts de Saint-Denis, on organisa Saint-Lucien et la Courneuve, on créa des communications couvertes à l'ouest de Crèvecœur, par Aubervilliers et le fort voisin jusqu'au canal de l'Ourcq. Une batterie construite à Montmartre et pourvue de pièces du plus gros calibre battait l'espace compris entre ce canal et le Croud. Enfin, les stations de Bondy et de Noisy-le-Sec, la lisière de ce dernier village étaient mises en état de défense.

Le front est du camp retranché était très fort déjà ; on établit simplement une communication couverte et des emplacements de batteries de Romainville au fort de Nogent. Entre la Seine et la Marne on construisit un retranchement au sud de Maisons-Alfort.

Sur la rive gauche de la Seine, les travaux eurent beaucoup plus d'importance ; ils comprenaient une redoute au Moulin-Saquet, près de Villejuif, et une autre aux Hautes-Bruyères, en avant du fort de Bicêtre. La construction de

---

[1] Ducrot, tome Ier, p. 200.
2. *L'Empire et la Défense de Paris*, déposition du général Chabaud-Latour, p. 169.

toutes deux était relativement avancée lors de l'approche de l'ennemi ; mais il n'en allait pas de même pour les ouvrages à l'ouest. Pour faire rentrer les hauteurs de Châtillon, de Sèvres et de Montretout dans notre système de défense, on avait entrepris simultanément six redoutes [1]. Il eût fallu courir au plus pressé et organiser des ouvrages de campagne, quitte à les améliorer ensuite. La routine en décida autrement. On commença des travaux qu'il devait être impossible de terminer. « Le 16 septembre, on travaillait encore dans les redoutes de Montretout et de Châtillon à des travaux en maçonnerie [2]. » Les bois qui touchaient immédiatement aux ouvrages de Meudon et de la Capsulerie n'avaient pas été abattus. Enfin ces travaux si urgents étaient mal conçus et menés avec peu d'énergie [3].

---

1. La redoute de Châtillon, à l'entrée du plateau de Villacoublay, à cheval sur la route de Versailles ;
L'ouvrage de Meudon, s'appuyant au château ;
La redoute de la Capsulerie, au-dessus de Sèvres. Elle devait être reliée au précédent par l'Étang-des-Fonceaux et une ligne d'abatis ;
La redoute de Brimborion, sur le contour du mamelon de Bellevue, enfilant la vallée de la Seine et battant le pont de Sèvres ;
La redoute des Brosses, dans le parc de Saint-Cloud, battant les routes de Ville-d'Avray et de Vaucresson ;
La redoute de Montretout, battant Saint-Cloud, la route de Vaucresson et une partie de la rive gauche de la Seine. (Ducrot, tome Ier, p. 200.)

2. Ducrot, tome Ier, p. 202. — « Montretout, Châtillon, Hautes-Bruyères, Gennevilliers devaient, dans le principe, avoir deux étages de pièces de gros calibre avec casemates. » — « Ces divers ouvrages ont été commencés à une époque où le siège semblait éloigné. Ils devaient avoir le caractère de forts permanents, destinés à servir de point d'appui à une armée extérieure, et les travaux avaient été conduits dans ce sens avec la plus grande célérité.

« Les événements militaires s'étant précipités.... la défense de Paris a dû se décider à transformer ces forts en ouvrages de campagne dont les travaux ont été continués sans interruption de jour et de nuit.

« Mais, plusieurs jours avant que l'ennemi arrivât dans le voisinage de la capitale, les ateliers subirent une sorte de désorganisation, par suite des préoccupations que les ouvriers avaient pour leurs familles, généralement fixées dans la banlieue, et de la difficulté qu'ils éprouvaient à pourvoir sur place à leur subsistance.... » (*Communication du général Trochu aux journaux*, 25 septembre 1870). On remarquera l'invraisemblance des explications qui précèdent. Voir également général Trochu, *Œuvres posthumes*, tome Ier, p. 162.

3. « Travailleurs et surveillants rivalisaient de mollesse et d'indifférence » (A. Balluc, *les Zouaves pendant le siège de Paris*, p. 19) ; A. Rendu, *Campagne de Paris. Souvenirs de la mobile*, p. 18. « Avec notre imprévoyance ordinaire dans le cours de cette guerre, la redoute de Châtillon n'était pas reliée aux forts et n'était pas appuyée par des batteries en retraite. Elle pouvait être tournée ; aussi fut-elle abandonnée dès la première offensive.... La redoute de

Sur le front ouest du camp retranché, il en était à peu près de même. On commençait une batterie à Saint-Ouen, une grande redoute à Gennevilliers, pour fermer la trouée du fort de la Briche au Mont-Valérien. On amorçait l'organisation défensive de la rive droite de la Seine, entre Saint-Cloud et Saint-Denis, avec Courbevoie, Asnières et Villeneuve-la-Garenne pour têtes de pont. Quant au fleuve, il fut coupé par une estacade à hauteur de Villeneuve; des pontons lourdement chargés et gardés par des canonnières doublaient ce moyen de défense.

Ajoutons que tous les forts étaient pourvus de projecteurs électriques. Un réseau télégraphique les reliait, ainsi que les points les plus importants de l'enceinte, à l'hôtel du gouverneur de Paris. Plus tard il fut complété par un système de signaux optiques. Enfin, douze observatoires furent établis en des points dominants [1].

Sur certains points des glacis de l'enceinte ou des forts, on disposa des torpilles terrestres ou des fougasses. A part celles de la redoute de Châtillon, qui éclatèrent, dit-on, le 19 septembre lors de l'arrivée de l'ennemi, on n'eut pas à faire usage de ces délicats engins [2]. De même on organisa pour la défense les carrières souterraines creusées dans le sous-sol de l'enceinte et des forts.

Dans le but de ralentir, sinon d'empêcher l'interruption des communications avec la province, on fortifia jusqu'à 100 kilomètres de Paris les gares et les stations des lignes ferrées de Lyon, d'Orléans, de Bretagne, de Normandie et du Nord. On crénela les bâtiments, on les réunit par des tranchées ou des palanques. Des barrières furent disposées pour fermer

---

Montretout, dont la place avait été si étrangement choisie, et dont le tracé est défectueux, ne fut pas occupée par nous; et, en réalité, s'il y eût eu quelque chose de mieux à faire que de l'abandonner, c'est de ne pas l'occuper » (Viollet-le-Duc, *Mémoire sur la défense de Paris*, p. 91). Voir aussi Ducrot, tome Ier, p. 200.

1. Montmartre, Trocadéro, Panthéon, porte Maillot, Passy, Vincennes, Villejuif; forts de Romainville, de Bicêtre, du Mont-Valérien, de Nogent et de Montrouge (Sarrepont, p. 146).

2. Une torpille placée en avant de la porte Maillot éclata dans les premiers jours du siège en tuant ou blessant plusieurs personnes (Sarrepont, p. 157).

les voies. L'investissement rendit ces travaux entièrement inutiles[1].

Pour gêner la marche de l'ennemi, on eut recours à des destructions de routes et d'ouvrages d'art, telles, sans doute, qu'il n'en a jamais été exécuté sur une semblable échelle. On dépava les grand'routes ; on les couvrit d'abatis ; on pratiqua des coupures sur les chemins ; on y accumula des obstacles de tout genre, même des légumes[2]. Les ponts, les viaducs si nombreux autour de Paris furent sacrifiés[3]. On alla jusqu'à détruire des ouvrages situés sous le canon des forts ; il fallut ensuite les rétablir, non sans difficultés ni danger pour la défense. On s'avisa de vouloir raser les bois et les forêts dont les verts massifs dessinent autour de Paris une si gracieuse ceinture. Le 10 septembre un arrêté du gouverneur prescrivit de les incendier. Mais il fallut en rabattre : il eût été nécessaire d'y consacrer par are un demi-fût de pétrole et un temps dont nous ne pouvions disposer[4]. Les résultats furent nuls.

Pour organiser cet ensemble si compliqué de moyens de

---

1. Sarrepont, p. 25. Nous avons vu plusieurs stations de la ligne d'Orléans organisées de la sorte. Même s'il y avait eu une garnison, dont la nécessité ne paraît pas avoir été prévue, ces postes n'auraient pu arrêter que des patrouilles de cavalerie.
2. Verdy du Vernois, p. 195.
3. Sarrepont, p. 25 et suiv. : Le 12 septembre, les ponts d'Ivry, de Ris, de Villeneuve-Saint-Georges, d'Argenteuil, de Bezons, de Chatou, de Bougival, du Pecq, de Maisons.
Le 13, ceux de Corbeil, Triel, Meulan ; le viaduc de La Versine, près de Creil.
Le 14, les ponts de Conflans, de Poissy, de Fin d'Oise, de Pontoise, de L'Isle-Adam.
Le 15, les ponts de Neuville, d'Auvers, de Beaumont (Oise), de Chennevières et de Gournay (Marne).
Le 16, le pont de Joinville.
Le 19, les ponts de Clichy, d'Asnières, de Suresnes, de Saint-Cloud, de Sèvres et de Mantes.
Le 20, le pont de Chatou.
Beaucoup d'ouvrages secondaires furent détruits également.
Le général Trochu, Œuvres, tome Ier, p. 228, paraît signaler à tort une tête de pont sur la Marne, à Joinville, parmi les travaux de défense accomplis avant le siège. Le pont de Joinville fut coupé le 16 septembre, et la tête de pont construite seulement en novembre.
4. Sarrepont, p. 25 et suiv. Cette opération était d'autant plus difficile qu'en septembre se produit le phénomène de la sève remontante.

défense, le général Trochu disposait de son chef d'état-major, le général Schmitz, chez lequel l'homme de cabinet primait le militaire [1]. L'artillerie était placée sous le commandement supérieur du général de division Guiod, qui avait lui-même deux sous-ordres, les généraux Pélissier et René, pour chacune des rives. De même le général de division de Chabaud-Latour commandait le génie, dont le service était réparti en trois circonscriptions, commandées par les généraux Malcor, Duboys-Fresnay et Javain [2].

Ces grands commandements d'armes spéciales, mal contenus dans leur sphère d'action par l'autorité du gouverneur, gênèrent la défense dans de nombreuses occasions. Les attributions des commandants de troupes en furent restreintes ; des conflits s'élevèrent au sujet de détails infimes tels que le transport de pièces d'un point à un autre, l'ouverture d'embrasures dans un parapet. La fâcheuse tendance de l'artillerie et du génie à échapper au commandement normal, si répandue et si tenace chez nous, trouvait une occasion néfaste de s'affirmer. C'est ainsi qu'on ne pouvait pas toujours obtenir que des pièces de gros calibre fussent enlevées des remparts, où elles étaient inutiles, pour aller armer les ouvrages extérieurs ou appuyer des sorties [3]. Même dans les circonstances les plus favorables, il en résultait des froissements, des retards constants [4]. Il semble que le rôle des com-

---

1. Voir le joli croquis qu'en fait M. d'Hérisson, p. 60 ; le général Trochu, *Œuvres*, tome 1er, p. 250, s'exprime de la façon la plus flatteuse à son égard. A dater du 2 décembre il eut les prérogatives d'un major-général.
2. Sarrepont, p. 80 ; voir l'annexe n° 1.
3. Ducrot, tome 1er, p. 208.
4. Le général Ducrot veut faire élever une redoute au moulin des Gibets, afin de faciliter la sortie projetée vers la Basse-Seine. Le commandant du génie du 14e corps, qui est directement sous ses ordres, demande l'agrément du général Chabaud-Latour. Celui-ci est malade ; d'où un retard de plusieurs jours (Ducrot, tome 1er, p. 208).
De même, le général Javain, chef du génie de la 3e circonscription, est informé (26 septembre) que le général Vinoy a l'intention de faire raser les arbres de l'île de Billancourt. Il ne croit pas devoir faire exécuter immédiatement ce travail ou, du moins, il y procède avec une telle lenteur que Vinoy passe outre, et fait opérer ce déboisement par le chef du génie du 13e corps. Le général Javain s'en plaint au gouverneur.
Le 19 septembre, on plaçant la division Blanchard sur les remparts au sud de Paris, Vinoy fait percer six embrasures au bastion 75. Le général de Bentz-

mandants de l'artillerie et du génie eût dû se borner aux questions techniques, à la constitution et au renouvellement du personnel et du matériel. La répartition, l'emploi de ceux-ci étaient avant tout affaire de commandement.

Dans les difficultés qui résultèrent de cette confusion d'autorité, le général Trochu donna d'ordinaire raison aux armes spéciales. Le commandement en fut affaibli d'autant, sans que l'on assurât l'unité d'action. Ainsi les travaux de fortification étaient conduits sous trois impulsions différentes. Les ouvrages de campagne nécessités par les opérations militaires ressortissaient des commandants du génie des corps d'armée ; les communications et les travaux permanents rentraient dans les attributions du génie territorial ; enfin, le général Tripier fit entreprendre une série spéciale de tranchées d'approche, sous sa direction immédiate [1].

Les forts étaient répartis en quatre commandements, destinés, eux aussi, à gêner l'action des troupes actives [2]. Enfin, l'enceinte elle-même formait neuf secteurs, pourvus chacun de leur commandant, d'un commandant de l'artillerie et d'un chef du génie [3]. Chaque secteur était subdivisé en deux parties, placées sous les ordres d'officiers supérieurs. La garde nationale fournirait la défense de l'enceinte et une première réserve ; la garde mobile, une deuxième réserve ; les troupes de ligne, une troisième réserve. Le nombre des bataillons de gardes nationaux affectés à chaque secteur variait de douze (Passy) à cinquante-cinq (Belleville). Cette organisation eût été utile en cas d'attaque rapprochée et c'est dans ce but que le général Trochu l'adopta [4]. Il eut le tort de la conserver pendant tout le siège : elle occasionna de fréquents conflits entre les commandants de secteurs et ceux des troupes actives.

---

mann, commandant territorial de l'artillerie, en réfère au gouverneur qui donne raison à ses plaintes (Lettre du général Trochu à Vinoy, 27 septembre 1870, citée par Ducrot, tome 1er, p. 464). Voir, également, Général Favé, *Deux combats d'artillerie sous les murs de Paris*. p. 70 et 73 : Vinoy, p. 293 et 439.
1. Vinoy, *Siège de Paris*. p. 205.
2. Voir l'annexe n° 2.
3. Voir l'annexe n° 2.
4. *Œuvres*, tome 1er, p. 227.

CHAPITRE X

LA GARNISON DE PARIS

Les troupes de ligne. — Infanterie, cavalerie, armes spéciales. — Garde mobile. — Bataillons de la Seine. — Bataillons de province. — Élection des officiers. — Rôle de la garde mobile à Paris.

Le comité de défense évaluait la garnison normale de Paris à 200,000 hommes environ de troupes de ligne[1]. Il s'en fallait de beaucoup que nos forces régulières atteignissent ce chiffre.

La marine avait fourni une forte division de 13,900 hommes, qui compta parmi les meilleurs éléments de la défense[2]. Elle était représentée par 10,600 fusiliers-marins, canonniers, ouvriers, matelots de pont, artilleurs de la marine et par deux forts bataillons d'infanterie (3,300 hommes). Le tout constitua plus tard l'ossature du *corps d'armée de Saint-Denis*. De plus, on en tira les garnisons de plusieurs forts, ceux de Romainville, Noisy, Rosny, Ivry, ainsi que des détachements pour ceux de Nogent et du Mont-Valérien.

Les troupes de ligne étaient surtout représentées par les 13e et 14e corps d'armée, 50,000 hommes environ. Deux régiments de ligne seulement, les 35e et 42e, entrèrent dans ces six divisions d'infanterie ; vingt-deux régiments de marche, formés chacun des bataillons de dépôt de trois corps différents, leur furent adjoints. Il résultait de cette constitution un manque absolu de cohésion et d'esprit de corps. D'ailleurs, les cadres laissaient fort à désirer. Il avait fallu

---

1. 40,000 hommes pour les forts; 80,000 hommes pour agir dans leurs intervalles; 50,000 hommes pour la garde des ouvrages en avant; quelques milliers d'hommes dans Paris (Ducrot, tome Ier, p. 75). Le major de Sarrepont, p. 97, donne une autre évaluation : 80,000 hommes pour l'enceinte, à raison de 850 hommes par bastion ; 40,000 hommes pour les forts, 500 hommes par bastion ; par bouche à feu, 3 artilleurs au minimum, soit 7,500 hommes ; 30,000 à 40,000 hommes de troupes actives, soit 160,000 à 170,000 hommes en tout.

2. Il est pourtant fort exagéré de dire, comme le commandant Rousset, tome III, p. 66, que, « sans elles, le terme de la résistance eût été de beaucoup avancé ».

recourir aux majors, aux capitaines trop âgés ou fatigués restés au dépôt[1]. Des capitaines trésoriers, des officiers d'habillement promus chefs de bataillon à l'ancienneté manquaient d'aptitude au service actif et au commandement.

Ces cadres si médiocres n'étaient même pas complets; beaucoup de compagnies n'avaient que deux officiers.

Les sous-officiers et les caporaux improvisés parmi les anciens soldats rappelés (loi du 10 août 1870) étaient plus mauvais encore. Quant aux soldats, recrues, réservistes, échappés de Sedan, leur ensemble était fort peu satisfaisant. Les derniers surtout, indisciplinés, découragés à l'avance constituaient autant de germes de désorganisation[2]. L'équipement, le matériel de ces régiments de marche ne valait pas mieux que leur personnel. Des compagnies entières n'avaient pas de havresacs; il manquait au 14e corps des tentes-abris, des gamelles, les deux tiers des voitures régimentaires[3].

A ces régiments si disparates par leur composition vinrent s'en joindre d'autres qui l'étaient davantage. Le 28e de marche, par exemple, fut formé au moyen des dépôts de grenadiers et de voltigeurs (huit régiments) et de deux compagnies de chasseurs de la garde. Le 36e de marche[4], constitué le 28 septembre, se composa de détachements empruntés à seize corps différents[5]. Des mesures analogues furent prises les 2 et 20 octobre pour la formation des 37e, 38e et 39e de marche[6].

Longtemps ces unités n'eurent qu'une existence précaire; chaque compagnie tirée d'un régiment de ligne s'administrait au titre de son corps d'origine. Ainsi le 36e de marche fournissait seize situations journalières à autant de régi-

---

1. Ducrot, tome Ier, p. 75. Quelques-uns y étaient restés volontairement.
2. Nous avons vu des échappés de Sedan, vêtus d'uniformes en très bon état, le bras ou la tête enveloppés d'un linge, mendier en plein jour dans la rue Saint-Antoine.
3. *Lettre du général Renault au ministre de la guerre*, 4 septembre.
4. Ce corps faisait double emploi avec le 36e de marche qui fut formé en province (16e corps).
5. Les 1er, 13e, 17e, 30e, 34e, 37e (1er bataillon); 2e, 8e, 10e, 28e, 35e, 53e (2e bataillon); 39e, 49e, 51e, 58e (3e bataillon) [Ducrot, tome Ier, p. 77].
6. Le 37e de marche fut formé au moyen des compagnies de dépôt des 7e, 15e, 18e bataillons de chasseurs et de compagnies des 38e, 66e, 82e, 86e, 100e de ligne (Ducrot, tome Ier, p. 77).

ments différents. Il en résultait des erreurs, des pertes de temps. Mais les bureaux de la Guerre, convaincus que la campagne serait de courte durée, n'admettaient pas qu'on pût changer cet état de choses. Ils redoutaient les embarras que causeraient à la paix les corps de nouvelle formation. Les généraux eurent grand'peine à obtenir la constitution de 39 régiments de ligne (28 octobre)[1].

De même, on constitua en novembre deux bataillons de chasseurs, les 21e et 22e ; un autre, le 23e, en décembre[2]. Un 4e régiment de zouaves fut formé au moyen d'échappés de Sedan et d'engagés volontaires.

A ces troupes de ligne s'ajoutaient les 3,000 hommes de la gendarmerie à pied, de la garde de Paris ; 8,000 douaniers, gardes forestiers, sergents de ville, sapeurs-pompiers. Ces 11,000 hommes auraient dû être utilisés surtout pour former des cadres inférieurs, qui nous faisaient tant défaut. On se borna à en verser un certain nombre dans l'artillerie. Le reste constitua une sorte de troupes d'élite et finalement ne fut pas employé aux opérations actives[3].

L'ensemble de ces divers éléments représentait de 75,000 à 80,000 hommes d'infanterie de ligne ; un tiers ou même un quart au plus étaient des soldats véritables[4].

---

[1]. Le 1er de marche devint le 101e ; le 39e de marche le 139e.

[2]. Le 21e chasseurs comprit les 6 compagnies de chasseurs réparties dans le 13e corps et 1 compagnie des chasseurs de la garde ; le 22e, les 6 compagnies du 14e corps et 1 compagnie de la garde ; le 23e fut tiré des 7e, 15e, 18e chasseurs (hommes de troupe) et des 21e et 22e (officiers). Le même décret porta à 8 le nombre des compagnies par bataillon (Ducrot, tome Ier, p. 80).

[3]. Le général Ducrot (tome Ier, p. 80) évalue à 5,000 seulement les douaniers, gardes forestiers, sergents de ville, sapeurs-pompiers. Cette évaluation est beaucoup trop faible ; les sergents de ville seuls étaient au nombre de plus de 3,000.

[4]. Ducrot, tome Ier, p. 80. Cette évaluation ne s'applique qu'au début du siège, car, dans son rapport, p. 41, note 1, M. Chaper donne les effectifs *approximatifs* ci-après au 21 octobre :

Troupes de ligne.	130,700 hommes.
Gardes mobiles.	116,400 —
Troupes de la marine.	14,300 —
Gendarmes, douaniers, forestiers.	10,000 —
Canonniers auxiliaires (?).	3,000 —
Total	274,000 hommes,

dont 29,200 absents, répartis à raison de 11.3 p. 100 dans la ligne ; 11.4 dans

La cavalerie devait être représentée par les divisions Reyau et de Champéron. Elles furent portées jusqu'à Meaux, puis rétrogradèrent à l'approche de l'ennemi. La première, dirigée sur Versailles, alla ensuite vers la Loire et fut perdue pour l'armée de Paris. La division Champéron seule continua d'en faire partie. Elle comprenait quatre régiments, dont deux de marche, répartie en deux brigades. On constitua en outre (12 sept.) la brigade de Bernis (trois régiments de marche) et un régiment de gendarmerie porté ensuite à deux [1]. C'était une force d'environ 5,000 sabres, suffisante pour la défense du camp retranché.

Quant à l'artillerie, elle comprenait d'abord les trente batteries des 13e et 14e corps. Sur ce nombre sept seulement étaient d'ancienne formation ; le reste avait été improvisé depuis le 15 juillet, soit de toutes pièces, soit au moyen de fractions des unités primitives.

Cette proportion était fort insuffisante, mais le service de l'artillerie déploya une grande activité pendant le siège. On forma des cadres au moyen d'échappés de Sedan, d'officiers d'artillerie de marine, d'officiers de marine, de retraités ou de démissionnaires, d'ingénieurs, d'élèves des écoles. On trouva des sous-officiers parmi les anciens soldats (gendarmes, douaniers, etc.) dont nous avons parlé. Bref, on parvint à constituer un ensemble de 93 batteries de campagne. Il fut complété par 16 batteries d'artillerie de marine, 15 batteries de garde mobile, et le total s'éleva à 124 batteries, 744 pièces [2].

---

les mobiles; 0.36 dans les canonniers auxiliaires; 4.16 dans les gendarmes, etc., et 5.3 dans les troupes de la marine. A ce moment, 1 bataillon de ligne comptait en moyenne 780 hommes, et 1 bataillon de mobiles, 1,069.

La garde nationale (infanterie) comptait 344,000 hommes.

Les corps francs, 15,000 à 18,000 hommes. Total général : 640,000 hommes.

D'après le rapport de M. Chaper, *Pièces justificatives*, n° III, l'infanterie de ligne comptait, au 21 octobre, 83,888 présents et 10,720 absents, total : 94,608 hommes ; l'infanterie de la garde mobile, 98,419 présents, et 12,714 absents, total : 111,133 hommes.

Il n'est pas inutile de faire remarquer que, dans son *Historique de la guerre de 1870*, traduction Jægelé, p. 149, le maréchal de Moltke nous prête des effectifs absolument faux : 150,000 gardes mobiles (au lieu de 116,400) ; 130 bataillons de gardes nationaux, au lieu de 251.

1. Voir l'annexe n° 7.
2. Ducrot, tome Ier, p. 83 ; Sarrepont, p. 68 ; Général Susane, *l'Artillerie*

Le génie n'était représenté tout d'abord que par six compagnies de sapeurs et de sapeurs-mineurs; on y ajouta successivement cinq autres compagnies, mais l'effectif de cette arme resta fort insuffisant et il fallut y suppléer par des corps francs [1].

On sait que le maréchal Niel avait voulu faire de la garde mobile un équivalent de la landwehr prussienne. Mal soutenu par la majorité, violemment attaqué par la gauche, il ne put imposer ses idées au Corps législatif. Grâce à l'opposition de Jules Ferry et de Jules Simon, en particulier, la durée des exercices fut fixée à douze heures au plus, déplacement compris [2].

Après la mort du maréchal, son successeur, Lebœuf, parut n'attacher aucune importance à la garde mobile. Les crédits nécessaires furent réduits à un minimum; dans la plus grande partie de la France, on ne prescrivit aucune convocation. Il en résulta qu'avant le 10 août 1870 quelques bataillons des dix-huit premières divisions militaires, seulement, étaient armés. Aucun n'avait d'équipement, sauf les bataillons de la Seine. Ceux-ci, seuls, avaient reçu un semblant d'instruction.

Pour cela comme sous d'autres rapports, le cabinet Palikao déploya une grande activité. En dix-huit jours, le ministre de l'intérieur, M. Chevreau, réunit aux chefs-lieux de département ou d'arrondissement les gardes mobiles de 14 divisions militaires, environ 150,000 hommes; 100,000 furent

---

française avant et depuis la guerre. A ces batteries se rattachaient: 4 compagnies du 1er régiment du train d'artillerie (9e, 10e, 14e, 16e), 4 du 2e régiment (2e, 3e, 6e, 13e); la 2e compagnie d'artificiers et 6e, 9e compagnies d'ouvriers d'artillerie, avec une fraction de la 4e. Les 5e et 10e compagnies du 16e régiment d'artillerie (pontonniers) et 2 compagnies de pontonniers de la garde mobile du Rhône; 60 pontonniers auxiliaires de la marine.

Il y avait, en outre, 4 batteries de montagne (Voir p. 131).

1. Le génie comprenait d'abord les 1re, 15e, 16e compagnies de sapeurs du 2e régiment; la 2e compagnie de mineurs, les 15e et 16e compagnies de sapeurs, 1 détachement de sapeurs-conducteurs des 2e, 3e régiments. Le décret du 21 août créa 2 compagnies dans les 2e et 3e régiments (17e et 18e); puis, le 3e régiment forma une 18e compagnie *bis* (Ducrot, tome Ier, p. 83).

2. « Chaque exercice ou réunion ne peut donner lieu à un déplacement de plus d'une journée » (art. 9).

armés. Tous reçurent un équipement provisoire : blouse, képi, ceinturon et cartouchière.

Le 1ᵉʳ septembre, les 100,000 mobiles armés étaient mis à la disposition du ministre de la guerre. Ordre fut lancé aussitôt de les diriger sur Paris. Il y arrivèrent du 14 au 17 septembre et, joints aux 15,000 mobiles de la Seine, constituèrent une force importante par son effectif et même susceptible de rendre de bons services à bref délai [1].

Toutefois, il est nécessaire d'établir une différence essentielle entre les mobiles de province et ceux de Paris. Le Parisien, a dit justement le général Ducrot, est un soldat très bon ou très mauvais. Il est même plutôt bon, surtout en campagne, quand il possède l'éducation militaire voulue et qu'il est encadré d'une façon suffisante. Mais, en tant que soldat improvisé, il est toujours détestable ; ses instincts d'indiscipline priment alors ses qualités natives de courage et d'entrain.

Les mobiles de Paris appartenaient, en très grande majorité, à la seconde de ces catégories. Loin de la ville, bien encadrés, soumis à une discipline régulière, ces dix-huit bataillons auraient fourni un bon appoint à la défense du pays. A Paris, leur présence fut plutôt nuisible qu'utile. Il faut dire que le général Trochu montra pour eux la plus insigne faiblesse. Après avoir flatté leurs instincts d'indiscipline [2], il toléra constamment les privautés qu'ils se permettaient avec les règlements et les lois militaires. Au camp de Gravelle, où ils furent d'abord réunis, plus d'un tiers manquaient d'ordinaire aux appels. Le 4 septembre, bien qu'ils fussent consignés au camp, plusieurs milliers se trouvaient à Paris. On les vit partout, mêlés dans la foule, à l'envahissement de la Chambre, de l'Hôtel de ville. On prit ensuite le parti très sage de les disséminer, espérant les plier plus aisément aux habitudes militaires. Le 14 septembre, le général Trochu signalait la disparition d'un grand nombre d'entre eux, qui

---

1. Ducrot, tome Iᵉʳ, p. 87. Le total fut de 116,400 hommes (effectif au 21 octobre (*Rapport Chaper*, p. 41, note 1).
2. Voir plus haut, p. 52.

avaient refusé de se rendre dans les forts, sous prétexte qu'ils s'y trouvaient trop exposés. Le 11ᵉ bataillon tout entier décidait de ne pas aller à la redoute de Gravelle, qui lui était assignée. Le gouvernement prescrivait de le désarmer sur la proposition du général Le Flô [1]. Il n'en fut rien. Le 20 septembre, un bataillon forçait les portes du Mont-Valérien pour rentrer dans Paris [2]. Le 12 octobre, une patrouille du 8ᵉ bataillon, commandée par un officier, rencontrait un poste bavarois. Une sorte d'armistice était convenu et chacun allait fraterniser dans un cabaret de Clamart. Le général Vinoy réclama pour ce fait une répression sévère, mais le gouverneur crut devoir user d'indulgence. Aucune punition ne fut infligée [3].

Quant aux gardes mobiles de province, leur esprit était tout autre ; la plupart firent preuve de bonne volonté et quelques-uns comptèrent parmi nos meilleures troupes. Pourtant, leur éducation militaire fut entravée par les circonstances. En arrivant à Paris, ces 100,000 jeunes gens étaient armés de la veille, pourvus de l'équipement le plus sommaire, encadrés par des officiers et des sous-officiers aussi ignorants qu'eux-mêmes ; ils ne trouvèrent aucun casernement disposé pour recevoir de pareilles masses. On les répartit chez l'habitant, dans les différents quartiers de Paris, et ils ne tardèrent pas à y être contaminés de toutes façons [4]. Loin de les cantonner au plus tôt dans la banlieue, de les mettre en contact avec les troupes régulières, on se bornait à les grouper en quatre divisions sous les ordres des généraux de Liniers, de Beaufort d'Hautpoul, Berthaut et Corréard. Que pouvait un seul officier général pour l'organisation et l'instruction de 25,000 mobiles ignorants de tout? Plus tard, on ne

---

[1]. *Procès-verbaux des séances du gouvernement*, séance du 14 septembre; Ducrot, tome Iᵉʳ, p. 447.

[2]. Ducrot, tome Iᵉʳ, p. 87 et suiv. ; général Trochu, *Une Page d'histoire contemporaine*, p. 81 ; *Enquête*, rapport Chaper.

[3]. Vinoy, p. 205.

[4]. « L'ivresse, la débauche causèrent presque autant de ravages dans leurs rangs que le feu de l'ennemi » (Ducrot, tome Iᵉʳ, p. 80); près de 8,000 étaient atteints de maladies vénériennes à la fin du siège (Général Trochu, *Une Page d'histoire contemporaine*, p. 83).

sut même pas, comme en province, embrigader un régiment de ligne et un régiment de mobiles, en renouvelant sous une forme moins complète l'amalgame pratiqué au début de nos grandes guerres. On parut n'obéir à aucune règle, tantôt les laissant former des unités isolées, tantôt les groupant avec des troupes de ligne, tantôt enfin les utilisant seulement pour la garde des forts. Ces 115,000 hommes auraient dû entrer presque tous dans l'armée de campagne. On ne sut tirer d'eux qu'un parti tout à fait insuffisant.

D'ailleurs, le gouvernement commit à leur égard la faute la plus grave, en renouvelant les pires tentatives de la Révolution. Le 12 septembre, Gambetta signalait au conseil les embarras causés par les officiers de mobiles, dont beaucoup devaient leur choix plus à la faveur, à leur situation sociale, qu'à une instruction militaire uniformément absente. Ernest Picard émit l'avis de les soumettre à l'élection « même sous le feu de l'ennemi ». Le 14, il insistait dans le même sens et, le 16, malgré la molle opposition des généraux Trochu et Le Flô, sa proposition était adoptée, d'abord pour les mobiles de la Seine, puis, le 18, pour ceux des départements [1].

Si le gouverneur s'était opposé, d'une façon absolue, à l'élection projetée, celle-ci n'eût certes pas été décidée. Ses collègues avaient encore à s'abriter derrière son prestige à peu près intact ; ils croyaient encore en lui. Il est des mesures auxquelles aucune considération n'aurait dû le faire souscrire. Il ne sut pas s'en rendre compte, et il accepta les pires déboires, tant la croyance qu'il était indispensable à la défense l'avait profondément imprégné.

L'élection des officiers [2] était, en réalité, une mesure purement politique. On voulait en écarter un bon nombre, attachés au régime déchu, les Baroche, les Piétri, par exemple. On n'y parvint pas. Par esprit d'opposition, certains bataillons

---

[1]. Général Ducrot, tome Ier, p. 89 ; général Trochu, *Œuvres*, tome Ier, p. 264.

[2]. Il est à noter que M. Rochefort proposa d'ajourner cette mesure en raison de l'opposition des deux généraux (Trochu, *la Politique et le Siège de Paris*, p. 190).

élurent même des officiers révoqués comme bonapartistes. D'autres choix furent dictés par les plus étranges considérations ; les officiers qui avaient eu le tort de prendre leurs fonctions au sérieux se virent préférer des ivrognes avérés, des orateurs de cabaret, des adversaires de toute discipline ; des cantiniers achetèrent leur élection la bouteille en main. Comme par un suprême défi au sens commun, une partie de ces élections eut lieu le 19 septembre, au bruit du canon de Châtillon. Malgré les protestations que le général Trochu avait fait entendre à nouveau dès le 18 septembre[1], on procéda de même toutes les fois que le feu ou les maladies ouvrirent des vacances. Les résultats furent désastreux. Le gouvernement dut recourir à diverses mesures pour les pallier. Enfin, le 19 décembre, un décret lui rendit la nomination de tous les officiers de gardes mobiles[2]. Mais il était trop tard ; l'organisation de ces bataillons devait en souffrir durant tout le siège. Si ceux demeurés en province rendirent d'ordinaire plus de services, c'est que l'élection ne fut pas appliquée pour la très grande majorité d'entre eux.

Nous avons dit que la garde mobile concentrée à Paris représentait 115,000 hommes environ. On doit se demander s'il était nécessaire de consacrer une telle masse à la défense de la capitale. En réalité elle ne fut qu'un embarras jusque dans la première quinzaine d'octobre ; jamais on n'utilisa l'ensemble de ses bataillons pour des opérations actives. On peut admettre qu'un effectif sensiblement moindre eût permis de parer à l'insuffisance des troupes de ligne. Celles-ci auraient ensuite été renforcées par la garde nationale plus sérieusement qu'elles ne le furent, et la meilleure part de ces 115,000 mobiles eût rendu en province des services beau-

---

1. *Enquête,* rapport Chaper; Ducrot, tome Ier, p. 447.
2. Après Champigny, le général Ducrot insista vivement auprès du gouverneur pour obtenir l'autorisation de pourvoir lui-même aux vacances (Ducrot, tome Ier, p. 95); voir aussi Vinoy, p. 123.

Il y a lieu de remarquer que, la garde mobile étant assimilée à l'armée active, pour la solde, les règlements, la discipline, il était au moins étrange de lui appliquer d'autres règles en ce qui touchait la nomination des officiers (Ducrot, tome Ier, p. 92).

coup plus réels[1]. Ce qui manquait à Paris, c'était des soldats, non des gens en armes. Ceux-ci n'étaient que trop nombreux[2].

---

1. A. G., *le Blocus de Paris et la première armée de la Loire*, 1re partie, p. 22.
2. La classe de 1870 ne fut appelée à l'activité que le 28 octobre. La loi du 10 août avait décidé l'appel de tous les hommes non mariés ou veufs sans enfants ayant 25 ans accomplis et moins de 35 ans, s'ils ne figuraient pas sur les contrôles de la garde mobile. Elle ne fut jamais entièrement appliquée à Paris. Le 11 novembre on appela à l'activité les célibataires ou veufs sans enfants, âgés de 25 à 35 ans. Mais on les autorisa à rester dans les rangs de la garde nationale ou les corps francs.

De même, les mobiles de la classe 1870 furent appelés à l'activité le 13 novembre, mais ils purent continuer leurs services ans les compagnies de guerre de la garde nationale ou les corps francs.

CHAPITRE XI

LA GARDE NATIONALE. — LES CORPS FRANCS

La garde nationale sous l'Empire. — L'armement général des citoyens. — Les trente sous. — Organisation des bataillons. — Bonne volonté du plus grand nombre. — Les compagnies de guerre. — Les corps francs.

Pendant les années qui précédèrent la guerre, l'idéal de l'opposition était, comme on sait, la suppression des armées permanentes et leur remplacement par des « troupes citoyennes ». Les orateurs les plus écoutés, Jules Favre, Jules Simon, Ernest Picard, Jules Ferry, sous l'influence des souvenirs du coup d'État, de traditions mal comprises, se montraient unanimes à cet égard. Après nos premiers désastres, ils se hâtèrent de réclamer l'armement de tous. Le Corps législatif fit un premier pas en votant la loi du 12 août[1]. « Ce serait un crime, disait Jules Favre, de refuser à chaque citoyen une arme pour défendre son foyer. » On se borna pourtant à porter de 50 à 60 le nombre des bataillons existant à Paris, mais l'effectif de chacun fut doublé et atteignit 1,500 hommes[2]. Les nouveaux bataillons, seuls, devaient élire leurs officiers. Mais les cadres des anciennes unités donnèrent leur démission et l'élection devint une règle générale.

Ces 90,000 hommes, choisis dans une certaine mesure, étaient relativement disciplinés et instruits. On eût pu leur confier utilement la garde de l'enceinte. L'ambition de l'op-

---

[1]. Un décret du 7 août astreignait déjà tous les hommes valides de 30 à 40 ans au service de la garde nationale. Celle de Paris était affectée à la défense et à la mise en état des fortifications.

[2]. Le 13 avril, il y avait 24,000 gardes nationaux armés; le 20 août, 55,000, et le 26 août, 80,000 (Réponse de M. Chevreau à M. Ernest Picard, Corps législatif, séance du 20 août). Le 12 septembre, 170,000 fusils avaient été distribués à 138 bataillons.

position allait au delà : du 12 août au 4 septembre, elle fit des efforts incessants pour obtenir l'armement de la population. Elle y parvint. La loi du 12 août 1870 appelait tous les citoyens au service de la garde nationale, à partir de vingt et un ans, sans autre condition qu'une année de domicile. Elle fut d'abord appliquée sans beaucoup de conviction. Puis dès le 6 septembre, une circulaire du ministre de l'intérieur, Gambetta, prescrivit la formation de 60 nouveaux bataillons, recrutés dans chaque arrondissement par une commission de 16 « citoyens ». En réalité, le nombre des bataillons fut beaucoup plus considérable ; il atteignit 254 le 30 septembre. Il y eut bientôt 343,000 gardes nationaux[1]. Quiconque voulut y entrer le put sans difficulté aucune. On y vit des vieillards, des enfants, des étrangers, des repris de justice par milliers. Ces derniers étaient même nombreux parmi les officiers. Malgré son indulgence excessive, le général Trochu dut en éliminer un nombre considérable[2]. Les circonstances ne permettaient guère une autre sélection.

L'armement de cette foule se fit sans règle aucune ; avant le 1ᵉʳ octobre, on lui distribua 280,738 fusils de tous les modèles. Cette opération, confiée aux maires des arrondisse-

---

1. Lettre de Jules Favre au maire de Paris, 22 octobre. Le major de Sarrepont (p. 455) écrit 355, 955. Voir plus haut, p. 113.
2. Général Trochu, *Œuvres*, tome Iᵉʳ, p. 247. — Plus de 40,000 hommes dont 1,800 officiers, avaient des antécédents judiciaires (Sarrepont, p. 53). — La garde nationale comptait 25,000 repris de justice ou leur équivalent dans l'ordre moral, et 6,000 sectaires capables de tout faire (Général Trochu, *Discours des 12 et 13 juin 1871*). — « Sur deux douzaines de ces soldats citoyens, pris au hasard, on comptait 4 hommes honnêtes, 17 ivrognes ou joueurs de bouchons et 3 misérables valant au plus la corde » (Sarrepont, p. 53). — Viollet-le-Duc, p. LVII, parle de « ces gardes nationaux de Paris, sales, au regard égaré par l'alcool, à l'allure insolente, l'injure à la bouche, insultant leurs officiers, défiants et crédules à la fois.... ». — « En 135 jours de siège, j'ai prononcé la cassation de 917 gradés, comprenant 495 officiers » (*la Politique et le Siège de Paris*, par le général Trochu, p. 93). — L'un d'eux était le sieur Jacques, dit Lafontaine, dit Perceval, capitaine. Son casier judiciaire comprenait une condamnation à 1 an de prison (1851), pour escroquerie; une autre à 6 ans de réclusion (1856), pour faux; une autre à 2 ans de prison (1865), pour vol, plus une série de condamnations à 2, 3, 7 mois de prison, pour rupture de ban. Son premier acte militaire fut de manger les fonds de sa compagnie (Larchey, p. 159).
Voir également E. Caro, p. 184, et Sarcey, p. 189.

ments, ne fut point contrôlée. Les armes se chargeant par la culasse furent attribuées d'ordinaire aux bataillons les plus exigeants, ceux du périmètre de Paris, c'est-à-dire aux futurs fédérés. Ils devaient n'en faire usage que contre l'armée française [1].

Des 254 bataillons créés, 228 seulement purent être armés ; le reste prit le nom de bataillons auxiliaires du génie, mais pour la forme : ils ne remuèrent pas une pelletée de terre. Leur création était simplement un moyen d'accroître le nombre des gens qui participaient aux allocations du gouvernement. En effet, ce dernier avait décidé (12 sept.) d'accorder à tous les gardes nationaux qui justifieraient de leur indigence une solde journalière de 1 fr. 50, portée bientôt (28 nov.) à 2 fr. 25 pour les hommes mariés. Cette mesure s'expliquait, jusqu'à un certain point, par la nécessité de faire vivre les milliers d'ouvriers que le chômage laissait inoccupés. Elle dispensait du rétablissement des ateliers nationaux, de fâcheuse mémoire. Mais elle eut des inconvénients graves. Des abus de toute sorte furent commis. Certaines unités forçaient tous les gardes nationaux qui en faisaient partie à percevoir leur solde, même sans en avoir besoin, quitte à former des *caisses noires,* dans un but plus ou moins licite. En outre, on n'exigeait des citoyens armés, en échange de ces « trente sous » restés légendaires, qu'un service de garde fort anodin. Les habitudes de fainéantise et d'ivrognerie se répandirent, le goût du travail disparut. On finit par ne plus trouver d'ouvriers pour certains travaux pénibles ou peu rétribués [2]. « C'est un trait particulier du caractère de

---

1. *Enquête,* rapport Chaper ; général Thoumas, *les Transformations de l'armée française,* tome Ier, p. 316 ; Viollet-le-Duc, p. 9 ; Sarrepont, p. 54.
D'après un rapport adressé, le 1er octobre 1870, au gouvernement, ces 280,738 armes comprenaient 95,000 fusils à tabatière, 120,000 fusils à percussion rayés, 55,000 fusils à percussion lisses, 10,000 carabines, armes de divers modèles. On distribua, en outre, 20,000 fusils aux corps francs (chassepots et sniders surtout), 90,000 chassepots aux gardes mobiles. Le total des armes réparties en dehors de l'armée active fut de 390,000. Le 1er octobre il restait seulement 10,000 chassepots disponibles pour l'armement de la classe 1870 et les échanges nécessaires.
2. Sarcey, p. 153.

l'enfant de Paris : il travaille dur, quand il est à la besogne ; mais il est volontiers flâneur et, comme il dit en son langage, *rigoleur*. Il ne voit pas pourquoi il se donnerait du mal quand le camarade à côté de lui ne fait rien [1]. »

L'organisation des bataillons fut livrée au bon plaisir des maires [2], malgré la présence à la tête de la garde nationale d'un officier général dont l'état-major compta jusqu'à 51 officiers ! Un bataillon, le 239e, était de 350 hommes ; un autre, le 116e, en avait 2,600 ; certains possédaient cinq ou six modèles d'armes. Les uniformes n'étaient pas moins variés et, en l'absence d'aucune règle, les officiers se chamarraient de galons de toute espèce. Cet abus alla si loin, les officiers devinrent si nombreux que les soldats de la ligne ou les mobiles se dispensèrent de saluer ces gradés d'occasion. Bientôt même ils perdirent à peu près entièrement cette habitude pour les officiers de l'armée active, au grand détriment de la discipline dont elle est un criterium [3].

Beaucoup de gardes nationaux montraient une extrême bonne volonté. « Bien souvent, la nuit, à la lueur du gaz, j'ai vu les compagnies s'exercer dans la cour du Louvre, sous la direction d'hommes qui mirent à cette œuvre de préparation un dévouement sans bornes [4].... » Mais ce travail était perdu faute d'orientation, de cadres et de discipline. Le service de garde, qui revenait tous les quatre ou cinq jours pour chaque bataillon, se traduisait en des stations prolongées dans les cabarets, aux cantines, en d'interminables parties de *bouchon*, en allées et venues le long des talus des fortifications. La nuit, on disposait les sentinelles à quinze pas de distance, pour utiliser le plus d'hommes possible. Mais ces soldats-citoyens étaient si prompts à décharger leur fusil au

---

1. Sarcey, p. 151.
2. Les administrations civiles ou privées organisèrent aussi des bataillons. On vit ceux des postes, des Omnibus, du ministère des finances, de l'octroi, des pompiers, du chemin de fer de l'Ouest, des Petites voitures, du chemin de fer d'Orléans, du chemin de fer du Nord, du ministère de l'instruction publique. Une légion de Seine-et-Oise fut organisée à cinq bataillons, au moyen des réfugiés de ce département.
3. Ducrot, tome Ier, p. 101.
4. Trochu, *Discours des 12 et 13 juin 1871*.

au moindre prétexte, qu'il fallut leur retirer les cartouches[1]. Ces longues séances sur les remparts, agrémentées de quelque alerte sans motif, de l'arrestation d'un prétendu espion, l'étaient encore par la gaieté gouailleuse qui fait si rarement défaut au Parisien : « Encore un que les Prussiens n'auront pas ! » était la réflexion courante à la fin de chaque repas[2].

Les gardes nationaux recherchaient avidement les occasions de franchir l'enceinte. Le gouverneur s'y prêta d'assez mauvaise grâce, en les autorisant à faire de prétendues marches militaires, de petites sorties, en les envoyant aux avant-postes. Ces groupes mal commandés prirent dans la banlieue, à traverser les villages abandonnés, des habitudes de pillage[3] qui leur furent d'ailleurs communes avec la majeure partie des troupes régulières et des corps francs. La démoralisation générale s'en accrut, sans que la garde nationale devînt plus aguerrie. Certains bataillons, les tirailleurs de Flourens, par exemple, ne parurent devant l'ennemi que pour s'enfuir aussitôt[4]. Quand d'autres assistaient au moindre engagement, on les en félicitait comme d'un fait d'armes[5].

Non seulement la garde nationale fut d'une faible utilité, sinon nuisible pour la défense, elle absorba des éléments qui auraient dû être employés dans l'armée active. Le 12 sep-

---

1. Vinoy, p. 143.
2. La chasse aux espions ne cessait pas. On arrêta le maréchal Vaillant, membre du comité de défense, des officiers généraux, des détachements de troupes régulières, des gens de toute espèce, des femmes, sans le moindre motif (Sarcey, p. 84; d'Hérisson, p. 41; Favé, p. 4; H. Rochefort, tome II, p. 257).
3. Trochu, *Discours des 12 et 13 juin 1871.*
4. *Enquête parlementaire sur l'insurrection du 18 mars*, déposition du colonel Montaigu. — Un bataillon placé aux avant-postes de Créteil fit réclamer son relèvement par son chef, « la position n'étant plus tenable ». Or, il n'avait pas eu un blessé, il n'avait pas tiré une cartouche (Robinet de Cléry, *les Avant-postes pendant le siège de Paris*, p. 205; Ordre du général Clément Thomas du 6 décembre 1870, Ducrot, tome II, p. 420.
5. Général Thoumas, tome Ier, p. 316 : « Le 72e bataillon de guerre fut cité, le 24 novembre, par l'amiral Saisset, pour le combat de Bondy où il eut quatre hommes blessés. Le 116e bataillon, commandé par le colonel Langlois, fut mis à l'ordre pour sa conduite au combat des 29 et 30 novembre, à la gare aux Bœufs, où son chef seul fut blessé ! »

tembre, un décret rendu sur la proposition de Gambetta y incorporait les hommes appelés en vertu de la loi du 10 août et qui n'avaient pas encore rejoint leurs corps; 50,000 à 60,000 hommes furent ainsi perdus pour nos troupes de campagne.

Toutefois, il faut reconnaître qu'avec plus d'énergie et de volonté le général Trochu aurait pu tirer meilleur parti de cet élément de nos forces. Il eût suffi d'en mobiliser une partie comme on fit en province. La grande masse de la population le demandait sincèrement. Il est vrai que, pour les partis avancés, la mobilisation de la milice citoyenne, « la sortie torrentielle », était un moyen de combat contre le gouvernement beaucoup plus que contre l'ennemi. Les bataillons les plus prompts à les réclamer restaient en général les moins disposés à en faire usage, du moins vis-à-vis des « Prussiens ». Mais ils ne constituaient qu'une bruyante minorité. Quoi qu'il en soit, Ernest Picard et Jules Favre firent dans le conseil d'énergiques efforts pour obtenir la mobilisation de la garde nationale. Les généraux Trochu et Tamisier s'y opposèrent, montrant que le prélèvement de volontaires sur les bataillons sédentaires aurait pour résultat direct d'affaiblir ceux-ci. L'état-major de la garde nationale établit un long mémoire à l'appui, et cette proposition fut une première fois rejetée [1].

On ne tarda pas à y revenir sous la pression de l'opinion, mais avec combien de tergiversations, de temps perdu ! Le 14 octobre, le général Trochu adressait au maire de Paris une première lettre relative à l'organisation de bataillons « mobi-

---

[1]. J. Favre, tome Ier, p. 220. Le 20 octobre, J. Favre demande qu'on mette à l'épreuve le zèle impatient de la garde nationale. Le général Trochu s'élève contre cette pensée. « ...Quant à espérer d'une sortie de grands résultats, c'est là une folie. » M. Rochefort appuie vivement l'opinion du gouverneur. Le général Tamisier, ajoute le général Trochu, s'est formellement prononcé contre la formation d'un « corps de volontaires destinés à exécuter des sorties », qui épuiseraient et énerveraient sans profit la garde nationale.

Le 4 octobre, Gambetta demande l'envoi de gardes nationaux au feu. M. Rochefort appuie, au contraire, le système de réserve et de prudence du général Trochu (*Procès-verbaux des séances du gouvernement*). Dans ses *Aventures de ma vie*, tome II, p. 226 et suiv., M. Rochefort affecte les opinions opposées.

lisables ». Ils se recruteraient par voie d'inscription volontaire, sur une liste ouverte dans chaque arrondissement. On formerait autant que possible une compagnie de 150 volontaires par bataillon ; si le nombre des inscriptions dépassait 150, on prendrait de préférence les célibataires ayant moins de 35 ans, d'une constitution vigoureuse, ayant servi ou possédant la pratique des exercices militaires. Le « conseil de famille » de chaque bataillon serait chargé des désignations.

Quatre compagnies de volontaires réunies sous un chef de bataillon formeraient un bataillon de marche. Officiers et sous-officiers proviendraient de l'élection [1].

Le décret contenant ces dispositions fut signé le 16 octobre. Mais il fallut le compléter par une instruction du commandant supérieur des gardes nationales de la Seine (19 oct.), puis par une lettre du ministre de l'intérieur, Jules Favre, au maire de Paris (22 oct.). Ce dernier document se faisait plutôt remarquer par ses phrases redondantes que par son côté pratique. On y lisait notamment : « La garde nationale est fille de la liberté, 1789 est la date de son acte de naissance. » On y invoquait « la puissance morale qui nous gouverne seule depuis six semaines ». On y faisait appel à « l'austérité du commandement » ; on recommandait « la fatigue des exercices à l'acceptation sans murmure » des volontaires. De ce pathos patriotique, de toutes les dispositions édictées précédemment, il ne sortit absolument rien. Dans certains arrondissements on renouvela la mise en scène des engagements au temps de la Révolution [2]. Rien n'y fit. Le nombre des volontaires fut ridiculement restreint: 6,500 seulement. Il se répartit très inégalement dans les bataillons de la garde nationale. A la 1re compagnie du 72e, par exemple, 142 hommes se présentèrent ; dans beaucoup d'autres, il y eut un seul inscrit que ses camarades cherchaient à décourager [3].

---

1. *Journal officiel* du 15 octobre.
2. Ducrot, tome Ier, p. 102; Larchey, p. 110.
3. Larchey, p. 131.

Il fallut renoncer aux engagements volontaires et, le 8 novembre, un nouveau décret parut. Les quatre premières compagnies de chaque bataillon armé seraient dites compagnies de guerre ; elles se composeraient d'hommes valides pris parmi les catégories suivantes, dans leur ordre : les volontaires de tout âge ; les célibataires ou veufs sans enfants de 20 à 35 ans ; les célibataires ou veufs sans enfants de 35 à 45 ans ; les hommes mariés ou pères de famille de 20 à 35 ans et ceux de 35 à 45 ans [1].

Nous avons dit que l'effectif et la composition des bataillons étaient l'irrégularité même ; il en résulta des inégalités flagrantes. Tel homme marié d'un bataillon de Passy fut désigné, alors que, dans les bataillons de Belleville, on appelait seulement des célibataires. Malgré les avis les plus pressants, on ne put pas toujours obtenir que les unités sédentaires cédassent les meilleures armes aux bataillons de guerre, comme il eût été si naturel.

Le nombre des « mobilisés » parisiens dépassa cent mille [2]. Mais, en raison de toutes ces lenteurs, leurs premiers bataillons ne sortirent de l'enceinte que du 20 au 25 novembre. On en forma des régiments qui, à première vue, ne manquaient pas d'allure. Au feu, aux avant-postes il fallut en rabattre. La bonne volonté, le courage très réel de la plupart ne suppléèrent point au défaut de cadres, d'éducation militaire et surtout de discipline. Leur voisinage fut d'un mauvais exemple pour les troupes de ligne et les gardes mobiles. Vainement, on les encadrait aux avant-postes au moyen d'autres éléments, on les faisait soutenir de même. Toutes les nuits

---

1. Le 12 novembre seulement, on prescrivit l'appel sous les drapeaux des célibataires ou veufs sans enfants âgés de 25 à 35 ans (Loi du 10 août). Mais ils furent autorisés à faire provisoirement partie des compagnies de guerre ou des corps francs ; de même, pour les gardes mobiles de la classe 1870, levés par décret du 13 novembre.

2. 104,000 hommes (Larchey, p. 139). Les bataillons de la garde nationale devaient être forts de 8 à 10 compagnies, dont les quatre premières seraient dites compagnies de guerre, à l'effectif de 100 hommes dans les bataillons de 1,200 hommes et au-dessous, de 125 dans les autres. Pendant les opérations militaires, le commandement des compagnies de guerre serait pris par le chef de bataillon ou le capitaine le plus ancien de ces compagnies (Décret du 8 novembre 1870).

ils ouvraient le feu sans motif et le continuaient jusqu'à épuisement de leurs cartouches [1].

En somme, si la mobilisation de la garde nationale échoua entièrement, c'est au gouvernement surtout qu'il convient d'en imputer la faute. Il voulut d'abord éviter toute contrainte ; quand il eut reconnu l'impossibilité de trouver un nombre suffisant de volontaires, il ne sut pas imposer des règles uniformes pour la formation des compagnies de guerre.

Enfin, il perdit des semaines et des mois alors, que les heures avaient leur prix. On est fondé à croire qu'il eût été possible de mieux faire ; l'insurrection du 18 mars montre assez que les bataillons parisiens renfermaient des éléments vigoureux, susceptibles de combattre vaillamment [2].

Pour terminer l'énumération des forces enfermées dans Paris, il convient de citer la légion de cavalerie et le corps d'artillerie de la garde nationale, enfin les corps francs. On utilisa la première pour le service d'escorte et de planton jusqu'à sa dissolution, faute de chevaux, le 11 janvier. Quant au corps d'artillerie, il fut formé le 19 septembre, à neuf batteries et rendit quelques services.

A Paris, les hommes désireux de combattre sans se plier à la discipline des troupes régulières étaient en grand nombre. Les corps francs se formèrent donc avec une telle rapidité que le gouvernement dut, par décret du 11 octobre, interdire toute nouvelle formation On ne possède aucune donnée certaine sur leur effectif, mais il dépassa sans doute

---

1. Ducrot, tome Ier, p. 107. 2 bataillons, ceux des tirailleurs de Belleville et des volontaires du 147e, durent être licenciés pour lâcheté devant l'ennemi (*Rapports du général Clément Thomas*, général Ducrot, tome II, p. 420).

2. « La garde nationale aurait commencé, sans doute, par se battre médiocrement, mais elle aurait fini par faire un élément de guerre excellent » (Déposition du général Le Flô, *Enquête sur le 18 mars*). — « Je suis persuadé qu'en aguerrissant la garde nationale, c'est-à-dire en l'envoyant souvent au feu dans des affaires de peu d'importance, la faisant se retirer à temps, et ne lui permettant pas de se désagréger au contact de la ville, on en aurait fait des troupes aussi solides que les zouaves qui se sauvèrent honteusement à Châtillon, et qui se battirent en héros à Villiers » (Avis du général Favé, cité par M. Duquet, *Paris, le Quatre-Septembre et Châtillon*, p. 308). — Voir aussi le général Thoumas, *les Transformations de l'armée française*, tome Ier, p. 317, et le colonel Fabre de Navacelle, *Précis de la guerre franco-allemande*, p. 176.

10,000 hommes[1]. Des éléments précieux, anciens officiers, ingénieurs, hommes d'action de tout genre, y entrèrent sans grand profit pour la défense. Si, en thèse générale, les corps francs qui opèrent loin d'un contrôle sérieux sont d'une utilité contestable, ce fait se vérifie bien mieux encore lorsqu'il s'agit d'un camp retranché. Autour de Paris, nos troupes étant au contact de l'ennemi, il n'y avait pas de place pour les coups de main à grande distance, pour les embuscades telles qu'il s'en produisit un grand nombre en province et qui finirent par inspirer aux Allemands une terreur instinctive des francs-tireurs[2].

Parmi les 33 corps francs d'infanterie qui prirent part au siège de Paris, un grand nombre d'hommes rebelles à toute discipline, de hâbleurs faisant plus de bruit que de besogne, se mêlèrent aux éléments dont nous parlions plus haut. Opérant dans la banlieue, auprès de maisons abandonnées, ils y prirent, eux aussi, des habitudes de pillage dont la contagion se répandit très vite. Les services qu'ils rendirent ne compensèrent pas ces inconvénients[3].

On tenta aussi de former dix bataillons d'*amazones*, d'enrégimenter des enfants pour constituer des *pupilles de la République*, des *aides d'ambulance*, des *aides du génie*, des *aides-pompiers*[4]...., toutes tentatives vouées d'avance à un avortement ridicule.

---

1. 20,000 armes (Larchey, p. 74, d'après une note publiée le 1er octobre 1870 par le ministre de la guerre) furent distribuées à 53 corps différents, francs-tireurs, gardes forestiers, bataillons des octrois, du gaz parisien, etc., mais une partie de ces corps francs passa en province (la légion bretonne, par exemple); d'autres se rattachaient à la garde nationale.
2. La lecture des historiques de la cavalerie allemande suffit à convaincre de la réalité des services que rendirent certains corps francs. Lors de la conclusion de l'armistice, M. de Bismarck eut soin d'imposer à la faiblesse de J. Favre la dissolution immédiate de tous ces corps, nouvelle preuve qu'ils étaient moins inutiles qu'on ne l'a prétendu.
3. En septembre, un bataillon franc déserta presque en entier, après avoir égorgé nombre de moutons rassemblés dans les parcs à bestiaux de Longchamps (Moussoir, p. 53). — Dans son rapport du 6 octobre à l'amiral de la Roncière, le contre-amiral Saisset cite les francs-tireurs de la Seine et les francs-tireurs des Lilas comme paraissant avoir pour devise « combattre et boire ». Leur moralité se résume ainsi : « Vivre en pillant. » Il demande à pousser « ces reitres » vers l'ennemi. « Leurs rangs s'y éclairciront au bénéfice de la société. »
4. *Journal des Goncourt*, 2e série, p. 52.

Les quatre corps francs de cavalerie et surtout les éclaireurs du commandant Franchetti firent une honorable exception. De même que ceux d'artillerie et du génie ils rendirent de bons services. Le corps auxiliaire du génie, sous les ordres de MM. Alphand et Viollet-le-Duc, suppléa utilement à la très grande insuffisance numérique des troupes régulières de cette arme.

CHAPITRE XII

L'ARMEMENT ET L'APPROVISIONNEMENT DE PARIS

Armement de l'enceinte et des forts. — Vagons blindés, flottille. — Munitions — Alimentation de Paris. — Le sous-intendant Perrier. — Le pain. — Les meules. — M. Clément Duvernois. — Les bestiaux. — La viande de cheval. — L'équipement. — Les hôpitaux.

Les études faites avant la guerre, en vue de la défense de Paris, avaient permis de fixer à 658 pièces l'*armement de sûreté* de l'enceinte. Quant à l'*armement de défense*, il comprenait en outre 650 pièces de siège ou de place et 192 pièces de campagne. Le total des bouches à feu nécessaires s'élevait donc à 1,500 pour l'enceinte seulement. L'armement de défense des forts était de 1,400 pièces environ.

Il s'en fallait de beaucoup que cet immense matériel fût réparti en permanence sur les points où il allait être nécessaire. Les forts possédaient seulement leur armement de sûreté ; le reste, les pièces destinées à l'enceinte étaient déposées dans les arsenaux de la guerre ou de la marine. Non sans effort, on parvint à faire entrer ce matériel dans Paris, en temps opportun. A la fin du siège, l'enceinte était armée de 805 pièces et les forts de 1,389, au total 2,194 bouches à feu de 18 modèles différents, détail qui n'était pas sans compliquer grandement le service des munitions. En outre, plusieurs centaines de pièces étaient réparties dans les ouvrages avancés ou servaient de pièces de position. Le total des canons employés à la défense fixe atteignit ainsi 2,627, sans ceux qui furent fondus à Paris durant le siège.

Quant à la défense mobile, elle était représentée à la fin de janvier par 97 batteries dont 4 de montagne, appartenant à l'armée de terre, 16 batteries de l'artillerie de la marine et 15 de la garde mobile. Le matériel existant au début de l'investissement n'atteignait pas un chiffre aussi considérable[1]. Il fallut y suppléer en fondant de nouvelles bouches à feu, tant dans les ateliers de l'État que dans ceux de l'industrie privée. On fabriqua 230 canons de 7ᶜ se chargeant par la culasse, 50 mortiers de 15ᶜ et un grand nombre de mitrailleuses de divers modèles. Ce ne fut pas sans des froissements fréquents entre le service de l'artillerie, que la routine attachait désespérément à des traditions vieillies[2], et le ministre des travaux publics, M. Dorian, qui, en vertu d'une conception bizarre, avait été chargé des achats d'armes et de matériel et accueillait parfois trop aisément les idées nouvelles. Toutefois il faut reconnaître que l'industrie parisienne sut très rapidement improviser un important matériel[3].

---

1. La marine fournit 183 pièces de 16ᶜ rayé bouche, 23 pièces de 19ᶜ rayé culasse, 1 pièce de 24ᶜ rayé culasse.

Sur les 805 pièces de l'enceinte, 190 étaient de gros calibre (10 pièces rayées de 19ᶜ marine, 44 pièces rayées de 16ᶜ marine, 144 de 24ᶜ rayé de place).

L'armement des forts comprenait :

1 canon de 24ᶜ rayé marine ;	38 canons de 8 ;
17 canons de 19ᶜ rayé marine ;	57 obusiers de 22ᶜ siège ;
132 canons de 16ᶜ rayé marine ;	3 obusiers de 22ᶜ côte ;
124 canons de 24 rayé place ;	100 obusiers de 16ᶜ ;
16 canons de 24 rayé siège ;	5 mortiers de 32ᶜ ;
109 canons de 12 rayé place ;	53 mortiers de 27ᶜ ;
102 canons de 12 rayé siège ;	89 mortiers de 22ᶜ ;
147 canons-obusiers de 12 ;	114 mortiers de 15ᶜ.
161 canons de 16 ;	(Ducrot, tome Iᵉʳ, p. 128.)
18 canons de 12 ;	

En matériel de campagne, la Guerre fournit 426 pièces :

52 pièces rayées de 12 ;
36 pièces rayées de 8 ;
265 pièces rayées de 4 ;
73 pièces rayées de 4 de montagne.
_____
426

La marine donna 198 bouches à feu, dont :

60 pièces rayées de 12 ;
60 pièces rayées de 4 ;
72 pièces rayées de 4 de montagne ;
6 canons à balles.
_____
198

(Général Ambert, *Récits militaires : la Loire et l'Est*, d'après un tableau officiel.)

2. Dans un article paru pendant le siège (*Revue des Deux-Mondes*, 15 janvier 1871), l'un des membres du comité d'artillerie, général Susane, prenait encore la défense de notre matériel de campagne contre celui des Prussiens.

3. L'artillerie livra, avant le 15 janvier 1871, 8 batteries de canons à balles

Dès 1868 on avait commencé, par ordre de l'empereur, les études d'un train blindé. Des difficultés administratives survinrent; on ne put terminer qu'en janvier 1871 la construction de trois vagons et d'une locomotive armés de 13 canons à balles. La fin du siège empêcha ce coûteux et encombrant engin de rendre aucun service. En attendant son achèvement, on imagina de faire traîner par des chevaux, puis par une locomobile cuirassée, montée sur un truc, des vagons armés de pièces de 14ᶜ ou de 16ᶜ. On en construisit quatre, qui furent mis en service sans grand succès.

La flottille de la Seine eût pu en avoir davantage, si la destruction de certains ponts, puis les glaces n'avaient beaucoup gêné son action, et surtout si on eût su la mieux employer. Elle comprenait vingt et un petits bâtiments dont la plupart furent désarmés au cours du siège [1].

Lors de l'investissement les munitions étaient en quantité insuffisante; pour les pièces de gros calibre, on ne disposait que de 200 coups par pièce au lieu des 500 nécessaires. On fit appel à l'industrie privée; dès la fin de septembre la fabrication était en pleine activité. Elle suffit largement aux besoins. De même l'artillerie organisa une poudrerie qui fabriqua jusqu'à 5,000 kilogr. de poudre par jour. Le 17 octobre, la quantité disponible avait passé de 540,000 à 3,000,000 de kilogrammes; ce chiffre fut ensuite largement dépassé.

De même on fit construire un grand nombre d'affûts, de caissons, de voitures diverses dans les ateliers des chemins de fer, des Omnibus ou des Petites voitures [2].

Paris contenait environ 540,000 fusils vers le 19 septembre, dont 200,000 chassepots [3]. On organisa un atelier qui trans-

---

et 4 batteries de pièces se chargeant par la culasse. Le nombre des batteries de campagne disponibles (matériel) atteignit, à la fin de janvier, 109, avec 654 pièces. De son côté, le génie civil fournit 50 mortiers de 15ᶜ, 110 canons de 7ᶜ et 200 caissons avec 25,000 projectiles (*Revue des Deux-Mondes*, 15 janvier 1871, par le général Susane).

1. Voir l'annexe n° 8.
2. 425 affûts, 152 voitures diverses, 368,000 fusées pour projectiles creux, 97,000 boîtes à mitraille, 205,000 obus (général Susane, article cité).
3. Ducrot, tome Iᵉʳ, p. 155. Un document officiel reproduit par le général

forma journellement 800 fusils à percussion en armes se chargeant par la culasse[1].

On n'avait d'abord que 90 millions de cartouches chassepot; on organisa trois ateliers qui en fabriquèrent jusqu'à un million par jour. Il existait 32 millions de cartouches modèle 1867 ; les ateliers en fournirent journellement 100,000 dès la fin de septembre. Enfin les 8 millions de cartouches pour fusils à percussion furent bientôt accrues à raison de 225,000 par jour[2]. Cette énumération montre assez l'immensité des ressources matérielles que Paris mettait à la disposition de la défense nationale.

L'alimentation de plus de deux millions d'êtres humains présentait des difficultés presque insolubles. Un concours heureux de circonstances et surtout le travail acharné de quelques-uns permirent de l'assurer dans des conditions inespérées. Le 7 août, en vue de l'imminence d'un siège, le ministère de l'agriculture demandait au département de la guerre de mettre à sa disposition un fonctionnaire de l'intendance. Le 8, le sous-intendant Perrier entrait dans une commission constituée sous la présidence de M. Dumas, sénateur, puis de M. Clément Duvernois, ministre du commerce[3]. Elle con-

---

Ambert (*Récits militaires : la Loire et l'Est*, p. 52), donne un total différent :

> 150,600 fusils modèle 1866 ;
> 14,339 carabines à tabatière ;
> 95,000 fusils à tabatière ;
> 17,565 fusils de dragons à tabatière ;
> 158,364 fusils à percussion de divers modèles.
> 435,868

1. Rapport au général Trochu, *Journal officiel* du 17 octobre.
2. Ducrot, tome Ier, p. 155.
3. Sarrepont, p. 193. Elle était composée de MM. Dumas, Chevreau, sénateurs, Darblay, député.
Cette commission proposa d'acheter :

> 75,000 quintaux de blé ;   500 quintaux de poisson salé ;
> 75,000 quintaux de farine ;   45,000 quintaux de riz ;
> 90,000 quintaux de viande salée ;   18,000 quintaux de sel.

Le tout, en farine et en blé, représentait 25 jours de vivres seulement ; on comptait sur 200,000 sacs de farine réunis dans les entrepôts, et sur les approvisionnements des boulangers (15 jours environ), qui porteraient l'ensemble à 45 jours.

Une commission dite des subsistances fut créée le 27 septembre seulement : MM. Jules Simon, président ; Jules Ferry, Gambetta, Picard, Étienne Arago, Magnin, Cernuschi, Sauvage, Littré (*Journal officiel* du 28 septembre).

cluait à la nécessité de réunir sans retard 45 jours de vivres. Les ordres nécessaires étaient donnés dès le 9 août à M. Perrier. Bientôt les circonstances amenèrent à accroître les quantités de vivres à acheter (12 août). Néanmoins la tâche était terminée le 7 septembre [1]. Du 12 août au 19 septembre, Paris reçut du département de la guerre 77,180 quintaux de blé, 210,077 de farine et des quantités appropriées d'autres aliments [2]. Cette colossale opération était d'autant plus délicate, qu'il fallait éviter toute perte de temps, s'adresser autant que possible aux producteurs et non à la spéculation, opérer sans la garantie ordinaire des adjudications ou même des marchés de gré à gré. Elle fit le plus grand honneur au sous-intendant Perrier ainsi qu'au ministère de la guerre.

D'ailleurs, après l'investissement, ce département céda encore à la Ville d'importantes quantités de vivres, qui portèrent le total à 71 jours de blé, de farine, de riz ou d'a-

---

1. Le 12 août, le conseil municipal de Paris nomma une commission également chargée de l'alimentation; elle demanda au ministère de la guerre :

75,000 quintaux de blé;
210,000 quintaux de farine ;
80,000 quintaux de riz;
80,000 quintaux de sel;
75,000 quintaux de viande conservée;
5,000 quintaux de café;
4,000 quintaux de beurre;
25,000 quintaux de foin;
1,000 quintaux de fromage;
6,000 quintaux d'huile;

24,000 quintaux de légumes secs;
30,000 quintaux d'orge;
2,000 quintaux d'oseille;
20,000 quintaux de paille;
12,000 quintaux de poisson salé;
1,000 quintaux de poivre;
60,000 quintaux de pommes de terre;
3,000 hectolitres de vinaigre;
500,000 œufs.
(Sarrepont, p. 195.)

2. 320 quintaux de viande conservée;
4,273 quintaux de viande salée;
47,939 quintaux de sel;
17,995 quintaux de riz;
31,823 quintaux de pommes de terre;
1,983 quintaux de légumes secs;
5,000 quintaux de café vert;
443 quintaux d'oseille;
1,052 quintaux de beurre salé ;
906 quintaux de poivre;
208 quintaux de saindoux ;
130 quintaux de fromage;
4,704 quintaux d'huile d'olive;
240 quintaux de poisson salé;
3,331 quintaux de harengs blancs;
30 quintaux de thon mariné;
1,082 quintaux de morue;

50 tonnes de morue;
5 quintaux de sardines;
39,900 boîtes de sardines;
524 barils,
187 fûts,
600 boîtes de harengs salés;
27 demi-barils,
40 quintaux de maquereaux salés;
31 quintaux de conserves;
130 quintaux de légumes divers;
1,001 hectolitres de vinaigre;
13,837 quintaux de foin;
21,707 quintaux de luzerne;
28,317 quintaux de paille;
3,126 quintaux d'orge.
(Sarrepont, p. 198.)

voine[1]. Les boulangers en fournirent 15 jours environ et les achats de l'administration civile 49. Celle-ci prononça dès le 29 septembre la réquisition des blés et farines existant dans l'enceinte, exception faite des provisions de ménage. Mais de graves abus furent commis. Des 130,000 quintaux de blé dont l'existence avait été signalée, 70,000 seulement furent livrés. Les réquisitions, les perquisitions ne fournirent que 30,000 quintaux de grains de toute nature. On offrit, sans résultat sérieux, 25 fr. par quintal de farine ou de grain soustrait aux réquisitions (17 janv.)[2]. La vente de la farine avait été interdite le 12 décembre seulement. A la même date on annonçait officiellement que le pain ne serait pas rationné; dès le 14 on ne distribuait plus que du pain bis. Puis on interdisait la vente du pain de luxe (12 janv.) et enfin (18 janv.) on prescrivait le rationnement[3]. Cette décision était d'autant plus tardive que des abus journaliers se produisaient jusqu'alors. On nourrissait des chevaux, des animaux de toute espèce avec du pain. La ration de la troupe, portée à un kilogramme au début, fut longtemps maintenue à ce taux exagéré. On ne la réduisit à 500 grammes qu'à la fin du siège.

Il fallut recourir à des mélanges de différents grains : aux derniers jours de décembre, la farine consommée ne contenait plus que 48 à 78 p. 100 de farine de blé. Puis cette proportion décrut jusqu'à 25 p. 100. Le pain, composé surtout de son, de farine de riz, d'avoine ou d'orge grossièrement blutée, présentait un aspect inoubliable[4].

---

1.   3,500 quintaux de blé;   25,000 quintaux de riz;
    55,596 quintaux de farine;   916 quintaux de fromage;
      115 quintaux de viande salée; 35,000 quintaux d'avoine.
   16,000 quintaux de sel;   (Sarrepont, p. 202.)

2. Sarrepont, p. 202.

3. Sarrepont, p. 217, à raison de 300 grammes par adulte et de 150 grammes par enfant au-dessous de 5 ans.

4. A. Morillon, *l'Approvisionnement de Paris en temps de guerre, souvenirs et prévisions*, p. 15. — Sarrepont, p. 221, donne des chiffres inférieurs : 40 à 60 p. 100, enfin 10 p. 100. — Les animaux hésitaient à s'en nourrir (Goncourt, 2ᵉ série, p. 202). — Du 1ᵉʳ septembre 1870 au 1ᵉʳ mars 1871, les magasins de la guerre distribuèrent 44 millions de rations de pain, 6,500,000 de biscuit, 5 millions de conserves de viande, 2,500,000 de viande salée, 8 millions de lard salé, 11 millions de légumes secs, 38 millions de vin, 42 millions d'eau-de-vie, 45 millions de café, 36 millions de viande fraîche (Sarrepont, p. 191).

Avant la guerre il n'existait dans Paris que 50 à 60 paires de meules. Pour parer aux besoins prévus, il en fallait 400 au moins. Le général de Chabaud-Latour demanda l'achat de 300 paires dès les premières réunions du conseil de défense. Il en fut ainsi décidé. Toutefois, malgré l'installation de moulins à vapeur aux usines Cail, dans nos grandes gares de chemins de fer, on arrivait à peine, vers la fin du siège, à produire chaque jour la quantité de farine nécessaire [1].

Si le sous-intendant Perrier et le département de la guerre contribuèrent puissamment à assurer l'alimentation de Paris, il ne faudrait pas oublier les services rendus par M. Clément Duvernois. Pendant les trois semaines qu'il passa au ministère du commerce, il déploya la plus grande énergie et sut s'affranchir de toutes les formalités qui auraient ralenti son action. Il fit surtout réunir, avant le 6 septembre, un nombre immense de bestiaux : 40,000 bœufs, 250,000 moutons. Ces animaux, laissés en liberté sur les boulevards extérieurs, dans des terrains vagues, aux bois de Boulogne et de Vincennes, y souffrirent beaucoup. Le 19 septembre, les divers parcs ne contenaient plus que 30,000 bœufs, 180,000 moutons et 6,000 porcs [2]. Beaucoup avaient dû être abattus et leur chair salée. A dater du 28 septembre, 500 bœufs et 4,000 moutons furent mis chaque jour par l'État à la disposition de Paris [3]. Mais cette distribution, d'ailleurs insuffisante, ne put être longtemps prolongée. Après avoir subi une énorme dépréciation [4], la viande de cheval atteignit rapidement le prix de 1 fr. 25 c. le kilogramme sur pied. Dès le mois d'octobre le ministère de la guerre fit acheter des chevaux pour la bou-

---

1. Ducrot, tome Ier, p. 457. D'après Jacqmin, p. 162, il n'aurait été acheté que 100 paires de meules au lieu de 300, par décision du comité de défense en date du 10 septembre.
2. Sarrepont, p. 217. Le *Journal de la municipalité* du 26 septembre porte à 24,000 bœufs, 150,000 moutons et 6,000 porcs l'existant vers le 24 septembre.
3. Ils étaient débités par les bouchers au compte de l'État et au prix d'un tarif (Arrêté du 26 septembre).
4. Le 24 septembre, 40 chevaux furent vendus 400 fr. pour la boucherie au marché aux chevaux (le *Gaulois* du 26 septembre).

A la fin de septembre, le ministère de la guerre possédait un troupeau de 1,800 bœufs et 5,000 moutons. Il fit continuer les achats, mais ils ne produisirent pendant tout le reste du siège que 344 bœufs et 460 moutons (Ducrot, tome Ier, p. 168).

cherie. De 329 pendant ce mois, on passa rapidement à 150 ou 200 par jour[1]. L'armée ne manqua jamais de viande.

Indépendamment des achats faits par les départements de la guerre et du commerce, des quantités considérables de denrées furent introduites dans Paris par les particuliers. Du 15 août au 19 septembre, par exemple, la Compagnie de l'Ouest, seule, fit entrer dans l'enceinte 14,982 wagons chargés de 72,442 tonnes de farine, de grains, de fourrage, et de 67,716 têtes de bétail[2]. Les transports par voie de terre furent aussi très importants. Ils l'auraient été bien davantage sans le rétrécissement inopportun des portes et les formalités de l'octroi, qu'on eut la criminelle légèreté de maintenir dans un pareil moment.

Si l'alimentation de plus de deux millions d'hommes était difficile, l'habillement et l'équipement de plusieurs centaines de mille soldats ou gardes nationaux ne semblaient pas non plus devoir être aisément effectués. Le magasin central du quai d'Orsay avait déjà fourni une immense quantité d'effets de tout genre ; il était presque vide. Le ministère de la guerre passa des marchés pour 900,000 chemises, 800,000 paires de guêtres de toile, 600,000 cravates, 750,000 ceintures de flanelle, 350,000 havresacs. L'industrie parisienne les fournit sans peine. De la sorte, et en outre de ce qui revint à l'armée active, le magasin central put délivrer en cinq mois et demi plus de deux millions d'effets à la garde mobile, aux gardes nationaux, aux corps francs[3]. Du 5 septembre au

---

[1]. Sept boucheries militaires avaient été créées dans Paris en vue des parties prenantes isolées ; celles-ci atteignirent le nombre de 10,000. Un marché spécial pour la vente des chevaux de boucherie fut ouvert sur le boulevard Montparnasse (Ducrot, tome Ier, p. 167). Voir, au *Journal officiel*, les arrêtés des 7, 10, 20 et 29 octobre, pour la réglementation de cette vente et pour la répartition de la viande.

[2]. Jacqmin, p. 155.

[3].   344,000 effets en drap ;
   457,000 effets de grand équipement ;
   58,000 havresacs ;
   177,000 paires de souliers ;
   136,000 paires de guêtres ;
   111,000 chemises ;
   160,000 tentes-abris ;
   155,000 couvertures.

(Sarrepont, p. 250.)

12 octobre le ministère de l'intérieur distribua 637,471 objets aux mêmes parties prenantes [1].

Vers le 4 septembre il n'existait que 6,000 lits environ disponibles dans les hôpitaux militaires et les ambulances de Paris. On en organisa d'autres et on obtint ainsi un total de 13,000 places au début de l'investissement. Mais ce nombre était loin de suffire. L'épidémie de variole, en décroissance à Paris avant la guerre, y avait repris une nouvelle intensité dès l'arrivée des mobiles bretons et vendéens. Elle seule donna lieu à 11,982 entrées dans les hôpitaux militaires, du 1er septembre 1870 au 31 mars 1871 [2]. La charité publique, sous les formes les plus variées, intervint pour augmenter le nombre des lits. Des administrations publiques, des corporations religieuses, des théâtres, de grands magasins, des rues entières, des sociétés privées, des particuliers créèrent des ambulances. On vit celle des Affaires étrangères, du Théâtre-Français, de la Belle-Jardinière, de la rue Violet, de la reine d'Espagne, de Richard Wallace, de M. de Rothschild, etc. La Société des ambulances de la presse, la Société internationale de secours aux blessés se distinguèrent dans cet élan charitable. Il ne fut pas sans abus, comme toute chose humaine, car des particuliers organisèrent des ambulances comme moyen de protection contre la réquisition ou en vue de la victoire de l'ennemi. On en vit acheter des blessés à beaux deniers comptants [3]. De plus, les soldats disséminés dans ces petites ambulances échappaient à tout contrôle. Il fallut prescrire des tournées médicales pour faire rentrer à leurs corps ceux qui en restaient volontairement écartés [4].

---

1. *Rapport au général Trochu* publié le 17 octobre.
2. Ducrot, tome Ier, p. 174. Il n'y eut que 18 p. 100 de décès (2,152).
3. Goncourt, 2e série, p. 126.
4. Ducrot, tome Ier, p. 174. On disposait au début de décembre de 37,000 lits :

Hôpitaux militaires	9,500
Assistance publique	3,000
Presse et société de secours	2,000
Ambulances municipales	2,000
Corporations religieuses	4,000
Ambulances privées	16,500

On créa (10 sept.) une commission d'hygiène et de salubrité sous la prési-

On en découvrit plusieurs milliers, nouvelle preuve que, pour le service de santé comme pour tout le reste, ce qui manqua surtout à Paris, ce fut la direction supérieure.

---

dence de Jules Ferry, un comité médical présidé par le docteur Sée, une commission supérieure d'inspection du service des blessés, sous la présidence de Jules Ferry (20 oct.); des ambulances de rempart (16 sept.), puis des ambulances municipales et des compagnies de brancardiers municipaux (Sarrepont, p. 110 et suiv.)

IIIᵉ PARTIE

CHATILLON

CHAPITRE XIII

PARIS APRÈS LE 4 SEPTEMBRE

La population. — Ses illusions. — Le gouvernement. — Les municipalités. — Les élections. — Les rapports avec l'étranger. — La Délégation de Tours. — Revue du 13 septembre. — Arrestation du général Ambert. — Les lieux publics à Paris. — Le Parisien. — La situation.

Les premiers jours qui suivirent le 4 septembre ne modifièrent pas sensiblement l'humeur de la population. Tout à la joie de la République reconquise, le peuple ne songeait guère aux Prussiens. La bourgeoisie, ou du moins une fraction importante, partageait ces illusions : elle croyait peu au siège. On colportait des paroles inquiétantes de M. Thiers, du gouverneur, de généraux en vue : « Que Paris tienne seulement huit jours, avait dit le premier ; c'est tout ce qu'on peut exiger de lui, en l'état où il est, mais ce délai suffira. » Et le gouverneur : « Monsieur, les Prussiens entreront dans Paris quand et comme ils voudront. Comptez là-dessus ; il n'y a pas un seul officier un peu instruit qui ne le sache[1] ! »

Les classes éclairées doutaient donc de la durée et même de la nécessité d'une défense de Paris. Elles espéraient vaguement que les choses s'arrangeraient, que « les Prussiens » s'arrêteraient en route, et cette illusion était celle du gouver-

---

1. Sarcey, p. 35. — Il est tout à fait inexact de dire, comme l'*État-major prussien*, tome III, p. 30, que « surtout, le spectre menaçant d'un siège avec toutes ses terreurs et ses privations » provoquait dans Paris une puissante émotion. Les masses ne songeaient guère au siège, les témoins oculaires sont unanimes à le déclarer, et nous-même avons pu nous en convaincre.

nement presque entier[1]. Dans les pancartes collées sur les murs on désignait couramment les Allemands comme « nos frères d'Allemagne ». On escomptait l'intervention de l'Europe. La cause principale de cet aveuglement résidait dans la vanité nationale. On refusait d'admettre la possibilité d'un siège pour la « capitale des intelligences ». Elle eût paru un sacrilège[2]. Tout au plus prévoyait-on une tentative brusquée, « un coup de chien ».

On quittait peu Paris. En dehors de bonapartistes trop compromis, de gens âgés, de femmes et d'enfants, la très grande majorité restait fidèle à la ville tant aimée. Le gouvernement nouveau ne rencontrait aucune opposition, du moins dans les classes moyennes. Les députés de la majorité avaient disparu après une dernière réunion chez l'un d'eux, M. Johnston (5 sept.), que le préfet de police, M. de Kératry, faisait arrêter deux jours après[3]. De même, en province, la République s'établissait partout sans la moindre difficulté.

Mais, dès sa naissance, le gouvernement de la Défense nationale allait reconnaître que ses ennemis les plus puissants et surtout les plus actifs n'étaient pas les partis réactionnaires. Ils figuraient au contraire à l'avant-garde de l'armée républicaine, parmi les impatients, les insatiables, ceux qui n'avaient rien appris et rien oublié depuis 1848. Pour eux la défense passait alors au second plan ; ils réclamaient avant tout la destitution des fonctionnaires bonapartistes, la suppression des institutions d'origine impériale. On tenta de leur donner satisfaction et, pendant plusieurs jours, le *Journal officiel* répandit sur la France une grêle de proclamations, de décrets, d'arrêtés, de circulaires, de nominations, de mesures politiques de toute nature. Le côté militaire de la tâche du gouvernement restait dans l'ombre. D'ailleurs,

---

1. « Jusqu'à l'entrevue de Ferrières...., en dépit de l'évidence des faits, on était généralement convaincu, non seulement dans le gouvernement, mais en dehors du gouvernement, à l'exception de Gambetta et de ses amis, que la Prusse victorieuse s'arrêterait devant la chute de la France impériale et traiterait avec la République. » (Antonin Proust, article cité.)
2. Sarcey, p. 39 et suiv.
3. *Enquête*, rapport Daru; E. Dréolle, p. 128.

dès les premiers moments, des difficultés sérieuses s'élevaient parmi ses membres. Ils n'avaient, en somme, que peu d'idées communes. Du général Trochu à M. Rochefort la gamme était singulièrement étendue [1]. Il n'y avait guère apparence que l'accord pût être de longue durée.

Les premières mesures prises ne furent pas toujours heureuses. On supprimait le timbre des journaux, malgré le ministre des finances. On transformait les sergents de ville en *gardiens de la paix* non armés (8 sept.). On discutait la suppression de la garde impériale, alors devant l'ennemi. Le maire de Paris, Étienne Arago, nommait le 5 septembre les maires et les adjoints des 20 arrondissements, sur la simple proposition de M. Floquet et sans avoir consulté ses collègues [2]. Ces administrateurs, souvent mal choisis, ne tardèrent pas à gêner fort l'action du pouvoir central. Chaque arrondissement eut son gouvernement, qui se fit une loi d'empêcher l'immixtion dans ses domaines de la préfecture de police ou des ministères. Il s'arrogeait tous les pouvoirs [3].

Ce système de municipalités hostiles fut doublé par des comités de défense, établis sous l'influence de l'*Internationale* dans la plupart des quartiers de Paris. Joints aux maires et aux adjoints, favorisés par l'inertie du pouvoir central, ils exercèrent une influence toute-puissante sur la partie avancée de la population. Celle-ci était loin de désarmer. Dans le *Réveil*, Delescluze réclamait l'ajournement des élections municipales et législatives jusqu'à la paix; il exigeait en même temps, par une contradiction singulière, des élections en vue de la constitution d'une Commune de Paris, la suppression de la préfecture de police, la destitution des magis-

---

[1]. Général Trochu, *Œuvres*, tome Ier, p. 198, 214 et *passim*. — Voir, Antonin Proust, article cité, le récit d'une discussion violente entre J. Ferry et Gambetta, survenue le 12 septembre à propos d'une question de politique intérieure. J. Ferry s'emporta au point de vouloir frapper Gambetta d'une chaise qu'il avait saisie. On l'arrêta à temps, et le dossier de la chaise, en se brisant, lui fit une profonde blessure au bras. Consulter, également, *Enquête*, Procès-verbaux des séances du Gouvernement, séances des 13, 17 octobre, 4 et 11 novembre; Rochefort, tome II, p. 219.

[2]. *Enquête*, rapport Daru.

[3]. *Enquête*, dépositions Cresson, Jules Simon; rapport Chaper.

trats et fonctionnaires de l'Empire, la mise sous séquestre de leurs biens, de ceux des sénateurs, députés et généraux. Enfin il sommait le gouvernement de déclarer qu'il ne traiterait jamais avec le roi de Prusse tant que ses armées fouleraient notre territoire[1]. Ce programme n'était pas celui d'un énergumène isolé, mais bien d'une fraction influente de la population. Les événements qui suivirent devaient le démontrer.

On lui donna satisfaction dans la mesure du possible. Les élections d'une Assemblée constituante furent décidées le 8 septembre, mais pour le 16 octobre seulement, ce qui indiquait peu d'empressement à les faire[2]. Pourtant il y avait nécessité évidente de constituer au plus tôt un pouvoir régulier, ne fût-ce que pour faciliter nos rapports avec les puissances étrangères[3]. A un point de vue plus étroit, l'ajournement était faute grave. Faites sans retard, alors que l'on était encore sous l'impression de Sedan, les élections eussent été nettement républicaines. Il devait en être autrement après de nouveaux désastres[4].

Au dehors, le gouvernement agissait avec une inexpérience facile à comprendre. M. Jules Favre adressait (6 sept.) à nos représentants la circulaire qui contient cette phrase célèbre : « Nous ne céderons ni un pouce de notre territoire, ni une pierre de nos forteresses. » On la lui a souvent reprochée, avec grande injustice : il ne faisait que traduire sous une forme

---

1. Sarcey, p. 66. Cet article paraît être du 20 septembre. Dans la *Marseillaise* du 9 septembre, le « général » Cluseret accusait Gambetta « en éliminant le peuple de la garde nationale, d'avoir plus fait pour Guillaume que Steinmetz. Il a bien mérité de la Prusse.... ».

2. Ernest Picard les voulait pour la fin de septembre, ainsi que J. Favre, Garnier-Pagès, J. Ferry, Trochu. Elles furent ajournées au 16 octobre, par suite du vote de MM. Arago, Crémieux, Glais-Bizoin, Gambetta, Rochefort et J. Simon (*Enquête*, dépositions J. Ferry, Ernest Picard ; Rapport Chaper, Procès-verbaux des séances du Gouvernement, 8 septembre ; Rochefort, tome II, p. 225 ; Caro, p. 177).
Le 16 septembre, le Conseil décidait qu'elles seraient avancées au 2 octobre.

3. Lord Granville, M. Gladstone nous donnaient ce conseil, et l'ambassadeur de France à Londres, M. Tissot, en informait le gouvernement (J. Favre, tome Ier, p. 265 ; *Enquête*, rapport Daru).

4. Ce fut la thèse de Garnier-Pagès (*Enquête*, rapport Chaper).

concise les impressions de tous[1]. Le Corps législatif n'avait-il pas voté d'acclamation, le 2 septembre, sur la proposition de M. Keller, que jamais l'Alsace ne cesserait d'être française? Tout au plus peut-on dire que l'homme d'État ne doit point obéir aux illusions, même les plus respectables, de l'opinion publique.

Quelques jours après, M. Sénart partait pour Florence afin d'obtenir l'intervention de l'Italie. Dès le 6 septembre le gouvernement du roi Victor-Emmanuel s'était hâté de dénoncer la convention relative à l'indépendance des États romains (15 sept. 1864)[2]. Il y avait lieu de croire qu'il consentirait difficilement à se compromettre en faveur d'un vaincu, visà-vis de l'Allemagne triomphante.

Une autre tentative était plus sérieuse. M. Thiers avait pris soin de se tenir à l'écart du gouvernement provisoire, dont il jugeait la tâche impossible. Toutefois, il s'était non moins gardé de lui marquer la moindre opposition. Jules Favre obtint de lui qu'il irait à Londres, à Saint-Pétersbourg et à Vienne, en vue d'obtenir les bons offices de l'Angleterre, de la Russie et de l'Autriche-Hongrie (9 et 10 sept.)[3]. Nous dirons plus tard quel fut le résultat de cette mission.

On arrêta le 12 septembre une grave résolution. M. Crémieux, ministre de la justice, se rendrait en province pour y représenter le gouvernement. Chaque département ministériel aurait un délégué près de lui. Cette décision ne fut pas prise sans discussion. Gambetta eût voulu que le général Trochu, seul, restât dans Paris, tandis que ses collègues et les ministères se transporteraient à Tours. Il fut seul de cet avis. On considéra comme une désertion le départ dans un

---

[1]. M. Ernest Picard fut seul à réclamer la suppression de cette phrase (*Enquête*, dépositions E. Picard et J. Ferry); voir aussi J. Favre, tome Ier, p. 122 et 330. Elle trouva une adhésion unanime (J. Valfrey, *Histoire de la diplomatie du gouvernement de la Défense nationale*, Ire partie, p. 31; Vitet, *Première lettre sur le siège de Paris*, p. 16; Louis Veuillot, tome Ier, p. 114; Sarcey, p. 26; général Trochu, *Œuvres*, tome Ier, p. 261).

[2]. J. Favre, tome Ier, p. 118.

[3]. J. Favre, tome Ier, p. 126 et suiv.

moment si critique; on craignit surtout d'agir d'une façon désastreuse sur le moral de la population. On reconnaissait le danger de se laisser investir avec elle, mais on reculait devant une résolution qui eût peut-être provoqué sur l'heure de graves désordres [1].

Quant à la défense nationale, le Gouvernement s'en occupait moins qu'il n'eût convenu. On perdait même entièrement les premiers jours qui suivirent le 4 septembre. L'achat et le transport des vivres dans Paris étaient à peu près arrêtés [2]. On laissait dans la banlieue d'immenses ressources qu'il aurait été possible de détruire ou de mettre à l'abri [3].

Le 13 septembre, malgré de vives répugnances et sur les instances de ses collègues, le général Trochu consentit à passer en revue les troupes et la garde nationale. Plus de 300,000 hommes s'établirent le long des boulevards, de la Bastille à l'Arc de Triomphe, en passant par la Madeleine. Jamais, peut-être, pareille multitude en armes n'avait été concentrée sur un aussi étroit espace. Malgré l'inexpérience, le débraillé des mobiles et des gardes nationaux, l'effet produit fut immense. La population crut de bonne foi que rien ne résisterait à de telles masses, animées d'un enthousiasme qui rappelait les grands jours de la Révolution. Le général

---

1. « Le Gouvernement eût mieux fait, dans l'intérêt de la conduite des affaires générales, de ne pas se laisser enfermer dans Paris. » (Trochu, *La Politique et le Siège de Paris.*) Voir aussi l'*Enquête*, rapport de Rainneville. — « On n'a pensé qu'à une seule chose : défendre Paris, et cette idée devint tellement exclusive, qu'on ne pensa plus qu'à Paris; j'ai même trouvé qu'on oubliait quelque peu le reste du pays.

« On croyait que Paris, à lui tout seul, suffirait non seulement pour se délivrer, mais pour chasser l'étranger....

« Je crois que parmi les faiblesses qu'on a pu avoir, celle-là est capitale. » (*Enquête*, déposition Gambetta.)

Un décret du 15 septembre adjoignit à M. Crémieux M. Glais-Bizoin et l'amiral Fourichon, ce dernier sur la demande de Trochu (*Œuvres posthumes*, tome Ier, p. 263).

2. Voir plus haut, p. 137. La quantité de bestiaux réunis à Paris s'accrut à peine après le 4 septembre.

3. A Versailles et à Rambouillet, l'intendance laissa intacts ses parcs de fourrage; à Aulnay-les-Bondy, l'ennemi put faire pour 378,115 fr. de réquisitions (G. Desjardins, *Tableau de la guerre des Allemands dans le département de Seine-et-Oise*, p. 7). — Pourtant, les historiques allemands sont à peu près unanimes à signaler la pénurie de vivres qui régna au début de l'investissement (Voir notamment l'ouvrage de v. Bagenski, p. 213).

Trochu était salué d'un tonnerre d'acclamations. « A voir dans les rangs ces redingotes côte à côte avec les blouses, ces barbes grises mêlées aux mentons imberbes, à voir ces pères, dont quelques-uns tiennent par la main leurs petites filles, glissées dans les rangs, à voir ces hommes du peuple et ces bourgeois faits soudainement soldats et prêts à mourir ensemble, on se demande s'il ne se fera pas un de ces miracles qui viennent en aide aux nations qui ont la foi[1]. »

Mais ce beau jour n'eut pas de lendemain. Jamais plus les cœurs des Parisiens ne battirent à l'unisson comme pendant cette revue. Il n'en resta qu'une nouvelle proclamation, éloquente et vide, du général Trochu[2]. Non sans motifs, il y faisait un appel pressant au bon ordre, au calme. Dès le 17 septembre des gardes nationaux arrêtaient, pendant une inspection, le général Ambert dans le secteur même dont il avait le commandement. Le crime de cet ancien conseiller d'État était d'avoir refusé de crier « Vive la République ! » avant le vote de l'Assemblée constituante. Il fut assailli par une foule irritée et traîné du Point-du-Jour au ministère de l'intérieur sous les insultes et les menaces de mort. Le Gouvernement eut la faiblesse de le relever de ses fonctions dès le 18 septembre[3].

---

1. *Journal des Goncourt*, 2ᵉ série, tome Iᵉʳ, p. 38. Le général Trochu craignait, non de faire perdre toute une journée de travail, pour lui comme pour les spectateurs et les acteurs de la revue, chose pourtant de première importance dans les circonstances présentes, mais d'élever la « foi dans les destinées de la patrie à un diapason qui dépasserait la mesure ». On conçoit sans peine qu'avec de pareilles raisons le général se soit trouvé seul de son avis (*Œuvres*, tome Iᵉʳ, p. 218). D'après cet ouvrage, la revue aurait eu lieu le 14 septembre.
2. *Journal officiel* du 15 septembre.
3. Cette arrestation a été agrémentée de force détails par divers écrivains. M. Michel Cornudet, dans son *Journal du siège*, p. 18, écrit que le général Ambert fut conduit du ministère de l'intérieur au Louvre. M. Antonin Proust, dans l'article du *Figaro* que nous avons plusieurs fois cité, assure que MM. Charles Ferry, Brionne, Demange et lui-même remirent le général Ambert au général Trochu, qui, après six heures de pourparlers, leur fit tenir le document ci-après :
« Reçu du ministre de l'intérieur le général Ambert.
  « Le Président du gouvernement de la Défense nationale,
    « gouverneur de Paris,
      « Général Trochu. »
Or, il résulte d'une lettre du général Trochu adressée le 31 juillet 1895 au *Figaro*, d'une lettre du marquis de Montebello, son ancien officier d'ordon-

L'aspect de Paris n'avait pas changé autant qu'on le pourrait croire. Les uniformes étaient nombreux dans les rues; presque tous les passants portaient au moins un képi. Mais l'animation des promenades, des lieux publics ne permettait nullement de croire à l'approche de l'ennemi. La plupart des théâtres avaient fermé leurs portes, le spectacle étant dans la rue plutôt que sur la scène[1]. Au contraire, les cafés du boulevard regorgeaient de consommateurs. Les officiers de mobiles y étaient si nombreux, leur insouciante gaieté s'affichait si audacieusement, que la foule s'ameuta et fit avancer la fermeture de ces lieux de réunion.

Dans la prévision d'un siège, on continuait l'expulsion des étrangers, des gens sans aveu, commencée avant le 4 septembre[2]. Mais la multitude des réfugiés de la banlieue et des départements de l'Est dépassait de beaucoup le nombre des partants. La statue de Strasbourg devenait plus que jamais un but de pèlerinage[3]. On fleurissait la ville héroïque de branchages, de fleurs, de couronnes, de drapeaux, d'emblèmes patriotiques. On signait à ses pieds un « registre d'indignation », pour protester contre son bombardement. Les charlatans politiques tiraient déjà parti de ce mouvement, d'abord très sincère. Les bataillons de la garde nationale, les corps francs se rendaient en armes à la place de la Concorde. Souvent leurs démonstrations servaient de prétexte à des discours incendiaires, à des attaques furieuses contre le général Trochu et ses collègues.

Tel était l'aspect de Paris vers le début du siège : un gou-

---

nence (*Figaro* du 7 août 1895), et, enfin, d'une lettre de M. Antonin Proust (*Figaro* du 16 août 1895), que le général Trochu n'a vu le général Ambert ni dans cette journée, ni dans la suite du siège. Le reçu que nous reproduisons est donc purement apocryphe.

1. Le 1er septembre, l'Opéra-Comique fit moins de 8 fr. de location; le 4, avec *Zampa,* 10 fr. Il forma le 5 ou le 6; la Comédie-Française et les autres scènes cessèrent de jouer vers le 10 (Sarcey, p 60; Larchey, p. 38). Certains théâtres reprirent leurs représentations pendant le siège.

2. Du 4 au 10 septembre, la préfecture de police aurait expulsé 1,400 prostituées et 3,600 hommes sans aveu (Larchey, p. 38).

3. Le culte si persistant rendu à cette statue commença le 4 septembre dans l'après-midi. Ce jour-là, on accumula autour d'elle les fleurs, les couronnes et les drapeaux.

vernement d'honnêtes gens, animé des meilleures intentions, qui avait aisément recueilli la succession d'un régime détesté, mais incohérent, sans expérience, sans volonté, sans énergie; une population intelligente, fière, capable de supporter les plus cruelles privations sans un mot de révolte, mais crédule, impressionnable, nerveuse comme une femme, aussi prompte à la colère qu'à l'enthousiasme, toujours prête à déchirer de ses mains celui qu'elle avait acclamé la veille, flottant sans cesse d'une extrême à l'autre, mais constamment hostile à ses gouvernants, quels qu'ils soient. Le Parisien exagère les défauts et les qualités du Français. On pourrait dire qu'il en est la caricature, si cette expression ne comportait une idée blessante. La vérité est qu'il possède à un degré de beaucoup supérieur la gaieté, l'entrain, le courage de ses compatriotes, leur promptitude à se plier aux situations les plus difficiles, mais aussi leur légèreté proverbiale, leur turbulence, leur aversion pour la discipline, leur faible pour la routine, leur vanité si différente de la fierté castillane, de l'orgueil des Anglais ou des Américains. Il n'est peut-être pas au monde une population plus difficile à gouverner, moins disposée à accepter une autorité quelconque. Pourtant, sous la Terreur et durant la Commune, Paris s'est courbé servilement sous des maîtres parfois moins odieux que ridicules. Son être moral est donc fait de contrastes, comme il arrive souvent pour l'habitant des vastes agglomérations modernes. Toutefois, le Parisien présente un caractère que ne possède pas au même degré le citoyen des autres grandes villes : il aime passionnément la sienne ; il prend volontiers au sérieux les poètes et les rhéteurs qui en font « l'axe du monde, le cerveau de l'humanité ». La vanité nationale s'exagère encore quand il s'agit de Paris.

Quoique toutes les opinions extrêmes y fussent largement représentées, les théories *internationalistes* n'étaient avouées que par un petit nombre. On les masquait, au contraire, en forçant la note patriotique et républicaine, en réclamant la guerre à outrance. Ceux qui exigeaient en 1870 la « sortie torrentielle » étaient souvent, en réalité, les apôtres de la fraternité universelle, de la négation du patriotisme. On le vit bien lors de l'avènement de la Commune. Elle inquiéta tous les intérêts, toutes les croyances, mais elle n'eut garde de toucher à une seule chose : le traité de paix avec l'Allemagne. Elle n'eut pas une révolte contre les exigences de l'ennemi. Elle mentit ainsi à son programme avoué, et ce mensonge fut heureux pour la France. Si, en se levant, ce pouvoir insurrectionnel eût jeté le gant à l'Allemagne en même temps qu'au gouvernement de M. Thiers, celui-ci eût été dans l'impossibilité de le combattre. La défaite certaine de la Commune par l'étranger aurait été pour elle une victoire à l'intérieur.

On voit à combien de difficultés allait se heurter le gouvernement de la Défense nationale. Il n'est pas exagéré de dire que soutenir un siège dans ces conditions était l'entreprise la plus téméraire, mais aussi la plus grandiose qui eût jamais été tentée. Ni l'ennemi, ni l'étranger, ni la France même ne prévoyaient une résistance aussi obstinée. Mais, disons-le à l'avance, dans la durée de la résistance de Paris, la part de la population devait être beaucoup plus grande que celle du gouverneur et des troupes.

CHAPITRE XIV

L'INVESTISSEMENT DE PARIS

Les Allemands et la résistance de Paris. — L'investissement est décidé. — Ordre donné. — Dispositions aux IIIe et IVe armées. — L'investissement au nord. — Les avant-postes. — Le 13e corps. — Mouvement vers l'est. — Les généraux Ducrot et Trochu. — Nos ouvrages extérieurs. — Répartition du 14e corps.

Tandis que Paris se préparait ainsi aux épreuves d'un siège, les Allemands terminaient leur mouvement de la Meuse à la Seine. C'était encore chez eux une croyance générale que Paris tiendrait à peine. Nul ne prenait au sérieux la défense nationale. On la traitait de feu de paille[1]. Même au grand quartier général on pensait de même. On y voyait, au plus, affaire de trois ou quatre semaines[2]. Un mouvement offensif partant de Paris semblait hors de toute vraisemblance[3]. L'état-major du roi possédait pourtant des données positives sur ce fait, que la grande ville s'apprêtait à une énergique résistance et qu'une nouvelle armée se formait sur

---

1. « Pourvu que la paix ne soit pas conclue avant que nous n'entrions dans Paris », disent les officiers du 1er Reiter wurtembergeois pendant la marche de Sedan à la Seine (*Historique du corps*, p. 160). Voir aussi l'historique du 4e régiment de la garde à pied, lieutenant v. Bagenski. — « La vraie guerre est terminée. L'intérêt dramatique a eu son apogée à Sedan ; car, en vérité, une association de fantaisistes aux mains calleuses ne représente pas un ennemi digne de nous.... Dans huit jours, Messieurs les Parisiens feront connaissance avec nos obus. Je gage qu'à la première bombe éclatant en place de Grève, ou bien en plein jardin Mabile, ou bien encore dans un café-concert quelconque, le gouvernement de l'Hôtel de ville se hâtera d'abdiquer ; car il faut bien se convaincre que tous les beaux projets de défense nationale dont on nous entretient en ce moment ne dureront que la durée d'un feu de paille. » (Correspondances de M. Hans Wachenhuisen dans la *Gazette de Cologne*.)
2. Le général Verdy du Vernois écrit 15 jours, p. 166. — « On croyait au grand quartier général que la chose serait terminée en trois ou quatre semaines, et cette manière de voir était partagée par les plus hautes personnalités. » (Conférence du général-lieutenant Chappuis, 1er mai 1895, *Allgemeine Militär-Zeitung* du 20 mai.) Cet officier général était en juillet 1870 adjudant du prince Albert de Prusse, attaché temporairement à la personne du roi.
3. « Da eine Offensive aus Paris ausser Wahrscheinlichkeit liegt.... » (Ordre du roi du 15 septembre. *Etat-major prussien*, tome III, Annexes, p. 18.)

la Loire. Quoiqu'il connût la désorganisation de nos troupes, il ne songeait nullement à tenter une attaque brusquée. Elle pourrait conduire à un échec qu'il fallait éviter dans les circonstances présentes, en raison de son effet moral [1].

Le général de Moltke proposa donc au roi, qui l'accepta, de se borner pour l'instant à investir étroitement Paris. On disposait d'environ 150,000 baïonnettes et de 620 pièces de campagne. Ces forces auraient en outre à empêcher toute tentative de secours extérieur, ce qui rendrait leur tâche difficile. Mais on comptait leur adjoindre promptement les deux corps d'armée qui venaient alors de Sedan [2]. L'arrivée d'autres renforts dépendait avant tout des événements militaires devant Metz et Strasbourg.

La décision d'investir Paris n'excluait pas la possibilité de le bombarder ou même d'opérer une attaque en règle. Mais on comptait sur nos dissensions politiques pour hâter la solution, et l'*État-major prussien* n'en fait pas mystère : « Une population nombreuse, atteinte dans toutes ses habitudes de vie par l'isolement du monde extérieur, pouvait bientôt réclamer impérieusement la reddition de la ville [3]. » Mais, si ce calcul devait être démenti par les faits, la prolongation de la défense permettrait de transformer en soldats les multitudes armées enfermées dans Paris. Elle faciliterait aussi l'organisation de nouvelles troupes en province. Il fallait donc tenir compte à l'avance de la possibilité d'un bombardement.

Cette éventualité ne laissait pas que de présenter de graves difficultés. Les communications ferrées des Allemands étaient très précaires. Sur la seule ligne qui traversât tout le territoire occupé, celle de Wissembourg à Paris, Toul n'avait pas encore capitulé. Même après la prise de cette petite place,

---

1. *État-major prussien*, tome III, p. 49. Toutefois, des documents récemment publiés montrent que l'état-major du roi Guillaume projetait une attaque qui serait opérée entre le 25 et le 30 septembre. Voir *Moltkes Korrespondenz*, n°s 266, 267 (8 sept.). Les lettres ou télégrammes n°s 268, 269, 272, 276, 293, 297, du 9 au 28 septembre, prouvent jusqu'à l'évidence que Moltke comptait sur une solution presque immédiate.

2. Voir plus haut, p. 81.

3. *État-major prussien*, tome III, p. 49; *Moltkes Korrespondenz*, n°s 268, 272 et 293.

le transport du parc de siège destiné à Paris devait s'opérer avec une extrême lenteur. La destruction du travail de Nanteuil empêchait d'utiliser la ligne de l'Est au delà de cette station. Il faudrait transporter, sur les routes, 300 pièces de gros calibre approvisionnées à 500 coups chacune. Il serait nécessaire de réunir environ 4,500 voitures et 10,000 chevaux. Grouper, alimenter et faire mouvoir une pareille masse était chose difficile[1]. D'ailleurs les mouvements de troupes de remplacement, de vivres, d'effets absorberaient pour un temps le trafic des voies ferrées, dès qu'elles deviendraient disponibles. Avant tout il fallait donc hâter la prise de Toul. Dès le 8 septembre des ordres furent donnés pour l'envoi d'un parc de siège sous les murs de cette place.

Le 15, le roi lançait de Château-Thierry l'ordre d'investir Paris ; il était complété le même jour par des instructions verbales du général de Moltke[2].

Le 18 septembre les 5e et 6e divisions de cavalerie feraient en sorte de relier les IIIe et IVe armées par Poissy. Le 19, la IVe investirait la partie nord de Paris. Elle s'établirait sur la rive droite de la Seine et de la Marne, en occupant fortement Argenteuil. On renonçait pour l'instant à tenir la presqu'île de Gennevilliers, trop rapprochée du Mont-Valérien. L'occupation du Bourget était ajournée de même.

Quant à la IIIe armée, elle aurait à s'établir au sud de

---

1. *État-major prussien*, tome III, p. 50 ; *Moltkes Korrespondenz*, nos 267, 297, 298, 311 et 317, du 8 septembre au 6 octobre.
2. Lire dans la *Moltkes Korrespondenz* les nos 266 et 268, projets pour l'investissement de Paris ; le no 277, ordre définitif. M. Duquet (*Paris, le Quatre-Septembre et Châtillon*, p. 117) écrit à tort que cet ordre est simplement analysé dans l'ouvrage de l'état-major prussien. Il y figure *in extenso* (tome III, Annexes, p. 18). Les conclusions que tire M. Duquet de cette omission prétendue nous paraissent de pure fantaisie : « Aux termes de cet ordre (dont l'ouvrage du grand état-major prussien ne nous donne qu'une trop rapide analyse, alors qu'en raison de son importance, il aurait dû, selon son habitude, en livrer le sens littéral, s'il n'avait pas craint de révéler les appréhensions qu'inspirait à M. de Moltke une entreprise aussi hasardeuse que le siège de Paris)..... » « M de Moltke » nourrissait si peu d'appréhension qu'il croyait une offensive partant de Paris absolument invraisemblable. On estimait au grand quartier général qu'en trois ou quatre semaines au plus Paris ouvrirait ses portes. (Voir plus haut, p. 92 et 151.)

Paris, sur la rive gauche de la Seine et de la Marne, sans viser à combiner ses mouvements avec ceux de la IVe. Elle s'étendrait vers l'ouest, à mesure de l'entrée en ligne des corps d'armée arrivant de Sedan. La cavalerie chercherait d'abord à se relier avec la IVe armée dans la même direction. De plus, elle se renseignerait sur les troupes en voie de rassemblement vers la Loire. Le général de Moltke semblait même prêter à cet embryon d'armée une importance qu'il était alors loin de posséder [1]. Au cas où il chercherait à secourir Paris, le gros de la IIIe armée se porterait au-devant de lui, à une ou deux étapes, de façon à le rejeter loin des lignes d'investissement.

Celles-ci seraient en général établies hors de l'action efficace des forts, mais le plus près possible. On les mettrait aussitôt en état de défense. Des ponts jetés sur la Marne et la Seine relieraient les deux armées. On couperait les lignes ferrées et télégraphiques allant vers Paris, de façon à pouvoir les rétablir aisément. La IVe armée détournerait le canal de l'Ourcq, afin de priver Paris d'une partie de son eau potable. Dans le même but, la IIIe avait déjà coupé l'aqueduc de la Dhuis à Pargny, et ramené la Marne dans son lit naturel à Crésancy et Chierry [2] (11 sept.).

Le prince royal donna le 16 des ordres complémentaires. La 2e division de cavalerie passerait la Seine le 17 à Villeneuve-Saint-Georges, Juvisy et Ris ; le 18 elle serait à Saclay, d'où elle observerait Paris en se reliant par Chevreuse à la IVe armée.

Derrière elle, le Ve corps franchirait également le fleuve à Villeneuve-Saint-Georges pour marcher sur Palaiseau. Le 19 il occuperait Versailles, derrière des avant-postes établis de Croissy au parc de Meudon. Le IIe corps bavarois se porterait le 17 à Corbeil sur la rive gauche de la Seine, le 18 à

---

1. Vers le 15 septembre, il n'y avait au nord d'Orléans que la division de cavalerie Reyau, une batterie et quelques corps francs. (Voir *Campagne de la Loire en 1870-1871 : Coulmiers et Orléans*, p. 12.)

2. *État-major prussien*, tome III, p. 52 ; *Moltkes Korrespondenz*, n°s 277 et 279.

Longjumeau et le 19 à Châtenay, avec des avant-postes entre le parc de Meudon et L'Hay. Le VIe corps, laissant une brigade entre la Marne et la Seine, se porterait le 18 à Villeneuve-Saint-Georges et passerait la Seine le 19, de façon à déployer des avant-postes, dès la pointe du jour s'il était possible, de Sèvres à L'Hay. Il jetterait des ponts entre Choisy-le-Roy et Juvisy. La division wurtembergeoise établirait deux brigades vers Pontault, derrière des avant-postes allant d'Ormesson à Noisy-le-Grand, par Champigny.

La 4e division de cavalerie couvrirait la IIIe armée vers la Loire. Dans ce but, elle se porterait par Fontainebleau et Pithiviers, sur Orléans. Un détachement du IIe corps bavarois la soutiendrait à Arpajon. Le Ier corps bavarois, qui aurait à le relever, atteindrait le 22 Montlhéry. Le même jour le XIe corps serait à Boissy-Saint-Léger[1].

Quant au prince royal de Saxe, il prenait les dispositions suivantes (16 sept.). Le XIIe corps serait le 18 à Claye; le 19 il pousserait ses avant-postes au delà de Chelles et de Sevran, en se reliant à la IIIe armée par un pont jeté sur la Marne. La garde royale prussienne, établie le 18 à Mitry, le 19 à Roissy, occuperait en première ligne Aulnay, Le Blanc-Mesnil, Arnouville. Le IVe corps, à Dammartin le 18, à Saint-Brice le 19, porterait ses avant-postes de Sarcelles à Deuil. De plus, il détacherait une brigade et deux batteries à Argenteuil. La brigade des uhlans de la garde observerait la Seine en aval; elle se relierait par Saint-Germain aux 5e et 6e divisions, qui passeraient la Seine à Poissy le 18[2].

On le voit, ces ordres étaient conçus d'après l'hypothèse que nous ne chercherions pas à gêner sérieusement l'établissement des lignes. Le 19, l'investissement de Paris serait complet. L'état-major prussien comptait sans doute doubler l'effet moral de cette opération, en la terminant le même jour sur tout le périmètre du camp retranché. Ces prévisions ne se vérifièrent que partiellement.

---

1. *État-major prussien*, tome III, p. 53. Nous avons dit que ces deux corps arrivaient de Sedan.
2. *État-major prussien*, tome III, p. 53.

La 5ᵉ division de cavalerie, allant le 17 de Dammartin au Mesnil-Aubry, se couvrait vers Paris de la 13ᵉ brigade. Celle-ci trouvait occupés par nous les villages entre Gonesse et Saint-Denis; il en partait une vive fusillade. Le 10ᵉ hussards poussait jusqu'au Bourget, mais ralliait le reste de la 13ᵉ brigade au Mesnil, lorsque de l'infanterie française marchait de Pierrefitte et de Stains vers le nord pour lui couper la retraite[1].

La 6ᵉ division de cavalerie était restée le 17 à Beaumont-sur-Oise. Tous les passages de cette rivière et de la Seine ayant été détruits, elle jetait à Pontoise un pont que les deux divisions franchissaient dans l'après-midi du 18. Le même jour, la 6ᵉ atteignait Chanteloup.

Une patrouille du 3ᵉ uhlans rétablissait un bac à Triel, pour gagner la rive droite de la Seine et chercher par Chevreuse la liaison avec la IIIᵉ armée. Après le passage de la 5ᵉ division à Pontoise, on repliait le pont et on le transportait à Triel où il était rétabli[2]. Le 20, les deux divisions traversaient la Seine.

Derrière elles, la IVᵉ armée avait atteint sans combat les positions indiquées. Toutefois, les hussards qui précédaient le IVᵉ corps, battant l'estrade vers le sud de Goussainville, remarquèrent des troupes françaises sur les hauteurs de Montmagny et de Pierrefitte. De même des patrouilles de la garde reçurent des coups de feu partis du Bourget et de Drancy (18 sept.).

Joints à divers rapports, ces indices suffirent pour que le prince royal de Saxe admît que nous occupions fortement les abords de Saint-Denis. L'investissement n'irait pas sans une résistance sérieuse. Par suite, le soir du 18, le IVᵉ corps

---

1. *État-major prussien*, tome III, p. 53. La cavalerie prussienne s'exagéra fort nos effectifs, car, à cette date, nous n'avions au nord de Saint-Denis que des détachements très faibles, les 13ᵉ et 14ᵉ corps étant tout entiers au sud et à l'est de Paris.

2. Ce pont ne fut terminé que dans la nuit du 19, l'éclusier d'Andrésy, averti à propos, ayant lâché les eaux qui entraînèrent les bateaux ennemis (G. Desjardins, p. 12).

Les 5ᵉ et 6ᵉ divisions, après avoir passé la Seine, furent provisoirement rattachées à la IIIᵉ armée (*État-major prussien*, tome III, p. 54).

reçut l'ordre de rejeter le lendemain nos troupes sur les forts. La garde se tiendrait à Gonesse, prête à soutenir le IVe corps en poussant ses avant-postes jusqu'au Bourget, s'il était possible. Même le XIIe corps reçut l'ordre de ne laisser qu'une division de la Marne au canal de l'Ourcq, et de réunir le reste à Sevran pour agir au besoin par Aulnay [1].

L'état-major du roi, alors à Meaux, approuva ces dispositions. Le prince royal fut même autorisé (19 sept.) à faire intervenir vers Saint-Denis l'autre division du XIIe corps. Dans cette prévision on pressa l'arrivée de la division wurtembergeoise ; à Meaux le 17 septembre, elle avait le 18 deux brigades à Lagny. Celles-ci furent dirigées le 19 sur Chelles. Si elles avaient déjà passé la Marne, suivant des ordres antérieurs, elle jetteraient un pont à Gournay. Pour parer à tout événement, le roi se rendit ensuite de Meaux à Gonesse [2].

Cet épisode vaut quelques réflexions. On voit combien peu l'ennemi était orienté sur la répartition de nos forces autour de Paris, au moment où il allait en faire l'investissement. Son service de renseignements ne fonctionnait donc pas avec toute la précision qu'on a bien voulu lui prêter. Ses espions, en particulier, lui étaient beaucoup moins utiles que ne le prétend la légende. En outre, il est permis de penser que le prince royal de Saxe et le général de Moltke s'exagéraient les difficultés de la situation. Même si toutes nos troupes disponibles, c'est-à-dire les 13e et 14e corps, avaient été concentrées à Saint-Denis — éventualité fort peu vraisemblable, — le IVe corps et la garde eussent été à même de les contenir sans l'appui du XIIe. A défaut d'autres facteurs, l'état moral de nos régiments leur interdisait l'offensive.

Cependant les Allemands s'établissaient au nord de Saint-

---

1. *État-major prussien*, tome III, p. 55.
2. *Moltkes Korrespondenz*, n{os} 280 et 281 du 19, 285 du 21 septembre; *État-major prussien*, tome III, p. 55. L'inquiétude fut un moment très grande autour du roi Guillaume. Dans la nuit du 18 au 19, les chefs de section du grand état-major sont appelés chez le général de Moltke. Il vient d'apprendre que des forces considérables se sont massées en dehors des forts, au nord de Paris. Il est si préoccupé qu'il s'essuie le front avec sa perruque déposée sur la table de nuit, à côté de son mouchoir (Verdy du Vernois, p. 176).

Denis, non sans hésitation de la part du IVᵉ corps[1]. Vers 11ʰ 30, la 15ᵉ brigade se portait sur Montmagny, Villetaneuse et Pierrefitte. Les issues de ces villages étaient barricadées ; néanmoins deux bataillons suffirent pour en déloger de petits groupes qui se replièrent sur les forts de Saint-Denis. Le canon de ceux-ci intervint alors afin de les protéger. Des escarmouches eurent lieu également au sud de Deuil. Par ordre du prince royal de Saxe, la 16ᵉ brigade s'arrêta en ce point, au lieu de se porter à Argenteuil. Les uhlans de la garde dépassèrent cette petite ville pour atteindre Cormeil-en-Parisis.

La garde s'était rassemblée le matin entre Gonesse et Tremblay. La 1ʳᵉ division occupa, sans tirer un coup de feu, Arnouville, Garges et Dugny. Il suffit d'une compagnie de chasseurs pour enlever Stains. A l'est, le reste du corps d'armée se porta jusqu'au ruisseau de la Morée, s'attendant à voir de fortes colonnes françaises marcher sur Aulnay[2]. Il ne parut que de petits détachements qui se replièrent au plus vite devant l'infanterie prussienne. Les patrouilles envoyées au sud de Pont-Iblon rapportèrent que Le Bourget était occupé et mis en état de défense, que des avant-postes tenaient encore Drancy.

Enfin le XIIᵉ corps se porta de Claye sur la forêt de Bondy. La 23ᵉ division prit position dans les villages de Chelles à Sevran ; le reste du corps d'armée se rassembla près de ce dernier point. Un seul incident survenait à Bondy : un peloton d'infanterie était chassé de ce village par un détachement venu de Noisy-le-Sec.

Le soir du 19 septembre, les avant-postes saxons s'éten-

---

1. A 7ʰ 30 du matin, il portait la 7ᵉ division à Roissy, la 8ᵉ et la brigade des uhlans de la garde au Thilloy et à Boucqueval. Il dirigeait ensuite la 15ᵉ brigade sur Sarcelles et Grauloy, en faisait observer Stains par un régiment de dragons. Puis il continuait sur Saint-Brice, après avoir demandé au corps de la garde de détourner notre attention par une attaque sur Stains. Le prince royal de Saxe, alors près d'Arnouville, rappela au général v. Alvensleben I ses ordres de la veille, et lui prescrivit de nous rejeter de Montmagny sur Saint-Denis ; la garde le soutiendrait au besoin d'Arnouville (*État-major prussien*, tome III, p. 56).

2. Sans doute sur un rapport d'espion (*État-major prussien*, tome III, p. 57).

daient de la Marne, en amont de Neuilly, jusqu'à la lisière ouest de la forêt de Bondy[1]. Ceux de la garde suivaient la rive gauche de la Morée, passaient à Pont-Iblon, puis allaient par Dugny jusqu'à Stains. Au IVe corps, ils étaient compris entre le moulin Haut-Roi et le lac d'Enghien, par Montmagny. Ainsi l'investissement était complet au nord de la Seine et de la Marne. Il ne coûtait à l'ennemi que des sacrifices insignifiants. Au sud, en raison de la répartition même de nos troupes, la résistance avait été plus sérieuse.

Depuis le 11 septembre, le 13e corps occupait l'espace compris entre Saint-Ouen et le pont de Sèvres, sur la rive droite de la Seine, emplacement bizarrement choisi, car le front ouest du camp retranché, couvert par le Mont-Valérien, par les sinuosités multiples du fleuve, était certainement le moins exposé. Le 15, dans la matinée, le gouverneur reçut de Joinville-le-Pont un télégramme annonçant l'approche de l'ennemi en force[2]. Nous avons dit que l'armement des redoutes de la Faisanderie et de Gravelle n'était pas encore achevé. Le général Trochu conçut pour le front est du camp retranché des craintes peu justifiées[3]. Sans prendre la peine de vérifier la nouvelle reçue de Joinville, il prescrivait au 13e corps de quitter des emplacements où sa présence était inutile, pour en gagner d'autres où elle le serait encore davantage. Il devait traverser tout Paris et aller s'établir la droite à Charenton, la gauche vers Vincennes[4].

---

1. *État-major prussien*, tome III, p. 57. Les deux divisions d'infanterie du XIIe corps gardaient leurs emplacements du jour; la division de cavalerie était retournée au Pin; l'artillerie de corps à Claye. La 1re division de la garde était entre Gonesse et Stains; la 2e, à Villepinte, au Blanc-Mesnil, à Aulnay; la division de cavalerie vers Mitry et Tremblay; l'artillerie de corps vers Goussainville. La 14e brigade et l'artillerie de corps (IVe corps) étaient aux environs de Saint-Brice, la 13e à Sarcelles, la 15e vers Graulay, la 16e à Montmorency et Deuil; les quartiers généraux des trois corps d'armée à Claye, Roissy et Saint-Brice; celui du kronprinz saxon à Tremblay.
2. « Le chef de gare de Joinville à l'ingénieur et à l'inspecteur de la ligne, 9^h50 du matin. — La troupe se concentre dans les forts. Dans une heure l'ennemi sera ici » (Larchey, p. 46).
3. « ...Vincennes que je regarde comme très hasardé. » (Lettre du général Trochu à Ducrot, 18 septembre, Ducrot, tome Ier, p. 21).
4. Vinoy, p. 126. La division d'Exéa était entre Saint-Ouen et Asnières; la division de Maud'huy entre Boulogne et Billancourt; la division Blanchard entre Asnières et Boulogne (Ducrot, tome Ier, p. 3).

Cet ordre parvint à 3 heures au général Vinoy. Il fallut rappeler les travailleurs de la division Maud'huy employés aux redoutes de Montretout, de Brimborion et de Meudon, ceux de la division d'Exéa, qui construisaient l'ouvrage de Gennevilliers. On perdit ainsi un temps précieux, en désorganisant une fois de plus ces travaux malencontreux. Puis le 13e corps se mit en marche sur trois colonnes, la division d'Exéa par les boulevards extérieurs, celle du général Blanchard par la rue de Rivoli et le faubourg Saint-Antoine ; la division Maud'huy par les quais et le même faubourg. Il était élémentaire d'arrêter la circulation des voitures sur ces parcours. On n'en fit rien et il en résulta des embarras de toute sorte. Bien plus, à la nuit, la porte de l'avenue de Vincennes était fermée. L'officier de la garde nationale fit des difficultés pour l'ouvrir, sous prétexte qu'il n'avait pas reçu d'avis préliminaire. A 10 heures du soir seulement, la tête du 13e corps atteignait Vincennes ; la queue n'y fut pas avant 2 heures du matin[1]. Cette pénible marche de nuit fut sans utilité aucune, l'alerte ayant été reconnue comme très exagérée.

Quant au 14e corps, depuis le 11 septembre la division Caussade s'était établie en avant des forts du sud. Le 7e bataillon des mobiles de la Seine occupait Châtillon ; le reste du corps d'armée achevait de s'organiser au Champ-de-Mars. Le 15, pendant le mouvement du général Vinoy, le 14e corps entier prenait position au sud de Paris[2], mais beaucoup plus près de l'enceinte qu'il n'eût convenu pour la défense. Les conceptions du général Trochu ne s'élevaient pas, visiblement, au-dessus d'une résistance passive sur la ligne des forts.

Le même jour, 15 septembre, le général Ducrot, évadé de Pont-à-Mousson le 11, entrait dans Paris. Aussitôt, grâce à

---

1. Vinoy, p. 126. L'alerte survenue s'appliquait bien à Joinville-le-Pont et non à Joinville-sur-Seine, comme l'écrit à tort le général, p. 133. Le pont de Joinville fut détruit le 15, à 3 heures (Larchey, p. 46).

2. La division Caussade s'étendait de la Seine, près du Bas-Meudon, jusqu'à un point situé un peu en avant du fort de Vanves ; la division d'Hugues allait jusqu'à la Bièvre ; la division de Maussion, à la Seine ; le régiment de gendarmerie à cheval était entre les portes d'Ivry et de Bicêtre ; la brigade de cavalerie Bernis, près de Vanves ; le 7e bataillon de la Seine restait à Châtillon (Ducrot, tome Ier, p. 4).

ses relations d'amité avec le gouverneur et surtout aux qualités comme aux défauts de son caractère, il prenait sur la défense une influence prépondérante[1].

A son arrivée auprès du général Trochu, Ducrot le trouvait fort découragé. « Si l'ennemi, disait-il, profitant de son immense supériorité morale et matérielle, tente une attaque de vive force, il a, je le crains, toutes chances de réussir. » Depuis le 4 septembre ses occupations multiples l'avaient empêché de s'occuper des ouvrages extérieurs. Il renonçait à les tenir : on se bornerait à défendre l'enceinte et les forts[2].

Devant ce programme si timide, Ducrot se récria. Il fit remarquer que l'abandon des hauteurs de Montretout, de Meudon et de Châtillon pourrait avoir les plus graves conséquences. On devait s'y maintenir à tout prix. Cédant aussitôt à une volonté plus énergique que la sienne, le général Trochu admit ces idées, si contraire qu'il y fût. On convint que les deux généraux se rendraient sur le terrain avant de prendre une décision définitive[3].

Cette inspection eut lieu le matin du 16. La redoute de Montretout, mal placée, dominée par les hauteurs entre Garches et Buzenval, était enfilée sur sa face gauche. Le colonel du génie Guillemaut prévoyait la construction d'une traverse en maçonnerie qui exigerait vingt à trente jours de travail. Il disposait de peu d'ouvriers, payés cher et travaillant mal. On n'avait pu organiser le travail de nuit. Ducrot pressa le service du génie de fermer provisoirement cet ouvrage pour le lendemain.

A Meudon, la situation était pire. Le chef de bataillon Lévy, abandonné de tous ses ouvriers depuis plusieurs jours,

---

1. Trochu, Œuvres, tome Ier, p. 250 et suiv.
2. Ducrot, tome Ier, p. 1. — Le général Trochu avait exprimé un avis contraire le 13 septembre. Quand le capitaine Faverot de Kerbrech se présenta pour lui annoncer l'évasion et l'arrivée prochaine du général Ducrot, il s'écria : « Quel bonheur ! je vais pouvoir lui confier la défense d'une position pour laquelle il me faut un homme de sa trempe et de son indomptable énergie ! » Le général voulait sans doute parler du plateau de Châtillon (Y. K., Journal des sciences militaires, (février 1893, p. 327).
3. Ducrot, tome Ier, p. 3. Le général Trochu, Œuvres, tome Ier, p. 276, donne une autre physionomie à cette discussion. Mais la thèse de Ducrot nous paraît plus vraisemblable.

n'avait plus qu'une faible compagnie de dépôt pour garder le château et les ouvrages. Ceux-ci n'étaient pas défendables, ainsi, d'ailleurs, que celui de la Capsulerie.

A Châtillon, la redoute n'avait pas encore été fermée à la gorge ; les parapets ne permettaient pas la mise de pièces en batterie. Là encore on avait entrepris des travaux trop compliqués, au lieu de courir au plus pressé[1].

Pourtant Ducrot déclara au gouverneur qu'il persistait dans ses idées : il fallait se maintenir sur ces hauteurs, ou du moins y arrêter quelque temps l'ennemi. Le général Trochu se laissa convaincre. Non seulement il autorisait Ducrot, qui venait de prendre le commandement du 14e corps, à le concentrer sur le plateau de Châtillon, mais il lui subordonnait le 13e, non sans une certaine hésitation[2].

Cette mesure eut des conséquences qui ne peuvent être négligées. Le général Vinoy, beaucoup plus ancien que Ducrot, très honorablement connu par ses services à Malakoff, à Magenta, à Solférino, avait déjà été froissé dans son amour-propre par l'accueil singulier que lui réservait Trochu dès son arrivée[3]. Son mécontentement fut accru par la nomina-

---

1. Ducrot, tome Ier, p. 5.
2. Le 16 septembre, Trochu adressait au général Vinoy les lettres qui suivent ; elles furent remises le 18 seulement :

« Cher Général,

« Le Gouvernement vient de faire une nomination que je vous prie de ne pas juger avant de m'avoir entendu.

« Il s'agit d'un grand intérêt public qui doit être sauvegardé, toute préoccupation de personne cessant.

« Je vous donnerai à cet égard les explications confidentielles nécessaires.

« Votre tout dévoué camarade,

Général Trochu. »

« Mon cher Général,

« J'ai l'honneur de vous informer que j'ai nommé au commandement des 13e et 14e corps M. le général de division Ducrot. Je fais appel à tous les sentiments de patriotisme que vous inspire la situation grave dans laquelle nous sommes, pour vous inviter à faciliter à cet officier général l'accomplissement de la tâche que je lui ai confiée.

« Veuillez agréer, etc. »   (Ducrot, tome Ier, p. 433.)

3. « A son arrivée au Louvre, le 6 septembre, les commandants de secteur étaient réunis autour du général Trochu. Un huissier entre et remet une carte au gouverneur, qui fronce le sourcil et, après avoir hésité quelques secondes, dit : « Faites entrer. »

« Le général Vinoy entre alors botté, tout couvert de poussière ; il s'avance

tion de Ducrot comme commandant en chef, et la conduite des opérations s'en ressentit.

Le général n'exerça jamais un commandement effectif sur le 13ᵉ corps. Par une nouvelle faiblesse, Trochu évita de placer ce dernier dans la zone d'action du 14ᵉ, dont Ducrot conservait la direction effective. Ainsi de malencontreuses questions d'amour-propre gênaient la défense au moment le plus critique.

Le 17 septembre, le 14ᵉ corps se concentrait sur les hauteurs de Châtillon ; la division Caussade entre ce village et Clamart, la division d'Hugues à Châtillon, avec le 7ᵉ bataillon des mobiles de la Seine en avant d'elle; la division Maussion à Bagneux. Le général Ducrot s'installait lui-même à Châtillon.

Le reste du jour était consacré à quelques travaux défensifs aux abords de Fontenay, de Clamart, de Bagneux, de la redoute de Châtillon. On élevait des épaulements sur la hauteur du Télégraphe, à gauche de cet ouvrage, ainsi que sur les escarpements de droite, face au bois de Meudon. D'autres garnissaient un éperon au sud de Bagneux, vers Bourg-la-Reine. En même temps, deux pelotons de guides, envoyés en reconnaissance avec le capitaine Faverot de Kerbrech, exploraient le terrain au sud jusqu'à Saclay et Palaiseau, sans rencontrer l'ennemi. Toutefois, celui-ci avait refoulé la division d'Exéa vers Charenton. Prévoyant qu'il passerait la Seine pendant la nuit, Ducrot prescrivit une nouvelle reconnaissance pour le 18. Nos guides pousseraient au sud-est jusqu'à la rencontre des Allemands[1].

---

vers le gouverneur en s'écriant: « Le 13ᵉ corps est à Paris, et je suis à votre « disposition. » Sans se lever, sans donner la moindre marque de satisfaction, le général Trochu se contente de répondre froidement : « C'est bien, asseyez-« vous ; nous causerons tout à l'heure. » Et il reprend son interminable bavardage. » (Duquet, p. 176, d'après le témoignage verbal du général Ambert.)

Il faut lire dans Trochu (Œuvres, tome Iᵉʳ, p. 292) le passage qu'il consacre à Vinoy et à la retraite du 13ᵉ corps, pour se rendre compte du parti pris qu'il avait contre ce général.

1. Ducrot, tome Iᵉʳ, p. 6.

CHAPITRE XV

COMBATS DE MONTMESLY ET DE PETIT-BICÊTRE

Reconnaissance sur Montmesly. — Le V⁰ corps prussien. — Résultats du combat de Montmesly. — Le II⁰ corps bavarois. — Reconnaissances de Ducrot. — Combat de Petit-Bicêtre. — Résultats. — Emplacements de la III⁰ armée. — Lettre du gouverneur à Ducrot. — Ordres pour le 19 septembre.

Le général d'Exéa avait livré un assez vif combat à Montmesly.

Le 17 septembre, dès 2 heures du matin, il détachait deux compagnies pour fouiller le terrain entre la Seine et la Marne. Elles ramenèrent trois cavaliers du 4ᵉ dragons prussien qui annonçaient l'arrivée du Vᵉ corps. Le jour même il s'établirait de Choisy-le-Roi à Villeneuve-Saint-Georges[1].

Le général Vinoy, informé aussitôt, prescrivait à la division d'Exéa d'exécuter une reconnaissance offensive au sud-est de Créteil. En même temps elle détruirait ou ramènerait dans Paris des approvisionnements considérables réunis au château Le Piple, près de Boissy-Saint-Léger.

Nos troupes quittèrent leur bivouac du bois de Vincennes, traversèrent le pont de Charenton et s'engagèrent sur la route de Boissy-Saint-Léger, précédées du 1ᵉʳ régiment de chasseurs et suivies de quatre batteries dont une de mitrailleuses. Le général Vinoy marchait avec elles.

On atteignit Créteil sans autre incident que la rencontre d'un groupe de maraudeurs français en armes, qui donnaient assaut à une ferme. Nos chasseurs durent les disperser à coups de plat de sabre[2]. Le gros village de Créteil était entièrement désert, bien qu'il fût sous le canon du fort de Charenton. De ses 2,500 habitants, il en restait un seul, qui errait dans cette solitude.

---

1. Ducrot, tome Iᵉʳ, p. 8.
2. Vinoy, p. 137.

Cependant nos éclaireurs atteignaient le sommet de Montmesly et signalaient aussitôt plusieurs colonnes ennemies dans la plaine au sud-est. Des groupes de cavaliers se retiraient de maisons sur la route de Bâle, à l'ouest de Bonneuil (1ʰ 30).

Le V⁰ corps prussien s'était mis en marche de Chevry, Tournans et Fontenay vers Villeneuve-Saint-Georges. La 17ᵉ brigade d'infanterie, envoyée à Limeil avec deux escadrons et une batterie, devait couvrir vers Paris la construction d'un pont sur la Seine. Elle détachait des fractions destinées à s'établir en avant-postes de ce fleuve à la Marne. Vers la ligne Bonneuil-Choisy-le-Roi ces troupes rencontrèrent des coureurs du 13ᵉ corps. Aussitôt l'ennemi occupait la ferme de l'Hôpital, au sud-ouest de Montmesly, et se déployait dans cette direction.

De son côté, Vinoy établissait une batterie entre la route de Bâle et Montmesly, avec deux compagnies de chasseurs en soutien[1]. La brigade Daudel, qui marchait en tête, se portait sur la crête de Montmesly ; deux mitrailleuses se plaçaient en avant d'elle. Une batterie prenait position à la sortie sud-ouest de Créteil, pour couvrir notre ligne de retraite. Enfin la brigade Mattat restait en réserve au sud de Créteil.

Cependant des dragons prussiens qui ramenaient nos tirailleurs de cavalerie étaient arrêtés par quelques obus (1ʰ 30)[2]. Presque aussitôt une batterie allemande ouvrait le feu au nord de Valenton et une autre au nord-est de Limeil. Puis trois bataillons opéraient sur Montmesly une attaque enveloppante que nous attendions sur place. Malgré leur supériorité numérique, nos jeunes soldats, fort impressionnés, avaient peine à tenir pied. Il fallut que les généraux d'Exéa et Daudel restassent à cheval sur la ligne des tirailleurs pour payer d'exemple. Mais cette résistance passive ne pouvait durer.

---

1. 7ᵉˢ compagnies des 5ᵉ et 7ᵉ bataillons.
2. Le général Vinoy (p. 139) écrit 2ʰ 30 ; le général Ducrot, tome Iᵉʳ, p. 11, 1ʰ 30. Cette dernière heure concorde mieux avec celle qu'indique l'*État-major prussien*, tome III, p. 59, pour le début de l'engagement (1 heure).

Au bout d'une heure environ, l'ennemi, quoique maintenu à bonne distance vers le carrefour Pompadour, atteignit les premières pentes au sud de Montmesly et menaça notre artillerie. De la cavalerie se montrait sur notre droite; on annonçait l'approche de renforts venant de Valenton et de Boissy-Saint-Léger. Dans ces conditions, Vinoy crut devoir ordonner la retraite. Elle commença vers 3 heures. La brigade Daudel et l'artillerie se replièrent vers Créteil, couvertes par trois compagnies qui suivaient la route de Bâle[1]. Des obus, qui tombaient dans la longue enfilade de la grande rue de Créteil, causèrent parmi nos troupes un désordre que durent arrêter le général Vinoy et son état-major. A 5 heures et demie la division d'Exéa avait regagné son bivouac.

Ce petit combat, le premier qui fût livré sous le canon de Paris, n'était pas sans causer une certaine émotion dans les quartiers du sud-est. Les gardes nationaux de l'enceinte furent loin d'y échapper. Toute la nuit ils entretinrent sur le bois de Vincennes une fusillade qui tua ou blessa trois hommes du 42e de ligne. On éloigna les bivouacs du rempart, avec grande raison, car le feu recommença de plus belle la nuit suivante[2].

Cependant les pionniers du Ve corps avaient construit un pont de bateaux à Villeneuve-Saint-Georges, sous la protection d'un bataillon et d'un peloton de dragons jetés en canot sur la rive gauche; quelques coups de feu étaient tirés par des francs-tireurs. Deux autres bataillons passaient le fleuve vers 4 heures et se portaient sur Ablon. Le reste du Ve corps

---

1. Les deux compagnies de chasseurs et la 3e compagnie du 3e bataillon du 8e de marche (Ducrot, tome Ier, p. 11). — D'après l'*État-major prussien*, tome III, p. 59, notre retraite n'aurait été rien moins que volontaire. Nous aurions été délogés de Montmesly; à 4 heures, une contre-attaque opérée sur ce point par trois de nos bataillons aurait été repoussée, et nos troupes poursuivies au delà de Créteil, jusque sous le canon du fort de Charenton. Cette version est contredite par le chiffre des pertes, à peu près le même pour les deux partis : 5 tués, 2 officiers et 50 hommes blessés pour la division d'Exéa (d'après le général Ducrot; Vinoy dit 8 tués et 37 blessés); 4 officiers et 68 hommes hors de combat pour le Ve corps (*État-major prussien*, tome III, Annexes, p. 5).

2. Vinoy, p. 143.

COMBAT DE MONTMESLY
(17 Septembre 1870)

Carte N° III.

Extrait de la Carte des environs de Paris au 1/40.000°

Le terrain est représenté dans son état actuel (1897)

était de Villeneuve-Saint-Georges à Boissy-Saint-Léger. La 2ᵉ division de cavalerie se portait au sud et à l'ouest, sur la rive gauche, vers Juvisy, Athis, Villeneuve-le-Roi.

Quant au VIᵉ corps, il s'échelonnait de Roisse à Noiseau, derrière des avant-postes passant par Champigny, Ormesson, Sucy. Il faisait reconnaître le pont de Joinville[1].

Le IIᵉ corps bavarois avait rétabli le pont de Corbeil ; à partir de neuf heures et demie du matin, la 3ᵉ division passa la Seine et se porta vers Villemoison, Saint-Michel, Bretigny. Derrière elle, après avoir tenté de traverser le fleuve près de Ris, la brigade des uhlans bavarois venait le franchir à Corbeil. Puis elle remontait vers Ris et lançait des patrouilles dans la direction de Longjumeau. Elle aussi escarmouchait contre des francs-tireurs. Le reste du IIᵉ corps bavarois demeurait autour de Corbeil.

Plus au sud, l'avant-garde de la 4ᵉ division de cavalerie, marchant sur Fontainebleau, trouvait détruits les ponts de Samoreau et de Fontaine-le-Port. Elle obliquait alors vers Sivry pour passer la Seine à Melun. Un peloton du 2ᵉ hussards avait été la veille envoyé dans cette direction pour chercher la liaison avec le IIᵉ corps bavarois. En cherchant à rejoindre sa division le 17, il fut tout entier enlevé par des francs-tireurs et des paysans armés[2].

Ces mouvements se continuaient le 18 septembre. La 2ᵉ division de cavalerie marchait jusqu'à Saclay et établissait ses avant-postes entre Jouy et Orsigny, face à Versailles. Ses patrouilles entraient en contact avec les nôtres. L'une d'elles, poussée jusqu'à la ville du Grand-Roi, trouvait fermées les grilles des portes. La garde nationale se bornait à lui en refuser l'entrée, « annonçant l'intention de ne se rendre qu'à un détachement plus important[3] ». Des hussards dispersaient des gardes nationaux à Chevreuse et enlevaient un convoi de vivres destiné à Paris.

---

1. *État-major prussien*, tome III, p. 60.
2. *État-major prussien*, tome III, p. 60. Il perdit 1 officier, 29 hommes et 30 chevaux, dont 2 hommes tués (Annexes, p. 5).
3. *État-major prussien*, tome III, p. 61.

De son côté, le général Ducrot avait lancé des reconnaissances de cavalerie vers la Bièvre et sur Bougival-Saint-Germain. Dans cette dernière direction on ne rencontra pas l'ennemi. Au contraire, un peloton de guides allant du Petit-Bicêtre vers Palaiseau se heurta contre des éclaireurs en retraite sur le bois des Verrières ; il aperçut quatre escadrons en marche sur Versailles.

Ces renseignements portés à Ducrot le décidèrent à tenter un coup de main contre cette cavalerie, qui nous prêtait ainsi le flanc en nombre très inférieur. La brigade de Bernis, bivouaquée près du fort de Montrouge, reçut l'ordre de reconnaître le bois de Verrières avec une batterie. Pour la soutenir, le 15e de marche se portait au Plessis-Picquet et deux compagnies de chasseurs au moulin à vent du Plessis, un peu au sud. Le reste de la division Caussade s'établissait sur la lisière du bois de Meudon, de la ferme de Trivaux au sud de Clamart; le 7e bataillon de la Seine occupait le bord du plateau, à droite de la redoute de Châtillon; la division d'Hugues était à gauche.

La brigade de Bernis, partie à 11 heures 30 du fort de Montrouge, marchait sur Plessis-Picquet, en se couvrant par des patrouilles vers la Croix de Berny. Pendant qu'elle stationnait à l'abri d'un parc, elle jetait un escadron des chasseurs de la garde vers Petit-Bicêtre. Il s'y trouvait en présence de dragons prussiens qu'il rejetait sur le chemin de Bièvre. Mais une vive fusillade partant de l'Abbaye-aux-Bois l'arrêtait aussitôt.

Cependant le gros de la brigade marchait sur Villacoublay et faisait, sans résultat, fouiller par ses patrouilles le plateau vers le sud-ouest. Elle revenait ensuite sur Châtillon.

De son côté, après avoir terminé le passage de la Seine, le Ve corps prussien avait continué vers l'ouest. A midi, la 18e brigade atteignait Palaiseau, avec son avant-garde à Bièvre. De là un petit détachement poussé sur l'Abbaye-aux-Bois arrêtait, comme nous l'avons vu, l'escadron de nos chasseurs de la garde. Puis il marchait à sa suite vers Petit-Bicêtre.

Déjà ce hameau et le bois de la Garenne, plus à l'ouest, étaient occupés par des groupes de zouaves[1]. Deux bataillons du 47e régiment prussien se déployaient contre eux et un troisième plus à gauche. Devant cette attaque nos petits postes ne tinrent pas; un bataillon les poursuivit vers la porte de Verrières; un autre marcha sur Villacoublay. La compagnie qui occupait Grange-Dame-Rose s'y maintint à peine quelques instants. Deux compagnies prussiennes escaladèrent les murailles de cet enclos et s'en emparèrent, faisant 60 prisonniers (vers 3 heures). D'autres groupes prenaient de même la ferme de Trivaux[2].

A ce moment le général Ducrot ramenait la brigade de Bernis vers Villacoublay. Deux pièces de 4 ouvrirent le feu sur la ferme et en délogèrent l'ennemi. Peu après il évacua aussi Grange-Dame-Rose. Un de ses bataillons s'établit à Petit-Bicêtre, dans le bois du Loup-Pendu, et s'étendit jusqu'à Villacoublay. Le reste de l'avant-garde allemande occupa Malabry et l'Abbaye-aux-Bois. Enfin le gros de la 18e brigade s'établit à Bièvre et à Igny[3]. Quant à la cavalerie du général de Bernis, elle revint bivouaquer entre la redoute et le cimetière de Châtillon. La division Caussade réoccupa la ferme de Trivaux.

Ce petit combat, qui coûtait à l'ennemi des pertes insigni-

---

1. *État-major prussien*, tome III, p. 62. — Le matin du 18, à la suite d'une demande de renforts faite par le général Ducrot, le gouverneur avait prescrit au régiment de zouaves de marche, à Montretout depuis le matin du 17, de se rendre à Meudon pour défendre le château et ses abords. A 10 heures, les zouaves y arrivaient. Il ne s'y trouvait qu'une compagnie d'infanterie, deux compagnies de mobiles et quelques gendarmes. Le lieutenant-colonel Méric de Bellefonds, des zouaves, plaça 600 hommes à la capsulerie de Meudon, dont 100 au rond-point de la Belle-Étoile; 100 à l'Étoile de la Patte-d'Oie; 170 à Dame-Rose, avec un petit poste à la porte de Verrières; 100 à la ferme de Trivaux. Ces postes étaient en position à 12h 30 (Ducrot, tome Ier, p. 13).

2. *État-major prussien*, tome III, p. 62; Ducrot, tome Ier, p. 17. L'affaire de Dame-Rose fit si peu de bruit que la brigade de Bernis n'en entendit rien. M. Ballue fait à ce propos un portrait peu flatteur d'un capitaine du 1er zouaves qui ne savait « où donner de la tête avec des soldats qui ne voulaient pas obéir et des chefs qui oubliaient de lui envoyer des instructions » (*Les Zouaves à Paris pendant le siège, Souvenirs d'un zouave*, p. 15).

3. *État-major prussien*, tome III, p. 62. Une patrouille de dragons pénétrait dans Vélizy, dispersait des gardes nationaux et enlevait un convoi venant de Plessis-Picquet.

fiantes[1], faisait peu d'honneur à nos troupes. Quant au général Ducrot, on a peine à saisir son action directrice dans cette journée. Avec notre très grande supériorité numérique, il eût dû obtenir d'autres résultats. Le régiment de zouaves dispersé sur un front beaucoup trop étendu, le 15e de marche et deux compagnies de chasseurs jetés à Plessis-Picquet en avant de notre front, le rôle personnel du général[2], tout cela n'indiquait ni beaucoup de sang-froid, ni véritable intelligence de la situation.

Cependant, du côté de l'ennemi, l'ensemble du mouvement s'accomplissait sans incident sérieux. A droite de la 18e brigade, la 17e marchait sur Massy et Verrières. Ses avant-postes établis entre le bois de Verrières et Antony tiraillaient toute la nuit avec les nôtres. Au sud, la 10e division et l'artillerie de corps (Ve corps) s'arrêtaient à Palaiseau.

A l'est, le IIe corps bavarois entrait de même en première ligne : la 3e division et la brigade de uhlans arrêtés à Longjumeau poussaient vers Massy et Wissous la 5e brigade, deux batteries et un régiment de chevau-légers. Les patrouilles jetées vers Fontenay-aux-Roses y trouvaient des fractions du 13e corps occupées à construire des retranchements. D'autres troupes françaises se montraient à Bourg-la-Reine, ainsi qu'entre L'Hay et les Hautes-Bruyères. Le reste du IIe corps bavarois s'établissait à Montlhéry, Saulx-les-Chartreux, Ballainvilliers. Un détachement poussé à Arpajon observait la route d'Orléans.

De même, au VIe corps la 24e brigade établissait des avant-

---

[1]. 1 officier, 15 hommes, 15 chevaux (*État-major prussien*, tome III, Annexes, p. 5).

[2]. Du moulin de Plessis, où il s'est porté pour observer, il va au Petit-Bicêtre. A hauteur de la Mare aux Noyers, il est accueilli par des coups de feu venant des Verrières; il regagne alors Plessis-Picquet et remonte sur le plateau entre la porte de Châtillon et celle de Trivaux. C'est alors qu'il ramène vers l'ouest la brigade de Bernis (Ducrot, tome Ier, p. 17). Ce rôle *d'explorateur* n'est pas celui d'un général en chef.
Par contre, M. Duquet (p. 126) reproche au général Ducrot d'avoir porté en avant la brigade de Bernis. Ainsi que Y. K. (*le Combat de Châtillon et l'investissement de Paris : Sciences militaires*, septembre 1892), nous considérons ce mouvement comme absolument justifié.

postes entre la Seine et la Marne ; la 23ᵉ passait le fleuve à Villeneuve-Saint-Georges dans la soirée du 18[1] ; elle jetait des postes jusqu'à Villeneuve-le-Roi, au contact de nos troupes de Thiais et de Choisy-le-Roi ; le reste du corps d'armée se répartissait entre Boissy-Saint-Léger, Montgeron, Sucy, avec un bataillon détaché à Champigny et à Villiers, en attendant l'arrivée de la division wurtembergeoise. Là aussi des escarmouches avaient lieu, le long de la Marne.

Sur le flanc gauche de la IIIᵉ armée, la 10ᵉ brigade de cavalerie passait la Seine à Melun et poussait un régiment de hussards en avant-garde par Perthes-sur-Courances. Vers Dannemois l'une de ses patrouilles se heurtait à des francs-tireurs et des paysans armés, qu'il fallait disperser à coups de canon. Le même fait se passait au Ruisseau. Tout le pays semblait « rempli de francs-tireurs [2] ». Sur le seul bruit qu'un corps franc commandé par des officiers de l'armée régulière occupait Milly, la cavalerie prussienne se repliait jusqu'à Cély. A part ces incidents sans importance, l'investissement s'opérait au sud de Paris tel que l'avait conçu le général de Moltke.

En rentrant à Châtillon le soir du 18, Ducrot y trouva une longue lettre du gouverneur, annonçant l'envoi de renforts. Dans la matinée la division de Maud'huy, du 13ᵉ corps, s'était établie entre Bicêtre et Ivry ; le régiment de zouaves de marche venant de Montretout remplaçait six bataillons de mobiles qu'avait réclamés Ducrot [3].

Puis, avec son habituelle verbosité, le général Trochu examinait sous toutes ses faces notre situation au sud-ouest de Paris. Il eût souhaité que l'ennemi attaquât Ducrot le jour même, car nous avions une supériorité numérique destinée

---

1. *État-major prussien*, tome III, p. 64. On construisit un second pont de bateaux à Villeneuve-Saint-Georges. Le quartier général du VIᵉ corps était en ce point ; celui du prince royal à Saint-Germain-lès-Corbeil.
2. *État-major prussien*, tome III, p. 64.
3. Celui-ci avait, en outre, demandé l'envoi de deux bataillons de mobiles pour occuper le bois de Plessis-Picquet. Ils ne purent lui être envoyés. — Le général Trochu annonçait l'arrivée prochaine de munitions d'artillerie (Ducrot, tome Iᵉʳ, p. 20).

sûrement à se réduire. Il admettait aussi que le général pourrait, dès le 18, se porter sur le flanc des colonnes en marche sur Versailles, mais avec la plus grande circonspection, car tout mouvement offensif nous ferait perdre « une part notable de nos avantages ».

Si la journée du 18 se passait sans combat sérieux, deux cas pourraient se présenter : « Ou nous nous entêterons, écrivait-il, à garder la position que vous tenez ; mais alors je devrai penser à assurer votre droite et j'aurai l'obligation de faire passer le reste du 13ᵉ corps à Meudon et Montretout, abandonnant à sa destinée Vincennes, que je regarde comme très hasardé. Nous aurions alors près de 60,000 hommes en ligne, de Bagneux à Montretout ; et tous nos œufs seraient, comme on dit, dans le même panier. En outre nos positions de Clamart à Montretout seront infailliblement percées, à un jour donné, par des colonnes cheminant dans les bois et par les routes de Chaville et de Saint-Cloud. Il ne me paraît donc pas que nous puissions prétendre à tenir indéfiniment dans une position contre laquelle l'ennemi, quand il lui conviendra, pourrait conduire après sa concentration à Versailles des forces considérables [1].

« Ou nous nous déciderons à céder les hauteurs, et alors nous devrons convenir des termes dans lesquels il faudra effectuer sur Paris cette retraite.... » En terminant cette longue lettre, si peu celle d'un généralissime s'adressant à l'un de ses sous-ordres, le général Trochu réclamait l'avis de Ducrot. Mais le sien n'était pas douteux. Il jugeait nécessaire l'abandon des hauteurs du sud-ouest et l'aurait souhaité immédiat ; il évitait de rien imposer à son subordonné [2].

Celui-ci n'eut garde d'accéder au désir de son chef. Il estima qu'il fallait agir vigoureusement, dès le 19, ou s'abstenir. A ses yeux on ne pourrait se maintenir sur les hauteurs de Châtillon, si les deux grandes masses ennemies se don-

---

[1]. Si telle était la pensée du général Trochu, pourquoi avoir fortifié les hauteurs de Châtillon-Montretout ?

[2]. M. Duquet (p. 175 à 182) ne fait pas allusion à cette lettre du général Trochu, quoique son importance soit capitale pour la conduite des opérations.

naient la main au sud de Paris. En attaquant le 19 le flanc droit de notre adversaire, pendant l'exécution de son mouvement, nous pourrions le rompre, peut-être le refouler jusqu'à la Seine [1]. C'était dépasser, de beaucoup, le cadre que paraissait admettre le général Trochu [2].

Tel qu'il était conçu, ce projet partait d'une idée juste : attaquer quand l'ennemi défile à portée de votre front a toujours été de règle. Mais, avec des troupes telles que le 14e corps, aussi jeunes, aussi inconnues du général en chef qu'il était inconnu d'elles, c'était chimère d'espérer que nous empêcherions l'ennemi d'opérer sa jonction au sud de Paris et même que nous le jetterions dans la Seine. On pourrait, tout au plus, ralentir l'investissement, donner de l'air au camp retranché. Encore eût-il été préférable de garder la défensive sur nos positions, quitte à les organiser fortement, ce qui ne fut pas fait [3].

Quoi qu'il en soit, Ducrot donna le soir même ses ordres pour l'attaque. Le 19 septembre, la division Caussade se porterait en longeant le bois de Meudon au nord de Villacoublay, appuyée à l'extrême droite par les zouaves qui marcheraient de Meudon sur Dame-Rose. La division d'Hugues suivrait la grand'route de Versailles, la gauche couverte par les troupes déjà placées au moulin de Plessis et à Plessis-Piquet. La brigade de cavalerie Bernis, suivie de l'artillerie, marcherait entre les deux divisions [4]. On se porterait dans

---

1. Général Ducrot, tome Ier, p. 22.
2. Général Trochu, Œuvres, tome Ier, p. 277. Le texte par lequel le général résume ses intentions est infiniment plus précis que la lettre citée par son collaborateur. Il est fâcheux que, selon les apparences, ce résumé ait été arrêté après coup.
3. Y. K. (le Combat de Châtillon et l'investissement de Paris : Sciences militaires, septembre 1892) est d'avis que le général Ducrot eut « cent fois raison d'attaquer le 19 au matin ». Les motifs qu'il en donne seraient excellents, s'il s'agissait de troupes autres que celles du 14e corps. Mais nous croyons que risquer une attaque, avec celles-ci, était alors folie pure, à moins d'une très grande supériorité numérique qui n'existait pas.
4. Cette brigade serait formée en six colonnes, les deux extrêmes de 4 escadrons, les autres de 2, le tout serré en masse et chacune suivie de deux batteries (Ducrot, tome Ier, p. 24). — Le critique Y. K. admire fort ce dispositif. Il le compare même à celui prescrit par Frédéric-Charles le matin du 18 août. Mais la comparaison n'est pas heureuse. Le 18 août, il s'agissait, pour

cet ordre jusqu'à « la rencontre de l'ennemi ». L'artillerie passerait alors dans les intervalles des escadrons pour déployer ses 68 pièces. La division Caussade prendrait pour objectifs Villacoublay, Dame-Rose et plus tard Vélizy. Celle du général d'Hugues marcherait sur Petit-Bicêtre et le bois de Verrières. Ces points occupés, l'artillerie viendrait border le ravin de la Bièvre, de façon à l'enfiler.

Pendant ces opérations la division Maussion, établie à Bagneux, garderait le débouché de la Bièvre, en détachant un bataillon à Fontenay-aux-Roses et un régiment à la redoute de Châtillon. De plus, le 15e de marche tiendrait Plessis-Picquet pour couvrir notre gauche [1].

On voit que nos deux divisions allaient exécuter une attaque divergente, sur le front compris entre Dame-Rose et la partie est du bois de Verrières. L'axe de cette attaque ferait un angle aigu avec le front de nos adversaires, condition fâcheuse au premier chef, faite pour compromettre notre retraite. Celle-ci pourrait être d'autant plus délicate que le 15e de marche était tout à fait isolé à Plessis-Picquet. La division Maussion ne dépassant pas Fontenay-aux-Roses, rien ne pouvait empêcher nos adversaires de pénétrer dans l'intervalle de ce village à Plessis-Picquet, d'envelopper le 15e de marche, puis de nous attaquer de flanc [2]. Si l'idée générale était juste, le dispositif de combat laissait fort à désirer.

Pendant la nuit du 18 au 19, le général Ducrot fit armer

---

la IIe armée, d'opérer un mouvement de flanc préparatoire à un déploiement sur la droite et non, comme le 19 septembre, de se porter en avant dans un ordre de combat. La vérité est que ce dispositif, beaucoup trop compact, aurait entraîné des pertes énormes sans le brouillard, ou même si l'artillerie allemande eût été moins inférieure en nombre. Plus de 17,000 hommes d'infanterie, 12 batteries et 12 escadrons allaient agir sur un front maximum de 2,500 mètres. Nous avons souvent péché, en 1870, par l'extrême réduction de nos fronts de combat ; elle procédait de notre goût pour la défensive pure, de notre défaut d'initiative, de la timidité du commandement.

1. L'ordre résumé dans l'ouvrage de Ducrot, tome Ier, p. 23, ne contient aucune indication d'heure.

2. Le critique Y. K. (Sciences militaires, septembre 1892) est d'avis que la division Maussion à Bagneux, avec un bataillon à Fontenay, couvrait efficacement notre gauche et empêchait toute attaque de Plessis-Picquet. Cette assertion nous paraît fort aventurée. Il y a entre ces deux points au moins 1,200 mètres de terrain couvert et coupé ; il était facile de s'y glisser.

la redoute de huit pièces de 12 ; on se hâta d'improviser des embrasures. Le reste de la 18ᵉ batterie du 3ᵉ régiment, quatre pièces, fut placé derrière des épaulements au bord de l'éperon sud du plateau, près de l'ancien télégraphe. Elles croisaient leurs feux avec ceux de l'éperon de Bagneux [1].

Aucun incident ne se produisit pendant la nuit. Ducrot, averti vers 1 heure que les zouaves manquaient de cartouches, en fit demander au fort de Vanves et informa le lieutenant-colonel Méric qu'il les recevrait à la ferme de Trivaux, c'est-à-dire sur la ligne même des avant-postes. Cet incident eut une certaine influence sur le combat du lendemain.

---

1. La division Maussion portait à 4 heures du matin le 26ᵉ de marche sur la redoute de Châtillon; le 2ᵉ bataillon gardait cet ouvrage; le 1ᵉʳ était à droite dans les tranchées ou derrière des haies jusqu'au télégraphe. Les huit pièces de la redoute appartenaient à la 17ᵉ batterie du 12ᵉ régiment (6 pièces) et à la 18ᵉ du 3ᵉ (2 pièces) [Ducrot, tome Iᵉʳ, p. 25].

CHAPITRE XVI

COMBAT DE CHATILLON

Début du combat. — Prise de la Tuilerie. — L'ennemi est refoulé vers Petit-Bicêtre. — Débandade des zouaves. — Retraite de notre droite. — Intervention du IIe corps bavarois. — Retraite de notre gauche. — Perte de la Tuilerie. — Ducrot fait front sur la lisière du plateau. — Le Ve corps reprend son mouvement sur Versailles. — Les Bavarois attaquent Plessis-Picquet. — Retraite du 15e de marche. — Déroute de la division Caussade. — Faux mouvement du général de Maussion. — Évacuation de la redoute de Châtillon. — Résultats du combat. — Réflexions.

D'après les ordres donnés par le prince royal de Prusse, le Ve corps prussien doit se porter le 19 septembre de Palaiseau sur Versailles, en deux colonnes. La 10e division, partant à 6 heures du matin, marchera par Jouy; la 9e, rompant à 7 heures, par Bièvre et l'Hôtel-Dieu. L'avant-garde laissée la veille à l'Abbaye-aux-Bois couvrira ce mouvement vers le plateau de Châtillon. Ainsi le Ve corps tout entier va prêter le flanc à notre attaque.

Après les engagements de la veille, le 47e régiment d'infanterie prussienne s'est établi dans le Petit-Bicêtre et les bois au sud. Pendant la nuit, un bruit continuel indique des mouvements de troupes dans notre direction. De plus, nos avant-postes entretiennent un feu vif; même, vers Plessis-Picquet, ils renouvellent plusieurs fois de courtes attaques qui contribuent à donner l'éveil. Au point du jour, l'ennemi voit tout à coup approcher, dans le brouillard, des masses dont la force ne peut être appréciée[1].

Nos troupes se sont mises en marche à 5 heures du matin[2].

---

1. *État-major prussien*, tome III, p. 65. M. Duquet (p. 182, note 2) nous paraît commettre à ce propos une erreur singulière. A l'appui de ce fait que l'ennemi fut *surpris*, il cite un titre emprunté aux *Éléments de la tactique*, de Meckel: *Surprises de gîtes d'étapes allemands* (Châtillon et Stenay). Il s'agit là de la surprise de Châtillon-sur-Seine, par Ricciotti Garibaldi, comme l'indique assez ce mot *gîtes d'étapes*.
2. Il y a contradiction dans l'ouvrage du général Ducrot (tome Ier, p. 25, et 26) entre l'heure donnée à la division de Maussion et celle du mouvement réel.

La division Caussade, laissant ses sacs près du bois de Meudon, longe cette lisière et se dirige sur la ferme de Trivaux. Elle est en colonne serrée par division, la brigade Lecomte en tête.

Les régiments du général d'Hugues déposent leurs sacs auprès de la redoute, puis marchent dans le même ordre entre la route de Versailles et le bord du ravin de Plessis-Picquet, la brigade Bocher formant première ligne [1].

Au centre, mais un peu en retrait des colonnes d'infanterie, vient la cavalerie; suivie de l'artillerie, elle se dirige au nord de la route de Versailles; le 7e bataillon des mobiles de la Seine marche en dernier lieu.

Le front de nos troupes est éclairé par leurs compagnies de francs-tireurs [2]. Celles-ci se trouvent brusquement à courte distance des sentinelles allemandes et les premiers coups de feu retentissent (vers 6h 15). Nos colonnes d'infanterie s'arrêtent à hauteur de la porte de Trivaux [3] et de la tête du ravin de Plessis.

Vers 6h 30, le brouillard se dissipe; on aperçoit des groupes ennemis entre Petit-Bicêtre et Villacoublay. Des tirailleurs sortent de la petite maison du Pavé-Blanc et se replient sur la Tuilerie, le long de la route. Ducrot jette aussitôt en avant une compagnie de mobiles de la Seine (1re du 7e bataillon). Mais la fusillade l'arrête à 100 mètres. Sur l'ordre du général, le commandant de Vernou-Bonneuil entraîne alors tout son bataillon à l'attaque. Les mobiles pénètrent dans la Tuilerie et en délogent l'ennemi, qui gagne le bois de Verrières [4].

---

1. Ducrot, tome Ier, p. 26. La division Caussade ne comptait que trois régiments, le 15e de marche étant à Plessis-Picquet, ainsi que les deux compagnies de chasseurs que M. Duquet transforme en un bataillon (p. 180). Le dispositif que cet auteur indique pour nos troupes à 5 heures du matin donnerait à croire qu'elles gardaient l'immobilité. De plus, « le 13e corps » n'était pas aux abords de Vincennes (p. 181). Depuis le 18 septembre, il avait une division (Maud'huy) au plateau de Villejuif (Ducrot, tome Ier, p. 219).
2. Au 14e corps, il avait été formé une compagnie de francs-tireurs par bataillon ; ces francs-tireurs devaient servir d'éclaireurs (Ducrot, tome Ier, p. 26).
3. Dont le général Ducrot et le critique Y. K. font constamment la *Pointe* de Trivaux comme la *Pointe* de Verrières.
4. L'*État-major prussien*, tome Ier, p. 65, muet sur la prise de la Tuilerie.

Cependant nos deux batteries à cheval se sont portées à l'ouest de la porte de Trivaux. Elles ouvrent le feu sur Petit-Bicêtre (6ʰ 45). Un escadron de hussards prussiens apparu à l'est de Villacoublay fait bientôt demi-tour sous un feu violent d'infanterie. Le 1ᵉʳ bataillon du 47ᵉ s'est déjà établi à Petit-Bicêtre; le général v. Voigts-Rhetz dirige le 2ᵉ bataillon à l'ouest du précédent sur la route de Versailles. Le 3ᵉ se prépare à intervenir de Malabry. La cavalerie, deux escadrons et demi, couvre le flanc gauche vers Villacoublay et une batterie se porte sur les pentes à l'ouest de Petit-Bicêtre. Mais en peu d'instants, les nôtres, renforcées de deux autres[1], lui font subir de grosses pertes. Trois de ses pièces sont hors de service, son chef et une dizaine d'hommes grièvement blessés, une douzaine de chevaux tués et plusieurs blessés[2]. Elle est contrainte de se retirer, au moment où une seconde batterie vient prendre position près d'elle.

Cependant nos quatre batteries[3], que Ducrot n'a pas encore jugé à propos de renforcer, dirigent leur feu sur Petit-Bicêtre pour préparer l'attaque de la division d'Hugues. Elles ne tardent pas à en chasser les Prussiens. Vers 7 heures, le 1ᵉʳ bataillon du 17ᵉ de marche[4] se déploie sur l'ordre de Ducrot, pour enlever la garenne de Villacoublay; mais il est bientôt arrêté par le feu d'un bataillon prussien (2ᵉ du 47ᵉ). A l'aile opposée, le 1ᵉʳ bataillon du 19ᵉ de marche se porte sur Petit-Bicêtre. Un peu au delà de la Tuilerie, il est arrêté par une vive fusillade venue du bois de Verrières. Le général Ducrot fait battre la charge et nos tirailleurs se reportent en avant. Ils pénètrent dans le bois de Verrières, malgré le feu d'une compagnie prussienne. L'autre bataillon du 47ᵉ

écrit que nous jetâmes une nuée de tirailleurs dans le bois des Verrières, à l'est de Petit-Bicêtre. Les rapports français ne font pas mention de ce fait qui paraît inexact (Y. K., *Sciences militaires*, novembre 1892).

1. 8ᵉ et 17ᵉ mixtes du 3ᵉ régiment. Les deux batteries à cheval étaient les 13ᵉ batteries mixtes des 13ᵉ et 19ᵉ régiments (à 4 pièces seulement).

2. Stieler v. Heydekampf, *Das V. Armee-Corps im Kriege gegen Frankreich, 1870-1871*.

3. On peut se demander pourquoi nos douze batteries n'ouvrent pas le feu simultanément, afin d'écraser d'un seul coup toute résistance.

4. M. Duquet écrit à tort 17ᵉ de ligne (p. 184) et 19ᵉ de ligne (p. 183).

venu de Malabry parvient, il est vrai, à les arrêter, mais sans pouvoir réoccuper la grand'route et Petit-Bicêtre, que nos obus ont incendié [1]. Une seule compagnie parvient à se maintenir dans les fossés de la route, à l'est de la ferme ; elle y court risque d'être enveloppée.

A ce moment, « des cris affreux », « de véritables hurlements » se font entendre à notre extrême droite. Les zouaves rassemblés près de la ferme de Trivaux, afin d'y recevoir des cartouches, ont été atteints coup sur coup par plusieurs obus [2]. Il n'en faut pas davantage pour qu'ils se débandent. Le général Ducrot accourt au galop, se jette au milieu des fuyards, les interpelle, les menace. Aidé de ses officiers, il leur barre la route, les ramène, les reforme et les lance sur Dame-Rose. Mais au bout d'une centaine de pas à peine, ils sont atteints de nouveaux projectiles. Aussitôt ils détalent à travers bois et descendent vers la Seine. La plupart rentrent dans Paris où, dès 8 heures du matin, ils répandent la terreur en s'écriant qu'on les a trahis. Trois cents seulement se rallient dans la redoute de Meudon, autour du commandant Lévy, aidé par un ingénieur, M. de l'Espée [3]. Un autre groupe, rassemblé par le capitaine Jacquot, prend position dans le bois entre Clamart et Fleury.

Cependant la division Caussade a continué son mouvement offensif, non sans hésitation. Le 18e de marche se déploie à droite du 17e jusqu'à la lisière du bois de Meudon ; le 16e est en réserve dans la ferme de Trivaux. Mais notre première ligne est vivement impressionnée par la fuite des zouaves. En outre, le bataillon du 17e de marche jeté vers la garenne

---

1. *État-major prussien*, tome III, p. 65. Le général Ducrot, tome Ier, p. 28, ne fait aucune mention de ce fait et le critique Y. K. (*Sciences militaires*, 48e volume, p. 263) en prend texte pour déclarer que l'*État-major prussien* a imaginé cet épisode afin de couvrir la retraite du 47e devant nos mobiles. Cette explication ne nous paraît pas admissible.

2. Ducrot, tome Ier, p. 29 et suiv.; Ballue, p. 30; Goncourt, p. 47; Sarcey, p. 69. Il faut ajouter que l'idée de rassembler un régiment sous les obus pour lui distribuer des cartouches était au moins singulière, de même que la formation prise pour le porter en avant.

3. M. de l'Espée construisait la redoute de la Capsulerie. Il fut assassiné en 1871 comme préfet du Saint-Étienne.

de Villacoublay se retire en désordre sous le feu de l'ennemi. La brigade Lecomte est hésitante. Un effort des Allemands va la mettre en désordre. A ce moment se produit l'intervention du IIe corps bavarois.

D'après les ordres donnés, la 6e brigade, le 5e chevau-légers et deux batteries doivent marcher de Longjumeau par Bièvre sur Petit-Bicêtre, et le reste de la 3e division par Pont-d'Antony sur les hauteurs de Sceaux ; on établira ensuite des avant-postes vers Paris, tandis que la 4e division et la brigade des uhlans bavarois prendront position à Pont-d'Antony et Fresnes-les-Rungis. Lorsque la colonne de gauche de la 3e division atteint les environs d'Igny (vers 7 heures), elle se croise avec les détachements du Ve corps en marche de Massy sur Mont-Clain. Une violente canonnade retentit vers le nord. Un officier prussien venu du lieu du combat fait connaître la situation au colonel v. Diehl. Celui-ci jette le 3e bataillon de chasseurs sur l'Abbaye-aux-Bois. Une compagnie y reste en soutien ; une autre va dans le bois du Loup-Pendu et deux dans la partie nord du bois de Verrières [1].

Dans l'intervalle, le 1er bataillon du 19e de marche a repris l'attaque de Petit-Bicêtre. Avec les francs-tireurs de la division il dépasse la Tuilerie, qu'occupent les mobiles de la Seine, pendant que les 2e et 3e bataillons du même régiment restent en réserve à hauteur du Pavé-Blanc. Pour démasquer l'artillerie, il appuie au sud. Puis, avant d'atteindre le bouquet de bois qui précède la route de Petit-Bicêtre à Malabry, le commandant Collio déploie deux compagnies en tirailleurs à 500 mètres environ de l'ennemi (8h 30). Mais la lisière du bois de Verrières et le côté sud de la route sont fortement occupés par les Allemands ; il faut porter en ligne les 2e et 3e bataillons. A ce moment, les deux batteries prussiennes [2] dirigent sur nos tirailleurs un feu vif, et le désordre se met parmi eux, surtout au 3e bataillon. Néanmoins, grâce à l'é-

---

[1]. *État-major prussien*, tome III, p. 67.
[2]. Celle qui a été obligée de se retirer au début du combat a été reportée en avant (voir plus haut, p. 178).

nergie des officiers, le reste du régiment se reporte en avant; quelques compagnies, gagnant vers l'est, cherchent à déborder la droite prussienne, pendant que la 3e du 1er bataillon, capitaine Barret, pousse jusqu'à 300 mètres de Petit-Bicêtre, à moins de 100 mètres de l'ennemi. Elle s'y maintient malgré des pertes considérables, mais, à ce moment, notre gauche se retire avec précipitation et la compagnie Barret, entourée, est enlevée tout entière [1].

Le 3e chasseurs bavarois vient d'entrer en ligne. Jointes aux fractions du 47e régiment prussien, deux compagnies se jettent avec un hourrah sur nos tirailleurs et les refoulent des taillis au sud de la route de Malabry; l'ennemi repousse même notre ligne jusqu'au Pavé-Blanc, où elle est recueillie par nos réserves. Une batterie bavaroise s'avance au travers des ruines fumantes de Petit-Bicêtre, à 600 pas du Pavé-Blanc. Une autre est déjà entrée en action sur la droite et en avant des deux batteries prussiennes. De son côté notre artillerie s'est beaucoup renforcée. Toutes nos batteries, sauf deux [2], se sont établies à gauche des précédentes jusqu'à la grand'route. C'est un total de 56 bouches à feu en face des 24 pièces allemandes [3]. Mais d'autres troupes bavaroises entrent en scène; un bataillon occupe la lisière nord du bois de Verrières, entre Malabry et Petit-Bicêtre; un second est dans cette ferme, deux en réserve près d'elle.

---

1. Le 19e de marche perdit en moins d'une heure 11 officiers, dont le lieutenant-colonel Collasseau tué, et 241 hommes tués ou blessés (Y. K., *Sciences militaires*, 48e volume, p. 266 et 267; Ducrot, tome Ier, p. 32).

2. Faute de place (Ducrot, tome Ier, p. 28).

3. D'après le général Ducrot, tome Ier, p 28, dont la version sur ce point a été suivie par Y. K., p. 265, et par M. Duquet, p. 183, ce déploiement de notre artillerie aurait eu lieu vers 7 heures, lors de la première attaque des 19e et 17e de marche. Il nous paraît ressortir des faits que ce déploiement se produisit seulement lors de l'entrée en ligne de deux nouvelles batteries allemandes; on se figure mal une, puis deux batteries, luttant contre dix, à courte portée.

M. Duquet, p. 184, écrit que l'attitude de la division Maussion « va permettre au IIe corps bavarois, libre de préoccupation du côté de Bourg-la-Reine, de se porter tout entier sur le lieu du combat et d'écraser nos jeunes troupes qui se battaient devant Petit-Bicêtre ». Or, la 4e division bavaroise et la réserve d'artillerie ne quittèrent ni Bourg-la-Reine, ni Châtenay pour se rendre sur le lieu du combat.

Le 5ᵉ chevau-légers est à l'Abbaye-aux-Bois. La droite du 47ᵉ régiment prussien, qui a brûlé presque toutes ses cartouches, revient à Villacoublay; deux compagnies restent provisoirement à Petit-Bicêtre.

En même temps, la gauche allemande reçoit des renforts. Le général v. Sandrart a porté quatre bataillons, deux escadrons et deux batteries de Mont-Clain sur Villacoublay. Ces douze pièces prennent position sur chacun des flancs du hameau[1], et le 7ᵉ régiment bavarois pousse jusqu'à la lisière du bois de Meudon, vers Dame-Rose. La 7ᵉ brigade se tient prête à intervenir de Mont-Clain.

Devant cette menace pour leur droite, les tirailleurs de Caussade, déjà ébranlés, reculent, se jettent sur la première ligne qui se rompt en plusieurs points. La confusion est extrême. Ducrot, accouru, rétablit un peu d'ordre. Mais, il doit le reconnaître, toute offensive devient impossible. Il prescrit aux divisions Caussade et d'Hugues de regagner leurs emplacements du matin[2].

Cependant, une partie de nos batteries, établies en demi-cercle de la porte de Trivaux à la grand'route, ont beaucoup à souffrir; le feu de l'artillerie et surtout des tirailleurs ennemis leur font subir des pertes sérieuses. En peu d'instants, la batterie Bocquenet est réduite à sept servants pour quatre pièces. Elle n'en continue pas moins de tirer. De même la cavalerie en arrière demeure stoïquement sous les obus. A ce moment, Ducrot ordonne au général Boissonnet, qui commande l'artillerie du 14ᵉ corps, de se retirer par échelons. Ce mouvement commence aussitôt par la droite.

L'ennemi nous suit de près. Ses cinq batteries ont pris position entre Petit-Bicêtre et le bois de la Garenne; leur tir facilite les progrès des tirailleurs prussiens et bavarois. Ceux-ci, à droite, pénètrent dans la Tuilerie, malgré un feu

---

1. Quelques hommes embusqués dans des fossés firent perdre à l'une de ces deux batteries tous ses officiers (Stieler v. Heydekampf, p. 163).
2. Ducrot, tome Iᵉʳ, p. 30. La relation prussienne (tome III, p. 69) porte à la même heure la retraite de la division Caussade et la déroute des zouaves. En réalité, il y eut au moins une heure d'intervalle entre ces deux faits. Dès 8 heures, des zouaves, en fuite, entraient dans Paris (Ducrot, tome Iᵉʳ, p. 29).

vif d'artillerie¹, et refoulent les débris du 19ᵉ de marche sur le parc de Plessis-Picquet. Là, sous le feu du 15ᵉ de marche, cesse leur poursuite. Vers 10 heures une contre-attaque est même tentée de ce parc vers le Pavé-Blanc. Un bataillon et une batterie l'arrêtent. Mais le colonel v. Diehl est obligé de rester face à Plessis-Picquet, pour éviter d'être débordé, et notre retraite en est grandement facilitée. C'est le but qu'a visé le général Ducrot, en envoyant au lieutenant-colonel Bonnet l'ordre « de se maintenir le plus longtemps possible » à Plessis-Picquet, « et de ne se replier, en passant par le ravin du Télégraphe, que lorsqu'il aura été dépassé par toutes les troupes engagées sur le plateau ² ».

Au centre, sous la direction du général Renault, notre artillerie continue sa retraite au pas, avec le plus grand calme, en occupant quatre positions successives. La cavalerie précède nos batteries, gardant, elle aussi, une ferme contenance. Pourtant des obus causent dans le régiment de gendarmerie un certain trouble, bien vite réprimé.

Un moment, l'ennemi se montre audacieux ; nos batteries de droite, arrêtées par le large fossé qui descend de la ferme de Trivaux vers la grand'route, sont obligées de traverser un passage étroit. Il en résulte une certaine confusion, dont l'infanterie prussienne profite pour menacer nos pièces, mais sans résultat³. A sa gauche, deux compagnies du 47ᵉ, une autre du 3ᵉ chasseurs bavarois se sont portées jusqu'à la porte de Verrières. Un bataillon (7ᵉ bavarois) s'empare du bois à l'est de Dame-Rose ; un second, du même corps, s'avance

---

1. *État-major prussien*, tome III, p. 70. Deux bataillons du 15ᵉ bavarois sont à Malabry ; un bataillon et une compagnie du 14ᵉ dans la Tuilerie et les boqueteaux voisins ; trois autres compagnies du 14ᵉ et deux escadrons de chevau-légers entre ces deux groupes, le long de la grand'route. Le 3ᵉ bataillon de chasseurs se rassemble à Petit-Bicêtre.

2. Ducrot, tome Iᵉʳ, p. 34. Cet ordre, confié au capitaine de Néverlée, n'atteignit jamais le colonel Bonnet (Y. K., *Sciences militaires*, 48ᵉ volume, p. 276). — M. Duquet en nie la réalité, pour établir que le 15ᵉ de marche fut oublié à Plessis-Picquet (p. 194). Les raisons qu'il en donne nous semblent des plus contestables.

3. Ducrot, tome Iᵉʳ, p. 36. — Le général écrit qu'il fit charger cette infanterie, sans dire par quoi. L'*État-major prussien* ne donne aucun détail à ce sujet.

au nord jusqu'à la ferme de Villebon, puis s'engage dans le bois de Meudon, ainsi que des unités d'un autre bataillon. Sur la principale avenue il capture un grand nombre de zouaves, presque sans combat. Il s'arrête ensuite face au château de Meudon; les autres fractions se tiennent près de la ferme de Trivaux. Plusieurs bataillons sont plus en arrière, près de Villacoublay[1]. La 10° division d'infanterie, qui a suspendu sa marche sur Versailles, est en réserve à l'ouest. Quant à l'artillerie de corps (V° corps), le général v. Kirchbach lui prescrit d'entrer en ligne. Du Pavé-Blanc à la ferme de Trivaux, il y a neuf batteries; trois autres sont un peu en arrière[2].

Cependant notre retraite continue. Ducrot compte défendre pied à pied la redoute de Châtillon et les positions voisines. Jusqu'alors, nos pertes sont relativement faibles, à l'exception des 2,000 à 3,000 fuyards de l'extrême droite. La cavalerie, actuellement inutile, pourra devenir gênante; le général la dirige sur Paris; deux escadrons restent près de la redoute, attendant que notre infanterie ait achevé de s'y établir.

Il est 10 heures. Ducrot achève la mise en état de défense de nos ouvrages de Châtillon et de l'éperon du Télégraphe[3]. Cette dernière position, d'où l'on domine entièrement la vallée de Sceaux, reçoit plusieurs batteries qui utilisent des épaulements ébauchés depuis la veille.

---

1. *État-major prussien*, tome III, p. 70 : 6 compagnies du 7e régiment, 1 bataillon du 47e, 1 bataillon de chasseurs à la ferme de Trivaux, 6 compagnies du 47e et la 17e brigade à Villacoublay.

2. *État-major prussien*, tome III, p. 72. La plus grande partie du 4e dragons, 1 escadron du 1er hussards et 2 escadrons du 5e chevau-légers soutiennent la droite de cette ligne d'artillerie.

3. 3 mitrailleuses (batterie de Grandchamp) sont établies dans la redoute; 2 batteries (17e du 14e et 17e du 15e) derrière les épaulements de droite; quelques pièces que l'on parvient à réorganiser dans nos deux batteries à cheval (13e du 18e et 13e du 19e), y sont également; 1 batterie de 4 (17e du 19e) est en avant de l'angle d'épaule droit de la redoute.
Sur l'éperon du Télégraphe: 2 batteries de mitrailleuses (Ladvocat et Perrault), moins 2 pièces dégradées; 1 batterie de 12 (de Chalain); 1 batterie de 4 (Dassonville); 1 batterie de 12 (Déthorey); 1 batterie de 12 (Lesage), dont 2 pièces dans la redoute.
Toute cette artillerie est sous les ordres du lieutenant-colonel Villiers, commandant la réserve du 14e corps (Ducrot, tome Ier, p. 37).

La redoute est défendue par un peu plus d'un bataillon (le 2ᵉ du 26ᵉ et 1 section du 22ᵉ de marche, 1 compagnie de mobiles d'Ille-et-Vilaine). Sur la droite, dans des tranchées, des forces à peu près équivalentes (1ᵉʳ bataillon du 26ᵉ de marche, 1 section du 17ᵉ). Une compagnie détachée occupe le cimetière à 200 mètres en avant de la redoute, le long de la route de Versailles.

A gauche enfin, dans des tranchées, sur les pentes au-dessus du Télégraphe, se tient le 3ᵉ bataillon du 26ᵉ. Il doit soutenir les batteries placées sur cet éperon et se relier, s'il est possible, au 15ᵉ de marche[1]. C'est à ces trois bataillons et demi que se réduisent les fractions immédiatement disponibles autour de la redoute. Le général Ducrot compte néanmoins tenir ferme dans ses positions actuelles. En arrivant à hauteur des bivouacs de la 1ʳᵉ division du 14ᵉ corps, il a même permis aux troupes de « faire la soupe », sous réserve qu'elles seront prêtes à prendre les armes[2].

Mais il faut bientôt en rabattre : la division d'Hugues, « vivement impressionnée » par les obus qui pleuvent à l'extrémité du plateau, descend en désordre les pentes vers Châtillon et Bagneux. Toutefois, le général Paturel réussit à maintenir presque tout le 21ᵉ de marche ainsi qu'une fraction du 22ᵉ dans un ravin qui descend du Télégraphe à Fontenay. Plus à l'est, la division Maussion est encore à Bagneux, avec un bataillon à Fontenay. Ses deux batteries occupent des épaulements sur l'éperon de Bagneux, ce qui permet à leur feu de se croiser avec celui du Télégraphe.

Sur la droite de la redoute, la division Caussade, après avoir repris ses sacs, est descendue, débandée en partie, vers Clamart. Elle doit occuper ce village et se relier à Châtillon, en nous couvrant vers l'ouest. Malgré les défaillances de nos troupes, Ducrot espère encore tenir l'extrémité du plateau dont il connaît toute l'importance[3].

---

1. Ducrot, tome Iᵉʳ, p. 39.
2. Ducrot, tome Iᵉʳ, p. 443, *Rapport du 20 septembre sur le combat de Châtillon*.
3. Ducrot, tome Iᵉʳ, p. 39.

Dès que notre infanterie a dégagé leur champ de tir, les huit pièces de 12 de la redoute ouvrent le feu, à 2,000 mètres environ, non sans succès[1]. A ce moment, le général v. Kirchbach, commandant le V⁰ corps prussien, reconnaît que les Bavarois n'ont nul besoin de son secours pour occuper la ligne d'avant-postes qui leur a été assignée. Il fait reprendre (vers midi) la marche sur Versailles. Toutefois, devant le désir exprimé par le colonel v. Diehl, il laisse pour l'instant à Villacoublay la 18ᵉ brigade, deux escadrons et deux batteries. Il en résulte un arrêt momentané du feu sur le plateau. Nos batteries du Télégraphe, seules, continuent de lutter contre l'artillerie apparue dans la direction de Sceaux.

En effet, le gros du IIᵉ corps bavarois est déjà en contact avec nos troupes à l'est du bois de Verrières. Vers 8 heures du matin, la 5ᵉ brigade s'est portée au sud-est de Chatenay, après avoir délogé de ce village un petit détachement français. Bientôt après la 4ᵉ division et la réserve d'artillerie débouchent entre Antony et la Croix-de-Berny. Vers 9 heures le général v. Hartmann, qui commande le IIᵉ corps bavarois, pousse la 7ᵉ brigade sur Fontenay-aux-Roses et la 5ᵉ sur Sceaux. Cette petite ville est occupée sans résistance par un bataillon.

Un détachement[2] qui éclaire la 7ᵉ brigade trouve inoccupé le village de L'Hay, dont l'attaque nous coûtera tant de sang le 30 septembre ; il découvre vers Fontenay des masses considérables (la division Maussion) qui l'arrêtent par leurs feux. De même l'artillerie des Hautes-Bruyères canonne la brigade de uhlans à Fresnes-les-Rungis.

Quant à la brigade dirigée vers Sceaux, la 5ᵉ, elle tombe au sortir de Chatenay sous un violent feu d'artillerie et d'infanterie venant du nord et de l'est. Les troupes françaises[3]

---

1. *L'État-major prussien*, tome III, p. 72, écrit à tort que cet ouvrage était armé de pièces de gros calibre.
2. *État-major prussien*, tome III, p. 73, 1 bataillon et 1 escadron.
3. 1 compagnie et demie de chasseurs, capitaine Battistt, et 1 section du 15ᵉ de marche (Y. K., *Sciences militaires*, 48ᵉ volume, p. 275, d'après les communications verbales du général de division Bonnet, alors commandant du 15ᵉ de marche).
Le récit que M. Duquet, p. 190, consacre à la défense du 15ᵉ de marche,

occupent le moulin à vent de Plessis et les pentes boisées qui en descendent vers Aunay. Trois batteries bavaroises prennent, l'une après l'autre, position à l'ouest de Chatenay, pendant qu'un bataillon (1ᵉʳ du 6ᵉ régiment) marche sur le moulin par Malabry. Ces dispositions à peine terminées (9ʰ45), le général v. Hartmann reçoit un compte rendu du colonel v. Diehl : la 6ᵉ brigade s'est emparée du bord du plateau à Petit-Bicêtre, mais elle a besoin de renforts en artillerie et en infanterie. Hartmann envoie aussitôt deux batteries de la réserve d'Antony à Petit-Bicêtre ; il prescrit à la 5ᵉ brigade, qui est à Chatenay, de se relier à la 6ᵉ vers Petit-Bicêtre. La 7ᵉ se rassemble à Bourg-la-Reine et aura à s'y maintenir[1].

Deux bataillons (7ᵉ régiment) suivent alors celui du 6ᵉ déjà porté sur Malabry ; une batterie qui ne peut obtenir des résultats sérieux de la Garenne à l'ouest de Chatenay prend la même direction. Dès que ces troupes sortent des bois vers Malabry, elles sont accueillies par une grêle de balles venues de Plessis-Picquet. Le général v. Walther réunit les 5ᵉ et 6ᵉ brigades entre Pavé-Blanc et Malabry ; puis il prescrit une attaque générale. La brigade prussienne restée à Villacoublay lui servira de soutien.

L'artillerie bavaroise entre d'abord en scène. Une batterie prend position au nord de Malabry, malgré le feu vif qui vient du moulin de Plessis, à courte distance, 800 mètres environ. Au Pavé-Blanc une autre batterie soutenue par deux escadrons de chevau-légers s'avance à 1,000 mètres environ du parc de Plessis-Picquet ; une troisième vient prendre place entre les deux premières et deux escadrons de chevau-légers repoussent des tirailleurs embusqués dans un pli de terrain entre l'artillerie bavaroise et Plessis-Picquet.

---

est en contradiction avec ce récit d'un témoin oculaire. Le lieutenant-colonel Bonnet et son régiment ne furent pas oubliés à Plessis-Picquet (p. 196), puisque, dès le matin du 18 (Y. K., p. 275), cet officier était informé du rôle qu'il aurait à jouer pour couvrir notre gauche : « Vous y tiendrez jusqu'à ce que vous receviez un ordre écrit de moi de l'évacuer. » Le 19, après le début de la retraite, le général Ducrot lui envoya le capitaine de Néverlée pour lui faire connaître qu'il aurait à se retirer seulement « lorsque toutes les troupes engagées sur le plateau l'auraient dépassé » (Ducrot, tome Iᵉʳ, p. 35).

1. *État-major prussien*, tome III, p. 75.

Enfin deux pièces d'une batterie restée à l'ouest de Chatenay peuvent intervenir également dans l'attaque dirigée contre le 15e de marche.

Ce dernier occupe les emplacements suivants : le 1er bataillon dans un vaste enclos au sud du village, qu'une rue orientée du nord au sud sépare du parc Hachette. Cette voie est fermée par une forte barricade ; le 2e bataillon occupe le parc ; le 3e est en réserve ; il assure la garde de la porte et des brèches du parc vers le nord. Les rues de Plessis-Picquet sont barricadées, les murs crénelés ; des banquettes ont été organisées sur des points favorables pour avoir un double étage de feux [1].

Cependant les trois batteries bavaroises ont quelque temps canonné l'enclos, le parc et le village de Plessis-Picquet. Trois bataillons (5e brigade) sortent des bois vers Malabry et se déploient face au nord-est. Après un combat de courte durée [2], le poste avancé du moulin est enlevé. Puis l'attaque se dessine contre le saillant sud de l'enclos du Château-Rouge ; cinq compagnies se portent à 300 mètres de lui ; un bataillon fait face au mur ouest ; deux escadrons couvrent la gauche de cette ligne, face au bois de Meudon.

Le combat reste un instant stationnaire ; le feu de l'infanterie bavaroise fait peu de mal au 15e de marche, embusqué derrière des murs ; de même le tir de l'artillerie, dirigé contre les réserves, est trop long, car elles sont très près de la première ligne [3]. Cependant le 1er bataillon du 15e de marche, pris d'une panique, s'enfuit jusqu'au fond du ravin. Le lieutenant-colonel Bonnet le rallie, aidé de ses officiers, et le reporte en avant. Mais les Bavarois, mettant à profit cet instant de faiblesse, tentent de se porter en avant. Leur attaque,

---

1. Y. K., *Sciences militaires*, novembre 1892, p. 276. Une première attaque, tentée vers 8 heures, avait été repoussée.
2. L'*État-major prussien* dit « un combat court, mais vif ». Le général Bonnet dit « sans résistance » (Y. K., *Sciences militaires*, décembre 1892, p. 347). Les Bavarois ne firent aucun prisonnier, ce qui n'indique pas un combat bien vif.
3. Général Bonnet, cité par Y. K., *Sciences militaires*, décembre 1892, p. 347.

sur un terrain plat, entièrement découvert, échoue sous notre feu, à trois reprises différentes[1].

Cependant le lieutenant-colonel Bonnet a appris la retraite des divisions d'Hugues et Caussade. Les cartouches commencent à manquer, malgré tous les soins pris pour les ménager. Il envoie (vers 1 heure) pour demander des ordres. Au moment où le capitaine Tarigo parvient auprès du général en chef, celui-ci apprend que la division Maussion s'est retirée; il prescrit au général d'Hugues de réoccuper Fontenay-aux-Roses[2]. La situation ainsi modifiée exige la retraite immédiate du 15e de marche. L'ordre en est aussitôt rapporté au colonel Bonnet.

A 1h 30 environ, le régiment se met en mouvement, sans être inquiété autrement que par les obus bavarois. Un moment l'ennemi s'élance derrière lui par une brèche, mais la vue du groupe d'arrière-garde avec lequel marche le brave Bonnet suffit à l'arrêter. Vers 3 heures, le régiment est à la redoute, après une retraite des plus régulières[3].

Tandis que le 15e de marche résiste ainsi aux Bavarois, le combat reprend entre leurs pièces du plateau et les nôtres. Une batterie soutenue par deux escadrons de chevau-légers s'avance même jusqu'à la porte de Châtillon, à 1,000 mètres environ de la redoute. Elle réussit à déloger des mitrailleuses

---

[1]. Il y a discordance entre le récit de l'*État-major prussien* (tome III, p. 75) et celui du général Bonnet que nous avons suivi. Le récit allemand représente l'enclos et le parc, puis le village comme ayant été conquis de haute lutte. Mais il y a là une erreur manifeste. Les pertes du 15e de marche et des chasseurs à pied (3 officiers et 38 hommes hors de combat) furent relativement très faibles; il ne perdit aucun prisonnier, ce qui eût été inévitable si les parcs et le village avaient été pris d'assaut.

[2]. C'est le capitaine, plus tard général, Faverot de Kerbrech, qui vint apporter à Ducrot la nouvelle de l'évacuation de Bagneux et de Fontenay par la division Maussion. Ses notes et souvenirs personnels sont d'accord avec le récit d'Y. K., que nous suivons sur ce point.

[3]. M. Duquet raconte cet épisode avec une exagération manifeste. Il écrit notamment (p. 199): « Heureusement, comme nous l'avons écrit, le 15e régiment de marche combattait toujours au Plessis-Piquet, y tenant tête à deux corps d'armée allemands et renouvelant, dans des proportions plus extraordinaires encore, les prouesses du IIIe corps prussien à Rezonville ». Il parle aussi des « survivants » du 15e de marche, « brisés de fatigue, aveuglés par la fumée et la poussière ». C'est beaucoup dire pour une défense qui coûta, de 6 heures du matin à 3 heures du soir, un total de 41 hommes.

du cimetière, mais en souffrant de telles pertes qu'à 1ʰ 15 elle doit se retirer d'environ 1,000 mètres pour ouvrir de nouveau le feu ; quant à l'infanterie bavaroise, qui tente de déboucher de Plessis-Picquet, elle est d'abord rejetée par une contre-attaque ; puis elle reprend son mouvement pour s'arrêter bientôt en face de la redoute. A droite, la 7ᵉ brigade est également stationnaire devant l'éperon au sud de Bagneux, dans un ravin qui va de Sceaux à Bourg-la-Reine. Deux compagnies occupent L'Hay. Enfin, en dernière ligne, le 8ᵉ brigade bavaroise et la plus grande partie de la réserve d'artillerie sont à Chatenay [1].

Le duel d'artillerie continue aux abords de la redoute ; le tir convergent et bien réglé de l'ennemi nous fait pourtant peu de mal. La raideur des pentes est telle en avant de nos batteries du Télégraphe que les coups courts y portent sans ricocher ; les coups longs tombent entre elles et la redoute, où ils sont inefficaces.

Déjà, vers midi, Ducrot a jugé prudent de prévoir les dispositions à prendre pour la retraite, si elle devenait nécessaire. La division Caussade se retirera en arrière du fort d'Issy ; celle du général d'Hugues derrière celui de Vanves ; la division Maussion en arrière du fort de Montrouge ; la réserve d'artillerie entre ces deux derniers ouvrages. Ducrot prévoit même la retraite dans Paris et il assigne un itinéraire à chaque division [2].

L'officier envoyé à Clamart pour porter cet ordre au géné-

---

1. *État-major prussien*, tome III, p. 76.
2. Cet ordre, dicté par Ducrot au général Appert, chef d'état-major du 14ᵉ corps, est ainsi libellé :

« Dans le cas où nous serions obligés d'évacuer la position de Châtillon, la retraite se fera avec autant d'ordre que possible, en se couvrant par des masses de tirailleurs défendant les maisons et tous les obstacles pied à pied.

« La 1ʳᵉ division irait se placer en arrière du fort d'Issy ; la 2ᵉ en arrière du fort de Vanves ; la 3ᵉ en arrière du fort de Montrouge ; les réserves d'artillerie dans l'intervalle entre les forts de Vanves et de Montrouge.

« Après l'évacuation complète de la redoute de Châtillon, si l'on était forcé de rentrer dans Paris, la 1ʳᵉ division rentrerait par le village d'Issy et les portes qui y donnent accès ; la 2ᵉ division et l'artillerie de réserve par la porte de Châtillon et celle du chemin de fer ; la 3ᵉ division par la porte de Montrouge. Ce mouvement ne s'exécutera que sur un ordre précis du général en chef. » (Ducrot, tome Iᵉʳ, 42.)

ral de Caussade y cherche vainement sa division. Elle a disparu. Cette nouvelle ne trouve d'abord qu'incrédulité auprès de Ducrot. Comment admettre qu'une division ait ainsi quitté le champ de bataille sans avoir été attaquée? Il envoie inutilement à Clamart, à Issy, à la Californie. Il n'y a plus à douter : Caussade est rentré dans Paris (vers 11 heures). Notre droite n'est plus couverte que par les quelques centaines d'hommes ralliés autour du commandant Lévy et du capitaine Jacquot. Encore le général Ducrot l'ignore-t-il. Il peut, il doit se croire exposé à être coupé de Paris, si l'ennemi vient à déboucher du bois de Meudon [1].

Pendant que notre droite disparaît ainsi, la 2ᵉ division du 14ᵉ corps, très impressionnée par les obus, s'est débandée en grande partie vers le fort de Montrouge. Mais le général d'Hugues rallie ces fuyards et les reforme entre Châtillon et Fontenay [2]. Un autre et plus déplorable incident est survenu à gauche.

Avant que Ducrot eût dicté au général Appert son ordre éventuel pour la retraite, ce chef d'état-major a cru devoir envoyer, de son initiative privée, à la division Maussion, par le capitaine Fayet, l'ordre verbal de se replier de Bagneux sur Montrouge. Puis cette première erreur commise, il l'aggrave en omettant d'annuler son ordre dès qu'il a connaissance des intentions réelles du général Ducrot [3].

Ces fautes répétées contre les devoirs les plus élémentaires ont des conséquences graves. Maussion hésite d'abord à

---

1. Dans l'enquête qui eut lieu, le général de Caussade déposa que « vers 11 heures, n'entendant plus le canon et voyant la route couverte de fuyards, il avait cru le plateau évacué, et que, craignant d'être enveloppé, il avait ramené sa division dans Paris ». Cette pitoyable explication ne tient pas debout. Ses derrières n'étaient aucunement menacés; même s'ils l'avaient été, il aurait dû se replier sur le fort d'Issy et non au delà, de façon à protéger la retraite du reste des troupes; enfin, il devait, avant tout, s'assurer de l'évacuation du plateau.
Cet acte inqualifiable aurait dû amener devant un peloton d'exécution le général de Caussade, le même qui avait si mal défendu, au 4 septembre, le Corps législatif. Ducrot réclama vainement sa traduction en conseil de guerre (Enquête, déposition Ducrot). Aucune mesure ne fut prise contre lui. Il mourut, peu après, de maladie (Général Trochu, Œuvres, tome Iᵉʳ, p. 279).
2. Ducrot, tome Iᵉʳ, p. 43.
3. Ducrot, tome Iᵉʳ, p. 43; Y. K., Sciences militaires, novembre 1892, p. 283.

obéir. Puis, sur l'insistance du capitaine Fayet, il se décide à évacuer Fontenay, Bagneux et les hauteurs de Bourg-la-Reine ; les batteries du commandant de Miribel quittent également leur éperon et notre gauche est tout à fait découverte.

Dès qu'il en est informé, Ducrot prescrit au général d'Hugues de faire réoccuper Fontenay-aux-Roses. Le 3ᵉ bataillon du 21ᵉ de marche se dirige sur ce village ; le 2ᵉ reste sur les pentes du Télégraphe, face aux coteaux de Sceaux ; le 1ᵉʳ borde le plateau du Télégraphe à la redoute (1ʰ 15 environ).

Dans l'intervalle notre artillerie a continué avec succès de combattre les batteries allemandes réparties sur le plateau et les hauteurs de Sceaux. Vers 2 heures, toutes ont été obligées de s'éloigner, l'une après l'autre, à leur extrême limite de portée. Nous n'avons rien à redouter sur notre front, mais à droite nous sommes entièrement découverts par la « défection » de la division Caussade. Il faut prévoir un mouvement de l'ennemi sur notre ligne de retraite. Néanmoins Ducrot ne veut pas encore abandonner ses positions. Il a envoyé à 10 heures le commandant Bibesco au général Trochu pour lui rendre compte de la situation. Vers midi, ne voyant rien venir, il adresse au gouverneur une dépêche indiquant son anxiété.

A midi 40, le chef d'état-major, général Schmitz, répond : « Gouverneur est parti pour vous rejoindre ; je pense comme vous que l'ennemi sera bientôt sur les hauteurs de Meudon, et je vous conjure de vous inspirer de votre propre valeur, pour ne pas vous laisser cerner et nous priver de votre concours qui peut nous être si utile ; je fais appel à tous vos sentiments de prudence. »

A juste titre, Ducrot conclut de cette dépêche que le gouverneur et son entourage sont d'avance résignés à l'abandon du plateau[1]. N'attendant plus de renforts, il songe à s'enfermer dans la redoute avec quelques centaines d'hommes, afin

---

1. Ducrot, tome Iᵉʳ, p. 47. Cette supposition est fondée (Trochu, Œuvres, tome Iᵉʳ, p. 277).

d'y tenir jusqu'à la dernière extrémité. Mais il est arrêté par le manque d'eau. Il n'y en a plus, même à Châtillon, alimenté d'ordinaire par la pompe à feu de Choisy-le-Roi, dont le fonctionnement a cessé la veille. Dès lors on ne pourra garder plus de 48 heures la redoute. D'ailleurs les munitions de 12 sont à peu près épuisées et, malgré la demande faite, aucun envoi n'est annoncé [1].

Cependant le combat a presque cessé; il n'y a plus qu'une canonnade à grande distance et un échange de coups de feu inoffensifs. Un incident jette pourtant le trouble parmi les défenseurs de la redoute. Deux compagnies (1er bataillon du 21e de marche) établies un peu en retrait vers le Télégraphe ouvrent le feu sur les Bavarois. Il gagne de proche en proche et des balles viennent siffler aux oreilles de la garnison. Elle en est fortement ébranlée, malgré la prompte cessation de cette inutile fusillade.

Vers 3h 15, ne voyant venir à lui ni le gouverneur, ni des renforts, Ducrot juge nécessaire de se retirer. Les batteries du Télégraphe, celles de droite se dirigent sur Montrouge, suivies des troupes établies derrière la redoute et sur les pentes voisines. Puis, à 4 heures, l'évacuation de l'ouvrage commence dans le plus grand calme. Les caissons, les impedimenta de tout genre, les troupes de droite et de gauche se retirent par échelons, tandis que la garnison entretient un feu vif.

Mais les avant-trains de 12 envoyés dans Châtillon faute de place suivent ce mouvement rétrograde. Lorsqu'on veut enlever les pièces de la redoute, il ne reste plus d'attelages. Les mitrailleuses seules peuvent être emmenées. Quant aux pièces de 12, Ducrot se borne à les faire enclouer. Enfin ordre est donné au bataillon du 26e et aux mobiles de se retirer. Pas un coup de canon, pas un coup de fusil n'est tiré sur cette arrière-garde. Vers 5 heures elle est à hauteur du

---

1. Ducrot, tome Ier, p. 47. — Le manque d'eau n'avait pas la gravité que le général veut bien dire. Avec sa prudence habituelle, l'ennemi ne songeait pas du tout à s'emparer de la redoute, du moins quant à présent. Il y entra simplement parce que nous l'évacuâmes.

fort de Vanves, non sans un désordre que les circonstances n'expliquent pas[1].

Dès son départ plusieurs compagnies bavaroises réunies à portée de la redoute remarquent le silence qui s'y fait. Elles s'y jettent et la trouvent vide. Neuf pièces de campagne, deux fanions, des objets d'équipement, des vivres tombent entre leurs mains[2]. Des patrouilles jetées vers Clamart et Châtillon constatent l'évacuation de ces villages; elles y prennent encore des caissons et des vivres. Les Bavarois s'établissent ensuite sur le plateau et aux environs de Bourg-la-Reine, dans les positions qu'ils ont si aisément conquises[3].

Pendant la retraite, le commandant du fort de Vanves recevait cette dépêche du gouverneur datée de 4h40 : « Avez-vous des nouvelles de la personne du général Ducrot? »

« Personne dans Paris ne savait au juste ce qui se passait sur le lieu du combat, parce que, depuis 11 heures du matin, personne n'y était venu voir.... Le gouverneur s'était mis en route; à la porte de Paris, il avait rencontré la division Caussade qui rentrait tranquillement, disant qu'on ne se battait plus, que toutes les troupes revenaient. Le général Trochu s'était alors borné à faire l'inspection des remparts, pour y préparer la défense[4]. »

---

1. D'après l'*État-major prussien*, tome III, p. 78, l'évacuation de la redoute aurait eu lieu au moins une heure plus tôt, vers 3 heures. Les défenseurs auraient été « couverts de balles » dans leur retraite; deux pièces seulement auraient été encloucées. Enfin, nous aurions perdu 9 pièces de gros calibre, et non 8 canons de campagne. Le major de Sarrepont, p. 273, écrit que l'évacuation fut prescrite à 3h30. Cette heure est sans doute la véritable.

2. Le major de Sarrepont, p. 273, écrit que, vers 4h30, notre extrême arrière-garde mit le feu aux fourneaux de mine répartis au pourtour de l'ouvrage. Une forte explosion, probablement inoffensive, se produisit. L'*État-major prussien* n'en fait pas mention.

3. 6e brigade et 5 batteries sur le plateau au sud du moulin de Pierre; 1 bataillon et demi et des pionniers dans la redoute; 1 compagnie à Châtillon; 1 bataillon et 1 batterie à la Tour des Anglais, avec avant-postes vers Clamart; 1 bataillon, 4 escadrons, 1 batterie à la Porte de Châtillon, se gardant vers le château de Meudon; le reste de la 5e brigade au bivouac de Plessis-Picquet et Malabry.

La 7e brigade à Bourg-la-Reine et Fontenay-aux-Roses; la 8e brigade et la majeure partie de la réserve d'artillerie à Chatenay; la brigade de uhlans à Fresnes-les-Rungis.

4. Ducrot, tome 1er, p. 52; général Trochu, *Œuvres*, tome 1er, p. 279.

CHATILLON.

Les divisions d'Hugues et Maussion rentraient dans Paris vers 4 heures du soir[1]. Craignant une attaque de vive force, le gouverneur se hâtait de prescrire à la division Blanchard, du 13e corps, de quitter le plateau de Vincennes pour prendre position le long de l'enceinte, face au lieu du combat. Ce ne fut pas sans difficulté qu'elle parvint à s'y installer. Les gardes nationaux, surtout vers le quartier des Gobelins, refusaient de se laisser relever par des troupes de ligne[2].

C'est ainsi que se terminait le combat de Châtillon. L'ennemi avait perdu 19 officiers et 425 hommes ; nos troupes 33 officiers et 696 hommes[3]. Même si l'on ignorait les détails de l'action, le tableau de ces pertes suffirait à prouver que nos troupes ne mirent, en général, aucun acharnement dans la lutte. Certains corps, les 20e, 21e, 26e de marche, eurent peu ou point d'hommes hors de combat.

D'ailleurs, bien que le plateau de Châtillon fût d'une extrême importance, nos pertes matérielles étaient les moindres. La prise de ces hauteurs rendait facile le bombardement du sud de Paris, sinon la prise des forts d'Issy et de Vanves. Mais la conséquence la plus saillante de cet échec fut d'ordre moral. L'affolement dans Paris dépassa toute mesure. « Vers midi, il se répandit sur le boulevard une nouvelle qui prit feu comme une traînée de poudre : « Nous sommes perdus, « les Prussiens sont vainqueurs, ils vont entrer dans Paris ! » Gambetta sembla croire un instant que l'ennemi allait être aux fortifications. « Il y a.... que les b...., à l'heure qu'il est, sont peut-être à la porte Maillot[4]. »

L'aspect des troupes rentrant dans Paris était navrant[5]. Des bandes de fuyards se firent arrêter à la Madeleine, sur

---

1. Le général Ducrot écrit que l'ordre leur fut donné de rentrer, sans dire par qui.
2. Vinoy, p. 150.
3. Voir aux annexes.
4. Sarcey, p. 70.
5. « Ce fut une débandade sans nom. » (J. B. Mazères, *les Mobiles de Rennes au siège de Paris*, p. 27.) « La retraite.... s'opéra, sauf pour un petit nombre de nos troupes, dans une très grande confusion. La démoralisation des soldats dépassa bientôt sur certains points tout ce qu'on pourrait dire.... » (Général Favé, p. 6 ; général Trochu, *Œuvres*, tome Ier, p. 279.)

les boulevards. La fureur de la foule se tourna bientôt contre eux. On les traîna à la Place, les vêtements retournés, un écriteau infamant entre les épaules[1]. La nuit fut agitée, inquiète[2]. On croyait que l'ennemi reprendrait l'offensive à 2 heures du matin et donnerait assaut à l'enceinte. Des officiers de mobiles en grand nombre s'étant montrés avec des femmes dans les cafés du boulevard, des gardes nationaux s'ameutèrent et firent évacuer ces établissements. A la suite de cet incident, ils se fermèrent tous les soirs à 10 heures[3].

D'ailleurs l'émoi de la foule n'était pas sans excuse. Le gouverneur et ses collègues le partageaient. Le soir du 19 septembre on affichait une proclamation de Gambetta, qui semblait annoncer, elle aussi, un assaut prochain : « Citoyens, le canon tonne, le moment suprême est arrivé[4].... » Le général Trochu prescrivait la rentrée immédiate de toutes les troupes restées au dehors de l'enceinte. Une seule exception fut faite pour la division d'Exéa qui resta sur le plateau de Vincennes. Dans la soirée, le commandant Lévy télégraphiait de Meudon au gouverneur pour demander ses ordres. Après quelques phrases échangées, on lui répondit : « Tu n'es qu'un Prussien ! » Sans vivres, avec peu de munitions, quelques centaines de zouaves et de mobiles, Lévy décida d'évacuer le château de Meudon. A 8 heures du soir, il se mit en marche et rentra sans encombre à Paris. Les autres redoutes en construction furent également évacuées, même celle de Gennevilliers, que l'ennemi ne menaça jamais[5]. Le 14e corps vint se reformer au Champ de Mars et dans les avenues voisines. La division Maud'huy, du 13e corps, borda l'enceinte de la Seine à la porte d'Enfer ; le général Blanchard s'étendit de la Bièvre à la Seine, vers Javel ; l'artillerie de réserve bivouaqua sur la place Breteuil.

---

1. 5 de ces fuyards, condamnés à mort le 11 octobre, virent leur peine commuée (Larchey, p. 86).
2. « Ce soir, sur les boulevards, la foule des jours mauvais, une foule agitée, houleuse, cherchant du désordre et des victimes.... » (Goncourt, p. 49.)
3. Sarcey, p. 70 et suiv.
4. Sarrepont, p. 278.
5. Dans son livre posthume, tome Ier, p. 282, le général Trochu ne fait aucune allusion à ce néfaste abandon.

Combats de Châtillon et de Bagneux
(19 Septembre, 13 Octobre 1870)

Carte N.º IV.

Extrait de la Carte des environs de Paris au 1/40.000.°

Le terrain est représenté dans son état actuel (1897)

Vainement le gouverneur tenta ensuite de réduire l'importance du combat de Châtillon. Le bulletin militaire communiqué aux journaux en fit une « reconnaissance offensive ». Le rapport officiel contenait cette phrase, qui devint légendaire : « Quelques-uns de nos soldats se sont repliés avec une précipitation regrettable [1]. » Ainsi commençait ce régime de dissimulation, de maladroite flagornerie dont on devait user à l'égard de Paris durant tout le siège.

L'effet produit par la défaite de Châtillon ne se borna pas à une alarme passagère. Une grande partie de la population inclina un instant vers la paix. Elle craignait les excès des partis avancés, dont nos malheurs accroissaient l'audace. « Elle haïssait plus l'étranger, mais elle redoutait davantage les Bellevillois [2]. » La réponse de M. de Bismarck aux ouvertures de Jules Favre allait pour un temps effacer tous ces dissentiments. Sans son arrogance, s'il nous avait laissé même un espoir de paix, la guerre civile éclatait peut-être dans Paris.

Il est impossible de clore ce chapitre sans dire quelques mots d'une question souvent controversée. Si l'ennemi avait continué énergiquement son offensive, le soir du 19 septembre, aurait-il pu réussir? Le général Vinoy est très affirmatif à cet égard. Il croit que, si les Allemands avaient cherché à entrer de vive force dans Paris, soit en tournant par une attaque vigoureuse le fort de Montrouge, soit en forçant le passage entre les forts de Vanves et d'Issy, il aurait eu « de fortes chances » de réussite [3]. Nous avons dit que cette crainte était partagée par le gouverneur, par une grande partie de la population.

Bien qu'il ne croie pas à la possibilité d'une attaque contre le front sud [4], le général Ducrot ne l'écarte pas quant aux autres parties de l'enceinte. Mais il juge que les Allemands auraient pu faire une démonstration au sud de Paris, en

---

1. Sarcey, p. 70; Larchey, p. 50.
2. Sarcey, p. 70 et suiv.
3. Vinoy, p. 150.
4. Ducrot, tome Ier, p. 66.

opérant une attaque réelle vers Asnières ou Joinville. Dans le premier cas, ils auraient franchi la Seine à Bezons et Argenteuil, puis, de nuit, à Asnières. De ce dernier point ils auraient gagné l'enceinte, en s'abritant des maisons de Clichy-la-Garenne et des remblais du chemin de fer de l'Ouest. Dans le second cas, ils passaient la Marne sans difficulté, puisque les redoutes de Gravelle et de la Faisanderie n'étaient pas encore armées au 19 septembre. Mais ils pouvaient être arrêtés par la division d'Exéa [1].

Il est superflu de discuter ces deux éventualités que, sans parler des difficultés techniques, la répartition des troupes allemandes au 19 septembre excluait entièrement. Mais on peut en retenir qu'aux yeux du général Ducrot, une attaque de vive force n'était point un cas négligeable. Beaucoup d'autres historiens, le major de Sarrepont, M. A. Duquet, le critique Y. K., sont d'un avis tout opposé. « Bien que Paris ne disposât que de troupes sans instruction pour la plupart, son enceinte à l'abri de l'escalade, ses nombreux ouvrages extérieurs laissaient peu de chances de réussite à une attaque de vive force [2]. » Nous l'avons dit, le général de Moltke redoutait l'effet moral qu'un échec produirait sur les armées allemandes comme sur les nôtres.

Les arguments de ceux qui croient à l'impossibilité d'une attaque de ce genre se réduisent à trois. En premier lieu « l'excellence des forces fixes compensait la mauvaise qualité des forces mobiles [3] ». Or les forts et l'enceinte elle-même n'étaient pas en complet état de défense au 19 septembre. Nous en avons donné les preuves [4].

On dit aussi que la retraite de nos troupes ne fut jamais une débandade, sauf pour les zouaves ; l'ennemi n'aurait pu pousser sur l'enceinte à leur suite et y pénétrer avec elles. Mais on oublie que le Vᵉ corps prussien abandonna le combat dès midi; que la 4ᵉ division et une grande partie de la ré-

---
1. Ducrot, tome Iᵉʳ, p. 66.
2. *État-major prussien*, tome III, p. 49.
3. Ducrot, tome Iᵉʳ, p. 66.
4. Voir plus haut, p. 103.

serve d'artillerie bavaroises ne furent pas engagées; enfin que les troupes restées au combat ne cherchèrent jamais à nous refouler sur l'enceinte. Elles n'entrèrent dans la redoute qu'après son évacuation, se conformant à l'esprit des ordres qui leur prescrivaient d'établir des avant-postes sur les hauteurs de Châtillon. Si le V° corps et le II° corps bavarois réunis avaient vivement poussé les troupes de Ducrot après leur échec, la retraite commencée fût devenue une déroute, et nous n'eussions même pas tenté d'arrêter l'ennemi avant l'enceinte. Les forts n'auraient pu tirer sur des masses confuses de fuyards et d'Allemands; leur action eût été annihilée sans peine et leur garnison peut-être entraînée dans la commune débâcle[1]. Il pouvait se faire que l'ennemi arrivât ainsi à prendre pied sur l'enceinte. Si toutes nos troupes n'imitèrent pas les zouaves, c'est qu'elles ne furent jamais poursuivies. Leur défaut absolu de solidité est assez démontré par la débandade des divisions Caussade et d'Hugues, comme le désordre du commandement par les épisodes relatifs aux généraux Appert et de Caussade.

Le dernier argument est d'ordre moral. L'ennemi aurait redouté de rendre par un échec confiance à nos troupes et à la population. Il y a là une raison sérieuse, dont il serait inutile de nier l'importance. Toutefois, nous le croyons fermement, si le général de Moltke eût pensé que le siège se prolongerait pendant cinq longs mois, il aurait moins facilement résisté à la tentation d'en finir d'un seul coup. Dans ce cas, ce n'est pas une division qu'il eût lancé contre la redoute de Châtillon, mais deux corps d'armée, soutenus par un troisième, le VI° corps. L'issue finale aurait été au moins douteuse.

---

1. Les forts de Vanves et d'Issy étaient gardés par des troupes de terre et des mobiles; celui de Montrouge par des marins.

IVᵉ PARTIE

CHEVILLY

CHAPITRE XVII

L'INVESTISSEMENT

Occupation de Versailles par le Vᵉ corps. — Le VIᵉ corps. — Escarmouches sur le plateau de Villejuif. — L'investissement à l'est de Paris. — Rupture des communications par télégraphe et par voie ferrée.

Pendant cette même journée du 19 septembre, l'investissement se fermait au sud et à l'est de Paris. De Saclay, dans la matinée, la 2ᵉ division de cavalerie poussait la 4ᵉ brigade sur l'Hôtel-Dieu. De là elle entrait par Villacoublay en liaison avec le Vᵉ corps, tout en explorant vers la Seine en aval de Paris. L'un de ses escadrons désarmait des gardes nationaux placés aux issues de Versailles, de Montreuil, de Ville-d'Avray. A Sèvres, la même opération se heurtait à une certaine résistance, bientôt vaincue avec le concours d'un autre escadron. Le soir venu, la 2ᵉ division se rassemblait à Saclay[1].

Nous avons dit que le Vᵉ corps avait repris vers midi sa marche sur Versailles. La route nationale étant coupée en beaucoup d'endroits, il suivait le chemin de Jouy. A 3 heures du soir, la 10ᵉ division débouchait devant les portes de la ville du grand Roi ; elle la traversait et allait s'établir vers Rocquencourt, appuyant ses avant-postes de la Seine, à Bougival, jusqu'à ceux de la 9ᵉ division, vers Marne, Ville-d'Avray et Sèvres ; le gros de cette dernière bivouaquait à la sortie

---

1. *État-major prussien*, tome III, p. 79.

est de Versailles et la 18ᵉ brigade, venue de Villacoublay, la rejoignait vers 6 heures.

A droite du IIᵉ corps bavarois, le VIᵉ corps s'établissait face à Paris, sur les deux rives de la Seine. La 24ᵉ brigade, restée à Limeil avec deux escadrons et une batterie, faisait observer par ses avant-postes les directions de Charenton et de Vincennes. Elle avait même à Créteil une escarmouche contre des fractions de la division d'Exéa venues de Saint-Maur[1].

La 23ᵉ brigade était depuis la veille sur la rive gauche de la Seine, à Villeneuve-Saint-Georges. Après avoir été renforcée par un bataillon, deux escadrons, deux batteries, elle rompit à 4 heures du matin sur Choisy-le-Roi et Chevilly, en deux colonnes. Une compagnie de chasseurs, poussée sur la route de Choisy-le-Roi à Vitry, délogea une grand'garde du 10ᵉ de marche et prit même possession d'une fabrique située le long du chemin de fer d'Orléans. Deux autres compagnies gagnèrent la sortie nord de Vitry, mais ne purent s'y maintenir.

Un bataillon prussien avait occupé Thiais. Il surprit au nord de ce village un détachement, sans doute une grand'garde du 12ᵉ de marche, en train « de faire la soupe ». Mais, en le poursuivant, il fut arrêté près du Moulin-Saquet par des feux d'artillerie et d'infanterie. De Chevilly un autre bataillon intervint pour le dégager, et le combat se termina par l'établissement d'avant-postes sur la lisière nord de Choisy-le-Roi, Thiais et Chevilly[2].

Vers 3 heures, le général de Maud'huy jugeait nécessaire d'envoyer une reconnaissance offensive vers Chevilly et L'Hay, sous les ordres du lieutenant-colonel Lespieau. Un bataillon du 12ᵉ de marche, deux compagnies du 9ᵉ, une section de 4 se mettaient en marche, précédés d'une compagnie en tirailleurs. Ils dépassaient la ferme de La Saussaye et leur droite arrivait à 300 pas de Chevilly. Mais là un batail-

---

1. 1 bataillon et 1 peloton de chasseurs à cheval (Ducrot, tome Iᵉʳ, p. 69).
2. *État-major prussien*, tome III, p. 81 ; Ducrot, tome Iᵉʳ, p. 68.

lon prussien ouvrait un feu vif et deux batteries prenaient position, l'une à l'est de Belle-Épine, l'autre près d'une fabrique située à un nœud de routes vers l'est. Menacées d'un mouvement sur leur droite, nos troupes se mettaient en retraite, après avoir déployé une seconde compagnie. Elles laissaient sur le terrain 35 hommes, dont 1 officier. L'ennemi les poursuivit, mais il fut bientôt arrêté par une batterie de mitrailleuses [1] établie dans la redoute des Hautes-Bruyères. Il reprit ensuite ses emplacements d'avant-postes, qu'il organisa pour la défense. La 11e division d'infanterie s'établit au bivouac à Orly, en dernière ligne [2].

A l'est de Paris, les Wurtembergeois avaient obliqué vers midi de Malnoue sur Gournay. Ils y jetaient un pont et se mettaient en relation avec le XIIe corps. Quand il devenait évident que l'armée de la Meuse n'aurait pas besoin d'être renforcée pour fermer l'investissement au nord, la 1re brigade wurtembergeoise s'établissait d'Ormesson à Noisy-le-Grand en se reliant au VIe corps. Ses avant-postes occupaient Le Plant et la tête du pont de Joinville, sous le canon même de la Faisanderie, à moins de 1,000 mètres de cette redoute. La 2e brigade était en réserve à Malnoue; la 3e venait de Meaux à Lagny [3].

Ainsi, le soir du 19 septembre, un peu plus de six corps d'armée allemands étaient répartis sur un front de 90 kilomètres autour de Paris; en certains points, ils arrivaient à proximité immédiate des forts. Plusieurs divisions de cavalerie surveillaient le pays en arrière ou fermaient les lacunes de la ligne d'investissement. Le dernier train-poste était parti de Paris le 18, à 3 heures du soir; les communications télégraphiques aériennes étaient entièrement coupées

---

1. 4e batterie du 9e régiment.
2. *État-major prussien*, tome III, p. 81; Ducrot, tome Ier, p. 69. L'ennemi perdit dans les combats du plateau de Villejuif 2 officiers et 41 hommes; nous eûmes 1 officier et 60 hommes hors de combat (11 pour le 10e de marche, 10 pour le 12e).
3. *État-major prussien*, tome III, p. 81. La 10e brigade de cavalerie allait par Boutigny vers Gironville et constatait la retraite de nos corps francs de Milly à Malesherbes; le quartier général du prince royal était à Palaiseau; celui du roi à Ferrières.

le 19[1]. Les Allemands fermaient autour de Paris, pour près de cinq mois, le cercle de fer dont l'établissement avait été si souvent déclaré impossible.

Les 90 kilomètres environ que mesurait la ligne d'investissement formaient deux secteurs distincts, à peu près de même longueur, 45 kilomètres. Mais une partie était couverte par des obstacles naturels, en sorte qu'il restait de 30 à 35 kilomètres à garder pour chacune des deux armées. Leurs effectifs représentaient un peu plus de 2,000 hommes par kilomètre, proportion très faible pour une place de cette importance, d'autant plus que chacune d'elles devait avoir les plus grandes difficultés à soutenir sa voisine en temps opportun, tant les distances à parcourir étaient considérables. A l'armée de la Meuse, les trois corps d'armée et les six divisions d'infanterie se répartissaient sur une seule ligne, sans aucune réserve. A la IIIe armée, neuf divisions formaient la 1re ligne et deux la 2e, conditions sensiblement meilleures. Mais, plus tard, après le déplacement de la 21e division, le secteur compris entre la Seine et la Marne resta gardé par deux divisions et demie seulement; sur une étendue de 20 kilomètres, ces forces étaient fort insuffisantes. Elles pouvaient se trouver accablées par des masses infiniment supérieures.

On voit que l'investissement, tel qu'il fut opéré, était de nature très précaire. « S'il y avait eu à Paris seulement 60,000 à 80,000 hommes de troupes valant les soldats allemands, l'effectif trois fois supérieur de ceux-ci n'aurait pas suffi à assurer l'investissement tel qu'il le fut[2]. » Encore ne

---

1. Larchey, p. 47. Dans les premiers jours d'octobre, le câble électrique que le ministère Palikao avait fait immerger dans la Seine fut découvert à hauteur de Saint-Germain. Les Allemands surprirent même plusieurs télégrammes chiffrés; mais ils ne purent les traduire et se décidèrent à détruire la ligne (Verdy du Vernois, p. 192). Deux traîtres en avaient révélé l'existence aux Prussiens. L'un d'eux, nommé Dagomet, fut renvoyé en février 1872 devant la cour d'assises de Seine-et-Oise et condamné à une peine insignifiante. — Ce câble allait de Paris à Traye, entre Rouen et le Havre (Darimon, *Notes pour servir à l'histoire de la guerre de 1870*, p. 260 et suiv.; J. Favre, tome 1er, p. 246).

2. C. v. H., *Aus dem deutsch-französischen Kriege 1870-1871*, Organ, LIII. Band, 2. H., 1896.

tenons-nous pas compte des tentatives de secours qui auraient pu venir de l'extérieur. Plus d'une fois, assure Verdy du Vernois, l'état-major du Roi se demanda s'il ne faudrait pas abandonner l'investissement pour marcher contre l'armée de la Loire ou celle du Nord[1].

On voit, en résumé, que l'entreprise du général de Moltke était des plus risquées. Elle ne put réussir que par un concours de circonstances absolument extraordinaires.

---

1. P. 181.

CHAPITRE XVIII

L'ENTREVUE DE FERRIÈRES

Le gouvernement de la Défense nationale et les grandes puissances. — J. Favre et lord Lyons. — Démarches auprès de M. de Bismarck. — Leur insuccès. — Départ de J. Favre pour les avant-postes allemands. — Entrevue de la Haute-Maison. — Entrevue de Ferrières. — Conditions de la Prusse. — Retour de J. Favre. — Accueil qui lui est fait à Paris. — Rupture des négociations. — Réflexions.

Après le 4 septembre, l'une des premières pensées du nouveau ministre des affaires étrangères, Jules Favre, avait été de chercher à connaître les exigences de l'ennemi, en vue d'arriver à la conclusion de la paix. Vainement il tenta d'obtenir l'intervention de l'Angleterre, de l'Autriche, de l'Italie. Les ambassadeurs de ces grandes puissances se bornèrent à protester de leurs bons sentiments comme le chevalier Nigra[1], ou, ainsi que M. de Metternich, à subordonner leurs promesses à des conditions jugées inacceptables[2]. Quant à l'empereur de Russie, il se regardait comme personnellement engagé vis-à-vis de son oncle le roi de Prusse. Il n'aurait même pas permis à l'Autriche de se prononcer pour la France[3]. D'ailleurs, si ses sympathies n'étaient rien moins que certaines à l'égard du gouvernement impérial, que pouvaient-elles être vis-à-vis d'un pouvoir insurrectionnel, qui comptait parmi ses dirigeants l'avocat de Berezowski et M. Floquet dans ses hauts fonctionnaires? A la cour, dans l'armée russe, on nous montrait quelque amitié; le chancelier Gortschakoff était opposé à la cession

---

1. J. Favre, tome Ier, p. 118.
2. « Nous désirons ardemment que vous puissiez faire la paix; seulement nous la croyons impossible sans la cession de l'Alsace. Mais pourquoi ne réclameriez-vous pas le vote des populations? Nous serions prêts à vous appuyer dans une telle prétention; la Prusse s'arrêterait peut-être si elle se savait exposée à cette épreuve! » (J. Favre, tome Ier, p. 114.)
3. « L'empereur et son ministère ne braveront jamais les volontés du czar. Or, celui-ci a déclaré que, si nous nous prononcions pour la France, il s'unirait à la Prusse » (M. de Metternich dans sa conversation avec J. Favre, 5 septembre 1870. J. Favre, tome Ier, p. 114.)

de l'Alsace[1], mais le tzar envoyait à M. de Moltke l'ordre de Saint-Georges.

Nous avons vu comment M. Thiers accepta la mission d'aller à Londres, à Saint-Pétersbourg et à Vienne pour tenter d'obtenir que les consolations et les souhaits dont on nous accablait prissent une forme plus tangible. En attendant le résultat de ce voyage, Jules Favre conçut le projet de se rendre lui-même auprès de M. de Bismarck, pour le pressentir sur les conditions auxquelles il prétendait nous réduire. Notre ministre des affaires étrangères soumit cette idée à ses collègues, mais pour rencontrer « une froideur, qui serait devenue une désapprobation formelle » s'il avait paru persister dans ses intentions[2]. Il n'en persévéra pas moins et s'en ouvrit à lord Lyons, qui l'approuva et proposa de demander à lord Granville une démarche auprès de M. de Bismarck.

Cette offre fut agréée ; le 9 septembre Jules Favre remettait à lord Lyons une note confidentielle destinée à être transmise à l'ambassadeur de Prusse à Londres, par les soins du cabinet britannique : « Le comte de Bismarck veut-il entrer en pourparlers pour arriver à un armistice et à une conférence sur les conditions de la paix, et avec qui entend-il engager cette conversation[3]? » Le même jour lord Lyons envoyait un courrier au quartier général prussien. Cet émissaire ne put voir M. de Bismarck qu'après de longs délais, et le chancelier lui fit une réponse dilatoire[4]. La masse du peuple allemand et le chancelier lui-même désiraient la paix ; la continuation de la guerre coûterait de nouveaux sacrifices, sans donner de plus grands résultats. Mais le parti militaire ne voulait pas encore arrêter ses conquêtes ; d'ail-

---

1. *Le Tagebuch : Mémoires de Frédéric III*, p. 7.
2. J. Favre, tome Ier, p. 131 ; général Trochu, *Œuvres*, tome Ier, p. 39.
3. J. Favre, tome Ier, p. 132.
4. J. Favre, tome Ier, p. 132 : « Celui-ci se contenta de répondre qu'il ne mettait aucun obstacle à mon voyage, mais que le résultat en était subordonné à une question préalable, à propos de laquelle le comte de Bernstorff — ambassadeur de Prusse à Londres — attendait une communication de lord Granville. » *L'État-major prussien* (tome III, p. 83) fait allusion à de premières ouvertures de Jules Favre, qui auraient été déclinées par M. de Bismarck. L'ouvrage de M. J. Favre n'en contient aucune mention.

leurs la Prusse monarchique n'était guère disposée à traiter avec un gouvernement sorti d'une révolution, et qu'une émeute pouvait renverser à bref délai[1].

Quoi qu'il en soit, M. de Bismarck n'opposait pas un refus formel aux ouvertures de Jules Favre, sans doute parce qu'elles étaient faites par l'intermédiaire de l'ambassade anglaise à Paris.

De son côté, Jules Favre avait écrit à M. Tissot, notre ambassadeur à Londres, pour l'inviter à insister dans le même sens auprès de lord Granville. M. Thiers, qui arrivait à Londres le 13 septembre, y joignait des démarches personnelles qui ne furent pas sans résultat. Néanmoins, et quoique Jules Favre se fût efforcé de répondre d'une façon conciliante à la note presque injurieuse de M. de Bismarck[2], aucune réponse de ce dernier ne lui était transmise. Le célèbre avocat résolut de partir sans attendre davantage. Il ne s'en ouvrit qu'aux généraux Trochu et Le Flô, parce que leur concours était indispensable, mais sans réclamer leur approbation[3]. Ils ne s'associèrent en rien à sa démarche qui devait rester secrète.

---

1. *État-major prussien*, tome III, p. 83. Dans une lettre à Werder, M. de Moltke traitait le gouvernement de la Défense nationale de « comité révolutionnaire » (*Moltkes Korrespondenz*, 9 septembre, n° 262).

2. « Quelle garantie y a-t-il que la France ou en ce moment les troupes de Metz et de Strasbourg reconnaîtront les arrangements dans lesquels on pourrait entrer avec le gouvernement existant à Paris ou avec ceux qui lui succéderont probablement? » — Voici quelle a été ma réponse, et, après l'avoir entendue, lord Granville m'a demandé de la formuler par écrit : « Les garanties justement réclamées par M. de Bismarck peuvent être fournies à un double point de vue politique et militaire. Au point de vue politique, le gouvernement de la Défense nationale signera un armistice et réunira de suite une assemblée qui ratifiera le traité de paix convenu entre le gouvernement prussien et celui de la France. Au point de vue militaire, le gouvernement de la Défense nationale offre la même sécurité qu'un gouvernement régulier, puisque le ministre de la guerre est obéi dans tous les ordres qu'il donne. Tout ce qui serait réglé à cet égard serait donc ponctuellement exécuté, sans aucun retard. » (*Lettre du 14 septembre à M. Thiers*, J. Favre, tome Ier, p. 148.)

3. J. Favre, tome Ier, p. 155. Devant la commission d'enquête, le général Trochu déclara, à tort : « Ce n'est qu'après son retour de Ferrières que M. Jules Favre nous parla de son projet. » Il est évident que le concours du gouverneur était nécessaire à J. Favre pour le passage des avant-postes. M. Rochefort (tome II, p. 240) écrit que ses collègues lui dissimulèrent les motifs de l'absence de Jules Favre.

Le dimanche 18 septembre, Jules Favre se dirigeait vers le fort de Charenton, en compagnie de trois personnes, dont M. de Ring, son sous-chef de cabinet, et M. Hendlé, son secrétaire. Accompagné d'un officier et d'un trompette, il gagna ensuite Maisons-Alfort, non sans avoir été reconnu, ce qui fit que, le jour même, le bruit de son voyage se répandit dans Paris. Après avoir franchi les avant-postes du VIe corps, il se dirigea sur Villeneuve-Saint-Georges, quartier du général v. Tümpling, commandant ce corps d'armée. Celui-ci se bornait à lui faire connaître que M. de Bismarck était à Meaux, et à transmettre au chancelier la demande d'audience formulée par Jules Favre [1].

Le lendemain 19, à 6 heures du matin, M. de Bismarck faisait savoir qu'il était disposé à recevoir le ministre. Ce dernier quitta Villeneuve-Saint-Georges au grondement du canon de Châtillon, à travers des masses armées qui encombraient les routes, à la vue de ruines toutes récentes. « A la porte d'une pauvre maison où tout était brisé, trois femmes et un enfant pleuraient ; elles nous demandèrent à mains jointes de les délivrer : c'était à fendre l'âme ; il me semblait voir en action une page de Saint-Grégoire de Tours [2]. »

A 3 heures et demie, un officier dépasse la voiture de Jules Favre et lui annonce que le chancelier a déjà quitté Meaux pour se rendre à Ferrières. Il faut rétrograder, mais, à Montry, l'attelage, épuisé, refuse de marcher. Le ministre et ses compagnons s'arrêtent dans une ferme, où tout, jusqu'aux châssis des croisées, est détruit. Ils attendent, assis sur quelques débris, quand ils voient approcher trois cavaliers suivis d'une nombreuse escorte. « L'un d'eux, de taille éle-

---

1. « Monsieur le Comte,

« J'ai toujours cru qu'avant d'engager sérieusement les hostilités sous les murs de Paris, il était impossible qu'une transaction honorable ne fût pas essayée. La personne qui a eu l'honneur de voir Votre Excellence, il y a deux jours, m'a dit avoir recueilli de sa bouche l'expression d'un désir analogue. Je suis venu aux avant-postes me mettre à la disposition de Votre Excellence. J'attends qu'Elle veuille bien me faire savoir comment et où je pourrai avoir l'honneur de conférer quelques instants avec Elle. » (J. Favre, tome Ier, p. 159.)

2. J. Favre, tome Ier, p. 161.

vée, est coiffé d'une casquette entourée d'un large galon de soie jaune : c'est le comte de Bismarck ; il met pied à terre.... »

Il ne se soucie pas d'entrer dans ces ruines ; aussi les deux ministres se dirigent avec leurs suites vers le château de la Haute-Maison, à travers bois. Chemin faisant, le chancelier remarque à haute voix que l'endroit serait propice aux francs-tireurs. « Ces environs en sont infestés, et nous leur faisons une chasse impitoyable ; ce ne sont pas des soldats, nous les traitons comme des assassins. » Jules Favre a beau jeu, alors, de lui rappeler les ordonnances publiées en Prusse et la sainte croisade prêchée en 1813 contre les Français. « En effet, dit M. de Bismarck ; mais nos arbres ont conservé la trace des habitants que vos généraux y ont pendus[1]. »

On arrive enfin dans une salle basse et, de nouveau, le chancelier interpelle Jules Favre : « Nous sommes très mal ici, vos francs-tireurs peuvent m'y viser par ces croisées. » Après ces préliminaires voulus[2], la discussion commence entre ces deux hommes à tel point dissemblables. En face du chancelier, si entier dans ses volontés, d'une franchise si brutale dans leur affirmation, Jules Favre n'a d'autres armes que son éloquence sentimentale et vide, ses subtilités, ses arguties d'avocat, ses larmes même. L'un sait nettement où il peut, où il veut en venir ; l'autre a quitté Paris sous le coup d'une émotion profondément respectable, mais sans pouvoirs définis, sans savoir à quoi se limiteront nos sacrifices. La partie n'est pas égale. M. d'Hérisson a rendu cette idée sous une forme originale et vraie. Il a dit du compte rendu que fit plus tard Jules Favre : « Ce document vous donnait la sensation qu'on aurait à voir une pauvre vieille chèvre gémissante entre les pattes d'un lion[3]. »

Les deux ministres sont d'accord pour affirmer leurs aspirations pacifiques. Mais M. de Bismarck quitte aussitôt le

---

1. J. Favre, tome Ier, p. 163.
2. La maison était entourée de sentinelles prussiennes (J. Favre, tome Ier, p. 164).
3. D'Hérisson, p. 158.

terrain des déclarations vagues et précise les visées de l'Allemagne. Elle ne veut la paix qu'à la condition d'assurer sa sécurité pour l'avenir. Et cette sécurité ne peut être garantie que par une cession territoriale. « Strasbourg est la clef de notre maison et nous la voulons. » — « Alors c'est l'Alsace et la Lorraine », réplique Jules Favre. « Je n'ai pas parlé de la Lorraine. Mais, quant à l'Alsace, je suis très net. Nous la regardons comme absolument indispensable à notre défense [1]. »

Ainsi, dès le début du siège de Paris, avant les désastres qui signaleront la fin de la guerre, de la capitulation de Bazaine à l'entrée de l'armée de l'Est en Suisse, le programme des conquêtes allemandes est arrêté. Il ne se modifiera plus, quoi qu'en dise la légende [2].

Vainement, Jules Favre entasse arguments sur arguments, fait appel à tous les sentiments du chancelier pour lui démontrer l'injustice et le danger de ces exigences. M. de Bismarck n'en persiste pas moins à réclamer l'adoption, avant toute négociation, du principe d'une cession territoriale. Jules Favre refuse d'en admettre même la possibilité. Il parle d'un armistice. « Je n'en veux à aucun prix », dit le comte [3].

---

1. J. Favre, tome Ier, p. 166. — Dans sa circulaire du 27 septembre 1870, M. de Bismarck dit, au contraire, que l'annexion de la Lorraine allemande fut indiquée par lui comme indispensable (J. Favre, tome Ier, p. 439).

Les souvenirs de M. Jules Favre paraissent, d'ailleurs, avoir été fort incertains sur ce point spécial. Dans son compte rendu du 21 septembre, il s'exprime ainsi : « ....Il m'a dit alors que les deux départements du Bas et du Haut-Rhin, une partie de celui de la Moselle avec Metz, Château-Salins et *Soissons* lui étaient indispensables et qu'il ne pouvait y renoncer. » Évidemment *Soissons* n'est cité là qu'à titre de lapsus, à moins que M. de Bismarck n'ait exigé simplement la reddition de cette place qui se défendait encore. Il est pourtant singulier que M. J. Favre ait paru supposer que cette ville faisait partie du département de la Moselle. Chose plus singulière encore, le général Trochu, dans ses *Œuvres posthumes*, tome Ier, p. 40, admet que les Allemands exigeaient réellement la *cession* de Soissons.

2. Le général Verdy du Vernois écrit à Reims le *8 septembre* : « Indépendamment d'une forte indemnité, nous ne rendrons en aucun cas la Lorraine et l'Alsace ; Metz doit rester prussienne » (Verdy du Vernois, *loc. cit.*, p. 170). Un ordre du cabinet du roi de Prusse, daté d'Herny, *le 14 août*, constitue le gouvernement d'Alsace-Lorraine à très peu près dans ses limites actuelles (Général Trochu, *Œuvres*, tome Ier, p. 40).

3. M. de Bismarck a nié ce propos dans sa circulaire du 27 septembre. Mais on sait que les mensonges ne coûtent rien à cet honnête homme.

On se sépare à la nuit, en convenant d'un second rendez-vous pour le soir même, à Ferrières. Il a lieu à 9 heures et demie, dans l'une des pièces du château de M. de Rothschild. De nouveau Jules Favre invoque des raisons de sentiment. Il parle de la gloire militaire qu'a conquise l'Allemagne et qui peut satisfaire les plus ambitieux. — « Ne parlons pas de la gloire, répartit brusquement le chancelier ; c'est une valeur qui n'est pas cotée chez nous. » Et la lutte recommence entre ces deux hommes, l'un affectant « une simplicité naturelle qui va jusqu'à la bonhomie », une courtoisie mêlée de gravité, exempte absolument d'affectation et de roideur. Il est « bienveillant et communicatif ». Tout en considérant Jules Favre comme « un négociateur fort au-dessous de lui, il a la politesse de ne pas le laisser voir », et paraît « intéressé par sa sincérité [1] ».

Quant à Jules Favre, il n'a ni la netteté des idées, ni la « rigueur de bon sens », ni l'originalité d'esprit qu'il découvre chez son adversaire. Il prétend toujours l'apitoyer au sujet de la France, lui faire admettre la réalité du changement qui s'est accompli en elle. Et Bismarck lui riposte durement : « ....Vous êtes nés d'une sédition, et vous pouvez demain être jetés à terre par la populace de Paris [2]. » Jules Favre proteste au nom de la population « intelligente et dévouée » de la grande ville. Avec toute raison, il dit que « sa légèreté apparente cache un réel courage et une grande générosité ». Puis vient une longue discussion sur les responsabilités de l'Empire ; Jules Favre admet trop aisément que tous les torts lui incombent dans la déclaration de la guerre [3]. M. de Bismarck se défend de vouloir l'imposer à la France.

Après toutes ces digressions, on en vient à la seule question urgente, celui d'un armistice. Le chancelier y paraît tout à fait opposé. « Le conseil militaire du roi le repousse

---

1. J. Favre, tome Ier, p. 170. Ce qui ne l'empêche pas de railler lourdement son adversaire avec ses familiers (Verdy du Vernois, p. 196).
2. J. Favre, tome Ier, p. 175.
3. E. Caro, p. 82.

absolument, et je suis de son avis[1] », parce qu'il serait essentiellement favorable à la France. Toutefois il admet que, dans le cas où les Allemands se décideraient à conclure une suspension d'armes, il y faudrait des conditions telles qu'elles pussent compenser l'avantage consenti aux Français : Strasbourg, les places des Vosges seraient rendues; Metz demeurerait en dehors de toute convention. Quant à Paris, pour lequel Jules Favre demande la neutralité et le ravitaillement pendant l'armistice, M. de Bismarck n'est disposé à y consentir que s'il obtient un gage, dont il ne veut pas expliquer la nature avant d'en avoir référé au roi.

Là se termine cette longue discussion, à minuit et demi. Rendez-vous est pris pour le mardi 20 septembre, à 11 heures du matin[2].

Le lendemain les dispositions du chancelier semblent plus hostiles que la veille et le résultat du combat de Châtillon n'y est peut-être pas étranger. Son premier soin est de montrer à Jules Favre une photographie d'Hastings, revêtue de la signature du prince impérial[3] ; il veut évidemment lui donner à croire que le gouvernement prussien nourrit des velléités de restauration bonapartiste. Quand il voit Jules Favre suffisamment ébranlé par cette menace, il en vient aux conditions mises à la conclusion d'un armistice. Il les énumère lentement, avec des temps d'arrêt, après avoir de nouveau pris les ordres du roi, auprès duquel se trouvent les généraux de Moltke et v. Roon ; on dirait qu'il veut savourer en connaisseur les tortures morales de son adversaire.

La France rendra les places de Bitche, de Toul et de Strasbourg. La garnison de cette dernière, vivement pressée déjà, sera prisonnière. L'Alsace et la Lorraine allemande ne prendront aucune part aux élections ; Metz restera en dehors de l'armistice. Quant à Paris, le gouvernement français aura

---

1. J. Favre, tome Ier, p. 179. Dans sa circulaire du 27 septembre, M. de Bismarck a nié qu'il ait manifesté cette opposition à un armistice. Mais nous en croyons plutôt J. Favre que lui.

2. J. Favre, tome Ier, p. 181, écrit à tort le *mardi* 19 septembre.

3. Celle que le mystérieux Régnier sut obtenir du prince et dont il se servit pour amuser Bazaine pendant ses négociations avec Frédéric-Charles.

le choix entre deux combinaisons : le maintien de l'investissement et la réunion à Tours des députés de l'assemblée future; le rétablissement des communications avec le dehors, combiné avec la reddition d'un ou plusieurs forts commandant l'enceinte, tels que le Mont-Valérien[1].

Cette fois, Jules Favre juge inutile d'en entendre davantage. Après avoir chancelé sous l'émotion qui l'étouffe, il se redresse : « Pardon, Monsieur le Comte, dit-il, de cet instant de faiblesse. Je suis honteux de vous l'avoir laissé deviner, mais les souffrances que j'endure sont telles que je suis excusable d'y avoir été entraîné : je vous demande la permission de me retirer. Je me suis trompé en venant ici, mais je ne m'en repens pas.... Je rapporterai fidèlement à mon gouvernement les détails de nos entretiens.... S'il estime qu'il y ait quelque chose à faire dans l'intérêt de la paix avec les conditions que vous m'avez posées, je dominerai mes répulsions et serai ici demain. Dans le cas contraire j'aurai l'honneur de vous écrire....[2] »

Puis Jules Favre prend congé du chancelier qui lui tend la main, avec des « paroles polies ». Le même jour, à 2 heures, il repart pour Paris, accompagné d'un officier chargé d'attendre aux avant-postes la décision du gouvernement français. A Joinville, ils sont accueillis par des coups de feu qui les obligent à un détour par Créteil. Ils finissent alors par traverser nos lignes et rentrer dans Paris[3].

Jules Favre revient avec l'intime conviction qu'il faut accepter les conditions de M. de Bismarck. Mais ses premiers pas dans la grande ville lui en montrent l'impossibilité. La reddition à l'ennemi d'une seule place résistant encore suffirait pour qu'une émeute balayât le gouvernement sur l'heure. D'ailleurs le secret n'a pas été gardé. Dès le 19 septembre, l'*Électeur libre*[4] a annoncé le départ du ministre pour Fer-

---

1. *État-major prussien*, tome III, p. 84; J. Favre, tome Ier, p. 183.
2. J. Favre, tome Ier, p. 187.
3. J. Favre (tome Ier, p. 190) écrit qu'il rentra le soir du combat de Châtillon; c'est le lendemain soir qu'il faut lire.
4. Journal du frère d'Ernest Picard, M. Arthur Picard.

rières, en faisant espérer une paix honorable. L'agitation commence dans les quartiers d'opinions avancées. Des manifestations bruyantes vont avoir lieu (21 et 22 septembre), autour de la statue de Strasbourg et à l'hôtel de ville. Vermorel, Lermina, Blanqui, au club de la rue d'Arras, réclament impérieusement la défense à outrance et l'ajournement des élections.

Lorsque, à 9 heures, Jules Favre se rend à l'hôtel de ville, il trouve chez ses collègues « une excessive froideur ». Sa démarche les a vivement mécontentés. On répète autour de lui qu'il va être désavoué. A minuit seulement, le gouverneur lui donne la parole. Dès les premiers mots de son récit apparaît un sentiment d'indignation générale, qui s'affirme toujours davantage. Les conditions que la Prusse met à un armistice soulèvent des protestations unanimes, et Jules Favre partage maintenant la manière de voir de ses collègues. Il est chargé sur l'heure de la faire connaître à M. de Bismarck. Le 21 septembre une lettre de lui, remise aux avant-postes prussiens, notifie le rejet des propositions du chancelier[1]. La première tentative faite en vue du rétablissement de la paix a échoué.

Il est impossible de ne pas faire suivre de quelques réflexions cet épisode du siège. Sans doute, à ne consulter que la froide raison, nous aurions dû accepter les conditions de la Prusse, quelque écrasantes qu'elles fussent. Nos désastres eussent été beaucoup moindres, en somme, qu'ils ne le furent après quatre autres mois de guerre acharnée ; peut-être nos pertes territoriales, à coup sûr l'indemnité de guerre, auraient été moins lourdes. Mais, à considérer les choses de plus haut, la prolongation de la résistance était nécessaire. Jusqu'alors les défaites, les capitulations s'étaient succédé, sans que l'énergie de la nation s'affirmât autrement que par des actes d'héroïsme isolés. Elle devait à elle-même, à sa glorieuse mission dans l'histoire, de résister encore. A défaut de sympathies efficaces, il fallait qu'elle conquît l'estime des autres

---

1. J. Favre, tome Ier, p. 190.

peuples. On peut assurer sans crainte qu'elle y est parvenue. Nos adversaires, tous les premiers, ont reconnu la grandeur de nos efforts. N'est-elle pas de von der Goltz, cette phrase bien connue : « Nous sommes loin de nous refuser à reconnaître l'énergie qui mettait sur pied des armées toujours nouvelles. La France a accompli sous ce rapport ce que nul autre pays n'eût pu faire [1]. » Quant à Paris, en particulier, sa résistance héroïque devait démentir les accusations de ceux qui y voyaient seulement « le mauvais lieu de l'univers [2] ».

D'ailleurs, il faut le reconnaître, l'eût-il voulu, le gouvernement de la Défense nationale aurait été impuissant à faire exécuter un armistice aux conditions imposées par M. de Bismarck. La lecture seule du compte rendu de Jules Favre produisit un immense effet. Un tressaillement d'indignation courut toute la ville, puis une explosion de fureur et de colère contre tant de hautaine et absurde arrogance. Les cœurs se confondirent dans la commune résolution de tenir jusqu'à la mort [3]. Il n'y eut pas une note discordante. Le 23 septembre, M. Rousse, bâtonnier de l'ordre des avocats, adressait à Jules Favre, au nom du barreau, l'hommage respectueux de son admiration et de sa reconnaissance. La chambre des notaires, par l'organe de son président, M. Sébert, envoyait au ministre ses félicitations et manifestait son approbation pour l'idée de la défense à outrance [4].

Même à l'étranger, un revirement marqué se faisait en notre faveur. La presse russe, celle de Vienne se montraient violentes contre la Prusse. Les journaux anglais eux-mêmes nous étaient beaucoup moins hostiles [5]. M. de Bismarck le sentit si bien qu'il tenta d'affaiblir l'effet du rapport de Jules Favre (21 sept.), en adressant le 27 une circulaire aux re-

---

1. V. der Goltz, *Gambetta und seine Heeren*.
2. Quelques jours avant le siège, le général américain Shermann aurait osé dire : « Paris est une maison de fous habitée par des singes » (Larchey, p. 38).
3. *État-major prussien*, tome III, p. 147 ; Sarrepont, p. 275 ; Sarcey, p. 77 ; Louis Veuillot, tome Ier, p. 201.
4. *Le Gaulois : Journal du siège de Paris*, p. 109.
5. *Dépêches de M. de Chaudordy, délégué aux affaires étrangères, à Jules Favre*, 23, 24 et 27 septembre 1870. — Jules Favre porte à tort au 23 novembre la date de la première dépêche (tome Ier, p. 193).

présentants de l'Allemagne du Nord à l'étranger[1]. Il y risquait la singulière affirmation que les offres de la Prusse avaient été « très conciliantes ». L'effet moral du récit français n'en demeura pas moins considérable.

Malgré son astuce et sa pénétration habituelles, M. de Bismarck s'était trompé[2]. Il avait été fort inférieur à lui-même. Si, au lieu d'imposer de pareilles conditions, il se fût borné aux stipulations ordinaires, maintien du *statu quo*, établissement d'une ligne de démarcation entre les armées et autour des places, l'armistice eût certainement été conclu ; des élections immédiates sur tout le territoire auraient permis de constituer une assemblée, sinon résignée à une paix impliquant des cessions territoriales, du moins peu éloignée d'y incliner. D'ailleurs, au point de vue militaire, l'armistice eût alors paralysé l'esprit de résistance, si lent déjà à s'éveiller en province ; la guerre civile aurait sans doute éclaté à Paris, à Lyon, à Marseille, à Toulouse, partout où une turbulente minorité réclamait une révolution sociale sous le couvert de la défense à outrance. On peut en conclure que les exigences de M. de Bismarck et des conseillers militaires du roi furent plus déplorables encore pour l'Allemagne que pour la France. Elle n'en tira d'autre profit que la continuation de cruels sacrifices.

---

1. J. Favre, tome Ier, p. 439. — J. Favre y répondit le 17 octobre (tome Ier, p. 444). La circulaire de M. de Bismarck indique à peu près exactement l'étendue des cessions territoriales qui furent imposées à la France lors de la paix.
2. E. Caro, p. 73.

CHAPITRE XIX

LES LIGNES D'INVESTISSEMENT

Cantonnement et alimentation des troupes allemandes. — Établissement de ponts. — Emplacements du IVe corps. — Combats de Pierrefitte et de Stains (23 septembre). — La garde prussienne. — Le XIIe corps. — Travaux de défense de l'armée de la Meuse. — Les Wurtembergeois. — Le XIe corps. — Le VIe corps. — Le IIe corps bavarois — Le Ve corps. — La cavalerie prussienne. — Le Ier corps bavarois.

La première tâche qui incombât à l'état-major du roi de Prusse, après le 19 septembre, était de déterminer les emplacements des deux armées allemandes et les mesures nécessaires pour leur garde. Il fallait aussi assurer l'alimentation des troupes et les mettre à l'abri des intempéries pendant un temps qui pouvait être long.

Cette dernière question fut résolue sans difficulté aucune, beaucoup plus aisément sans doute qu'il n'arriva pour l'armée de Paris, dans son propre pays. Les lieux d'habitation sont si nombreux autour de la grande ville, la population les avait si complètement abandonnés, en y laissant son mobilier, que la très grande majorité des troupes put être cantonnée [1]. A Bougival chaque soldat avait son matelas ; l'état sanitaire fut meilleur qu'en garnison [2]. Il n'y eut guère que les avant-postes pour bivouaquer. Encore les grand'gardes furent-elles baraquées en beaucoup d'endroits ; quelquefois même elles s'abritèrent dans des maisons. Mais on fut amené ainsi à occuper des villages entièrement situés sous le feu des forts, tels que Bagneux et Châtillon [3].

Au contraire, l'alimentation présenta de très grandes difficultés. Pendant les premiers jours qui suivirent le 19 sep-

---

1. Les Allemands expulsèrent en plusieurs endroits, notamment à Garches, *tous* les habitants restés dans le village (Delérot, *Versailles pendant l'invasion*, p. 85). — Voir également l'historique de v. Bagenski.
2. Münnich, *Geschichte des 1. niederschlesischen Infanterie-Regiments*, Nr. 46.
3. *État-major prussien*, tome III, p. 149.

tembre, les troupes durent vivre uniquement sur les colonnes de vivres. Presque tout le bétail avait disparu; les grains, les fourrages avaient été transportés dans Paris ou incendiés. Des amas de cendres fumantes indiquaient la place des meules détruites. Les caves à peu près seules renfermaient des approvisionnements inépuisables. Faute de tabac, les soldats de la garde fumaient du varech tiré des matelas, des feuilles de rosier, de tilleul ou de pommes de terre [1].

Peu à peu l'intendance allemande parvint, en promettant de hauts prix, à faire mettre en vente le peu de denrées existant encore à proximité des lignes. Elle réussit même à faire rouvrir les marchés publics, grâce à la complicité morale de certains de nos fonctionnaires [2]. Sous couleur de ravitailler des villes comme Versailles, des bouchers, des marchands de bestiaux amenaient du bétail des parties de la France épargnées par l'invasion. Cet odieux trafic s'étendait fort loin, jusque dans le département de Maine-et-Loire [3].

La cavalerie allemande contribua, dans une certaine mesure, à ravitailler les IIIe et IVe armées; mais il n'en fallut pas moins reconnaître la nécessité de recourir à des envois réguliers d'Allemagne. Pour les organiser, la première condition à réaliser était le rétablissement des voies ferrées, commencé depuis quelque temps déjà le 19 septembre. Nous aurons à revenir sur cette importante question.

Les communications télégraphiques étaient plus aisées à établir. On disposa des fils provisoires entre le grand quartier général et ceux des armées ou des corps d'armée. Des postes d'observation, des fanaux prêts à être allumés furent disposés en des points appropriés.

On organisa un système complet de passages sur la Marne

---

1. Bagenski, p. 214; *État-major prussien*, tome III, p. 149. — A Bougival, un seul entrepôt fournit par jour 2,400 rations d'eau-de-vie, une bouteille de vin par officier, une demi-bouteille par soldat, jusqu'à la fin de janvier (Münnich). Il en fut de même à Viroflay (Rössler, *Geschichte des 1. nassauischen Infanterie-Regiments, Nr. 87*).

2. Voir M. A. Duquet, *Paris, Chevilly et Bagneux*, p. 142 et suiv., au sujet de M. Gallien, maire de Longjumeau.

3. Cathelineau, *le Corps de Cathelineau pendant la guerre de 1870-1871*.

et la Seine ; à Gournay, le pont de bateaux des Wurtembergeois fut remplacé par des chevalets ; on rétablit le passage voisin ; un autre pont de bateaux fut jeté entre Lagny et Pomponne. Sur la Seine, en aval de Corbeil, il y avait dès les premiers jours d'octobre cinq ponts et un bac. Au contraire on acheva la destruction du passage de Choisy-le-Roi, trop rapproché de nos lignes. On y tendit même une chaîne pendant les hautes eaux, pour empêcher les tentatives de nos canonnières contre les ponts allemands [1].

En aval de Paris, un pont de bateaux établi aux Tanneries, près de Saint-Germain, et deux bacs sur les bras de la Seine à Bougival donnaient accès dans la presqu'île d'Argenteuil, que la brigade des uhlans de la garde parcourait sans difficulté dès le 20 septembre.

L'organisation défensive des lignes commença le même jour. A l'armée de la Meuse, le IVe corps s'étendit d'abord à l'ouest. Un bataillon occupait Argenteuil, un autre Chatou et Bezons, en se reliant par Croissy aux avant-postes de la IIIe armée. Plus tard la brigade des uhlans de la garde s'établit à Houilles, pour donner plus de consistance à ces détachements. Elle fut ensuite chargée de la surveillance du pays vers l'Oise, en combinaison avec des fractions du Ve corps [2].

A l'est, pour se relier aux avant-postes de la garde prussienne, ce corps d'armée occupa Pierrefitte le 21 septembre. Malgré le feu violent des ouvrages de Saint-Denis, l'un de ses bataillons rejeta une grand'garde établie derrière le remblai du chemin de fer du Nord. Puis il établit une ligne de sentinelles à la lisière sud de Pierrefitte et dans la direction de Stains. Un retour offensif tenté contre lui le même soir fut repoussé.

Le 23 septembre, un nouvel et plus important engagement eut lieu sur le même point. Sous un feu violent partant de la Double-Couronne et du fort de la Briche, le général Carrey

---

1. *État-major prussien*, tome III, p. 150.
2. Voir *Campagne du Nord*, p. 37.

de Bellemare lança le 28ᵉ de marche à l'attaque de Pierrefitte, en trois colonnes aux ordres du lieutenant-colonel Le Main, des chefs de bataillon Jamain et de Boisdenemetz. Elles culbutaient d'abord deux compagnies prussiennes (93ᵉ) embusquées dans des fermes au sud du village ; mais l'ennemi fut recueilli par le reste du bataillon au débouché de la route de Villetaneuse. De plus, un autre bataillon venu de Montmagny garnit la lisière sud de Pierrefitte et de Villetaneuse.

Deux compagnies se portèrent à l'ouest de ce dernier point. Lorsque le 28ᵉ de marche commença de déborder la gauche des défenseurs de Pierrefitte, qui déjà se retiraient sur Montmagny, trois compagnies allemandes exécutèrent une contre-attaque qui réussit. Nos troupes se retirèrent sur Saint-Denis.

Une escarmouche semblable avait lieu à Stains, où l'un de nos détachements était forcé à la retraite par cinq compagnies de la garde. Ces deux combats, dont l'unique but était sans doute d'aguerrir nos troupes, nous coûtèrent 94 hommes ; la perte de l'ennemi fut à peu près équivalente [1].

Un nouvel engagement eut lieu le 26 septembre au même point, mais avec des forces moindres.

A l'est des positions du IVᵉ corps, le commandant de la garde royale ordonnait, le 19, sur l'ordre du prince royal de Saxe, l'occupation du Bourget. Le but visé était de nous empêcher d'établir une sorte de tête de pont au nord de la Mollette ou du moins de nous forcer à un long déploiement sous le canon de l'ennemi [2]. Le matin du 20 septembre un bataillon pénétra dans ce village et en délogea 400 gardes mobiles de la Seine, qui perdirent tout leur équipement. Les Prus-

---

1. 3 officiers blessés, 11 hommes tués et 80 blessés (Rapport militaire du 28 septembre). L'ennemi perdit 5 officiers et 101 hommes (*État-major prussien*). La canonnade des forts de Saint-Denis fut assez violente. Le *Gaulois* du 24 septembre imprimait gravement : « On estime à 47 canons le nombre des pièces démontées par le canonnier de Saint-Denis, qui nous vaut donc, en réalité, une armée. » Voir le *Journal du siège*, par le *Gaulois*. — Cette reconnaissance fut opérée de la propre initiative du général de Bellemare, contre les intentions du gouverneur (Trochu, *Œuvres*, tome Iᵉʳ, p. 345).

2. *État-major prussien*, tome III, p. 153.

siens établirent ensuite des avant-postes au sud de la Mollette jusqu'à la ligne de Paris à Soissons. Les jours suivants, de timides démonstrations furent faites par nous vers Le Bourget, mais sans résultat. Le 23, notamment, 200 fusiliers marins, 400 hommes d'infanterie de marine et 8 compagnies d'éclaireurs de la Seine traversèrent Bobigny, débusquèrent un poste de Drancy et arrivèrent à 400 mètres de la station du Bourget. Puis ils se retirèrent, avec des pertes insignifiantes, un officier et un soldat blessés. Toutefois le feu des forts eut assez d'action pour empêcher la garde prussienne de maintenir plus d'une compagnie dans ce village. Deux brigades de cavalerie (1re et 3e de la garde) cantonnèrent autour de Villepinte, pour le cas où une sortie serait tentée par cette vaste plaine.

Au XIIe corps, la 24e division occupait le secteur de Montfermeil à la Marne, à gauche des emplacements de la 23e. Les obus des forts inquiétaient les postes aventurés dans La Courneuve, à Bobigny et à Bondy. Presque chaque jour, aux alentours de ce dernier point, se montraient de gros détachements, qui semblaient plutôt exécuter des manœuvres que des démonstrations véritables. L'ennemi n'avait aucune peine à les contenir au moyen de ses avant-postes et de deux pièces placées au sud-ouest de Livry. La 12e division de cavalerie, établie au nord-est, à Mitry, y était inutile. Elle se mit en mouvement le 26 septembre pour gagner l'Oise[1].

Vers la fin du mois, la ligne des avant-postes de l'armée de la Meuse était jalonnée par Chatou, La Barre, Les Carnaux, Pierrefitte, Stains, Dugny, Le Bourget, la forêt de Bondy, d'où elle se dirigeait au sud-est. Sauf au sud de la Morée, elle était protégée par des tranchées-abris, des coupures, des villages fortifiés; la lisière ouest de la forêt se garnissait d'abatis. L'extrême gauche de cette position se prêtait moins à la défense. En cas de besoin une ligne organisée entre le canal de l'Ourcq et la Marne aurait servi à recueillir les avant-postes. Mais le véritable emplacement que le prince

---

1. Voir *Campagne du Nord*, p. 32.

royal de Saxe eût occupé pour résister à une attaque sérieuse était situé à 10 kilomètres environ de l'enceinte, de l'Orgemont à la Marne. L'aile droite était appuyée à Saint-Gratien, à Enghien, au plateau de Montmorency vers Graulay; puis la ligne suivait le bord sud-est de ce plateau vers Saint-Brice et se dirigeait sur Sarcelles, Arnouville et le Croud. Entre ces points, fortifiés surtout vers le sud, des redoutes, des emplacements de batterie, des abatis, des tranchées-abris battaient les routes et les voies ferrées convergeant vers Paris. Pour couvrir leur flanc droit, des travaux étaient entrepris dans la partie nord de la presqu'île d'Argenteuil; on détruisait le pont de Bezons[1]. Les hauteurs au sud de Franconville étaient garnies d'épaulements et de tranchées-abris étagées. Au centre des positions de l'armée de la Meuse, sur la Morée, on créait un obstacle d'un autre genre. Dès le milieu de septembre, les Allemands avaient coupé le canal de l'Ourcq à l'ouest de Sevran. Les routes qui la traversaient furent barrées à Dugny, à Pont-Iblon et au Blanc-Mesnil par des têtes de pont et battues, en outre, par de nombreuses batteries.

A l'est les villages d'Aulnay-lès-Bondy, de Sevran, de Livry, de Clichy, de Montfermeil et de Chelles formaient, avec des fermes fortifiées, des tranchées-abris, les points d'appui véritables de l'armée. Le terrain découvert entre la forêt de Bondy et le chemin de fer de l'Est était sous le feu de plusieurs batteries[2].

---

1. *État-major prussien*, tome III, p. 154. — Ce pont ayant déjà été détruit par nous (p. 107), l'*État-major prussien* entend sans doute par là qu'on achevait sa destruction.

2. *État-major prussien*, tome III, p. 155. — Les travaux des Allemands comprenaient au nord de Paris :
 1 redoute et 5 batteries sur l'Orgemont;
 1 batterie au sud de Saint Gratien;
 6 batteries sur les hauteurs de Montmorency, avec abatis en avant;
 1 redoute et 2 batteries au sud de Saint-Brice;
 2 redoutes et 3 batteries sur les hauteurs de chaque côté de Sarcelles, avec tranchées-abris en avant;
 2 redoutes et 3 batteries sur la hauteur au sud-ouest d'Arnouville;
 2 batteries à l'est de Garges;
 2 batteries à Pont-Iblon;

(*Suite* p. 224).

De la Marne à la Seine, la division wurtembergeoise occupait la droite de la ligne d'investissement, avec des avant-postes longeant la rive gauche de la Marne, de Noisy-le-Grand au sud de Nogent. Puis ils se dirigeaient vers Joinville, Champigny, Bonneuil. La 1re brigade couvrait l'espace entre Noisy et Champigny ; la 2e, celui de Cœuilly à Noiseau ; la 3e se tenait un peu en arrière, à Gournay et Malnoue. Les principaux points d'appui de cette ligne étaient Noisy-le-Grand, Villiers et Cœuilly. Cependant, en cas d'attaque, les postes avancés du Plant et de Champigny, comme ceux de Chennevières et d'Ormesson, devaient tenir le plus longtemps possible. Tous les villages de première ligne avaient donc été fortifiés et reliés par des tranchées-abris. Des épaulements s'élevaient sur les deux flancs de Villiers, ainsi que sur les hauteurs à l'ouest d'Ormesson qui commandent la presqu'île de Saint-Maur. Une grand'garde occupait une île de la Marne, à Chennevières.

La droite du XIe corps se reliait aux Wurtembergeois près du moulin de Bonneuil. Laissant quatre bataillons à Ferrières, à Lagny et à Meaux, ce corps d'armée relevait le 23 les fractions du VIe à Limeil. La 21e division s'établissait à l'est de la route de Troyes, la 22e à l'ouest. Toutes deux occupaient les villages compris entre Sucy-en-Brie et Villeneuve-Saint-Georges, avec des postes avancés à Bonneuil et à la ferme de l'Hôpital. Leurs avant-postes s'étendaient de Bonneuil, le long de la Marne, jusqu'à la Seine, en passant au sud de Créteil.

Le XIe corps disposait de sérieux points d'appui. Le Montmesly était garni de nombreux emplacements de pièces ; Bonneuil et Mesly avaient été mis en état de défense, ainsi

---

2 batteries de chaque côté du Blanc-Mesnil ;
1 batterie à l'ouest d'Aulnay-lès-Bondy ;
2 redoutes entre Aulnay et Sevran ;
1 batterie entre les fermes de Fontenay et de Rougemont ;
1 redoute sur la grand'route au sud-ouest de Livry ;
1 redoute sur les hauteurs entre Livry et Clichy ;
1 redoute à la croisée des routes à l'ouest de Montfermeil ;
3 batteries sur les hauteurs entre Montfermeil et Chelles ;
des épaulements à Livry, à Montfermeil et sur la hauteur au nord de Courtry.

que la ferme de l'Hôpital et les maisons de Choisy-le-Roi situées à l'est de la Seine. Des coupures, des abatis barraient les routes en avant du carrefour Pompadour. Mais la vraie ligne de défense était sur le plateau entre Sucy et Limeil; des épaulements, des villages fortifiés y formaient points d'appui. Une tête de pont couvrait Villeneuve-Saint-Georges.

Le VI⁰ corps prussien, tout entier sur la rive gauche de la Seine depuis le 23, occupait plusieurs secteurs limités par les routes de Choisy-le-Roi à L'Hay, de Fresnes et d'Orly à Rungis. Dans cet espace, les centres habités étaient fortifiés; des tranchées-abris, des coupures, des emplacements de batteries ou des redoutes occupaient leurs intervalles[1]. Des ponts jetés sur la Bièvre facilitaient les relations avec le II⁰ corps bavarois.

Celui-ci s'étendait de ce ruisseau à la route de Bièvre à Châtillon, sur une partie des positions conquises le 19 septembre. La 4⁰ division tenait la droite avec la réserve d'artillerie; elle avait un bataillon dans chacun des villages de Bagneux, de Châtillon, de Fontenay-aux-Roses, quoiqu'ils fussent sous le canon de nos forts. La 3⁰ division surveillait les contreforts nord-est du plateau de Châtillon; deux de ses compagnies gardaient la redoute de ce nom, devenue la *Bayern-Schanze*. La ligne des avant-postes bavarois allait de la Bièvre, au nord de Bourg-la-Reine, à la lisière nord de Bagneux et de Châtillon, puis à la lisière sud de Clamart. Elle gagnait ensuite, à travers bois, la grande avenue du château de Meudon.

La brigade des uhlans bavarois gardait les derrières de ces positions, à Verrières et Massy.

---

1. *État-major prussien*, tome III, p. 162. Au nord-est de Thiais, un emplacement de pièces et des tranchées-abris sur les deux flancs; entre Thiais, Chevilly et L'Hay, des emplacements de batterie; 2 redoutes fermées au sud de Chevilly et de La Rue; plusieurs emplacements de batterie en avant de la route de Choisy à Fresnes et sur les hauteurs à l'ouest d'Orly.

1 brigade et 2 batteries occupaient Choisy-le-Roi et Thiais; 1 régiment et 1 batterie, Chevilly et L'Hay; le reste de la 12⁰ division, Fresnes et Rungis; le bataillon de chasseurs, la Belle-Épine.

La 11⁰ division et l'artillerie de corps cantonnaient à l'est de la route de Longjumeau à Paris.

Afin de résister à une sortie subite venant des forts de Montrouge, de Vanves et d'Issy, plusieurs lignes successives avaient été préparées. La première concordait en général avec les emplacements des avant-postes; la seconde passait par Bourg-la-Reine, Sceaux, Plessis-Picquet et la ferme de Trivaux; la troisième par la Croix-de-Berny, Malabry, Petit-Bicêtre, Villacoublay. Des tranchées-abris, des épaulements, des redoutes les constituaient[1] avec des centres d'habitation. Le principal point d'appui de la première était notre ancienne redoute de Châtillon.

A la gauche des Bavarois, le Ve corps prussien avait une division à Versailles, la 9e; une autre, la 10e, sur le plateau de Rocquencourt. La première avait poussé de forts détachements à Chaville et Ville-d'Avray; la deuxième, à Vaucresson et Bougival. Les troupes de première ligne s'étendaient de l'étang de Chalais par Meudon et Bellevue, puis le long de la Seine jusqu'à la lisière nord du parc de Saint-Cloud et, de là, par la Bergerie, jusqu'au fleuve entre Bougival et Croissy. Les châteaux de Meudon et de Saint-Cloud, le village de Bellevue et une redoute construite au sud de Sèvres, sur un piton isolé (*Kronprinzen Schanze*) avaient des garnisons permanentes. Des postes avancés occupaient la redoute de Montretout et le parc de La Malmaison.

Tous ces points étaient organisés défensivement. Des tranchées-abris, des abatis fermaient les intervalles; des réseaux de fils de fer, d'autres défenses accessoires garnissaient les abords. Les chemins étaient coupés, à l'exception des grandes routes, fermées par des barricades et commandées par des batteries latérales. Ces défenses accumulées avaient pour but principal de couvrir Versailles, où le prince royal de Prusse, devançant le roi, établissait son quartier général le 20 septembre.

L'aile gauche de cette ligne s'appuyait surtout à l'hospice Brézin, au haras voisin, au parc Metternich et au village de

---

[1]. Plusieurs redoutes sur le plateau de Châtillon, battant la route nationale n° 186; 2 grandes batteries à l'est de la Croix-de-Berny (*État-major prussien*, tome III, p. 163.)

Bougival. Des redoutes, des emplacements de batteries commandaient le pays au nord-est[1]. L'extrême gauche était couverte par la destruction du viaduc de Chatou et l'organisation défensive des deux bords de la Seine. Une tête de pont protégeait le pont de bateaux des Tanneries, au sud de Saint-Germain.

La tâche de couvrir les derrières de la IIIe armée, vers la Beauce, n'allait pas sans difficultés. Elle fut confiée aux trois divisions de cavalerie alors disponibles. Deux des brigades de la 5e division observaient l'intervalle de Poissy au chemin de fer de Paris à Dreux ; la 3e brigade reliait, à Saint-Germain, les IVe et V[e] corps. Quant à la 6e division, au Mesnil-Saint-Denis et à Chevreux, elle se liait à Limours avec la 2e. Celle-ci s'était reportée de Saclay vers la Seine, au confluent de l'Orge.

Ces trois divisions, tout en surveillant les routes vers le sud, parvenaient à requérir des quantités de vivres considérables. Mais, en beaucoup de points, leurs petits détachements rencontraient une résistance si opiniâtre de la part des francs-tireurs, des paysans armés, qu'ils étaient contraints de se retirer les mains vides.

Cette défense aurait pu être beaucoup plus vive. Trop souvent, les municipalités, les notables cherchèrent à la décou-

---

[1]. *État-major prussien*, tome III, p. 164.
2 batteries au bord des hauteurs à l'ouest de Villeneuve, battant la direction de Garches ;
1 redoute à l'est de l'hospice Brézin, battant la route de Saint-Cloud ;
2 batteries et 4 redoutes sur la colline de la Bergerie ;
2 redoutes à la lisière sud du haras ;
4 redoutes sur les hauteurs de La Celle-Saint-Cloud ;
1 emplacement pour 4 pièces derrière les abatis au nord de l'entrée est de Bougival ;
1 redoute dans l'île de la Chaussée.
En deuxième ligne :
3 batteries à Saint-Michel ;
1 batterie à l'ouest des Grenets ;
2 batteries à Beauregard, de chaque côté de la route de Versailles à Bougival ;
2 batteries sur les hauteurs de Jardy ;
1 batterie derrière Ville-d'Avray ;
2 batterie en avant de Montreuil.
La redoute de Montreuil, devenue la *Jäger-Schanze*, avait une garnison permanente.

rager en faisant usage de tous les moyens, même des plus honteux[1]. Elle exaspérait l'ennemi, qui avait recours aux plus cruelles, aux plus injustes représailles, sans parvenir à l'arrêter[2]. Dès la fin de septembre, quelques bataillons durent être donnés en soutien à la cavalerie.

Le Ier corps bavarois avait atteint Longjumeau (22 sept.). A Arpajon il releva le détachement du IIe corps. Puis, des francs-tireurs en grand nombre ayant, disait-on, envahi la forêt de Fontainebleau, il portait une colonne (3 bataillons, 2 batteries, 1 escadron) dans cette direction. Elle ne rencontra d'abord aucune résistance et, laissant un bataillon à Fontainebleau, continua sur Malesherbes, en soutien de la 4e division de cavalerie qui était alors vers Pithiviers, sur la route d'Orléans. La campagne des Allemands sur la Loire avait commencé[3].

---

1. Un maire du canton de Limay fit apposer dans sa commune une affiche menaçant des peines les plus sévères toute tentative de rébellion contre l'ennemi, et interdisant aux francs-tireurs de se poster sur le territoire communal (Desjardins, *Tableau de la guerre dans le département de Seine-et-Oise*, p. 18). Ailleurs, des notables, des conseillers municipaux s'employèrent activement à délivrer des cavaliers prussiens faits prisonniers (Desjardins, *passim*).

2. Desjardins; Dilhan, *Une page de l'histoire de la guerre avec la Prusse*, *passim*; *Campagne de la Loire. Coulmiers et Orléans*, p. 29.

3. *Campagne de la Loire. Coulmiers et Orléans*, p. 19.

CHAPITRE XX

PARIS DU 20 AU 30 SEPTEMBRE

Nouveaux emplacements donnés aux 13e et 14e corps. — Réoccupation du plateau de Villejuif. — Le 14e corps. — Reconnaissance de La Malmaison. — État moral de Paris. — La discipline. — Les manifestations. — Les vivres, les espions.

Nous avons dit dans quel désarroi le combat de Châtillon laissait Paris. Le gouverneur redoutait avant tout une attaque de vive force ; il ne fut rassuré à cet égard que le 21 septembre[1]. Dans ces conditions, il jugea nécessaire de répartir entre ses deux corps d'armée la défense des fronts les plus exposés. Pendant que le 14e s'établirait face à l'ouest, le 13e, moins la division d'Exéa, qui restait chargée de défendre le plateau de Gravelle, était disposé le long de la partie sud de l'enceinte. Le général Vinoy eut sous ses ordres (20 sept.), outre les bastions 68 à 94 du corps de place, les cinq forts voisins. Une division de gardes mobiles adjointe à ses troupes en porta l'effectif à plus de 42,000 hommes[2].

Sur le plateau de Gravelle, la division d'Exéa prit une attitude moins passive à dater du 21 septembre. Elle fut d'ailleurs renforcée de deux brigades de cavalerie, celles des généraux de Bernis et Cousin, la dernière accrue d'un escadron de spahis. On réoccupa Nogent-sur-Marne jusqu'au

---

[1]. Ducrot, tome Ier, p. 219.

[2].

	Officiers.	Hommes.
Division Maud'huy	184	10,942
Division Blanchard	214	9,054
Division d'Exéa	176	10,500
Division Corréard (mobiles)	284	12,256
Garnison du fort d'Issy	75	2,611
Garnison du fort de Vanves	57	2,234
Garnison du fort de Montrouge	49	1,680
Garnison du fort de Bicêtre	53	1,900 (environ)
Garnison du fort d'Ivry	49	1,871

Total : 42,548 hommes avec 868 chevaux.

(Vinoy, p. 152. Ces chiffres ne concordent pas exactement avec ceux donnés par le général aux Appendices, p. 436.)

chemin de fer de Mulhouse, après avoir délogé un poste allemand établi à l'ouest du pont de Bry. On organisa la défense de Nogent, puis, le 22, celle de Joinville et de Saint-Maur. On porta également nos avant-postes plus loin du fort de Charenton.

Le plateau de Tilmont, entre le fort de Rosny et la redoute de Fontenay, reçut des fortifications. Une deuxième ligne, de Montreuil vers Bagnolet, rendit encore plus difficile l'attaque de la partie est du camp retranché. Le 23 septembre elle fut confiée à la garde du 7e régiment de mobiles (Tarn), renforcé le 26 du 2e bataillon de la Drôme. A la fin du mois, l'instruction de ces troupes était suffisante pour qu'elles fissent des reconnaissances dans la plaine de Plaisance. Des escarmouches avaient lieu également vers Créteil[1].

Au sud de Paris la défense devenait aussi moins inerte. De divers côtés on constatait que l'ennemi n'était pas en force sur le plateau de Villejuif. Le général Trochu donnait, non sans hésitation[2] (22 sept.), l'ordre de le réoccuper. Dans la soirée du même jour, les divisions Maud'huy et Blanchard sortaient de Paris. De leur côté, les Allemands avaient évité d'établir leurs avant-postes sur le plateau, parce qu'ils considéraient comme impossible de s'y maintenir sans artillerie de gros calibre et même sans être entraîné, constamment, à de vifs combats.

Par suite, le général v. Tümpling, commandant le VIe corps, prescrivit (22 sept.) que la redoute des Hautes-Bruyères serait rasée dans la mesure du possible. Par la même occasion on reconnaîtrait Villejuif. Suivant un bruit parvenu aux Allemands, nous aurions déjà commencé l'évacuation du fort de Bicêtre ; on s'en assurerait[3].

En exécution de cet ordre, un bataillon du 22e régiment prussien pénétra jusqu'à la lisière nord de Villejuif, après

---

1. Ducrot, tome Ier, p. 223.
2. D'après son dire, le général de Chabaud-Latour dut fortement insister pour obtenir cette décision (de Mazade, *la Guerre de France*, tome II, p. 74). Mais le même officier général a déclaré le contraire devant la justice (*L'Empire et la défense de Paris devant le jury de la Seine*, déposition Chabaud-Latour).
3. *Etat-major prussien*, tome III, p. 158 ; Ducrot, tome Ier, p. 246.

avoir délogé quelques mobiles; là il reçut des obus du fort de Bicêtre, ce qui rendait sa reconnaissance sans objet. Il se retira; mais, peu après, le commandant de la division le reporta sur la lisière nord du village, pour couvrir les travaux projetés aux Hautes-Bruyères.

De notre côté, la division Maud'huy s'établissait dans la soirée de la Bièvre à la Seine, le lieutenant-colonel Lespieau et une partie du 12e de marche à l'entrée de Vitry. De même, à 8 heures du soir, le général Blaise occupait l'ouvrage du Moulin-Saquet, que l'ennemi avait laissé vide. Ces mouvements ne restèrent pas inaperçus. Le colonel v. Quistorp, qui venait d'amener six compagnies de renfort, se rendit compte qu'il allait être enveloppé et ordonna la retraite immédiate sur Chevilly. Le 3e bataillon du 10e de marche put occuper Villejuif après une fusillade insignifiante; le 2e bataillon s'établit en soutien près du cimetière; le 1er resta au Kremlin, pour garder les batteries divisionnaires.

Aux Hautes-Bruyères la résistance des Allemands fut un peu plus vive. Le 9e de marche, parti du fort de Bicêtre, s'était formé en deux colonnes. L'une (3e et 1er bataillons) marcha sur la redoute; l'autre (2e bataillon) tenta de la tourner par les pentes vers Cachan. Mais il suffit de deux compagnies déployées dans cette direction et d'une batterie placée à 1,000 mètres au nord de Chevilly pour arrêter cette double tentative. Le 9e de marche se replia derrière le fort de Bicêtre, où il bivouaqua. Pendant la nuit, les pionniers coupaient en quatre endroits le parapet de la redoute; l'ennemi se retirait ensuite sur Chevilly [1].

Cependant le général commandant la 12e division se ravisait presque aussitôt. Il décidait d'occuper d'une façon permanente le plateau de Villejuif, dont il ignorait encore l'évacuation par ses troupes. Puis, apprenant leur retraite, il reportait la nuit même sur Villejuif les trois bataillons du 22e régiment prussien. Mais le 11e de marche faisait bonne

---

1. Ducrot, tome Ier, p. 247; Vinoy, p. 160; *État-major prussien*, tome III, p. 160.

garde. Au moment où la tête de colonne ennemie atteignait l'entrée sud du village, un feu de salve la couchait par terre. Les Prussiens s'enfuirent aussitôt, laissant sur place le colonel v. Quistorp, une vingtaine d'hommes et cinquante fusils[1]. De même, une compagnie dirigée de Thiais sur le Moulin-Saquet était repoussée sans difficulté. Quant à la redoute des Hautes-Bruyères, une autre compagnie la réoccupait, mais pour quelques instants. Vers 5 heures et demie, le 9e de marche reprenait l'attaque de la veille, soutenue par deux sections de 4[2]. L'ennemi ne tentait aucune résistance.

Quelques instants après, deux autres compagnies prussiennes se portaient sur la redoute pour la reconnaître. Mais elles furent de nouveau rejetées, par un feu vif à courte distance. Trois batteries établies à l'est de L'Hay couvrirent leur retraite en tirant sur la redoute. En peu de temps, deux de nos pièces de 4 furent démontées. Il fallut renoncer à poursuivre sur ce point la lutte d'artillerie (vers 9 heures)[3].

Cependant quatre autres pièces de 4[4] avaient, de grand matin, pris position au Moulin-Saquet, qu'occupait le 11e de marche. Au jour, le reste de la division Maud'huy s'installait également sur les emplacements indiqués : le 12e de marche à l'entrée nord de Vitry, dans le faubourg de Bacchus, avec une section de 4 ; le 10e de marche et une autre section de 4 à Villejuif[5]; une batterie de mitrailleuses (4e du 9e régiment) entre Villejuif et les Hautes-Bruyères, près du cimetière. Cette artillerie, soutenue par le fort de Montrouge, ne tarda pas à faire reculer les batteries ennemies : elles allèrent s'établir à hauteur de la route de L'Hay à Thiais, par Chevilly.

Dans l'intervalle, une batterie de 12[6] prit position à dé-

---

1. L'*État-major prussien* (tome Ier, p. 160) assure que cette attaque eut lieu pendant la nuit; les généraux Ducrot (tome Ier, p. 247) et Vinoy, p. 161, écrivent à 3 heures du matin. Il est à croire que ce fut un peu avant le jour.

2. Des 3e et 4e batteries du 2e régiment.

3. *État-major prussien*, tome III, p. 160; Ducrot, tome Ier, p. 247; Vinoy, **p. 162.**

4. Les 2e et 3e sections de la 3e batterie du 2e régiment.

5. Ces deux sections de la 4e batterie du 2e régiment.

6. 15e de l'artillerie de marine, capitaine Caris.

couvert en arrière des Hautes-Bruyères et attira bientôt contre elle tout le feu ennemi. En peu d'instants, elle eut 30 hommes, 14 chevaux hors de combat et dut se retirer (vers 10 heures).

Pendant ce combat, un bataillon de chasseurs prussien pénétrait dans Vitry et deux compagnies du 62ᵉ tiraillaient à sa gauche vers le Moulin-Saquet. Mais, là aussi, le feu des forts et de la redoute arrêta cet essai d'offensive. A 8 heures, le combat cessait sur ce point. Pourtant le général de Maud'huy, redoutant une attaque générale, prenait des dispositions pour y résister. Un bataillon (10ᵉ de marche) se portait à la Maison-Blanche afin de relier le 9ᵉ de marche à Arcueil, qu'occupaient des chasseurs et de l'infanterie de marine. D'ailleurs, le feu se ralentissait après 9 heures et l'ennemi ne faisait plus aucun mouvement. A une heure, le tir avait entièrement cessé des deux parts. La division Maud'huy restait maîtresse du plateau de Villejuif, que le général Trochu avait fait, si mal à propos, évacuer le 19 septembre [1].

On commença le même jour son organisation défensive. La brigade Blaise reçut mission d'achever la redoute du Moulin-Saquet et d'établir une communication couverte de ce point à Villejuif, qui fut fortifié. La brigade Dumoulin était à la redoute des Hautes-Bruyères, qu'elle terminait aussi en la reliant à Villejuif. Vers l'ouest, elle se mettait en communication avec la division Blanchard, sortie elle aussi de Paris le 23, afin d'occuper le front des forts d'Issy, de Vanves et de Montrouge. Celle du général de Susbielle était à Issy et dans la partie basse de Vanves; la brigade Guilhem à Grand-Vanves et à Montrouge. Un régiment de mobiles, celui de la Côte-d'Or, vint renforcer la division Blanchard; un autre, de la Vendée, fut mis sous les ordres du général de Maud'huy.

La journée du 23 septembre marquait un succès très réel pour la défense. Nous réparions, dans une mesure encore trop restreinte, les conséquences de l'affolement qui avait

---

[1]. Nos pertes furent de 70 hommes, incombant surtout à l'artillerie; l'ennemi perdit 50 hommes environ (*État-major prussien*, tome III, p. 160). — Ducrot écrit 4 officiers et 73 hommes (tome 1ᵉʳ, p. 250).

suivi la déroute de Châtillon. Mais avec sa légèreté ordinaire, la population parisienne enfla, au delà de toute limite, les résultats obtenus. Le soir du 23, il était déjà question de 23,000 prisonniers, sans les tués ni les blessés. Quelques jours après, un journal de Paris écrivait : « Le carnage que l'on a fait ce jour-là a été tellement épouvantable qu'un général disait : Encore une journée comme celle de Villejuif, et l'armée prussienne est disloquée [1]. » On parlait couramment de 40 canons, de 20 mitrailleuses enlevés. La foule se portait au boulevard Saint-Michel pour voir défiler les prisonniers [2]. Après tant de désastres, ces espérances si vite renaissantes montraient autant l'étendue de nos illusions que le ressort naturel à notre race. On voulait avoir foi *quand même*.

Pendant que ces événements se succédaient au sud de Paris, le 14e corps s'établissait à l'ouest. Bien qu'une attaque dans cette direction n'eût jamais été dans les vues de nos adversaires, Ducrot avait, en effet, réussi à convaincre le général Trochu que le front de Billancourt à Saint-Denis était le plus menacé du camp retranché. Malgré la double protection que lui assure la Seine, il regardait comme très découverte la presqu'île de Gennevilliers, très imparfaitement battue, il est vrai, par le Mont-Valérien et les forts de Saint-Denis.

Le soir même du 19 septembre, Ducrot recevait donc l'ordre d'établir le 14e corps le long de la rive droite du fleuve, de Saint-Denis à Billancourt. Un incident rendit ce mouvement plus urgent. Le matin du 20 septembre, un bataillon de mobiles de la Seine, qui, la veille, avait destitué tous ses officiers, en profita pour déserter du Mont-Valérien. Il rentra dans Paris, la crosse en l'air, annonçant les uhlans. Le général Le Flô envoya aussitôt au fort les 4e et 5e bataillons de la Loire-Inférieure. Aucune punition ne fut infligée aux mobiles parisiens. Après tout, ils n'avaient fait

---

[1]. Ducrot, tome Ier, p. 251 ; Vinoy, p. 168.
[2]. Général Ambert, *le Siège de Paris*, p. 55 ; E. Rousse, *Discours, plaidoyers et œuvres diverses*, tome II, p. 183.

qu'appliquer à leur manière la thèse du général Trochu le 18 août : le droit à défendre leurs foyers.

Le même jour, à 2 heures du soir, le 14ᵉ corps gagnait ses nouveaux emplacements[1]. Le général Ducrot faisait détruire le pont suspendu de Suresnes, quoiqu'il fût sous le canon du Valérien, à un kilomètre environ. Au contraire, on couvrait par des têtes de pont ceux d'Asnières et de Neuilly. Le 19ᵉ de marche occupait même (21 sept.) le rond-point de Courbevoie, afin de maintenir nos communications avec le Mont-Valérien. Une batterie flottante, postée chaque soir en aval du pont de Billancourt, devait couvrir la gauche de nos avant-postes.

On commençait en même temps une série d'ouvrages à l'est de la Seine, sur tout le terrain occupé par le 14ᵉ corps. Ils n'avaient qu'une utilité fort restreinte, car la possession du Mont-Valérien, combinée avec l'existence du large fossé de la Seine, suffisait pour interdire à l'ennemi la zone de Neuilly à Billancourt[2]. Beaucoup de temps et de travail fut ainsi sa-

---

[1]. Ducrot, tome 1ᵉʳ, p. 227 ; 1ʳᵉ division, à Clichy, la gauche au chemin de fer d'Asnières, vers Saint-Ouen ; 2ᵉ division, à Neuilly, la gauche au bois de Boulogne, la droite vers Villiers ; 3ᵉ division, entre Boulogne et le saillant du Point-du-Jour ; réserve d'artillerie, entre Sablonville et Levallois-Champerret, avec le régiment de gendarmerie.

Le 4ᵉ bataillon des mobiles d'Ille-et-Vilaine, à la porte Maillot ; le 7ᵉ bataillon de la Seine, au nord de l'avenue de Neuilly ; les francs-tireurs de l'Aisne (Dalié), le 8ᵉ bataillon de la Seine, le 3ᵉ du Finistère, le 1ᵉʳ des Côtes-du-Nord, tout en étant rattachés au 14ᵉ corps, restaient à Paris.

[2]. 3 batteries battant la Seine et le pont Saint-Denis, puis 3 batteries de mortiers tirant sur le parc de cette ville ;

8 batteries battant les débouchés de Boulogne ;

3 batteries au rond-point de Mortemart, battant l'avenue de ce nom, Brimborion et Montretout ;

3 batteries battant le champ de courses ;

3 batteries battant la Seine, le barrage et le pont de Suresnes (elles furent jugées inutiles et abandonnées ensuite) ;

2 batteries au pont de Neuilly ;

6 batteries au rond-point de Courbevoie ;

5 batteries sur la rive droite de la Seine, vers le chemin de fer d'Asnières et le pont de Clichy (abandonnées ensuite, en raison de l'occupation d'Asnières) ;

3 batteries battant les bords de la Seine et Gennevilliers.

Trois nouveaux bataillons de mobiles (le général Ducrot n'indique pas lesquels) rallièrent le 14ᵉ corps le 22 septembre. Le 27, le 3ᵉ bataillon de l'Aube et le 5ᵉ du Loiret se rendirent de même à Billancourt pour être rattachés au 14ᵉ corps (Ducrot, tome 1ᵉʳ, p. 229 et suiv.).

crifié sans nécessité. Il eût été préférable d'occuper la presqu'île de Gennevilliers, comme on le fit un peu plus tard.

D'ailleurs, par la force des choses, nous étendions peu à peu nos lignes, sans que l'ennemi sortît de son attitude passive. Le 23, une batterie flottante descendait à Suresnes, pour couvrir le barrage dont la destruction eût paralysé la flottille. Le 29, le commandant Franchetti reconnaissait Rueil avec ses éclaireurs. En revenant, il informait Ducrot que l'ennemi n'avait à La Malmaison qu'un poste avancé. Le général décidait d'y tenter un coup de main, au moyen d'un bataillon environ, soutenu par un grand nombre de détachements qui représentaient l'effectif d'une division. Dix batteries et quatre escadrons marchaient avec eux.

Cette opération, ainsi maladroitement compliquée, fut aussi mal exécutée qu'elle était mal conçue. Un coup de feu, purement accidentel, amena une panique. Nos troupes, jetant pétards et outils, s'enfuirent. Vers 8 heures, chacun regagnait son campement [1]. Découragé sans doute par cet échec, Ducrot demanda le 30 à quitter Paris en ballon, pour aller organiser les forces du dehors. Cette faveur lui fut refusée. Il est permis de le déplorer, car le général exerça sur le gouverneur une influence regrettable. En province elle eût été paralysée par celle de Gambetta.

Ainsi les événements militaires se succédaient autour de Paris, rendant peu à peu aux troupes la confiance si fort ébranlée par le premier jour de l'investissement. A l'intérieur, la population ressentait les premières influences de cette surexcitation particulière qu'on nomme la fièvre obsidionale. L'isolement absolu qui se fit autour d'elle le 19 septembre en fut l'une des causes principales. C'est toujours une lourde épreuve pour une ville assiégée que d'être brusquement séparée du reste du monde, livrée à tous les doutes, à toutes

---

[1]. Les chasseurs à pied (2 compagnies), les volontaires (?) et la section du génie de la 2ᵉ division se mirent en marche à 2 heures du matin, par Nanterre et Bois-Préau sur La Malmaison; ils furent rejoints à 4 heures par un détachement du génie, la compagnie de francs-tireurs du Mont-Valérien, la compagnie d'éclaireurs des mobiles de la Loire-Inférieure (Ducrot, tome Iᵉʳ, p. 239).

les incertitudes. L'intensité de cette sensation était décuplée pour Paris, habitué à voir en soi l'un des centres les plus actifs de la pensée humaine, le point de convergence de tant de lignes télégraphiques, de voies ferrées, de routes, de canaux, qui y déversent chaque jour les moyens d'alimentation intellectuelle et matérielle. Brusquement ce rayonnement, cet échange incessant de vie et de pensée s'arrêta. Pendant quatre mois et demi, les communications avec l'extérieur, entretenues seulement par des messagers, des aérostats, des pigeons-voyageurs[1], furent très incertaines. Une semaine se passa souvent sans aucune nouvelle. A deux reprises, cette période de complet isolement atteignit vingt jours. Pour la partie de la population qui vivait d'autre chose que de matière, cette réclusion seule était un supplice sans nom, qu'il faut avoir subi pour s'en rendre pleinement compte[2]. L'arrivée d'un numéro du *Journal de Rouen* devenait un événement; on s'arrachait les fac-similés qu'en reproduisait la presse; on les commentait longuement. Les journaux allemands, seuls, parvenaient assez facilement dans Paris, grâce au trafic des maraudeurs, aux prises faites sur les prisonniers, les blessés ou les morts ennemis. Ils ne nous apportaient que des nouvelles désastreuses. Mais l'espoir était si tenace en nous, que chacun s'efforçait d'en torturer le texte, afin d'y trouver des sujets de consolation et d'espoir.

D'ailleurs, pendant les premiers jours du blocus, nul ne pensait qu'il serait d'aussi longue durée. Deux mois semblaient un maximum qu'il ne serait pas nécessaire ni même possible d'atteindre. On s'attendait au contraire, nous l'avons dit, à un assaut, à un *coup de chien*, suivant l'expression populaire. Et cette idée était celle de tous. Le gouverneur lui-

---

1. Sur plus de cent messagers, dix seulement rentrèrent dans Paris. Voir leur liste, avec détails à l'appui, dans *Paris, Chevilly et Bagneux*, par M. A. Duquet, p. 202. Du 23 septembre 1870 au 28 janvier 1871, 64 ballons furent lancés, dont 5 pris par l'ennemi et 2 perdus en mer (*Enquête*, rapport Lallié).
De Paris on expédia par ballons 363 pigeons; 61 furent perdus en route pour des causes diverses; des 302 restants, 59 seulement retournèrent à leur colombier (Steenackers, *les Télégraphes et les Postes pendant la guerre de 1870-1871*, p. 239). Le major de Sarrepont, p. 149, donne des chiffres différents.
2. J. Favre, tome Ier, p. 246; Sarcey, p. 95.

même, le général Ducrot, tout ce qui exerçait une influence réelle sur la défense, la partageaient. De là quantité de travaux inutiles aux abords de l'enceinte ; de là ces barricades qui devaient former une deuxième et une troisième muraille autour de Paris. Leur principal rôle fut de gêner nos mouvements de troupes et de ralentir les sorties.

Le gouvernement avait jugé bon d'instituer, en dehors de tout élément militaire, une commission des barricades[1] présidée par M. Rochefort que ses traditions d'insurgé permanent désignaient évidemment pour cette tâche. Dès ses débuts, elle eut à lutter contre la concurrence populaire. Des « citoyens » croyaient devoir élever spontanément des barricades, parfois si près de la rue du Rempart qu'elles obstruaient ses abords. La commission les rappelait sévèrement à l'ordre (29 sept.)[2].

En dehors de cette grotesque institution, les efforts du gouvernement pour la défense de Paris aboutissaient à très peu de résultats pratiques. Le 19 septembre, dans l'éloquente proclamation dont nous avons parlé, Gambetta annonçait l'établissement d'une cour martiale. De même, le gouverneur notifiait « à la garde nationale, à la garde mobile, aux troupes » sa ferme intention de réprimer rigoureusement les paniques du genre de celle des zouaves. Mais ce n'était là, du moins de la part du général Trochu, que des phrases de rhétorique ; aucune décision ferme ne suivait, avant le 26 septembre[3].

1. Cette commission fut composée de MM. H. Rochefort, Dorian, Gustave Flourens, Jules Bastide, Martin Bernard, Floquet, A. Dréo (*Journal officiel* du 23 septembre). Le 25, elle fut complétée par la nomination de MM. Albert et Cournet, membres ; Louis Ulbach, Ernest Blum et Émile Raspail, secrétaires (*Journal officiel* du 27 septembre). M. Rochefort écrit à ce propos (*les Aventures de ma vie*, tome II, p. 231) : « Ces vagues fonctions me procurèrent du moins la faculté de soustraire quelques-uns de mes amis aux cruautés du siège, en les réquisitionnant comme officiers d'ordonnance, car j'avais le grade de général, lequel cadrait si peu avec mon horreur instinctive du militarisme. » Voir Sarrepont, p. 133.

2. Voir le texte de l'affiche signée Henri Rochefort dans le *Mémorial* de M. Larchey, p. 67.

3. « ...Si les fuyards venaient, comme aujourd'hui, porter dans la cité le désordre, la panique et le mensonge, vous resteriez inébranlables, assurés que la cour martiale, qui vient d'être instituée par le gouverneur pour juger les lâches et les déserteurs, saura efficacement veiller au salut public et protéger l'honneur national. » (*Journal officiel* du 20 septembre.)

A cette date, un arrêté du gouverneur créait des cours martiales à Saint-Denis, à Vincennes, dans les 13e et 14e corps. Un décret du 30 octobre instituait ensuite des conseils de revision aux mêmes points. Tout cet étalage de mesures rigoureuses fut uniquement pour la montre. Si les cours martiales eurent une existence réelle en province, où le général d'Aurelle, surtout, sut les utiliser pour rétablir la discipline du 15e corps[1], il n'en fut pas de même à Paris. Les fuyards de Châtillon, les lâches, les traîtres, les criminels de toute nature continuèrent d'être traduits devant les conseils de guerre, sans qu'aucun effort fût fait pour abréger les délais inévitables de la procédure. Ces tribunaux, d'ordinaire réputés pour leur sévérité, se montrèrent d'une faiblesse rare, encore dépassée par celle du gouvernement. Parmi les fuyards de Châtillon, cinq furent condamnés à mort le 11 octobre, mais le gouverneur ne jugea pas à propos de faire un exemple qui eût été bien tardif, il est vrai. Ils furent graciés. Le soldat André Desquer, du 95e de ligne, condamné à mort le 27 septembre pour l'assassinat de l'un de ses chefs, vit sa peine commuée le 24 octobre[2]. Quant aux insurgés tels que Flourens, Sapia et autres, les conseils de guerre furent pour eux d'une bien autre indulgence. Leur acquittement était certain par avance. Jamais, on peut le dire, la répression des crimes ne fut aussi mal assurée que pendant le siège de Paris, et ce fait contribua grandement à l'indiscipline, aux habitudes de maraude et de pillage dont la contagion alla toujours croissant. « La force morale », dont se targuait si volontiers le général Trochu, eût dû être appuyée par des tribunaux militaires jugeant dans les formes les plus expéditives, sans appel. A des situations aussi nouvelles il faut des mesures extraordinaires. C'est l'une des erreurs du gouverneur et de ses collègues de ne pas l'avoir compris.

Le 23 septembre, après l'entrevue de Ferrières et sous la pression des partis avancés, le gouvernement ajournait les

---

1. *Campagne de la Loire. Coulmiers, Orléans*, p. 70.
2. Larchey, p. 66 et 86.

élections de l'Assemblée constituante, que le décret du 16 septembre avait fixées au 2 octobre. C'était une faute grave à tous les points de vue. En cherchant à plaire aux éléments révolutionnaires de la population, le gouvernement ne devait pas y parvenir, car si les Blanqui, les Félix Pyat repoussaient les élections législatives, ils réclamaient avec une impatience croissante des élections municipales. Bientôt leur mot d'ordre allait être la résurrection de la Commune de Paris ; le gouvernement se trouverait alors désarmé contre eux, faute d'une base pour appuyer sa résistance. Il restait en effet un pouvoir sorti d'une insurrection, toléré plutôt que reconnu par l'ensemble de la nation. Sa première préoccupation eût dû être d'acquérir au plus tôt l'investiture régulière d'une assemblée librement élue.

Malgré ses concessions perpétuelles aux partis avancés, les manifestations commençaient, encore indécises, sans but précis. Des bataillons de la garde nationale, des curieux s'attroupaient autour de la statue de Strasbourg ; des orateurs populaires risquaient des attaques contre le général Trochu, mais sans trouver encore un écho (21-22 sept.[1]). Déjà, de la place de la Concorde, des groupes se rendaient à l'Hôtel de ville, un chemin qu'ils ne devaient plus désapprendre. Le gouverneur se voyait contraint de déconseiller « ces promenades à travers la ville et ces manifestations, qui portent atteinte au principe militaire et font un pénible contraste avec la gravité de la situation où est le pays[2] ».

« Il faut être au combat ou être prêt pour le combat », disait-il, mais ces phrases ajoutées à tant d'autres ne changeaient rien à la situation, car elles n'étaient suivies d'aucun acte. Plus que jamais le gouvernement se tenait à la remorque de la population plutôt que de la conduire.

Des propositions bizarres se faisaient jour. Afin de vaincre plus sûrement l'ennemi, le peintre d'Ornans, cet homme singulier dont le talent inégal touche parfois au génie, Courbet

---

1. Larchey, p. 59 à 62.
2. *Journal officiel* du 24 septembre.

ne trouvait rien de mieux que de déboulonner la colonne Vendôme et de débaptiser les rues de Paris qui rappelaient nos victoires de jadis! Il envoyait au *Gaulois,* qui l'accueillait sans un mot de protestation, la copie d'une lettre en ce sens adressée le 14 septembre au gouvernement. Il faisait même afficher sa pétition[1], grotesque plus encore qu'odieuse, et le désordre des esprits était si grand que des journaux modérés comme le *Figaro,* des hommes tels que Louis Veuillot acceptaient son projet sans trop de peine[2]. Il était digne de l'artiste qui, parlant des dessins de Michel-Ange, s'écriait : « Après tout, si ceux-là brûlent, on en fera d'autres[3] ! »

Paris changeait d'aspect peu à peu, mais moins que toute autre ville en pareilles circonstances. La fin du mois de septembre était magnifique ; le dimanche, les rues, les boulevards, les abords de l'enceinte étaient pleins d'une foule bruyante et gaie. On s'attroupait comme jadis au Jardin des Plantes, auprès des grands fauves, et autour des acrobates en plein vent. On chantait des hymnes révolutionnaires, des refrains orduriers sur l'empereur et l'impératrice. A part les uniformes très nombreux, rien ne différenciait ces masses populaires de celles qui remplissent d'ordinaire nos grandes artères. Le dimanche 25 septembre, une telle cohue de promeneurs et de curieux déborda de l'enceinte, que des collisions éclatèrent sur plusieurs points avec les troupes. Sur la place d'Issy, un capitaine d'artillerie, voyant son parc envahi sans qu'il pût y mettre ordre, fit mettre une mitrailleuse en batterie contre ces visiteurs intempestifs. Quant aux mobiles parisiens du fort, ils l'abandonnèrent en masse pour

---

1. « Le citoyen Courbet, considérant que la colonne Vendôme n'a aucune valeur artistique; qu'elle ne sert qu'à perpétuer le souvenir et l'idée antidémocratique de la guerre, etc., etc. ».
2. Le *Figaro* du 28 septembre s'exprimait ainsi : « Le citoyen Courbet, maître peintre, lance dans le monde une idée qui ne serait pas absolument absurde, si le maître peintre Courbet n'avait, malgré son remarquable talent, une sorte de ridicule qui s'est communiqué à son idée.... Encore une fois, l'idée peut se raisonner et se défendre ; mais, étant donnés le caractère et la fatuité artistico-démocratique de M. Courbet, on ne peut s'empêcher de voir là-dedans une sorte de querelle personnelle entre le peintre d'Ornans et Napoléon 1er.... »
3. D'après M. Henri de Chennevières, cité par M. A. Duquet, p. 52.

aller rejoindre leurs parents et amis dans les cabarets d'alentour. Il fallut disposer des grand'gardes en arrière des forts pour arrêter cet exode[1].

Déjà la question des vivres se posait : « Paris est agité, Paris est inquiet de sa pitance ordinaire », écrivait M. de Goncourt le 27 septembre. De petits groupes de femmes se formaient aux devantures des épiciers, des bouchers, protestant contre la cherté croissante de la vie, contre les exactions des commerçants qui haussaient leurs prix sans vergogne[2]. Sous la pression de l'opinion, le gouvernement prononçait la réquisition des blés et farines, mais sans la faire exécuter réellement et en exceptant toutes les provisions « de ménage[3] ». Cette mesure, insuffisante elle-même, ne fut pas complétée comme elle eût dû l'être par le rationnement du pain. On déclarait au contraire que cet aliment ne serait pas rationné ; on se bornait à réglementer le nombre des bœufs et des moutons livrés, chaque jour, à la consommation par l'intermédiaire des bouchers. En cela encore, l'énergie faisait défaut au gouvernement. Toute son ambition était d'assurer le pain de Paris pendant trois mois[4] : il eût pu faire bien davantage. Mais la commission des subsistances constituée le 26 septembre comprenait des avocats et des savants, pas un spécialiste, pas un militaire. D'avance elle était vouée à l'impuissance[5].

En raison de la cherté des vivres, de la surexcitation nerveuse, de l'affluence des mobiles, des marins, des gens de

---

1. Vinoy, p. 171.
2. « Un rassemblement furieux.... heurte les volets d'un épicier.... Une femme me conte que c'est un épicier ayant vendu un hareng saur 50 centimes, à un mobile qui l'a fiché au bout d'un bâton, avec cette inscription : « Vendu 50 centimes par un officier de garde nationale à un pauvre mobile » (Goncourt, p. 59).
Pourtant il résulte du bulletin de l'alimentation reproduit par M. Larchey, p. 62, que les prix n'étaient pas très élevés le 24 septembre : Beurre, 4 fr. le demi-kilogramme ; morue, 1 fr. 20 c. ; œufs, 1 fr. 80 c. la douzaine ; jambon, 3 fr. le demi-kilogramme ; lard, 2 fr.
3. *Journal officiel* du 29 septembre.
4. « On peut dire que le pain est assuré pour deux mois et demi au moins et très probablement pour trois » (*Journal de la municipalité* du 26 septembre).
5. MM. Jules Simon, Gambetta, E. Picard, Étienne Arago, Magnin, Cernuschi, Sauvage et Littré (*Journal officiel du 28 septembre*).

la campagne dépaysés et placés souvent dans de mauvaises conditions hygiéniques, la mortalité s'accroissait sensiblement. Du 18 au 30 septembre, elle atteignait 2,616 personnes; il n'en était mort que 1,633 dans la période correspondante de 1869[1].

La garde nationale continuait à s'armer, à organiser de nouveaux bataillons. Sa principale raison d'être était alors la chasse aux espions. Elle en voyait partout. Le nombre de ceux qu'elle arrêta fut immense : terrassiers, artilleurs, sapeurs, ingénieurs, officiers de tout grade, y compris des commandants de secteur et un maréchal de France, étaient saisis sur la moindre apparence de soupçon et traînés à la Place sous les insultes et les coups. Même loin des remparts, une lumière apparue à une mansarde, des ombres en mouvement derrière un rideau servaient de prétexte à des attroupements, des perquisitions. Il fallut que le gouverneur intervînt pour rappeler, dans une proclamation, que le domicile des citoyens est inviolable[2].

Il convient d'ajouter que le service de l'espionnage était beaucoup moins utile aux Allemands qu'on ne se l'imagine d'ordinaire. Nous verrons, à propos du 31 octobre, que cette insurrection put éclater dans Paris et mettre en péril l'existence même du gouvernement, sans que l'état-major ennemi en fût informé avant deux jours.

Quelques précautions étaient prises contre l'indiscipline de la garde nationale, en vue des actes de rébellion que l'on prévoyait. Elle était soumise aux conseils de guerre, qui devaient appliquer le code militaire aux crimes et délits commis dans le service, la loi commune dans tout autre cas[3]. Mais autant de paroles vaines. Le courant de *laissez faire*, d'indulgence inopportune créé par le gouvernement lui-même était trop puissant. Pour les accusés de la garde nationale comme pour les autres, les conseils de guerre furent de la plus insigne faiblesse.

---

1. Larchey, p. 71.
2. *Journal officiel* du 28 septembre.
3. *Journal officiel* du 28 septembre.

CHAPITRE XXI

COMBAT DE CHEVILLY

Projets du général Vinoy. — Modifications apportées par le gouverneur. — Ses instructions. — Attaque de Chevilly. — Mort du général Guilhem. — L'ennemi reprend l'offensive. — Retraite des 35e et 42e de ligne. — Attaque de Thiais. — Retraite du 11e de marche. — Attaque de L'Hay. — Échec des 9e et 10e de marche. — La brigade Mattat. — Résultats de ces combats. — Réflexions.

D'après un renseignement erroné, le général Vinoy croyait Choisy-le-Roi occupé par de la landwehr. Il supposait en outre qu'il existait un pont de bateaux un peu en amont, au lieu d'un bac. Il projeta de le détruire et de forcer ainsi les Allemands à reculer leur ligne d'investissement (28 sept.). A cet effet il jetterait brusquement quelques bataillons sur Choisy-le-Roi. Le 29, il réclama pour ce coup de main l'autorisation du gouverneur.

Celui-ci voulut donner à l'opération projetée une ampleur beaucoup plus grande ; il la remit donc au 30 septembre. De plus il envoya au général Vinoy un ordre extrêmement détaillé[1], lui laissant très peu d'initiative. Ces instructions furent communiquées le 29 septembre, dans un conseil de guerre, aux divisionnaires du 13e corps. En outre, le même jour, le gouverneur se rendit avec une forte escorte aux forts d'Ivry et de Bicêtre, afin de compléter ses ordres de vive voix. Le bruit d'une sortie se répandit dans tout Paris ; il fut commenté dans les clubs ; il s'étendit même aux lignes de l'ennemi ; le soir, nos grand'gardes annonçaient le renforcement de ses troupes avancées[2].

C'étaient là de fâcheuses conditions. Vinoy se rendit dans la soirée auprès du gouverneur, pour demander un ajourne-

---

[1]. Voir le texte de cet ordre, général Vinoy, p. 441. Comme l'écrit le colonel Lecomte, *Relation historique de la guerre franco-allemande*, tome III, p. 206, d'après Vinoy, p. 188, le général tenta vainement de le faire modifier sur plusieurs points. Ce fait n'est pas mentionné dans l'ouvrage de Ducrot (tome Ier, p. 256).

[2]. Général Ducrot, tome Ier, p. 255 ; Vinoy, p. 188.

ment. Il lui fut refusé. A défaut, le général exposa qu'il serait bon que le feu des forts ne précédât pas l'action ou du moins que l'on n'en limitât pas la durée. Il ne l'obtint pas davantage [1].

Nos troupes allaient former quatre colonnes. Celle de droite, général Dumoulin, aurait L'Hay pour objectif ; celle du centre, général Guilhem, se dédoublerait, le 35e marchant sur Chevilly, le 42e sur la Belle-Épine, le 1er bataillon de la Côte-d'Or en réserve. Enfin, à gauche, le général Blaise se dirigerait sur Thiais et Choisy-le-Roi. Derrière Villejuif, la brigade Daudel (division d'Exéa), le régiment des mobiles de la Vendée, le 9e chasseurs à cheval et l'escadron de spahis seraient en réserve [2].

A cette action principale se relieraient des opérations accessoires. Sur la rive droite de la Seine, la brigade Mattat (division d'Exéa) et celle du général de Bernis renforcée du 1er chasseurs à cheval feraient une démonstration sur Notre-Dame des Mêches, de façon à maintenir l'ennemi vers le carrefour Pompadour. A l'aile opposée la brigade Susbielle (division Blanchard) se porterait sur Clamart, afin de couvrir notre flanc droit.

Ces attaques seraient préparées par le feu des forts, qui

---

1. Vinoy, p. 188. Les *Œuvres posthumes* du général Trochu, tome Ier, p. 295, ne confirment pas ce détail. D'après elles, le général Vinoy aurait été *appelé* chez le gouverneur.

2.   *Colonne de droite :*

1re brigade de la division Maud'huy, 2 compagnies de chasseurs (7e des 8e et 15e bataillons), 4e batterie du 2e régiment.

Réserve : 3e et 4e bataillons des mobiles du Loiret, la 15e batterie d'artillerie de marine (celle-ci aux Hautes Bruyères).

Colonne du centre :

1re brigade de la division Blanchard, 1er bataillon de la Côte-d'Or, 3e batterie du 2e régiment ; elle serait soutenue par la 4e batterie du 9e régiment (mitrailleuses) établie à droite du cimetière de Villejuif.

Colonne de gauche :

2e brigade de la division Maud'huy, 4es batteries des 6e et 12e régiments ; elle serait appuyée par la 3e batterie du 13e régiment, au Moulin-Saquet, et la 4e du 13e établie du Moulin-Saquet à Villejuif.

1 détachement de 20 hommes du génie (division Maud'huy) avec les deux premières brigades ; le reste de cette section ainsi qu'une autre avec la brigade Blaise (2e de Maud'huy).

(Ducrot, tome Ier, p. 250.)

tireraient une demi-heure, « montre en main », ceux de Charenton et d'Ivry sur Choisy-le-Roi et Thiais ; Montrouge, Bicêtre et les Hautes-Bruyères, sur L'Hay et Chevilly. La canonnade commencerait dès le point du jour.

Le but de l'opération n'était aucunement spécifié. Dans son ordre, le gouverneur indiquait L'Hay et Choisy-le-Roi comme les objectifs de notre « reconnaissance offensive ». Il ajoutait : « L'action devra être rapidement conduite ; la retraite devra se faire en bon ordre, le terrain à parcourir étant très peu étendu. Les troupes désignées à l'avance pour cet objet réoccuperont, en passant, le Moulin-Saquet, Villejuif et les Hautes-Bruyères avec le canon qui garnit les positions [1]. »

Ainsi, il s'agissait, non plus d'un coup de main de quelques bataillons sur le prétendu pont de Choisy-le-Roi, mais d'une reconnaissance offensive de 20,000 hommes sur un front allant de la Seine à la Bièvre, sans les démonstrations latérales. On peut dire que c'était un effectif trop gros pour une reconnaissance, trop faible pour une attaque sérieuse. Le combat de Chevilly allait être le prototype de ces engagements si fréquents pendant le siège : on s'engageait sans but précis, avec trop ou trop peu de troupes ; on délogeait l'adversaire de ses premiers emplacements, pour reculer ensuite devant ses renforts. Finalement on rentrait dans le camp retranché, affaibli d'autant, sans avoir gagné un pouce de terrain. Il était évident par avance que, dans un temps donné, un tel mode d'opération aboutirait à la désorganisation entière de nos forces et, finalement, à la capitulation.

Le 30 septembre, à 4 heures du matin, les généraux reçoivent les dernières instructions de Vinoy. A 5 heures toutes nos troupes sont massées entre le Moulin-Saquet et les Hau-

---

[1]. Dans ses *Œuvres posthumes*, le général Trochu assure qu'il modifia cet ordre dans la soirée, en prescrivant à Vinoy d'opérer d'abord son attaque sur L'Hay, puis, si elle réussissait, sur Chevilly et Thiais (tome Ier, p. 295). Les ouvrages de Ducrot et Vinoy ne font aucune mention de ces prescriptions, qui auraient changé entièrement la physionomie de l'action. Le général Trochu se plaint qu'il n'en ait été tenu aucun compte.

tes-Bruyères. Le temps est beau, un peu frais; le soleil se lève dans la brume matinale qui couvre toute la vallée de la Seine. Après une demi-heure de canonnade, sans grand effet[1], nos quatre colonnes s'ébranlent. La 23e brigade prussienne est à l'aile droite de la première ligne allemande. Dès le début de la canonnade le 22e régiment s'est rassemblé; il a six compagnies dans Choisy, autant dans Thiais et les travaux défensifs entre ces deux villages; une batterie est répartie sur les deux flancs de Thiais, derrière des épaulements; le 62e, une batterie et deux compagnies de pionniers sont en réserve. A gauche, la 24e brigade a un bataillon du 23e sur la lisière nord de Chevilly et de L'Hay; un bataillon derrière l'aile gauche, à La Rue; un bataillon, un escadron, une batterie dans Chevilly ou aux abords.

Cependant notre 35e de ligne pousse sur Chevilly ses 1er et 3e bataillons, en ligne déployée, couverts de nombreux tirailleurs; le 2e suit en colonne par pelotons, à 300 mètres derrière l'intervalle des deux autres. Les 1er et 2e bataillons du 42e[2], déployés également, marchent à hauteur du 35e, leur gauche à la route de Fontainebleau. Le 1er bataillon de la Côte-d'Or suit en réserve. La 3e batterie du 2e régiment (capitaine Houeix), placée d'abord entre les 35e et 42e, se porte ensuite sur la route, à hauteur de leurs tirailleurs.

Ceux du 42e délogent rapidement de la ferme de La Saussaye un poste de chasseurs prussiens; puis ils continuent sur Chevilly.

A droite l'offensive du 35e est un instant ralentie. Le 1er bataillon, qui appuie trop vers l'ouest, s'arrête sous la fusillade partie de L'Hay et des talus qui bordent le chemin de ce village à Chevilly. De même, le 3e bataillon, arrivé à 300 ou 400 mètres de la lisière, reçoit une telle pluie de

---

1. Ducrot, tome Ier, p. 258; Vinoy, p. 184 et 444. L'*État-major prussien* dit « une heure et demie » (tome III, p. 166). D'après l'amiral de La Roncière le Noury (*la Marine au siège de Paris*, p. 73), l'ordre donné aurait été de tirer *une demi-heure juste*.

Suivant le général Ducrot (tome Ier, p. 276) nos obus n'ouvrirent aucune brèche dans les clôtures de L'Hay, Chevilly et Thiais.

2. Le 3e est resté vers Montrouge (Ducrot, tome Ier, p. 258).

balles qu'il stationne un instant dans les pépinières. Mais au bout de quelques minutes, irrités de recevoir des coups sans en rendre, nos soldats se relèvent d'eux-mêmes et se jettent tête baissée en avant. Au même instant, le colonel de La Mariouse porte en ligne le 2e bataillon. Joint au 3e, il se précipite comme un ouragan sur Chevilly.

Dès que l'ennemi remarque notre mouvement offensif, le bataillon du 23e en réserve dans ce village court à la lisière nord. La première barricade, les maisons voisines sont pourtant enlevées par nos tirailleurs, qui font des prisonniers. L'ennemi se réfugie au centre de Chevilly, évacuant même le parc de gauche, où il s'est solidement retranché. Il est 7h30; le 1er bataillon, à 100 mètres de la lisière, vers la droite, tiraille avec les défenseurs de L'Hay et de ses abords. Les 2e et 3e bataillons tiennent le nord du village et la première barricade.

A l'est, le 42e continue sa marche, malgré un feu vif. Il refoule une grand'garde prussienne vers la Belle-Épine; ses tirailleurs bordent le chemin de Chevilly à Thiais et occupent une fabrique au sud. Une compagnie du 2e bataillon fait face à Thiais; en même temps le général Guilhem prescrit au capitaine Houeix d'amener quatre pièces à la jonction de ce chemin avec la route de Fontainebleau. Elles agiront sur Chevilly et, en particulier, sur le grand parc des Pères du Saint-Esprit, au sud-est du village, où une compagnie prussienne s'est installée. Nos quatre pièces viennent en effet s'établir à 500 mètres des tirailleurs ennemis; les deux autres restent à La Saussaye.

Mais le général Guilhem ne donne pas à cette artillerie le temps d'agir. A peine a-t-elle ouvert le feu que, ne voulant pas laisser plus longtemps nos soldats à découvert, il se précipite sur le village à la tête du 1er bataillon du 42e et du 1er bataillon de la Côte-d'Or. Cette attaque, exécutée pourtant « avec une grande résolution [1] », échoue devant un feu rapide partant, non seulement de la lisière du village, mais

---

1. *État-major prussien*, tome III, p. 169.

de la grand'route[1]. Le général est mortellement blessé de dix balles dans la poitrine[2] et nos deux bataillons se rabattent en désordre sur la bifurcation des routes, où ils parviennent à se rassembler[3]. Quoiqu'ils soient toujours exposés à des feux croisés venant de Thiais et de Chevilly sur leurs flancs, de la route de Fontainebleau sur leur front, les talus du chemin de Thiais à Chevilly et le réservoir situé près du carrefour les couvrent efficacement. Nos pertes sont faibles, sauf pour les quatre pièces du capitaine Houeix, presque à découvert derrière des obstacles insignifiants. Elles continuent pourtant un feu vif sur le grand parc de Chevilly. Mais le mur, précédé d'une haie qui le cache en partie, est à peine entamé sur ce point et la situation se prolonge ainsi quelque temps.

A l'ouest, les 2e et 3e bataillons du 35e ont pris pied comme nous l'avons vu dans le nord de Chevilly. Avec quelques hommes, le capitaine Metzinger franchit la barricade et s'engage dans la rue jusqu'au tournant de l'église; mais des coups de feu venant de toutes les directions l'obligent aussitôt à se retirer. Ne pouvant pousser à l'intérieur de Chevilly, nous essayons de faire brèche au mur du parc de l'ouest, que l'ennemi a évacué. Vains efforts : par une négligence inconcevable, la colonne n'a pas d'outils. Pendant qu'on en réclame inutilement, le chef de bataillon de La Mure essaie de contourner le parc avec plusieurs compagnies du 2e bataillon ; le 1er le renforcera ensuite[4]. Mais en arrivant à la pointe nord-ouest du parc, La Mure est arrêté par un feu rapide venant du chemin de Chevilly à L'Hay, qui n'est pas, comme on le supposait, au pouvoir de la brigade Dumoulin. Après avoir enlevé les premières maisons de L'Hay, elle s'est mise en retraite, découvrant le flanc droit du 35e.

Cependant le chef de bataillon Algan reprend la tentative

---

1. Un détachement du 6e chasseurs prussien et une batterie sont dans cette direction, la dernière derrière des épaulements au nord de la Belle-Epine.
2. Général Vinoy, p. 192.
3. Ducrot, tome Ier, p. 259; État-major prussien, tome III, p. 169.
4. Ducrot, tome Ier, p. 261 et suiv.

du capitaine Metzinger. A la tête d'une centaine d'hommes de bonne volonté, dont quatre officiers, il pousse jusqu'à l'église. Mais, de nouveau, celle-ci est inabordable. Nous sommes obligés de nous jeter à gauche dans une grande ferme. Algan s'y retranche de son mieux, jusqu'à l'arrivée de renforts.

Dans l'intervalle, le 2ᵉ bataillon du 35ᵉ a continué de faire le coup de feu à l'angle nord-ouest du petit parc, attendant toujours des outils pour y pénétrer. Le 1ᵉʳ bataillon vient de le rejoindre, comme il était convenu; le régiment est presque en entier réuni entre l'angle du parc et la première barricade. Par suite de la série de fautes commises, le brave Algan est isolé à l'intérieur du village. Nous ne gagnons plus de terrain ni à droite, ni à gauche; nos six bataillons, que ne soutient aucune réserve, sont à peu près complètement engagés[1].

Du côté de l'ennemi, les choses vont autrement. Depuis 6 heures du matin, le général v. Tümpling s'est porté sur une hauteur entre Orly et la Belle-Épine. Il a mis, dès le début du combat, le VIᵉ corps sous les armes et désigné la 21ᵉ brigade, avec une fraction de l'artillerie de corps, pour soutenir la 12ᵉ division. Celle-ci n'est pas non plus restée inactive; toutes ses fractions en réserve se sont portées en ligne.

L'un des bataillons du 63ᵉ marche de la Belle-Épine sur la croisée de routes à l'est de Chevilly, tandis que les deux autres se portent vers La Rue, pour soutenir la gauche prussienne. Deux batteries de l'artillerie de corps renforcent celle déjà en position au nord de la Belle-Épine.

Cependant le 42ᵉ de ligne et les mobiles de la Côte-d'Or, soutenus par le 3ᵉ bataillon des mobiles de la Vendée[2], demeurent quelque temps aux abords du carrefour. Leurs ten-

---

1. Par ordre du gouverneur, la brigade Daudel, derrière le Moulin-Saquet, ne devait pas combattre (Ducrot, tome Iᵉʳ, p. 262). A défaut, le général Vinoy voulut faire soutenir les 35ᵉ et 42ᵉ par la brigade Dumoulin en la reportant sur l'Hay, mais elle montra beaucoup d'indécision (Vinoy, p. 190).

2. Les 1ᵉʳ et 2ᵉ bataillons sont en réserve derrière le moulin d'Argent-Blanc (Ducrot, tome Iᵉʳ, p. 264).

tatives pour marcher sur Chevilly sont constamment arrêtées par la fusillade. Nos deux sections de 4 souffrent de plus en plus : sur seize servants, sept sont morts ou grièvement blessés, trois atteints légèrement ; le capitaine Houeix est blessé. La position devient telle qu'il faut se résigner à la retraite.

On ne peut d'abord emmener que trois pièces ; pour la quatrième il reste un seul cheval, atteint d'un éclat d'obus. On l'attelle tout sanglant, les servants encore valides poussent aux roues, s'attachent au timon, et l'on fait ainsi, sous le feu, plus de 200 pas, jusqu'à ce que le brave Houeix amène des attelages.

Ce mouvement rétrograde, celui du 35e que nous allons raconter entraînent aussi le 42e. Il gagne les pépinières de La Saussaye. Le 63e régiment prussien, un bataillon de chasseurs venu de la Belle-Épine le poursuivent de leurs projectiles et le contraignent encore à rétrograder. Il le fait dans le plus grand ordre, s'arrêtant tous les cent pas pour rouvrir le feu. La batterie Houeix, qui s'est promptement réorganisée derrière La Saussaye, va prendre position au rond-point de la route de Villejuif à L'Hay et recommence aussitôt à tirer avec une admirable ténacité [1].

On a vu comment le 35e a cessé de progresser dans Chevilly ; devant notre inaction, l'ennemi s'est rapproché, entourant peu à peu le commandant Algan et ses compagnons. Il est environ 8 heures. « Tout à coup les créneaux, les barricades, les fenêtres se garnissent de fusils et le 35e massé reçoit un feu de salve à bout portant [2]... » Il se replie vers le nord à travers les pépinières. A quelques centaines de mètres il fait de nouveau face à l'ennemi.

Dans Chevilly nous ne tenons plus que la grande ferme occupée par le commandant Algan. L'ennemi est contraint d'en faire le siège. L'une de ses compagnies, conduite par le chef de bataillon, qui est tué, s'empare de l'entrée et de la partie sud ; mais notre petite troupe se défend dans le reste. Le ca-

---

1. Ducrot, tome Ier, p. 265.
2. Ducrot, tome Ier, p. 262. Le récit de l'*État-major prussien*, moins pittoresque, est peut-être plus exact (tome III, p. 170).

pitaine Rameau, suivi de quelques hommes, s'élance au dehors pour aller chercher du secours ; ils tombent frappés à mort. Devant cette résistance acharnée, l'ennemi redoute un retour offensif[1]. Pour y parer, il reprend l'attaque. A 8^h 30 un nouveau bataillon (10e régiment) entre dans Chevilly. Une fraction contribue à l'attaque de la ferme ; une autre pousse vers le nord ; deux compagnies longent la lisière ouest. L'intervention de ces nouveaux assaillants contraint le 35e encore une fois à la retraite ; il abandonne en désordre les pépinières, et c'est à un kilomètre seulement de Chevilly que le colonel peut rallier les débris du régiment[2].

A peu près au moment où le 35e se retire ainsi, le combat se termine à l'intérieur de Chevilly. Le détachement du brave Algan commence à manquer de munitions ; son feu devient moins vif. Les Allemands finissent par incendier une partie des bâtiments où il s'est réfugié. Ils envahissent l'un d'eux : on les en chasse à la baïonnette. Enfin, étroitement pressé entre les flammes et l'ennemi, manquant de cartouches, le commandant Algan finit par se rendre avec une centaine d'hommes.

Leur retraite accomplie, les 35e et 42e de ligne prennent position, ce dernier dans les tranchées qui relient Villejuif aux Hautes-Bruyères, le 35e près de cette redoute. La batterie Houeix réussit encore à arrêter l'offensive des Allemands au delà de Chevilly et de L'Hay. Pour couvrir la retraite de la brigade Guilhem, Vinoy a porté la cavalerie du général Cousin en avant, de Villejuif vers La Saussaye, mais cette inutile démonstration prend fin aussitôt sous les obus prussiens. La batterie Houeix n'en continue pas moins son tir, jusqu'à ce qu'elle reçoive l'ordre de la retraite. Elle rejoint alors la brigade Blaise au Moulin-Saquet. Notre attaque principale a échoué, en nous imposant une perte de 1,000 hommes environ, le sixième de notre effectif[3].

---

1. *État-major prussien*, tome III, p. 170.
2. Ducrot, tome Ier, p. 262. *L'État-major prussien*, tome III, p. 171, écrit « derrière les Hautes Bruyères seulement ».
3. Ducrot, tome Ier, p. 265.

A gauche de la brigade Guilhem, celle du général Blaise s'est mise en mouvement à la même heure. Ses deux régiments ont chacun deux bataillons en première ligne et un en deuxième[1] ; au centre sont deux batteries de 12 (4es des 6e et 12e régiments). Derrière nos troupes, une autre batterie de 12 (3e du 13e régiment) arme le Moulin-Saquet ; une quatrième (4e du 13e régiment) s'établit à 50 mètres au sud de la tranchée qui relie cet ouvrage à Villejuif. Un détachement du génie suit la brigade, avec les engins nécessaires pour la destruction du prétendu pont de Choisy.

L'intention du général Blaise est de pousser le 11e de marche entre Thiais et Chevilly ; le 12e se jettera ensuite sur Thiais, en portant un bataillon dans l'intervalle de Thiais à Choisy. Le premier de ces villages et les travaux qui les relient sont occupés par six compagnies du 22e régiment prussien. Lorsque l'attaque se dessine contre Thiais, le 62e y est porté. Un bataillon renforce la lisière nord, les deux autres celle de l'ouest ; une compagnie soutient dix pièces établies plus à gauche[2].

Cependant nos tirailleurs délogent un poste ennemi du Moulin d'Argent-Blanc. Puis, à 500 mètres environ de Thiais, ils sont arrêtés par des feux croisés partant des murs, des jardins, des bouquets de bois qui hérissent les pentes vers Choisy-le-Roi. Deux pièces[3] placées derrière un épaulement à l'angle nord-ouest de Thiais nous couvrent de projectiles. Mais nos tirailleurs finissent par mettre presque tous leurs servants hors de combat. En outre la 4e batterie du 6e régiment vient prendre position au sud du Moulin d'Argent-Blanc. Dès qu'elle ouvre le feu, nos tirailleurs reprennent vivement l'offensive. Ceux du 11e de marche se jettent à gauche pour s'abriter derrière les pentes ;

---

[1]. Les premières en colonnes de division ; les deuxièmes en colonne par division à demi-distance (Ducrot, tome Ier, p. 267).

[2]. *État-major prussien*, tome III, p. 166.

[3]. *État-major prussien* ; Ducrot (tome Ier, p. 267) écrit une batterie. Le récit allemand paraît avoir été volontairement écourté. Il ne fait aucune mention de la perte temporaire de ces deux canons, perte qui paraît très certaine.

ils viennent ainsi donner dans la ligne du 12ᵉ de marche. Un moment de confusion en résulte, qui arrête le mouvement en avant.

Les dix pièces prussiennes à l'ouest de Thiais, assaillies par le feu des tirailleurs de la brigade Guilhem vers Chevilly, ont dû se replier jusqu'à la route de Versailles. Là elles reprennent leur tir et couvrent d'obus la 4ᵉ batterie du 6ᵉ régiment. Elle subit des pertes assez fortes pour être obligée de se retirer et va s'établir au sommet de la croupe d'Argent-Blanc, à gauche de la 4ᵉ batterie du 12ᵉ régiment. Ces douze pièces réunies luttent énergiquement contre celles de Thiais et les forcent de nouveau au silence [1].

A ce moment le 1ᵉʳ bataillon du 12ᵉ de marche, conduit par le lieutenant-colonel Lespieau, se jette sur Thiais en faisant battre la charge. Plusieurs fractions du 11ᵉ de marche se joignent à lui. L'ennemi refoulé laisse sur place les deux pièces au nord-est de Thiais [2]. On se fusille à courte distance, sur la lisière. A droite le 11ᵉ de marche est arrêté par le feu du cimetière qui dessine un saillant. Le 12ᵉ de marche, isolé, est exposé à une vigoureuse contre-attaque ; il se replie en abandonnant les deux pièces un instant conquises. Un retour offensif les lui rend encore. Ce succès semble définitif ; les Prussiens sont fortement ébranlés. A en croire le général Vinoy, la route qui conduit de Choisy-le-Roi au carrefour Pompadour est couverte de fuyards, dont le canon et les mitrailleuses de la division d'Exéa précipitent la déroute [3]. Mais en cherchant à tourner le village à l'ouest, le 11ᵉ de marche est en butte à un feu meurtrier venant du cimetière. Quoiqu'une compagnie du 42ᵉ arrivée du Réservoir cherche, elle aussi, à tourner la gauche de cet enclos, nous ne pouvons nous en emparer. Tout à coup, le 11ᵉ de marche, après un

---

1. Ducrot, tome Iᵉʳ, p. 268. Nous répétons que l'*État-major prussien* écourte toute cette partie du combat (tome III, p. 168).

2. Ducrot, tome Iᵉʳ, p. 269. D'après le général Vinoy (p. 191), c'est le 11ᵉ de marche qui aurait pris ces deux pièces.

3. Vinoy, p. 192. — Il y a lieu pourtant de noter que l'absence de pont à Choisy-le-Roi ne permettait guère aux « fuyards » de se diriger vers le carrefour Pompadour.

instant d'hésitation, plie sans raison apparente. Il abandonne du même coup les deux pièces conquises, dont les culasses ne sont même pas faussées.

Cette retraite sur un terrain plat, découvert, nous coûte des pertes considérables ; elle s'opère cependant sans trop de désordre. A 500 ou 600 mètres on fait de nouveau face à l'ennemi, et le combat recommence, mais sur place. On se borne à tirailler, sans chercher à se reporter en avant. Vers 9 heures, l'ordre de la retraite générale est donné par Vinoy ; les 11e et 12e de marche, puis les batteries du Moulin d'Argent-Blanc se retirent derrière le Moulin-Saquet. Les forts entretiennent seuls, quelque temps, une canonnade plus bruyante qu'efficace sur Choisy-le-Roi.

Le bataillon du 12e de marche qui devait opérer vers Choisy-le-Roi a d'abord été plus heureux. Il pénètre aisément dans ce village, mais ses progrès s'arrêtent là : l'ennemi tient dans Thiais et le domine de ses feux. D'ailleurs deux compagnies du 22e régiment prussien prennent l'offensive et, dès 8 heures, nous rejettent sur Vitry [1].

A Thiais comme à Chevilly, l'attaque, insuffisamment appuyée par l'artillerie, n'a pas été soutenue par des réserves. Après avoir enlevé la lisière des positions allemandes, notre ligne de combat s'est heurtée à une résistance de plus en plus vigoureuse. Elle n'a pas su triompher, malgré une perte de 400 hommes environ.

Ainsi que les colonnes de gauche et du centre, celle de droite a échoué. Elle s'est massée dès 5 heures du matin à gauche de la redoute des Hautes-Bruyères. Une batterie (4e du 2e régiment) va marcher entre les 9e et 10e de marche ; une autre (15e batterie d'artillerie de marine) arme les Hautes-Bruyères. Enfin la 4e batterie du 9e régiment établit ses mitrailleuses derrière un épaulement, à droite du cimetière de Villejuif.

A 5h30, la brigade se porte en avant, le 9e de marche en

---

[1]. Ducrot, tome Ier, p. 268 ; *État-major prussien*, tome III, p. 168. Les 1er et 2e bataillons des mobiles de la Vendée se tenaient en réserve au Moulin d'Argent-Blanc ; le 3e reliait le 11e de marche au 42e de ligne.

tête[1]. Le 10ᵉ de marche suit en réserve. Les deux compagnies de chasseurs longent la Bièvre à hauteur de la première ligne. Les tirailleurs du 9ᵉ de marche s'étendent de ce ruisseau au delà du chemin de Villejuif à L'Hay.

Là encore la préparation de l'artillerie est insuffisante. A peine la 4ᵉ batterie du 2ᵉ régiment a-t-elle pris position sur ce chemin, à 300 ou 400 mètres des Hautes-Bruyères, et ouvert le feu sur L'Hay, que nos tirailleurs refoulent les avant-postes prussiens. Mais ils sont alors en butte à une très vive fusillade, partant de la lisière nord du village. Pourtant le 9ᵉ de marche et les chasseurs enlèvent les premières maisons, ainsi que les barricades au débouché vers Cachan. En même temps quatre compagnies du 9ᵉ se portent contre L'Hay, entre le chemin de Cachan et celui des Hautes-Bruyères. Elles franchissent rapidement la levée de la Vanne, puis un talus, et débouchent ensuite devant le cimetière d'où part un feu tellement vif qu'elles sont rejetées en arrière.

Sept compagnies prussiennes, dont quatre accourues de La Rue, se sont rassemblées dans L'Hay sous les ordres du colonel v. Briefen. Elles suffisent à arrêter l'élan de la brigade Dumoulin. Le 9ᵉ de marche continue de combattre sur place.

Quant au 10ᵉ, il est arrivé à peu de distance de L'Hay. Le colonel Mimerel abrite son 1ᵉʳ bataillon derrière des bouquets de bois qui bordent le chemin de L'Hay à Cachan. Mais l'ennemi embusqué à l'ouest de la Bièvre, derrière des haies, des tas de bois, des épaulements, devient gênant pour nous. Mimerel y détache deux compagnies[2]; l'une suit la Bièvre, la seconde la franchit et attaque les avant-postes bavarois. Le reste du 10ᵉ de marche s'établit, le 2ᵉ bataillon à hauteur du 1ᵉʳ, entre les chemins de Cachan et des Hautes-Bruyères; le 3ᵉ du chemin des Bruyères à celui de Villejuif.

---

1. 3ᵉ et 1ᵉʳ bataillons seulement; le 2ᵉ reste à la garde des Hautes-Bruyères. Les 9ᵉ et 10ᵉ de marche sont en colonne de division par bataillon déployé (Ducrot, tome Iᵉʳ, p. 270).

2. 5ᵉ et 6ᵉ du 1ᵉʳ bataillon (Ducrot, tome Iᵉʳ, p. 272).

Après l'échec de la gauche du 9ᵉ de marche, le 10ᵉ tente une nouvelle attaque de front. Quatre compagnies[1] se précipitent sur la lisière de L'Hay entre les chemins de Cachan et des Hautes-Bruyères. De nouveau l'on franchit la levée de la Vanne, le talus en arrière ; on occupe les premières maisons, mais le feu du cimetière et d'un parc voisin arrête encore notre élan. Toutefois nos tirailleurs, vigoureusement maintenus par leurs officiers, tiennent bon. Ils s'abritent derrière divers obstacles, attendant que les sapeurs aient terminé une tranchée[2]. Sur la gauche, malgré les efforts du commandant Cristiani de Ravaran, le 3ᵉ bataillon ne gagne pas de terrain, lui aussi. Les longs murs du parc sont infranchissables. Une seule compagnie, capitaine Schaubourger, parvient à se porter aux abords immédiats du village.

A ce moment (7ʰ 30), deux bataillons du 63ᵉ régiment prussien, venant de Rungis, arrivent à La Rue[3]. Le colonel v. Briefen juge le moment venu de reprendre l'offensive. Plusieurs compagnies du 63ᵉ renforcent la garnison de L'Hay ; une autre est jetée vers la Bièvre pour déborder notre flanc droit ; puis les fractions du 23ᵉ se portent en avant du village[4]. Le 9ᵉ de marche se retire d'abord, et ce mouvement est suivi par le reste de la brigade, non sans désordre. Après avoir subi de grosses pertes, elle ne s'arrête qu'à 300 mètres des Hautes-Bruyères. L'ennemi a enlevé près de 120 prisonniers au 9ᵉ de marche.

Ce mouvement découvre brusquement le flanc droit de la brigade Guilhem, au moment où le général Vinoy prescrivait au 35ᵉ de tourner avec deux de ses bataillons la lisière ouest

---

1. 2 compagnies du 1ᵉʳ bataillon et 2 du 2ᵉ (Ducrot, tome Iᵉʳ, p. 273).
2. Ducrot, tome Iᵉʳ, p. 273.
3. M. A. Duquet écrit (*Paris, Chevilly, Bagneux*, p. 75) que ces renforts montaient « le chemin qui vient de Bourg-la-Reine », ce qui n'est pas exact. (Voir l'*État-major prussien*, tome III, p. 173.) Ces deux bataillons furent portés de Rungis sur La Rue.
4. *État-major prussien*, tome III, p. 172. Cette partie du récit allemand n'est pas d'accord avec celui du général Ducrot (tome Iᵉʳ, p. 273). Les Allemands portent à 8 heures notre retraite, et le général à 7ʰ 30. D'après ce dernier, il y eut une tentative de retour offensif de la part de la brigade Dumoulin ; l'*État-major prussien* n'en fait pas mention.

de Chevilly. Il n'est plus possible de le tenter. Vinoy ordonne alors au général Dumoulin de marcher de nouveau sur L'Hay, afin de dégager le flanc droit des colonnes du centre. Mais cette démonstration échoue dès les premiers pas. Nos soldats hésitent, se pelotonnent et refusent d'avancer ; plusieurs officiers, notamment les commandants Benedetti et Aubry, du 9e de marche, se font tuer sans parvenir à les pousser en avant.

Au même moment, la batterie des Hautes-Bruyères tire à outrance sur L'Hay ; ses obus de 12 traversent les murs et n'y pratiquent aucune brèche. Notre deuxième attaque échoue donc entièrement[1] ; la compagnie du 10e de marche jetée à l'ouest de la Bièvre a débusqué des postes bavarois, mais ce résultat isolé est sans importance.

Il est 9 heures ; notre échec est complet sur tous les points. La seule réserve, la brigade Daudel, ne doit point être engagée. Le général Vinoy prescrit la retraite.

Le 2e bataillon du 9e de marche resté aux Hautes-Bruyères va se déployer à hauteur de La Saussaye; les 3e et 4e bataillons du Loiret occupent les Hautes-Bruyères, la tranchée qui relie cette redoute à Villejuif. Puis le reste des troupes se replie sans désordre, couvert par le feu des Hautes-Bruyères, de Bicêtre et de Montrouge ; la brigade Dumoulin n'a pas perdu moins de 650 hommes tués ou blessés[2].

Nos démonstrations vers la droite et la gauche, exécutées mollement, n'ont exercé aucune influence sur l'action principale.

Dès 5 heures du matin, une partie de la flottille ouvre le feu du Point-du-Jour sur les postes des Allemands, entre Meudon et Bellevue. Puis la brigade Susbielle, rassemblée entre Issy et Vanves, porte le 1er bataillon du 13e de marche vers le Bas-Meudon et Bellevue. Il surprend un poste prussien établi derrière une barricade à l'entrée de ce village,

---

1. Vinoy, p. 190; Ducrot, tome Ier, p. 274. Le général ajoute que des tirailleurs du 10e de marche (3e bataillon) atteignirent la partie est du village, mais ce fait paraît des plus douteux.

2. Ducrot, tome Ier, p. 275.

mais il est alors attaqué de front et de flanc par trois compagnies[1]. Grâce au feu de la flottille, il peut gagner un grand bâtiment crénelé situé vers la croisée des chemins entre les Capucins et la ligne de Versailles. Il y tient ainsi toute la journée et, à 9 heures du soir seulement, regagne son campement[2] avec une perte d'une vingtaine d'hommes, inférieure à celle de l'ennemi.

Le 2e bataillon du 13e de marche est resté près du fort d'Ivry. Quant au 3e, il s'est porté sur Clamart. Après avoir enlevé le poste allemand de ce village, il y reste inactif durant tout le jour. Le 14e de marche, qui surveille Châtillon et Bagneux, se montre aussi peu entreprenant que le 13e, si bien que les pertes totales des régiments de Susbielle n'atteignent pas 25 hommes[3].

A l'aile opposée de notre ligne, la brigade d'infanterie Mattat doit se porter en avant de Maisons-Alfort et de Créteil; une partie de la cavalerie du général de Bernis se montrera dans la plaine, de Maisons-Alfort à la Seine. On veut ainsi faire croire à une opération importante et empêcher l'ennemi de rien distraire de ses forces pour se renforcer sur la rive gauche de la Seine.

A 4h 30 du matin, nos troupes s'engagent sur le pont de Charenton; deux escadrons qui tiennent la tête sont destinés à opérer entre le fleuve et le chemin de fer de Lyon. Ils s'y portent. Le reste suit la route de Gex vers Maisons-Alfort, car celle de Bâle est couverte d'abatis au point d'être infranchissable sur plus d'un kilomètre.

Pendant que deux compagnies (1er bataillon du 6e de marche) se déploient en tirailleurs au sud de Maisons-Alfort,

---

1. *État-major prussien*, tome III, p. 173. M. Duquet écrit 3 régiments (*Paris, Chevilly, Bagneux*, p. 93); le général Vinoy également, p. 196.
2. Ducrot, tome Ier, p. 287. Le général n'est pas d'accord avec l'*État-major prussien* (tome III, p. 173). Ce dernier écrit que l'attaque de front d'une compagnie prussienne, combinée avec une attaque de flanc exécutée par 2 compagnies venant de Bellevue, nous obligea à la retraite sur Bas-Meudon. D'après le général, le bataillon, attaqué par des forces supérieures, aurait pris sa position sur le plateau dominant le Val et s'y serait maintenu.
3. Ducrot, tome Ier, p. 287.

le reste de la colonne prend le chemin de Créteil. L'avant-garde[1] enlève à l'église le poste prussien. Puis le village est occupé par deux bataillons, tandis que nos tirailleurs atteignent Notre-Dame-des-Mêches (vers 6 heures)[2]. Cependant les chasseurs à pied se portent de Créteil vers le carrefour Pompadour. A moitié chemin, ils ouvrent un feu très vif sur les Allemands qui s'y montrent. Nos deux batteries ont pris position près de Notre-Dame-des-Mêches. Une batterie prussienne placée au carrefour Pompadour essaie en vain de les combattre ; elle est forcée de se retirer.

D'Exéa veut profiter de cet avantage ; il fait avancer par échelons les bataillons établis entre Créteil et Maisons pour menacer le carrefour Pompadour. Notre droite s'engage contre les tirailleurs allemands qui garnissent les pentes de Montmesly.

Dans l'intervalle, les piquets du XIe corps ont pris leurs emplacements d'alarme. Le 88e régiment prussien et une compagnie de chasseurs tiennent le secteur de Bonneuil au delà de Montmesly ; une batterie occupe ce mamelon. A l'ouest, un bataillon du 94e est au carrefour Pompadour ; la batterie qui en a été délogée par les nôtres a pris position sur la grand'route au sud-est, où une autre s'est placée également.

Devant ce déploiement, notre première ligne se borne à tirailler de loin, sans effet. Une batterie de mitrailleuses[3], qui vient se placer entre Créteil et Notre-Dame-des-Mêches, a l'occasion de tirer sur quelques groupes allemands qui se dispersent. D'Exéa veut les faire charger par un escadron, mais celui-ci arrive trop tard ; en obliquant à l'est, il tombe sous le feu de Mesly et se replie aussitôt.

Il est 9 heures environ ; le combat cesse à l'ouest de la

---

1. 7es compagnies des 5e et 7e chasseurs (Ducrot, tome Ier, p. 289).
2. Le 5e de marche, à Créteil et à Notre-Dame-des-Mêches ; 1 bataillon du 6e de marche en réserve, au nord-est de Créteil ; un autre, avec la cavalerie, à la croisée de la route de Maisons-Alfort et de Charenton ; 2 compagnies au sud de Maisons-Alfort, près du Vert ; 2 escadrons en tirailleurs à l'ouest de la route de Gex (Ducrot, tome Ier, p. 289).
3. Capitaine Lefrançois (3e batterie du 11e régiment ?).

COMBAT DE CHEVILLY
(30 Septembre 1870)

Carte N.º V.

Extrait de la Carte des environs de Paris au $\frac{1}{40.000}$.

Le terrain est représenté dans son état actuel (1897).

Seine. Le général d'Exéa donne l'ordre de la retraite. Le 3ᵉ bataillon du 6ᵉ de marche va s'établir de Maisons-Alfort au fleuve, pour soutenir la cavalerie et couvrir notre droite; la batterie de mitrailleuses prend position à l'angle des chemins de Charenton et de Maisons-Alfort. Sous sa protection, nos troupes regagnent leur bivouac, non sans avoir été suivies jusqu'au delà du fort de Charenton par les obus d'une batterie prussienne. Cette démonstration, à peu près inutile, nous coûte 45 hommes dont 2 officiers [1].

La journée du 30 septembre devait être l'une des plus sanglantes du siège. En effet, le combat de Chevilly et les démonstrations qui l'accompagnèrent nous coûtèrent près de 2,200 hommes, plus du quadruple des pertes de l'ennemi. Si cette action de guerre faisait honneur à certaines de nos troupes, en particulier aux 35ᵉ et 42ᵉ de ligne, à la batterie Houeix qui s'était très brillamment comportée, on n'en saurait dire autant du commandement. Il s'était montré fort au-dessous de sa tâche, comme nous l'avons fait plusieurs fois remarquer. Une opération sans but défini, entreprise avec trop ou trop peu de troupes, soutenue par une proportion insuffisante d'artillerie [2], sans réserves réelles, une série d'attaques de front exécutées en général d'une façon maladroite, par des troupes trop fortement massées, voilà, brièvement résumés, les combats du 30 septembre. Il n'est pas jusqu'à la canonnade des forts, qui eût dû être prolongée davantage ou supprimée. Avec la durée qu'on lui donna, elle ne pouvait guère servir qu'à mettre l'ennemi en éveil. Pourquoi n'avoir point fait intervenir des forces plus considérables, notamment en artillerie de campagne? Pourquoi n'avoir pas utilisé davantage certaines réserves telles que la brigade Daudel, les mobiles de la Vendée [3]? Pourquoi

---

1. *État-major prussien*, tome III, p. 174; Ducrot, tome Iᵉʳ, p. 290. Le gros du XIᵉ corps s'était rassemblé au sud de Montmesly et du carrefour Pompadour; il reprit ses emplacements primitifs dans la matinée.

2. Nous mîmes en ligne seulement 8 batteries de campagne contre la ligne L'Hay-Choisy.

3. Le général Trochu arriva au fort de Bicêtre à 10 heures seulement; l'affaire était finie depuis une heure (général Vinoy, p. 196).

intercaler une brigade de la division Blanchard dans la division Maud'huy[1] ?

Même en admettant que nous fussions parvenus à prendre le chapelet de villages qui va de L'Hay à Choisy-le-Roi, l'intention du gouverneur n'avait jamais été de nous y installer. Dès lors nous aurions fait retraite, plus ou moins tôt, sur les forts, sans autre profit qu'un succès passager obtenu à force de sang. Il est trop évident qu'un pareil système de guerre ne pouvait mener à rien. L'ennemi renforcerait peu à peu ses lignes, si bien que nous n'aurions même plus le stérile orgueil de l'avoir chassé de ses positions avancées. Une série de combats tels que ceux du 30 septembre, si honorables qu'ils fussent pour la brigade Guilhem, devaient fatalement aboutir au découragement, à la désorganisation de l'armée, lasse de conquérir péniblement des points qu'il fallait aussitôt évacuer[2]. Autour de Paris, nous le verrons, deux genres de guerres étaient admissibles. On pouvait *chicaner* pied à pied les abords du camp retranché, d'après l'expression même du gouverneur, en multipliant les coups de main, les petites entreprises isolées, de façon à tenir l'assaillant constamment en haleine, à aguerrir nos troupes en attendant l'occasion de mieux faire ; puis, ce moment venu, opérer par masses en usant de notre énorme supériorité numérique, quitte à faire couler des flots de sang, et ouvrir ainsi une brèche immense dans le cercle d'investissement.

On pouvait aussi « assiéger l'assiégeant », suivant le mot de Mazarin[3], et comme le proposait le général Tripier. Avec la quantité de bras dont nous disposions, rien n'était plus facile que d'ouvrir des parallèles contre la partie sud des

---

1. Commandant Bonnet, tome II, p. 72.
2. La disproportion fut extrême, le 30 septembre, entre le but et les moyens. Il y avait un corps d'armée prussien entre la Seine et la Bièvre, sur 7 kilomètres d'étendue. Il s'y était organisé pour la défense : 16 bataillons, 2 ou 3 batteries et 1 brigade de cavalerie se mirent en mouvement pour l'attaquer sur tout son front, en trois colonnes. L'ennemi opposa des forces égales, sinon supérieures (14 bataillons, 6 batteries). Dans ces conditions, il était impossible d'obtenir des résultats sérieux (C. v. H., article cité, p. 86).
3. A propos du siège d'Arras, en 1654.

lignes allemandes, de façon à nous emparer successivement de leurs principaux points d'appui. Les villages de Thiais, de Chevilly, de L'Haÿ, attaqués de la sorte, ne nous auraient certes pas longtemps arrêtés et le moral de nos troupes y eût beaucoup gagné. Mais, nous l'avons dit, en dépit de ses proclamations, de ses discours, le général Trochu n'avait pas la foi. Il nourrissait, semble-t-il, une seule préoccupation, celle de mener dignement le deuil du siège ; la population tout entière n'allait pas tarder à s'en convaincre.

Vᵉ PARTIE

BAGNEUX - LA MALMAISON

CHAPITRE XXII

PROJETS DES ALLEMANDS

Impressions des Allemands. — Arrivée des XIᵉ corps et Iᵉʳ corps bavarois. — Départ de von der Tann pour la Loire. — Nouveaux emplacements de la IIIᵉ armée. — Projets d'attaque contre Paris. — Le IVᵉ corps. — La presqu'île de Gennevilliers. — Les lignes ferrées. — Le parc de siège.

Si la population de Paris ne prévoyait pas, avant le 19 septembre, son prochain et complet isolement du monde extérieur, si, après cette date, elle s'attendait plutôt à un assaut qu'à un long blocus, il est permis de croire que les Allemands n'étaient pas moins déçus dans leurs prévisions. Ils admettaient en général que la résistance de Paris, minée par des dissensions intestines, serait de courte durée [1]. Ils croyaient fermement qu'il n'existait dans le camp retranché aucune force active susceptible de prendre l'offensive, du moins pendant les premiers jours de l'investissement. Ils furent donc surpris par le combat de Châtillon et par celui de Chevilly, beaucoup plus honorable que le premier pour nos armes [2]. Il leur montra la nécessité de renforcer les lignes et de ne point dédaigner à l'avenir les troupes de la défense.

D'ailleurs, à la fin de septembre, leurs effectifs croissaient sensiblement par l'arrivée des XIᵉ corps prussien et Iᵉʳ corps

---

1. Voir plus haut, p. 92 et 93.
2. Cette surprise alla, dit-on, jusqu'à faire admettre la possibilité de lever le siège. M. Duquet (*Paris, Chevilly, Bagneux*, p. 67) entendit à Versailles le prince de Wurtemberg dire à M. Horace Delaroche, aux premiers bruits du combat de Chevilly : « Nous allons lever le siège pour des raisons stratégiques, mais nous reviendrons bientôt, et, cette fois-là, Paris sera obligé de se rendre. »

bavarois. Mais les premiers combats survenus vers la Loire ne tardèrent pas à montrer la nécessité de faire face dans cette direction à de nouveaux adversaires. Le 6 octobre, le 1er corps bavarois et la 22e division d'infanterie se mettaient en marche sur Orléans[1]. La 17e division et la division de landwehr de la garde avaient été appelées le 29 septembre sous Paris ; leur arrivée, attendue à bref délai, comblerait une partie des vides causés par le départ des troupes de v. der Tann.

La 17e division se concentra le 7 octobre à Coulommiers[2], et vint relever à dater du 10 les fractions du XIe corps restées entre Bonneuil et la Seine. Le 18e uhlans, qui arrivait de Reims avec deux batteries à cheval, cantonnait le 18 autour de Villecresnes.

La 21e division d'infanterie et l'artillerie de corps (XIe corps) avaient passé dès leur relèvement sur la rive gauche de la Seine. La première vint prendre position de Meudon à Sèvres, avec son gros à Chaville ; l'artillerie de corps resta à Saclay. De la sorte le front occupé par le Ve corps, sensiblement réduit, s'étendit seulement de Saint-Cloud à Bougival. En avant de cette ligne, on cherchait vainement à brûler Rueil ; la nature des constructions empêcha l'incendie de s'étendre. Au contraire, le château de Saint-Cloud brûlait vers le 13 octobre, peut-être sans que l'ennemi fût pour rien dans la destruction de ce palais, témoin de tant de faits de notre histoire[3].

La division de landwehr de la garde fut, elle aussi, ratta-

---

1. Voir *Campagne de la Loire. Coulmiers et Orléans*, p. 26.
2. *État-major prussien*, tome III, p. 176 ; elle comprenait alors deux brigades d'infanterie, 1 régiment de dragons et 4 batteries.
3. D'après l'*État-major prussien*, tome III, p. 176, c'est un obus du Mont-Valérien qui y aurait mis le feu, le 13 octobre. Un vent violent aurait fait le reste. Le général Ducrot (tome Ier, p. 368) admet qu'il y eut alors un léger incendie, promptement éteint, mais que le feu fut mis pendant l'armistice, lorsque Saint-Cloud, Montretout, Garches furent incendiés par les Allemands. Le général Vinoy (p. 120) attribue, lui aussi, l'incendie à l'ennemi, mais le place au 15 octobre. M. de Goncourt (p. 129) le porte à la même date. Il paraît donc bien certain que le principal incendie eut lieu le 13 ou le 15 octobre. Quant au fait du feu mis par un obus français, il est confirmé par un grand nombre de témoignages : J. de Marthold, p. 107 ; J. Claretie, tome Ier, p. 302 ; général Ambert, *Siège de Paris*, p. 239 ; amiral de la Roncière le Noury, p. 104 ; Verdy du Vernois, p. 206, etc. Mais aucun n'est *de visu*.

chée à la IIIᵉ armée. Elle arrivait de Strasbourg, dont la capitulation (27 sept.) venait de la rendre disponible. Mais l'irrégularité du service sur les lignes ferrées au delà de Nancy retarda beaucoup son mouvement. Vers le 16 septembre, l'un de ses régiments occupait Saint-Germain-en-Laye, avec un bataillon détaché à Port-Marly, d'où il surveillait le pont des Tanneries. Le reste de la division se concentrait du 18 au 23 autour de Longjumeau et se portait le 30 sur Saint-Germain-en-Laye.

Depuis le 5 octobre, le quartier général du roi Guillaume avait été transféré de Ferrières à Versailles. La ville du Roi Soleil abritait le petit-fils de l'électeur de Brandebourg, non au palais, occupé par une ambulance, mais à la préfecture[1].

Dès l'établissement des lignes allemandes autour de Paris, le problème des opérations à entreprendre contre cette grande place se posa pour l'état-major prussien. Sans attendre qu'il fût résolu, on prit, à la fin de septembre, des dispositions pour faire venir le parc de siège tenu prêt en Allemagne. La capitulation de Toul (23 sept.) livrait en effet à l'ennemi la ligne ferrée indispensable pour ce transport.

Vers la même époque, les généraux v. Hindersin et v. Kleist[2] opéraient la reconnaissance complète des abords de Paris. Tous deux tombaient d'accord sur ce point, que le bombardement seul ne suffirait pas à briser la résistance de la grande ville et qu'il faudrait en venir à une attaque régulière[3]. Elle aurait lieu à la fois contre les fronts nord-ouest et sud-ouest. Dans le premier cas, on mettrait à profit la trouée qui s'étend entre Saint-Denis et le Mont-Valérien,

---

1. *État-major prussien*, tome III, p. 177.
2. Inspecteurs généraux de l'artillerie et du génie. Leur rapport est du 30 septembre, et la réponse du général de Moltke du 2 octobre (*Moltkes Korrespondenz*, n° 311). Voir également les nos 297, 298, 317, 319, 331, tous relatifs au bombardement (28 septembre au 20 octobre).
3. *État-major prussien*, tome III, p. 196. — M. Duquet s'efforce, bien mal à propos, de donner tort au commandant Grouard qui énonce le même fait (*le Blocus de Paris et la première armée de la Loire*, 1ʳᵉ partie, p. 74). Le passage de l'*État-major prussien* qu'il cite à ce sujet (*Paris, Chevilly et Bagneux*, p. 289 à 291) ne prouve rien, sinon la difficulté du transport du parc de siège, difficulté bien connue à l'avance. Mais il omet de citer le passage de la relation prussienne que nous résumons ci-contre et qui prouve, jusqu'à

comme le craignait le général Ducrot. Dans le second, on s'avancerait contre les forts d'Issy et de Vanves, en masquant celui de Montrouge. On prendrait les deux premiers et l'on attaquerait ensuite l'enceinte. Mais il fallait, avant de commencer cette double opération, réunir du matériel et des munitions en quantité suffisante : il y aurait des risques graves à se voir obligé de suspendre le feu.

Ce projet d'ensemble adopté, l'exécution en fut confiée au nord-ouest à la IVe armée, au sud-ouest à la IIIe. Les 9 et 10 octobre, les commandants de l'artillerie et du génie furent nommés pour chacun de ces fronts d'attaque.

Les hauteurs de Meudon, de Clamart et de Châtillon étaient très favorables à l'établissement de batteries de siège. Une forte batterie placée vers Saint-Cloud couvrirait la gauche de l'attaque principale et battrait en particulier les ouvrages de Billancourt, ainsi que le secteur du Point-du-Jour. Mais à droite, on ne pourrait tout d'abord pousser au delà de Bagneux les batteries dirigées contre le fort de Montrouge, afin de ne pas les exposer au feu de flanc des ouvrages en avant des Hautes-Bruyères. Ainsi que ceux au sud de Villejuif, ils seraient combattus par d'autres batteries élevées vers L'Hay et Chevilly. Les pièces réparties sur le front de Saint-Cloud à Chevilly seraient au nombre de 92. On prévoyait que, pendant la première période de l'attaque, les batteries resserrées sur le plateau de Châtillon auraient beaucoup à souffrir d'un feu supérieur et même enveloppant[1].

Afin de préparer l'exécution de ce programme et de mieux relier les IIIe et IVe armées, celle-ci était invitée (30 sep-

---

l'évidence, que, dès le mois d'octobre, on songeait très sérieusement à opérer contre Paris une double attaque en règle, tout en se rendant compte qu'elle produirait surtout un effet moral, de même que le bombardement (Verdy du Vernois, p 180). On supposait à ce moment Paris approvisionné pour deux mois (*Ibid.*, p. 199), supposition qui concorde avec la déclaration du général Trochu (13 octobre), portant que Paris a deux mois de vivres assurés (*Procès-verbaux des séances du Gouvernement*). Elle fut retardée par des difficultés de transport et aussi, sans doute, par la persuasion où était l'ennemi que la faim et les dissensions intérieures feraient tomber Paris avant l'heure.

1. *État-major prussien*, tome III, p. 191; *Moltkes Korrespondenz*, n° 298, 27 septembre.

tembre) à étendre sa droite jusque dans la presqu'île de Gennevilliers[1]. Le prince royal de Saxe en avait eu déjà la pensée, mais les reconnaissances faites par ses ordres démontraient que l'on ne pourrait s'y établir, sous un feu dominant, sans risquer des pertes considérables. Par suite, en attendant l'arrivée des pièces de siège, il décida de se borner à appuyer vers l'ouest, de façon à disposer une forte réserve sur les hauteurs de Franconville. On pourrait ainsi s'opposer à une sortie dans la direction de Bezons et d'Argenteuil, celle que les généraux Trochu et Ducrot devaient choisir pour leur plan aventureux. L'état-major du roi, prévenu, n'en maintint pas moins ses instructions. Tout serait tenu prêt en vue d'occuper la presqu'île de Gennevilliers; on ferait en sorte d'empêcher les Français de s'y établir.

Par suite, le IVe corps accrut l'effectif du détachement d'Argenteuil[2] et fit creuser des tranchées-abris sur les pentes au nord-est, ainsi que dans la dépression du Marais. Épinay-Saint-Denis fut occupé et fortifié pour couvrir les batteries projetées; on le relia à la position principal des avant-postes, vers Ormesson. Des préparatifs furent faits pour le passage de la Seine; on réunit à Sannois les équipages de pont du IVe corps et de la garde prussienne; on accumula des bateaux et des tonneaux au château du Marais. Un barrage protégé par des torpilles couvrit le point de passage choisi; on acheva la destruction des ponts d'Argenteuil et de Bezons, si mal à propos commencée par nous.

Le 11 octobre, l'armée de la Meuse se déplaça légèrement vers la droite; le XIIe corps s'étendit jusqu'au Sausset, la garde jusqu'à Graulay; le IVe corps porta dans la presqu'île d'Argenteuil une brigade de la 8e division; le reste cantonna entre Sannois et le lac d'Enghien. La 7e division s'établit sur les pentes sud-ouest des collines de Montmorency; l'artillerie de corps, à Sannois et Ermont[3].

---

1. *Moltkes Korrespondenz*, n° 307.
2. 1 bataillon, porté à 2 bataillons et 2 batteries.
3. *État-major prussien*, tome III, p. 198. Le quartier général du IVe corps était à Soisy. Ses avant-postes s'étendaient de Croissy le long de la Seine jusqu'à Épinay, et de là, par Ormesson, vers Les Carnaux.

Quant à la 1ʳᵉ division de la garde, elle occupait le versant oriental des collines de Montmorency jusqu'au delà de la route d'Écouen à Paris ; la 2ᵉ division était répartie dans la plaine à l'est, sur le Croud et la Morée, jusqu'à Vaudherland et le Blanc-Mesnil [1].

Enfin, au XIIe corps, la 23ᵉ division s'étendait d'Aulnay-lès-Bondy à Livry ; la 24ᵉ, de Clichy à Chelles. La ligne des avant-postes n'avait pas été sensiblement modifiée [2].

Cependant, comme nous le verrons, nos troupes reparaissaient dans la presqu'île de Gennevilliers et travaillaient même aux ouvrages qui y avaient été ébauchés. Le 8 octobre, des batteries de campagne établies sur l'Orgemont tentèrent de détruire ces travaux, mais sans résultat. Nos batteries de Saint-Ouen leur imposèrent aussitôt silence. Cet échec les fit ramener à Sannois. De même le matériel de pont, trop exposé, fut transporté à Sartrouville, et l'infanterie allemande seule garda ses emplacements à la lisière sud-est de la presqu'île d'Argenteuil. Dans ces conditions, il sembla impraticable d'attaquer le front nord-ouest de Paris. On considéra comme plus facile l'attaque régulière des ouvrages de Saint-Denis ; on s'emparerait d'abord du fort de la Briche, ce qui permettrait de tourner la Double-Couronne par la gorge et de l'enlever. Cela fait, on élèverait des batteries destinées à combattre le fort de l'Est, les batteries de Saint-Ouen et de Gennevilliers [3]. Ce programme, d'une exécution beaucoup plus facile que l'attaque par le nord-ouest, devait être en partie réalisé, malgré l'arrivée tardive du matériel de siège.

Nous avons dit plus haut que l'exécution d'une attaque

---

1. Plusieurs bataillons de la 1ʳᵉ division occupaient Montmagny et Pierrefitte ; de là les avant-postes s'étendaient par Stains et Le Bourget, puis le long du chemin de fer de Soissons jusque vers Aulnay-lès-Bondy. Une compagnie occupait Le Bourget ; un bataillon bivouaquait au Pont-Iblon ; l'artillerie de corps était au nord de Gonesse ; les 1ʳᵉ et 3ᵉ brigades de cavalerie à Roissy et Tremblay ; le quartier général du corps d'armée à Gonesse (*État-major prussien*, tome III, p. 193).

2. L'artillerie de corps était vers Villeparisis ; le quartier général du XIIe corps, au Vert-Galant ; celui de l'armée, à Margency, depuis le 8 octobre (*État-major prussien*, tome III, p. 194).

3. *État-major prussien*, tome III, p. 194.

régulière était subordonnée à la mise en état des voies ferrées conquises par les Allemands. En octobre, la III⁣ᵉ armée avait pour principale ligne de communication à l'ouest de la Moselle le chemin de fer de Nancy à Paris, par Châlons. Quant à la IVᵉ, elle était encore réduite à un prolongement vers le nord-ouest de la route d'étapes Pont-à-Mousson-Clermont-en-Argonne.

Avant même la chute de Toul, les Allemands activèrent la mise en état de la ligne Nancy-Paris, si bien que, peu de jours après la reddition de cette place, toute la section de Wissembourg à Nogent-l'Artaud était remise en exploitation. De plus, on travaillait activement au rétablissement du tunnel de Nanteuil et des ponts de la Marne plus à l'ouest.

Cette ligne ferrée servait, non seulement au ravitaillement de la IIIᵉ armée, mais au transport du matériel de siège attendu sous Paris. Au commencement d'octobre, il fut embarqué à Strasbourg ou dans les places prussiennes et transporté peu à peu à Nanteuil. De là il allait à Villacoublay par Villeneuve-Saint-Georges, en parcourant sur les routes une distance de 90 kilomètres environ. Cette opération était d'autant plus difficile que la ligne de Nanteuil à Wissembourg avait provisoirement à assurer les besoins de la IVᵉ armée. Pour la dégager, on prépara la mise en exploitation de celle de Châlons à Mitry par Reims, ce qui décida les Allemands à mettre le siège devant Soissons (25 sept.)[1].

---

1. *État-major prussien*, tome III, p. 204 ; *Moltkes Korrespondenz*, nᵒˢ 263, 270, 274, 292, 296, 309, 317, 321, 327, 329, 332, du 7 septembre au 21 octobre. — Voir aussi notre *Campagne du Nord*, p. 14 et 215.

CHAPITRE XXIII

PREMIERS JOURS D'OCTOBRE

Travaux sur le plateau de Villejuif. — Occupation de Cachan, de la maison Plichon. — Alerte du 14 octobre. — Le 14ᵉ corps. — Reconnaissances sur La Malmaison. — Le bulletin journalier des opérations.

Au sud de Paris, les premiers jours d'octobre furent consacrés par nous à l'achèvement des travaux entrepris sur le plateau de Villejuif, tandis que les Allemands (1er oct.) faisaient sauter la ferme de La Saussaye et organisaient la ligne Thiais-Chevilly-L'Hay. Le chef de bataillon du génie Mangin terminait la redoute des Hautes-Bruyères, qui recevait une batterie de 12, de la réserve du 13ᵉ corps; on disposait des chemins creux en arrière pour le placement de nos réserves. Une tranchée armée d'une batterie de mitrailleuses reliait cet ouvrage à Villejuif. Quant à ce village, il était solidement organisé et mis en relation avec le Moulin-Saquet, par une ligne formée de murs et de tranchées. Cette dernière redoute recevait quatre pièces de 12.

Une autre série de travaux était ébauchée sur le plateau de Villejuif. Frappé du chiffre de nos pertes au 30 novembre, le général Tripier, d'accord avec Vinoy, décidait de mettre en usage le système de contre-approche si admirablement employé par Todleben à Sébastopol. On construirait en avant de nos ouvrages extérieurs des tranchées qui permettraient de gagner du terrain sans souffrir du feu [1].

Dans ce but, on décida l'occupation de divers points situés vers la vallée de la Bièvre.

Le 7 octobre, dans la matinée, la brigade La Mariouse [2] se portait sur Cachan et s'en emparait sans difficulté. On mettait ce village en état de défense et on ouvrait une tranchée

---

1. Ducrot, tome Ier, p. 322; Vinoy, p. 203.
2. Le colonel de La Mariouse remplaçait le général Guilhem tué à Chevilly.

destinée à relier les Hautes-Bruyères à l'aqueduc d'Arcueil. On la prolongeait ensuite jusqu'à la Grange-Ory, vaste fabrique située sur la route de Toulouse, à l'ouest de la Bièvre.

Le 10 octobre, à la nuit, le régiment des mobiles de la Côte-d'Or, soutenu par la brigade La Mariouse, enlevait la maison Plichon à l'angle de la même route et du chemin de Bagneux. On l'organisait également pour la défense, en la reliant par une tranchée, d'une part à la ligne de Sceaux, de l'autre à une carrière située vers l'ouest. Dès le lendemain, ces travaux étaient assez avancés pour résister à une attaque.

Bien que, dans ces deux circonstances, l'ennemi n'eût pas même fait mine de résister, le général Trochu redoutait encore une attaque de vive force. Le 10 octobre, il adressait au général Vinoy une longue lettre exposant ces craintes. Divers renseignements le portaient à croire que l'ennemi concentrait des troupes au sud de Paris. Il supposait que l'anniversaire d'Iéna serait choisi pour une attaque sérieuse. Il recommandait de grandes précautions, annonçant l'envoi de la division Caussade (14ᵉ corps) et de plusieurs batteries[1]. Ces renforts furent inutiles : on reconnut bientôt que l'alerte n'avait aucune cause sérieuse.

A l'est de Paris, le calme était plus complet encore ; la division d'Exéa continuait à tenir le front de Maisons-Alfort au fort de Rosny ; plusieurs bataillons de mobiles étaient venus la renforcer[2].

Au nord, la garnison des ouvrages de Saint-Denis, les troupes cantonnées entre les forts et l'enceinte se bornaient à des reconnaissances vers Drancy, Bondy, Neuilly-sur-

---

1. Général Trochu, *Œuvres*, tome Iᵉʳ, p. 320 ; Ducrot, tome Iᵉʳ, p. 324 ; Vinoy, p. 208 et 450. Cette lettre parvint au général Vinoy dans la nuit du 10 au 11, à minuit.

2. La brigade Mattat au camp Saint-Maur (5ᵉ de marche) et à Charenton-Saint-Maurice (6ᵉ de marche) ; 1 bataillon de mobiles à Maisons-Alfort.
La brigade Daudel à Fontenay-sous-Bois, Nogent-sur-Marne et au camp de Saint-Maur, avec 1 bataillon de mobiles à Joinville, 2 bataillons à l'ouest de la redoute de la Faisanderie.
Le régiment de mobiles du Tarn et le 2ᵉ bataillon de la Drôme à Montreuil et Bagnolet (Ducrot, tome Iᵉʳ, p. 350).

Marne. Il en résultait, notamment le 8 octobre, des escarmouches sans aucune portée.

A l'ouest, le 14ᵉ corps avait consacré les derniers jours de septembre à se réorganiser, à fortifier les positions comprises entre Saint-Ouen et le Point-du-Jour. Au commencement d'octobre, le général Ducrot considéra comme démontré que les Allemands ne songeaient pas à une attaque de vive force. Il activa la préparation de ses troupes à la guerre de campagne.

Beaucoup restait à faire en ce sens; il fallut revenir aux premiers principes de l'instruction : tir, exercices divers, marches, reconnaissances furent mis en pratique constante, souvent sur la ligne même des avant-postes. Nos patrouilles fouillaient la presqu'île de Gennevilliers ou les abords sud-ouest du Mont-Valérien. Le 5 octobre, l'ennemi semblant se fortifier dans le parc de Saint-Cloud, la flottille, nos batteries du bord de la Seine, les bastions du 6ᵉ secteur et deux batteries de campagne le canonnèrent très vivement, sans qu'il répondît. Toutefois il laissait là ses travaux.

Le 7 octobre une reconnaissance poussait jusqu'au parc de La Malmaison et y pénétrait sans combat. L'ennemi demeurait invisible[1]. Cette petite opération, confiée à une série de petits détachements sans lien commun, suivant des pratiques chères à Ducrot, ne nous coûtait aucune perte[2].

Le 12, elle était renouvelée sur le même terrain, par des troupes plus nombreuses, réparties en trois colonnes. On dépassa de nouveau La Malmaison, mais pour être bientôt arrêté

---

1. Le général Ducrot raconte cette reconnaissance avec force détails, quoiqu'elle soit sans aucun intérêt (tome Iᵉʳ, p. 359). Elle mit en mouvement 200 francs-tireurs de Paris, 200 mobiles du 7ᵉ bataillon de la Seine, 200 mobiles du 4ᵉ bataillon d'Ille-et-Vilaine, 200 mobiles de l'Aisne, 1 batterie de 12, 1 batterie de 4, 1 batterie de mitrailleuses, les francs-tireurs des 1ʳᵉ et 2ᵉ divisions du 14ᵉ corps, 4 escadrons (2 de gendarmes, 2 du 2ᵉ dragons de marche).

2. Le 10, le général Ducrot recevait une nouvelle brigade, général Berthaut : régiment de zouaves de marche, 36ᵉ de marche, 3ᵉ et 4ᵉ bataillons du Morbihan. Elle fut répartie entre Courbevoie, Puteaux, les abords de Suresnes.
Le 19ᵉ de marche s'établit sur la rive droite, vers Villiers.
Le 11 octobre, le 2ᵉ dragons de marche passa sous les ordres du général Berthaut, qui commanda toutes les troupes de la rive gauche sur le front ouest du camp retranché (Ducrot, tome Iᵉʳ, p. 362).

par une batterie établie à l'angle de la route de La Jonchère et du chemin de fer américain. La retraite fut ordonnée après cette démonstration [1].

Ces prétendues reconnaissances offensives, entreprises avec un grand luxe de complications et d'effectifs, ne pouvaient avoir d'autre utilité que de servir d'exercices aux troupes et aux états-majors. Nous n'y gagnions pas un pouce de terrain; nous n'en perdions pas davantage. Mais, comme les escarmouches survenues au nord, à l'est, au sud de Paris du 1er au 13 octobre, elles étaient mentionnées au bulletin journalier publié par le gouvernement. Rien n'égale ce document comme insignifiance du fond et médiocrité de la forme. Il est visiblement fait pour amuser la curiosité ou plutôt la *badauderie* du public [2].

---

1. *1re colonne:* 4 compagnies de la Loire-Inférieure, les francs-tireurs du Mont-Valérien, les tirailleurs de la Seine.
2e colonne: le régiment de zouaves, 2 bataillons du Morbihan, 2 escadrons du 2e dragons de marche, 1 batterie de 4, 1 batterie de 12, 1 batterie de mitrailleuses.
3e colonne: les francs-tireurs de la 2e division, 1 bataillon du 19e de marche, 2 batteries de 12, 1 batterie de 4 (Ducrot, tome Ier, p. 362).
2. A titre de document, voici le bulletin du 9 octobre :

« Vers onze heures du soir, le fort du Mont-Valérien a tiré quelques coups de canon. Nouveaux coups de canon tirés du fort à 11 heures 30 minutes. D'autres, à la même heure, semblent partir des forts d'Issy et de Vanves.

« Vers deux heures 5 minutes et deux heures 30 minutes, quelques coups de canon tirés du Mont-Valérien. Ce matin encore quelques coups de canon à de rares intervalles. Vers huit heures du matin, il commence un feu soutenu de la batterie haute.

« Quelques autres coups semblent partir du Point-du-Jour. D'autres partent des fortifications en face de la Muette et d'Auteuil.

« On n'aperçoit aucun ennemi dans les ouvrages où il se tenait les jours passés.

« Pour copie conforme :
*Le Ministre des affaires étrangères,
chargé par intérim du département de l'intérieur,*
« JULES FAVRE. »
(Larchey, p. 82.)

Le 8e bataillon des mobiles de la Seine fut *mis à l'ordre* pour avoir surpris, le 6 octobre, une grand'garde établie à Drancy : « L'ennemi a été repoussé et a laissé plusieurs fusils sur place, le cheval du commandant et un blessé. »

CHAPITRE XXIV

COMBAT DE BAGNEUX

Instructions du gouverneur. — Dispositions de Vinoy. — Prise de Bagneux. — Attaque de Châtillon. — Combat dans ce village. — Occupation de Clamart. — Continuation du combat dans Châtillon. — Ordre de la retraite. — Évacuation de Châtillon, de Bagneux et de Clamart. — Résultats du combat, réflexions.

Nous avons dit que, le 10 octobre, le général Trochu craignait pour le 14 une attaque sérieuse. Deux jours après, ses idées se modifièrent sur de nouveaux avis : il croyait que le mouvement de concentration observé précédemment en avant de tout le front sud dissimulait l'envoi en province d'une partie des troupes assiégeantes. Pour acquérir une certitude à cet égard, il prescrivit dans la nuit du 12 au 13 octobre de pousser le lendemain la division Blanchard en reconnaissance offensive sur le plateau de Châtillon. « Aucun autre détail sur la durée et le but de l'opération n'était donné[1]. »

Cet ordre parvint au général Vinoy à minuit 15 seulement; à son tour Blanchard le reçut après 2 heures et les commandants de brigade à 4 heures. Les dernières dispositions ne furent prises qu'à 8 heures du matin, au fort de Montrouge, par les généraux Vinoy et Blanchard[2]. Ils arrêtèrent ce qui suit :

A droite, le lieutenant-colonel Pottier, du 13ᵉ de marche, marchera sur Fleury et Clamart ; au centre, le général de Susbielle se portera sur Châtillon ; enfin, à gauche, le colonel de La Mariouse sur Bagneux[3]. La brigade de La Charrière (division Caussade) prendra position entre Bagneux

---

1. Général Trochu, *Œuvres,* tome Iᵉʳ, p. 321; Vinoy, p. 211 et 453; Ducrot, tome Iᵉʳ, p. 325.
2. Vinoy, p. 271; Ducrot, tome Iᵉʳ, p. 471.
3. *Colonne de droite :* 1 compagnie de chasseurs, 1ᵉʳ et 2ᵉ bataillons du 13ᵉ de marche, 5 compagnies de gardiens de la paix, 1 batterie de 4, 1 section du génie.
Colonne du centre : 14ᵉ de marche, 3ᵉ bataillon du 13ᵉ de marche, 1 com-

et la maison Plichon[1] pour contenir les troupes de Bourg-la-Reine.

La brigade Dumoulin se tiendra derrière le fort de Montrouge ; le régiment de la Vendée formera dernière réserve.

Ainsi 25,000 hommes, appuyés par plus de 80 pièces[2], vont marcher sur Clamart, Châtillon, Bagneux et se heurter aux avant-postes bavarois sur un front de six kilomètres environ, de Fleury à Bourg-la-Reine. Il est occupé par cinq bataillons et deux pièces seulement[3], ce qui nous permet d'espérer d'heureux résultats si notre attaque est vivement menée.

Dès 8 heures du matin, les Bavarois remarquent la concentration de nos troupes le long de la Bièvre, sur la rive gauche, ainsi que derrière le fort de Vanves. Ils voient même plusieurs bataillons s'avancer par la Grange-Ory sur la route de Toulouse. Des patrouilles envoyées dans cette direction rendent compte de la présence de fortes masses au nord de la maison Plichon; de là des mouvements se dessinent vers Bagneux.

A 9 heures, le signal de l'attaque est donné par deux coups de canon tirés du fort de Vanves. Cet ouvrage, ceux d'Issy et de Montrouge couvrent alors de leurs obus les villages désignés. Des fractions de la brigade La Charrière se portent derrière le remblai du chemin de fer de Sceaux, au point où il coupe la route de Toulouse. De là elles entretiennent un combat traînant contre les Bavarois de Bourg-la-Reine. Sous leur protection et dès que la canonnade des forts a produit un certain effet, les mobiles de la colonne de gauche s'élan-

---

pagnie de chasseurs; le 42ᵉ de ligne et le 3ᵉ bataillon de l'Aube en réserve au petit Vanves.
Colonne de gauche : le régiment des mobiles de la Côte-d'Or, le 1ᵉʳ bataillon de l'Aube; le 35ᵉ de ligne en réserve derrière la Grange-Ory avec 40 sapeurs. (Ducrot, tome Iᵉʳ, p. 325). — Cet ordre ne fait mention que d'une seule batterie destinée à appuyer le mouvement. En réalité, quatre furent engagées avec les colonnes.

1. Dite aussi maison Millaud.
2. Ducrot, tome Iᵉʳ, p. 325; Vinoy écrit 20,000 hommes (p. 213).
3. 1 bataillon et 2 pièces au nord de Bourg-la-Reine; 1 bataillon à Bourg-la-Reine; 1 bataillon à Bagneux; 1 à Châtillon, 1 à Fontenay-aux-Roses (*État-major prussien*, tome III, p. 179).

cent de la maison Plichon vers Bagneux. Ceux de la Côte-d'Or, le 3ᵉ bataillon en tête, vont droit au village; les mobiles de l'Aube cherchent à le tourner par le nord-est. Malgré le feu croisé qui vient de Bagneux et de Fontenay, ces deux groupes, mettant à profit les nombreux couverts du terrain, carrières, fossés, haies, atteignent sans grandes pertes la lisière de Bagneux. Du premier élan, ils s'emparent de quelques maisons et d'une barricade. Derrière eux, le 35ᵉ se rapproche, attendant le moment d'intervenir. Deux batteries viennent prendre position à sa droite et ouvrent le feu sur Châtillon, ainsi que sur l'intervalle de ce village à Bagneux[1].

Dès les premiers mouvements remarqués parmi nos troupes, les avant-postes de la 4ᵉ division bavaroise ont pris leur position de combat; le reste de la division va entrer peu à peu en ligne. La 7ᵉ brigade se rassemble à la Croix-de-Berny et pousse en avant un bataillon (5ᵉ régiment), pour se relier au gros de la 8ᵉ brigade qui se tient à Sceaux. Une batterie prend position à l'est de cette ville; un bataillon (14ᵉ régiment) marche de là sur Bagneux, afin de soutenir le 5ᵉ chasseurs. Les batteries de la réserve cantonnées dans le secteur de la 4ᵉ division se rassemblent à Chatenay[2].

Cependant le 3ᵉ bataillon de la Côte-d'Or, soutenu par le 2ᵉ, continue à gagner du terrain dans Bagneux. Il atteint ainsi le centre du village, en refoulant devant lui, non sans pertes, le 5ᵉ chasseurs bavarois et une petite fraction accourue de Fontenay. Le 3ᵉ bataillon de l'Aube a également pris pied dans le nord du village; il est parvenu à s'emparer de plusieurs maisons situées sur les pentes à l'est, malgré le feu des Bavarois embusqués derrière le remblai du chemin de fer, vers Bourg-la-Reine[3]. Le 2ᵉ bataillon du 35ᵉ de ligne reçoit alors l'ordre de prolonger la ligne des mobiles vers le sud-est. Il s'y porte sous le feu de flanc qui vient des premières maisons de Châtillon; les murs des vergers au sud de Bagneux l'arrêtent un instant, mais les sapeurs enfoncent une

---

1. Les 4ᵉˢ batteries des 12ᵉ et 13ᵉ régiments (Ducrot, tome Iᵉʳ, p. 327).
2. *État-major prussien*, tome III, p. 179.
3. *État-major prussien*, tome III, p. 180.

porte et tout le bataillon se jette dans ces enclos. Il y est à peu près abrité des feux de Châtillon par un long mur qui borde le chemin de Fontenay-aux-Roses. Quant aux Bavarois, embusqués derrière les remblais du chemin de fer, vers Bourg-la-Reine, leurs balles ne nous arrêtent pas davantage[1]. Cheminant à travers les clôtures, le bataillon du 35e gagne l'intérieur de Bagneux où son apparition rend aux mobiles leur ardeur première. Il est 11 heures environ.

Le combat, toujours acharné, se dessine en notre faveur; on fait des prisonniers en assez grand nombre. Un soldat du 35e, Le Gouil, aidé de deux camarades, s'empare d'une dizaine d'hommes enfermés dans une maison. Un autre, Gletty, en prend trois. Le 2e bataillon du 35e débouche ainsi sur la place de l'Église, au moment où les mobiles de la Côte-d'Or y pénètrent par la grand'rue. A gauche, les mobiles de l'Aube ont eu le même succès, mais leur commandant, le brave Dampierre, est tombé en prenant la dernière barricade.

Bagneux est entièrement occupé; l'ennemi, en retraite vers Fontenay, prend position à cheval sur le chemin de Bagneux à ce village. Un bataillon (14e régiment bavarois) s'y est déjà établi; une demi-heure plus tard, trois compagnies (10e chasseurs) l'y rejoignent.

Cependant nous perdons un temps précieux à nous installer dans Bagneux, à en fermer les issues par des barricades; nos deux batteries, poussées jusqu'à la place de l'Église, sont prêtes à mitrailler les issues[2].

La fusillade continue de pied ferme avec l'ennemi embus-

---

1. Le récit du général Ducrot présente à ce propos une certaine obscurité, due à l'emploi des mots *droite* et *gauche* de Bagneux. D'après M. Duquet, p. 241 à 243, les mobiles de l'Aube auraient abordé la partie sud-est de Bagneux et le 35e la partie nord-est. Le contraire nous semble résulter du récit du général Ducrot, et notamment du passage suivant : « ...tout le bataillon (du 35e) se jette dans cet enclos où il est presque à couvert des feux de l'ennemi, grâce à une longue muraille qui, bordant le chemin de Fontenay-aux-Roses, nous défile de Châtillon. » (Ducrot, tome Ier, p. 328.)

2. Ducrot, tome Ier, p. 328. Ces pièces, forcément inactives à l'intérieur du village, auraient été beaucoup mieux placées au dehors, agissant sur Châtillon ou Fontenay.

qué vers Fontenay ou dans les maisons semées le long de la route de Châtillon. Plusieurs pièces sont disposées derrière des murs pour agir contre elles. En même temps, les 1er et 3e bataillons du 35e de ligne se portent à l'attaque, précédés de deux compagnies en tirailleurs. Ils doivent tourner Bagneux par le nord afin de se réunir au 2e bataillon sur la route de Châtillon. Mais les feux de flanc qui viennent de ce village les arrêtent bientôt, et ils se rejettent à droite sur la lisière de Bagneux.

A ce moment, sept bataillons y sont entassés ; la brigade Dumoulin vient encore se joindre à eux. Les 1er et 2e bataillons du 9e de marche atteignent la lisière est ; le 3e est en soutien de l'artillerie. Quant au 10e de marche, il a déjà une partie de son 1er bataillon dans Bagneux ; une fraction du 2e va occuper le grand parc au nord ; le 3e soutient aussi de l'artillerie à l'est[1].

Malgré notre très grande supériorité numérique, nous ne parvenons pas à sortir de Bagneux. Le feu dominant parti de Châtillon et des maisons isolées à l'est suffit à arrêter nos attaques. Il semble que nous ne pourrons gagner du terrain tant que Châtillon ne sera pas à nous. Mais les colonnes du général de Susbielle, au centre, n'ont pas encore achevé sa conquête.

La première (2e et 3e bataillons du 14e de marche, lieutenant-colonel Vanche) marche sur la partie est de Châtillon, celle qui fait face à Bagneux. La seconde (7e compagnie du 18e chasseurs, 3e bataillon du 13e de marche, 1er bataillon du 14e, 1 batterie de 4[2], 1 section du génie) se dirige sur le centre de Châtillon ; elle est sous les ordres directs du général de Susbielle. Il établit d'abord deux pièces entre le fort de Vanves et la route de Châtillon.

La compagnie de chasseurs, une moitié du 3e bataillon du 13e de marche et la section du génie marcheront en première ligne. Puis viendront le reste du 3e bataillon du 13e de mar-

---

1. Ducrot, tome Ier, p. 330.
2. Capitaine Paret (3e du 6e régiment).

che, le 1ᵉʳ du 14ᵉ et quatre pièces de 4. Celles-ci appuieront le mouvement du bataillon du 14ᵉ de marche, s'il est jeté à droite ou à gauche quand la tête de colonne aura engagé l'action[1].

A neuf heures, Susbielle fait ouvrir le feu par nos deux pièces de tête sur les premières maisons de Châtillon. L'ennemi les abandonne presque aussitôt et nos chasseurs s'en emparent; mais ils sont bientôt arrêtés par une barricade élevée à l'angle de la grand'rue et d'une autre voie venant de l'ouest. Le bataillon bavarois stationné à Châtillon garnit toute la partie nord du village; derrière lui, une compagnie (5ᵉ régiment) accourt de Fontenay.

Susbielle porte en avant nos deux canons de 4 qui tirent à mitraille sur la barricade. Elles subissent des pertes, mais l'ennemi ne peut tenir sous leur feu. Les chasseurs, une partie du 13ᵉ de marche se jettent sur lui et le délogent. Nos pièces relèvent leur tir et fouillent le village. Toutefois, nous ne pouvons dépasser la première barricade; la grand'rue est enfilée par une seconde en arrière et par une batterie placée sur le plateau de Châtillon[2]. Sur la droite, dans une rue qui conduit vers Issy, s'élève une autre barricade qui nous prend de flanc; le général de Susbielle est blessé en cherchant à s'en emparer. Cependant trois compagnies du 13ᵉ de marche se jettent sur elle et l'enlèvent. Mais nous n'en progressons pas davantage vers le sud. L'ennemi, embusqué dans les maisons ou derrière la barricade de la grand'rue, nous fusille à bout portant.

Après une inutile tentative pour se porter à droite, les sapeurs du génie conduits par le capitaine de La Taille cher-

---

1. Ducrot, tome Iᵉʳ, p. 332. — Ces instructions sont intéressantes à résumer, parce qu'elles montrent combien notre éducation tactique était faible en 1870. Que signifient cette dislocation d'*une* batterie en deux petits paquets, cette préparation d'une attaque au moyen de *deux* pièces, cette attaque principale exécutée par deux bataillons sur quatre?

2. Ducrot, tome Iᵉʳ, p. 332. — Le général dit des *mitrailleuses*. Or, il n'existait qu'une batterie de ce genre dans les armées allemandes, et elle était alors sur la Loire avec le Iᵉʳ corps bavarois (*Coulmiers et Orléans*, p. 145). Cette erreur a souvent été répétée. (Voir La Roncière le Noury, *la Marine au siège de Paris*, p. 92; A. Duquet, *Paris, Chevilly, Bagneux*, p. 248, etc.)

chent à cheminer au travers des maisons de gauche ; ils arrivent ainsi jusqu'au côté nord de la rue de la Fontaine, d'où ils chassent l'adversaire. Mais, quand il s'agit de traverser la chaussée, elle est si fort balayée par les projectiles venant de la barricade élevée à son extrémité, près de l'église, que l'on doit y renoncer. Quelques hommes parvenus à échapper aux balles, pour s'établir dans l'une des maisons du côté sud, ne sont pas soutenus et doivent se retirer. Il faut abandonner ce moyen de tourner la seconde barricade de la grand'rue.

Le capitaine de La Taille et ses sapeurs marchent alors sur l'église en longeant la rue de la Fontaine. Ils s'ouvrent une sorte de galerie à travers murs et cloisons. Trois compagnies du 42e les suivent ; trois autres (14e de marche) remplacent les premières à mesure qu'elles se portent en avant. Tout en marchant, on fait le coup de feu par les portes et les fenêtres ; les Allemands suivent parallèlement à nous, de l'autre côté de la rue [1].

Pendant que Châtillon est le théâtre d'un combat qui menace d'être fort long, à notre extrême droite, le lieutenant-colonel Pottier aborde Clamart avec deux bataillons du 13e de marche et 500 gardiens de la paix. Il occupe ce village sans coup férir, en refoulant les avant-postes bavarois sur les pentes du plateau. En même temps, il détache le 2e bataillon du 13e de marche vers sa droite, pour se couvrir dans la direction de Meudon. Fleury est ainsi occupé ; nos patrouilles fouillent ses abords sans rencontrer l'ennemi ailleurs que sur la terrasse du château.

Les gardiens de la paix repoussent les tirailleurs ennemis embusqués sous bois.

Quant à la batterie de la colonne Pottier, elle prend position, deux pièces sur la route de Clamart à Châtillon, deux sur celle de Clamart à Fleury, deux en réserve sur le plateau du Moulin [2].

Les avant-postes bavarois se sont retirés sur la première

---

1. Ducrot, tome Ier, p. 334.
2. Ducrot, tome Ier, p. 330. — L'*État-major prussien*, tome Ier, p. 181, parle de *plusieurs batteries* de campagne.

ligne de défense de la 3ᵉ division ; des troupes avancées les recueillent. Le 15ᵉ régiment a deux bataillons sur le plateau au-dessus de Clamart ; un autre, derrière un abatis dans le bois de Meudon ; un bataillon du 14ᵉ occupe la bande boisée au sud de Clamart et deux compagnies, notre ancienne redoute. A partir de 11 heures du matin, le reste de la 6ᵉ brigade (trois bataillons) et deux bataillons du 7ᵉ régiment viennent de Plessis-Picquet renforcer la première ligne bavaroise ; le gros de la 5ᵉ brigade et de la brigade de uhlans est arrivé sur le plateau pour les remplacer. Une batterie établie derrière des épaulements parvient, il est vrai, à entretenir un feu efficace vers Châtillon, mais les autres pièces allemandes sont aussitôt délogées par les obus des forts.

Cependant la colonne Pottier a lancé des tirailleurs sur les pentes au sud et à l'ouest de Clamart, jusqu'à 800 mètres environ du village. Ils se relient à une compagnie (3ᵉ bataillon du 13ᵉ de marche) qui opère contre Châtillon sous les ordres de Susbielle. Derrière eux le détachement du génie met Clamart en état de défense et ouvre des passages à travers les clôtures, en vue de faciliter son évacuation. C'est là que se borne l'action de la colonne de droite. Quand le général Vinoy donnera l'ordre de la retraite générale, elle se retirera sans être aucunement inquiétée par l'ennemi.

A sa gauche, le lieutenant-colonel Vanche doit attaquer Châtillon avec les 2ᵉ et 3ᵉ bataillons du 14ᵉ de marche. Précédé de trois compagnies en tirailleurs (2ᵉ bataillon), il suit le chemin qui conduit de Montrouge entre Châtillon et Bagneux.

Le 3ᵉ bataillon reste en réserve dans un pli de terrain à hauteur de Vanves et de Montrouge[1].

A courte distance nos tirailleurs sont assaillis par un feu soutenu venant de la lisière nord-est et du clocher de Châtillon. Quoique abrités dans les vignes, ils souffrent un peu. Alors, pour éviter de plus grosses pertes, Susbielle brusque l'attaque ; le lieutenant-colonel Vanche se jette en avant,

---

1. *L'État-major prussien*, tome III, p. 181, mentionne cette attaque comme ayant été exécutée par deux bataillons de mobiles.

mais il est grièvement blessé ; le commandant Swiney lui succède ; nos tirailleurs, renforcés par une compagnie du 3ᵉ bataillon, parviennent, après un instant d'hésitation, à enlever des enclos et quelques maisons. Là encore, il faut gagner du terrain pied à pied, sous le feu de l'église qui sert de réduit à l'ennemi. Peu à peu le combat devient stationnaire.

A ce moment, le sémaphore, des Hautes-Bruyères signale l'approche de renforts et notamment de longues colonnes d'artillerie montant de la Croix-de-Berny sur le plateau. En effet, à 10ʰ 30, plusieurs batteries bavaroises ouvrent le feu ; l'une d'elles prend même position sur les pentes vers Châtillon. Mais le canon des forts et les pièces de campagne établies dans leurs intervalles les réduisent plusieurs fois au silence[1].

Vers 11 heures, le combat est partout à notre avantage. Nous tenons les pentes au sud de Clamart, le bas de Châtillon, tout Bagneux. Il serait peut-être possible de pousser jusqu'au plateau. Mais Vinoy ne croit pas, avec raison, que cela rentre dans les projets du gouverneur. Pourtant il fait organiser la défense de Bagneux, afin de se donner un point d'appui.

Dans l'intervalle, la lutte continue à Châtillon, surtout vers l'église. Cinq nouvelles compagnies bavaroises sont venues renforcer celles qui défendaient déjà le sud du village[2]. Nous ne pouvons avancer dans la grand'rue, enfilée par les pentes du plateau ; quant aux deux rues qui y débouchent à hauteur de l'église, elles sont non seulement battues par l'artillerie, mais vues à revers par les maisons du haut du village. Près de l'église, un grand bâtiment commande tout le terrain au nord de la rue de la Fontaine.

Le commandant Mowat-Bedfort, du 14ᵉ de marche, reçoit l'ordre de l'attaquer, pendant que les sapeurs continueront de marcher vers l'église. Mais il est repoussé par des pièces

---

1. Ducrot, tome 1ᵉʳ, p. 336 ; Vinoy, p. 215.
2. *État-major prussien*, tome III, p. 181.

abritées tirant à mitraille. Susbielle fait alors avancer deux de nos canons de 4. L'un est placé sur une sorte de plate-forme, derrière un mur, et son tir n'est pas sans effet, quand un obus fait sauter l'un de nos caissons ; les deux pièces se retirent, fort mal à propos, et le désarroi gagne l'infanterie.

Susbielle cherche à la maintenir au feu, quand il est rejoint par l'aide du camp du général Blanchard. Vinoy fait demander s'il est possible de s'emparer du plateau de Châtillon. Susbielle répond que la tâche est difficile : en ce moment nous faisons peu de progrès à droite et à gauche. Cependant il cherchera à gagner le haut du village [1]. A ce moment surviennent de nouvelles compagnies du 42e envoyées par le général Blanchard. Elles raniment l'attaque ; quelques maisons sont prises, mais avec grande difficulté. On songe à incendier les bâtiments occupés par l'adversaire, quand l'aide de camp de Blanchard revient apportant l'ordre de la retraite (3 heures environ).

Voici ce qui l'a provoqué : après la prise de Bagneux, Vinoy a envoyé au gouverneur cette dépêche : « Nous sommes maîtres de Bagneux. Je prends des mesures pour nous y maintenir. Voulez-vous le conserver [2] ? » La réponse est la suivante (1h 58 du soir) : « Blanchard tiendra dans le Bas-Châtillon, sans dépasser la route de Clamart ; je lui annonce que vous le soutiendrez de Bagneux, par votre canon, qui devra tirer entre le Télégraphe et le haut de Châtillon. Sous cette protection, Blanchard fera sa retraite quand il le jugera à propos, ou quand vous le lui direz [3]. »

Il n'y a plus à douter : le gouverneur de Paris ne désire pas qu'on aborde le plateau ; il veut que l'on se borne à une reconnaissance offensive et que l'on évacue Châtillon [4]. Son tort est de ne point le spécifier. Dans ces conditions, il est

---

1. Ducrot, tome Ier, p. 338.
2. Vinoy, p. 216 ; Ducrot, tome Ier, p. 338 et suiv.
3. Vinoy, p. 216 ; Ducrot, tome Ier, p. 340.
4. Il est à noter que cette dépêche ne répondait nullement à la question très nette posée par Vinoy.

indispensable de hâter la retraite, afin de ne pas y être obligé par des forces supérieures. Pourtant Vinoy ne l'a pas encore prescrite, il hésite encore quand, vers 2ʰ30, le général Blanchard lui fait savoir qu'il prend ses premières dispositions pour se retirer[1]. Ainsi l'initiative de ce mouvement vient d'un subordonné de Vinoy, qui s'y croit évidemment autorisé par la communication reçue directement du gouverneur.

Le commandant du 13ᵉ corps n'a plus qu'à ordonner l'évacuation de Bagneux. Toutefois, avant d'y procéder, il fait venir de Montrouge 400 marins avec mission d'abattre les murs du grand parc, qui pourraient devenir dangereux pour nous. La retraite commence ensuite et aussitôt l'ennemi met en ligne de nouvelles batteries qui ouvrent un feu violent, mais à peu près inoffensif. La brigade Dumoulin se reporte vers les Hautes-Bruyères; celle du général de La Charrière se maintient à la maison Plichon, non sans que l'ennemi cherche à l'en déloger. Le général v. Bothmer a porté un bataillon (1ᵉʳ du 5ᵉ bavarois) sur Bagneux et deux compagnies le long du remblai du chemin de fer, vers la maison Plichon. Ces dernières se bornent à un combat traînant contre la brigade La Charrière. Quant au 1ᵉʳ bataillon du 5ᵉ bavarois, il s'élève sur la croupe au sud-est de Bagneux et pénètre dans le village au moment où commence notre retraite. En même temps le lieutenant-colonel v. Heckel conduit à l'attaque les compagnies rassemblées au nord-est de Fontenay. Malgré ce double mouvement offensif, les Bavarois ne parviennent pas à entamer notre arrière-garde, qui défend énergiquement le nord du village. Au moment où elle l'abandonne enfin, les marins du capitaine de frégate André abattent les derniers pans de murs du parc. Ils se retirent à leur tour, en nous couvrant[2]. L'ennemi veut mettre cet instant à profit, mais nos troupes de queue font demi-tour et dirigent sur lui des feux de bataillon qui produisent un grand effet. Les Bavarois se retirent en désordre dans Bagneux, que les forts et

---

1. Ducrot, tome Iᵉʳ, p. 340; Vinoy, p. 217.
2. *État-major prussien*, tome III, p. 180 et 182; Ducrot, tome Iᵉʳ, p. 340; Vinoy, p. 217.

nos batteries de campagne commencent à canonner. Le feu est très vif pendant quelques instants, et l'ennemi juge prudent de ne plus nous poursuivre [1].

A Châtillon, la retraite n'a pas souffert plus de difficulté. Partout nous gardons une ferme contenance. Les sapeurs du génie et les compagnies du 42ᵉ abandonnent l'une après l'autre les maisons de la rue de la Fontaine, conquises avec tant d'efforts. Ils improvisent une barricade destinée à ralentir la marche de l'ennemi. De même Susbielle a fait amonceler du bois de chauffage sur la grand'route. L'ennemi ne tente pas de nous suivre. Quelques tirailleurs du 42ᵉ restés derrière la dernière barricade le tiennent en respect, avec l'aide de la batterie Paret. A Clamart le mouvement rétrograde de la colonne Pottier se fait aussi aisément. A 4ʰ 30, toutes nos troupes sont sorties de la zone des feux efficaces. Quant aux Bavarois, ils reprennent leurs premiers emplacements, sauf qu'ils portent à deux bataillons la garnison de Bagneux [2].

Cette « reconnaissance offensive » nous coûte 416 hommes ; les Bavarois ont subi des pertes à peu près équivalentes [3] dont un nombre assez considérable de prisonniers. Mais il ne s'ensuit pas que la journée ait été un succès pour nous. En tant que reconnaissance, elle coûte trop cher. Nous n'avions nul besoin de sacrifier un demi-bataillon pour constater que l'ennemi occupe en forces le plateau de Châtillon. Le terrain péniblement conquis par nous a dû être abandonné. Le soir du 13, il n'y a rien de changé au sud de Paris, sinon des morts et des blessés en plus.

Comme nous l'avons dit, le thème de cette opération était mal conçu. Il mettait en mouvement un effectif trop considé-

---

[1]. *État-major prussien*, tome III, p. 182. — Quoique l'auteur allemand semble vouloir attribuer l'évacuation de Bagneux, non aux ordres du général Vinoy, mais à l'attaque du lieutenant-colonel v. Heckel et du 1ᵉʳ bataillon du 5ᵉ bavarois, il est bien forcé de constater que notre retraite se fit en toute liberté d'action.
La même observation s'applique à l'évacuation de Châtillon.
[2]. *État-major prussien*, tome III, p. 182.
[3]. Voir aux Annexes.

rable ou trop restreint [1]. Nul, pas même le général Vinoy, ne savait exactement où se borneraient ses efforts. Même en admettant qu'il y eût utilité réelle à attaquer Clamart, Châtillon, Bagneux, nous devions opérer avec une tout autre proportion d'artillerie. En effet, les 80 pièces mentionnées dans les comptes rendus officiels se réduisent à trois batteries qui prirent réellement part au mouvement. L'attaque de Châtillon, ce nœud de la position, fut préparée par six pièces de 4. C'est beaucoup moins qu'il n'eût fallu.

On peut se demander également si, comme le voulait le général Vinoy [2], il n'eût pas été opportun de garder Bagneux et peut-être Clamart. La proximité d'Issy, de Vanves, de Montrouge et de la maison Plichon nous l'eût sans doute permis, et nous y aurions gagné un point d'appui pour les opérations prochaines. Des travaux appropriés, entrepris le jour même, auraient assuré la liaison de ces villages avec nos lignes. Il fallait de toute nécessité « donner de l'air » à Paris, qui étouffait dans sa ceinture de pierre. Nous aurions dû l'élargir peu à peu et ne jamais abandonner à l'ennemi un pouce de terrain qu'il n'eût conquis à force de sang. Au lieu de demi-succès sans conséquence possible comme le combat de Bagneux, nous aurions du moins obtenu un résultat tangible, celui de lasser nos adversaires tenus constamment en éveil et obligés à de gros sacrifices s'ils voulaient plus étroitement nous enserrer.

---

1. Le combat de Bagneux, tel qu'il fut livré, était inutile, car on eût pu reconnaître les forces allemandes avec moins de frais (C. v. H., article cité, p. 92).
2. Vinoy, p. 216.

CHAPITRE XXV

DU 13 AU 21 OCTOBRE

Au sud et à l'est de Paris. — La presqu'île de Gennevilliers. — Reconnaissance projetée par Ducrot. — Ses ordres pour le 21 octobre. — Leur complication. — Résultats à en attendre.

Après le combat de Bagneux, les troupes des 2e et 3e divisions du 13e corps rentrèrent dans leurs cantonnements. Elles y poursuivirent leur instruction, tout en exécutant des travaux défensifs[1]. Le 12e de marche, d'abord maître d'une moitié de Vitry seulement, ne tardait pas à en chasser entièrement les postes ennemis. Une redoute entreprise au Port-à-l'Anglais était terminée vers le 16 octobre ; on commençait aussitôt des tranchées entre Vitry et la Seine.

A l'est de ce fleuve, les premiers jours qui suivaient le 13 octobre se passaient également dans un calme relatif. La division d'Exéa poussait chaque nuit des reconnaissances au delà de Maisons-Alfort, vers Créteil ou Notre-Dame-des-Mêches. On parvenait même à ramener de Créteil (16 oct.) une grande quantité de fourrage qui y était restée accumulée.

Plus au nord on exerçait une surveillance attentive sur la presqu'île de Saint-Maur[2]. Pour réparer, en partie, la faute commise lors de la destruction du pont de Joinville, d'Exéa

---

[1]. Ducrot, tome Ier, p. 349. La brigade Susbielle continuait à défendre l'intervalle entre le Bas-Meudon et la route de Châtillon ; la brigade La Mariouse, celui de la Bièvre à cette route ; la brigade Dumoulin, celui de la Bièvre à Villejuif inclus ; la brigade Blaise, celui de Villejuif à la Seine.

Le 16 octobre, les mobiles de la Côte-d'Or étaient relevés par ceux du Finistère ; la batterie des mobiles de la Drôme remplaçait à Villejuif une batterie de l'ex-garde, qui se répartissait entre le Moulin-Saquet, les Hautes-Bruyères et Villejuif.

[2]. La défense était confiée au chef de bataillon de Conchy, du 7e de marche, avec 1 bataillon de son régiment et 1 bataillon du Loiret à Joinville, 1 compagnie de carabiniers parisiens à Port-Créteil (Ducrot, tome Ier, p. 350).

faisait jeter un pont de chevalets en amont. Une petite tête de pont, établie sur la rive gauche, couvrait ce débouché.

Dès lors nos patrouilles purent aisément s'avancer à une certaine distance de la Marne, et l'ennemi dut replier ses sentinelles au delà de la Fourche de Champigny. De même, à Nogent, nos avant-postes se portèrent jusqu'au chemin de fer de Mulhouse ; nos patrouilles parcouraient constamment Le Perreux. Les mobiles du colonel Reille s'avançaient jusqu'à Neuilly-sur-Marne, au plateau d'Avron, à Neuilly-sous-Bois. Là aussi, la force des choses, et non point la volonté du gouverneur de Paris, nous amenait à élargir notre zone de surveillance.

Sur le front occupé par le 14e corps, nos progrès étaient moins sensibles. Cependant nous établissions (19 oct.) deux passerelles sur les arches si mal à propos détruites du pont d'Asnières[1], et ce fait se rattachait à l'adoption d'un plan de sortie resté jusqu'alors tout à fait secret; nous serons bientôt appelés à en parler. Des préparatifs étaient faits déjà en vue de faciliter le débouché de nos troupes sur Bezons et la Basse-Seine. Mais, vers le milieu d'octobre, on crut remarquer que l'ennemi montrait des tendances à se rapprocher de Nanterre. Il avait successivement occupé le vieux château de La Malmaison, le château neuf, le parc de Bois-Préau et les premières maisons de Rueil. S'il parvenait à se glisser dans le pli de terrain qui va de la Maison-Brûlée au moulin des Gibets, entièrement à l'abri des vues du Mont-Valérien, il pourrait être dans un voisinage dangereux de cette forteresse, et peut-être déboucher de Rueil et de Nanterre dans la presqu'île de Gennevilliers, en rendant inexécutable notre projet de sortie par Bezons[2].

---

1. Ducrot, tome Ier, p. 368. Le 13 octobre, le 38e provisoire (4 bataillons de mobiles de Seine-et-Marne) était rattaché au 14e corps; il se portait ensuite sur la rive gauche de la Seine, avec mission de défendre le terrain entre Courbevoie et Villeneuve-la-Garenne. Le 16 octobre, les trois bataillons de mobiles détachés à Pantin cessaient de faire partie du 14e corps; ils étaient remplacés par le 2e d'Ille-et-Vilaine, le 4e des Côtes-du-Nord et le 6e de la Somme. Le premier fut mis sous les ordres du général Martenot, les deux autres sous ceux du général Berthaut.

2. Général Ducrot, tome Ier, p. 373. Le général Trochu, Œuvres, tome Ier,

Les vues de l'état-major prussien n'allaient pas si loin, comme il est aisé de s'en convaincre par la lecture de son grand ouvrage. D'ailleurs il était fort peu vraisemblable qu'il risquât des troupes dans la plaine de Nanterre, à moins de deux kilomètres du Mont-Valérien. Cette considération contribua pourtant, dans la plus large mesure, à provoquer l'inutile combat du 21 octobre. En faisant une nouvelle sortie dans cette direction, le général Ducrot se proposait de chasser définitivement l'ennemi de Rueil et même de La Malmaison, de préparer au moulin des Gibets la construction d'une redoute destinée à enfiler le pli de terrain dont nous avons parlé. Enfin une autre raison intervint pour le décider. Depuis son échec à Châtillon, le 14e corps n'avait pas eu l'occasion de s'affirmer devant l'ennemi. Le général Ducrot jugeait nécessaire de le mettre à l'épreuve avant de risquer une opération véritable[1].

Avec l'approbation du gouverneur, il donna les ordres nécessaires (20 oct.). Nos troupes mettraient en ligne 10,000 hommes et 120 pièces, formés en trois colonnes.

La première, celle du général Berthaut (3,400 hommes d'infanterie, 20 pièces, 1 escadron)[2] aurait à agir entre le chemin de fer de Saint-Germain et la partie « supérieure » de Rueil. Son artillerie prendrait position vers la station de ce nom, à l'abri de la voie ferrée, et canonnerait vivement La Malmaison, l'entrée de Bougival.

Nos tirailleurs occuperaient le parc de Bois-Préau, les maisons voisines de La Malmaison et du rond-point des Guides ; leurs réserves seraient à hauteur de la place de

---

p. 328, donne une explication plus vraisemblable : « Il nous importait de savoir jusqu'où et avec quelles forces l'ennemi, solidement établi autour de Versailles et de Saint-Germain, s'étendait vers sa gauche dans la direction de la presqu'île de Gennevilliers qui allait être la base de notre opération.... »

1. Ducrot, tome Ier, p. 373 et suiv. Le général développe très longuement ces considérations.

2. 2 bataillons de mobiles de Seine-et-Marne, 2 bataillons de zouaves, 1 bataillon du 36e de marche, 1 bataillon de mobiles du Morbihan, 3 compagnies du 2e bataillon des francs-tireurs de Paris, 3 batteries (2 de 12, 1 de 4), 1 section de mitrailleuses, 20 sapeurs du génie, 1 escadron de gendarmerie, 10 éclaireurs Franchetti (Ducrot, tome Ier, p. 373 et suiv.).

l'Église ; le gros de notre infanterie derrière la caserne de Rueil.

La deuxième colonne, celle du général Noël (1,350 hommes d'infanterie, 10 pièces), contournerait le Mont-Valérien par le sud et suivrait le chemin qui va de la Briqueterie au château de Richelieu ; ses tirailleurs se porteraient sur La Malmaison et la hauteur sud-est, son artillerie sur les pentes qui descendent de Buzenval vers le nord-est. Le gros de l'infanterie se tiendrait près du château de Richelieu [1].

Enfin la troisième colonne, lieutenant-colonel Cholleton (1,600 hommes d'infanterie, 18 pièces, 1 escadron [2]), prendrait position vers la Maison-Brûlée, à l'est de Rueil. Son artillerie battrait La Malmaison et La Jonchère.

Deux réserves étaient constituées : celle de gauche, général Martenot, 2,600 hommes d'infanterie et 18 pièces, suivrait le chemin de Puteaux à Suresnes, pour aller s'établir entre la ligne de Versailles et le carrefour de la Croix-du-Roi, son artillerie prête à se porter au nord de La Fouilleuse. La réserve du centre, général Paturel, 2,000 hommes d'infanterie, 28 pièces, 2 escadrons, s'établirait au nord du moulin des Gibets, entre Nanterre et le Mont-Valérien [3].

En outre, des démonstrations seraient faites sur nos deux ailes. A droite, le 2ᵉ dragons de marche et une batterie à cheval se montreraient vers la Seine, entre Colombes et Nanterre ; trois bataillons (1ʳᵉ division du 14ᵉ corps) passeraient

---

1. Ducrot, tome Iᵉʳ, p. 376 et suiv. Les francs-tireurs du Mont-Valérien, les tirailleurs de la Seine, le 5ᵉ bataillon de la Loire-Inférieure, 1 section d'éclaireurs du 28ᵉ mobiles (Loire-Inférieure), 6 sections de chasseurs à pied (des 1ʳᵉ, 2ᵉ, 3ᵉ divisions du 14ᵉ corps), les francs-tireurs des Ternes, les francs-tireurs de la 3ᵉ division, 1 batterie de 4 et 4 mitrailleuses, 20 sapeurs du génie, 10 éclaireurs Franchetti.

La carte d'état-major porte château de *Buzanval*; le château de Richelieu est celui indiqué par la carte au sud de Rueil. La Maison-Brûlée est le moulin de la cote 90.

2. Les francs-tireurs de la 1ʳᵉ division, ceux de la 2ᵉ division, 2 bataillons du 19ᵉ de marche, 2 batteries de 4 et 1 de mitrailleuses, 20 éclaireurs Franchetti (Ducrot, tome Iᵉʳ, p. 376 et suiv.).

3. *Réserve de gauche* : 2 bataillons d'Ille-et-Vilaine, 2 bataillons de la Seine, 1 bataillon de l'Aisne, 3 batteries (2 de 4, 1 de 2).

Réserve du centre : 4 bataillons de la 2ᵉ brigade de la 2ᵉ division ; 4 batteries (2 de 4, 2 de 12), 4 mitrailleuses, 2 escadrons de gendarmerie.

la Seine à Asnières et prendraient position de ce point à Courbevoie, au nord de la ligne de Versailles. Le général Ducrot prévoyait même l'intervention possible des troupes de Saint-Denis. Dans ce cas, elles « pourraient » se porter sur Colombes. On « pourrait » aussi faire sortir de Paris les trois bataillons de mobiles de la Côte-d'Or, en prenant pour prétexte un exercice quelconque [1].

Une batterie et une section de mitrailleuses, placées dans le parc de Rothschild et sous Boulogne, battraient le revers sud de la hauteur de Montretout. De plus le secteur du Point-du-Jour « pourrait » recevoir l'ordre d'ouvrir le feu sur le terrain compris entre Garches et Sèvres ; la flottille aurait à peu près les mêmes objectifs. Le Mont-Valérien couvrirait de projectiles l'espace de la Bergerie à Bougival.

L'attaque commencerait vers 1 heure, après trois coups de canon tirés vers le Mont-Valérien. A un autre signal, l'artillerie cesserait de tirer sur La Malmaison et notre première ligne s'y précipiterait. Elle se logerait dans le ravin de Saint-Cucufa; même, s'il était possible, elle tournerait et prendrait la barricade établie dans Bougival, sur la grand'-route. Puis elle se rabattrait sur La Malmaison, en ayant soin de ne dépasser « sous aucun prétexte le pont de Bougival [2] ». Puis toutes nos troupes reprendraient leurs positions premières, avec la protection du Mont-Valérien et des batteries de campagne.

Ainsi, nous allions de nouveau mettre en mouvement des masses relativement considérables, sans espérer d'autre résultat positif que la prise d'une barricade, destinée à n'être conservée en aucun cas. Les sacrifices à prévoir n'étaient aucunement justifiés par l'importance de cet objectif. Comme les combats de Chevilly et de Bagneux, celui de La Malmaison devait donc avoir, *a priori*, le caractère d'une reconnaissance offensive, sans nulle conséquence pratique.

Il faut ajouter que l'ordre émané du général Ducrot amon-

---

1. L'ordre du général n'indiquait aucun objectif pour ces bataillons.
2. Ducrot, tome Ier, p. 376 et suiv.

celait comme à plaisir les difficultés d'exécution. Quelle pouvait être la cohésion de ces trois colonnes, composées de multiples « petits paquets » indépendants, sans relations entre eux ? Malgré la longueur de ces prescriptions si touffues, si pleines de détails inutiles, faites pour tuer toute initiative chez les subordonnés de Ducrot, chacun de nos groupes d'attaque n'avait même pas son objectif nettement déterminé. Ils allaient s'entasser sur un espace de 1,800 mètres environ, de la porte de Longboyau à Bougival, beaucoup trop restreint pour leur effectif.

Cette série de signaux, dont le premier serait donné dès midi, était faite pour renseigner au plus tôt l'ennemi sur nos intentions, et tel fut, en effet, le résultat obtenu. Avant même le début de notre opération, les Allemands étaient mis en éveil par l'apparition du « pavillon de combat » sur le Mont-Valérien [1]. Comme dans la plupart des cas semblables, le défaut des précautions les plus simples permettait à l'ennemi de connaître à l'avance nos projets, ce que les Parisiens, avec leur légèreté et leur crédulité habituelles, ne manquaient pas d'attribuer à l'espionnage [2].

---

[1]. Münnich, *Geschichte des 1. niederschlesischen Infanterie-Regiments Nr. 46*. — Le major Blume signale le même fait à propos de chaque opération offensive entreprise aux abords du Mont-Valérien (*Die Operationen der deutschen Heere von der Schlacht bei Sedan bis zum Ende des Krieges*). L'État-major prussien (tome III, p. 185) mentionne aussi l'apparition d'un pavillon au mât des signaux du Mont-Valérien, le 21 octobre, à 8 heures.

[2]. On prévoyait une grande sortie des Français dès le 17 octobre (Verdy du Vernois, p. 209).

CHAPITRE·XXVI

COMBAT DE LA MALMAISON

Débuts de l'action. — Dispositions des Prussiens. — Notre colonne de droite. — Colonnes Cholleton, Martenot, Paturel. — Attaque du commandant Jacquot sur La Jonchère. — Intervention du général Noël. — Retour offensif des Prussiens. — Nouvelle tentative de Jacquot. — Son échec. — Intervention des mobiles de Seine-et-Marne. — Retraite définitive. — Les colonnes Noël et Cholleton. — La batterie Nismes. — La porte du Longboyau. — La fin du combat. — Résultats. — Démonstrations du 13e corps.

La journée du 21 octobre est très belle ; après la disparition des brumes matinales, le soleil se lève, dorant de ses reflets les feuilles jaunies des bois qui couvrent les hauteurs de Buzenval, face au Mont-Valérien. Dès 8 heures et demie, celui-ci ouvre un feu vif dans la direction de Bougival et des travaux défensifs occupés par les avant-postes du Ve corps prussien. A midi et demi, nos colonnes se mettent en mouvement ; celle du général Berthaut va se masser au nord-est de Nanterre ; le général Noël descend de la Briqueterie vers le parc de Richelieu et rassemble ses troupes dans le ravin Masséna, à l'est ; la colonne Cholleton suit la même direction, ainsi que celle du général Martenot ; la colonne Paturel se porte sur le moulin des Gibets[1].

---

1. *État-major prussien*, tome III, p. 185 ; Ducrot, tome Ier, p. 381 et suiv. — 2 batteries de 12 (Dóthorey et de Chalain) au sud-ouest de la station de Rueil, près de la voie ferrée ; 1 batterie de 4 (Bajau) en réserve à la station avec une section de mitrailleuses de la batterie Perrault ; 1 batterie de 4 (Nismes) en avant du parc de Richelieu, sur une terrasse de jardin ; 4 mitrailleuses (batterie de Grandchamp) dans le parc de Richelieu ; les 2 autres dans le parc de Rothschild ; 2 batteries de 4 (Jenny et Deschamps), 1 batterie de 12 (d'Épinay) entre la Fouilleuse et la Briqueterie.

En deuxième ligne : 1 batterie de 4 (Lapâque) à droite du moulin des Gibets ; à gauche, une batterie de 4 (Froment), 2 batteries de 12 (Buloz et Larquet), 4 mitrailleuses de la batterie Perrault ;

2 batteries de 4 (Lesage et Dassonville) sur l'éperon de la Maison-Brûlée, 1 batterie de mitrailleuses (Ladvocat) à gauche ; 1 pièce de 24 court et 2 pièces

Vers 1 heure, huit batteries dont une de mitrailleuses sont en position le long du chemin de fer de Saint-Germain, à la Briqueterie. Derrière ces 48 pièces, celles des colonnes Paturel et Cholleton, au nombre de 49, sont échelonnées sur le bord du plateau des Gibets, au delà de la Maison-Brûlée. A 1 heure et demie, notre artillerie de campagne ouvre le feu et couvre d'obus Bougival, La Malmaison, La Jonchère, le château de Buzenval. L'attention des Allemands est dès longtemps en éveil. Au poste d'observation du Ve corps, à La Jonchère, on a remarqué depuis plusieurs jours des préparatifs d'attaque; peu après midi, les avant-postes signalent l'approche des colonnes venant du Mont-Valérien. Le général v. Kirchbach fait alarmer son corps d'armée et se rend à La Celle-Saint-Cloud. C'est le secteur de la 10e division qui va être l'objectif de notre attaque; la 19e brigade est en première ligne avec un régiment, le 6e, à La Celle-Saint-Cloud. Un bataillon tient les avant-postes, du haras de Vaucresson à La Jonchère. Un autre, du 46e, a une compagnie dans La Jonchère et deux à la villa Metternich, entre La Jonchère et Bougival; la quatrième, placée derrière la barricade qui ferme l'entrée est de ce village, a poussé un poste dans le parc de La Malmaison. Le reste du 46e, deux bataillons, un escadron de dragons et une batterie sont dans Bougival.

Cependant, en relevant la grand'garde du parc de La Malmaison, une compagnie prussienne entre au contact de nos premières troupes sortant de Rueil; elle se retire lentement devant elles. Aussitôt, tout ce qui est disponible à Bougival et à La Celle-Saint-Cloud occupe une ligne de défense comprise entre la Seine au nord de Bougival et le ravin de Saint-Cucufa, en passant par la lisière des bois de La Jonchère. La batterie prend position derrière la barricade qui ferme le village vers l'est, une autre dans le parc Metternich. Au sud, le bataillon d'avant-postes du 6e régiment s'établit sur une

---

de 12 de siège dans le bas du chemin qui descend du plateau des Gibets à Rueil. Le total représente 97 pièces ou mitrailleuses, quoique le général Ducrot le porte à 120 pièces. Celles attachées aux différentes colonnes sont au nombre de 108, d'après l'ouvrage même du général.

ligne de redoutes à l'est de La Celle-Saint-Cloud et dans le kiosque de l'Impératrice, près du parc. La 20ᵉ brigade va se rassembler auprès de ce bâtiment [1]. Le gros de la 9ᵉ division s'est mis en marche de Versailles sur Vaucresson.

Nos colonnes continuent d'avancer. A l'extrême droite, les éclaireurs du régiment de zouaves arrivent à la station de Rueil, observant le viaduc de Chatou, détruit précédemment par nous, ainsi que le pont voisin. Le 2ᵉ bataillon est en colonne derrière quelques maisons, près de la voie ferrée. Deux compagnies (1ʳᵉ et 2ᵉ) du 3ᵉ bataillon sont en tirailleurs à 1 kilomètre en avant de l'artillerie, face à La Malmaison; le reste, avec le commandant Jacquot, suit la route de Cherbourg en fouillant les maisons de Rueil à droite de la chaussée. Quant au lieutenant-colonel Colonieu, il se tient sur la place de l'Église avec le bataillon du 36ᵉ de marche. A sa droite est le bataillon du Morbihan; à sa gauche, la compagnie de francs-tireurs du 36ᵉ et les francs-tireurs de Paris, suivis d'une section du génie [2]. Les deux bataillons de Seine-et-Marne sont restés en réserve derrière la caserne de Rueil, l'escadron de gendarmerie entre ce bourg et Nanterre. A gauche, les francs-tireurs des 23ᵉ et 24ᵉ de marche soutiennent la batterie Nismes en avant du parc Richelieu; ceux des 25ᵉ et 26ᵉ sont dans le ravin Masséna, en arrière, ainsi que le gros des colonnes Noël et Cholleton.

Quant aux francs-tireurs du Mont-Valérien, aux tirailleurs de la Seine, à la section d'éclaireurs du 28ᵉ mobiles, ils se tiennent à gauche de la batterie Nismes [3]. Les six sections de chasseurs à pied, environ 450 hommes, sont sur les pentes au nord de la Maison-Brûlée [4]; les francs-tireurs des

---

1. *État-major prussien*, tome III, p. 187; 3 escadrons et 3 batteries de la 10ᵉ division étaient restés vers Bellebat, entre La Celle-Saint-Cloud et Rocquencourt.

2. De la 16ᵉ compagnie du 2ᵉ régiment (Ducrot, tome Iᵉʳ, p. 384 et suiv.). — Au 14ᵉ corps, chaque régiment avait formé une compagnie de francs-tireurs en vertu d'une décision du général Ducrot, datant du 1ᵉʳ octobre.

3. Les francs-tireurs du Mont-Valérien avaient été pris dans les 5 compagnies de dépôt des 3ᵉ, 22ᵉ, 42ᵉ, 52ᵉ et 89ᵉ de ligne, rassemblées au Mont-Valérien, à raison de 20 hommes par compagnie (Ducrot).

4. Dite aussi maison Crochard.

Ternes et le détachement du génie dans le chemin creux qui longe le parc Richelieu; les mobiles de la Loire-Inférieure (4 compagnies) à gauche dans le ravin de Masséna.

A la colonne Cholleton, les francs-tireurs de la 1re division, vers la Maison-Brûlée, font face au parc Richelieu et à Rueil; à leur gauche, les deux bataillons du 19e de marche, devant Buzenval; les francs-tireurs de la 2e division[1] plus à l'ouest, dans les fossés du chemin de Saint-Cloud à La Malmaison. Enfin le général Martenot a établi trois bataillons (2 de l'Ille-et-Vilaine et 1 de l'Aisne) au nord de La Fouilleuse; les deux bataillons de la Seine sont à la même hauteur vers la Briqueterie; l'un d'eux, le 7e, surveille le versant de Suresnes jusqu'à la Seine. Le général Paturel a disposé quatre bataillons en colonne derrière le moulin des Gibets et sur la gauche (2 du 21e de marche et 2 du 22e), les deux escadrons du 2e dragons de marche en arrière[2].

Notre artillerie continue son feu jusqu'à 2h15; l'ennemi tente à peine de lui riposter. La batterie de Bougival ne peut résister à notre très grande supériorité de nombre; celle du parc Metternich tire seulement quelques coups avant de se replier[3]. A un signal du Mont-Valérien, nos batteries de campagne arrêtent leur tir, sauf celles de la station de Rueil, et la forteresse relève le sien. Nos têtes de colonne se portent en avant. Les francs-tireurs de la 2e division, capitaine Faure-Biguet, se jettent sur le château de Buzenval; ceux du Mont-Valérien, les tirailleurs de la Seine, les éclaireurs du 28e mobiles marchent vers le ravin de Saint-Cucufa par l'espace découvert qui sépare le parc de Buzenval de celui de La Malmaison; les fractions de la colonne Berthaut engagées dans Rueil se portent sur Bois-Préau, qu'elles occupent sans combat.

Quant aux quatre compagnies du commandant Jacquot, elles débouchent de Rueil, mais sans pouvoir atteindre l'entrée de Bougival (3 heures). La route est entièrement sous

---

1. 3 compagnies seulement, la 4e est restée au pont de Neuilly.
2. Ducrot, tome Ier, p. 384 et suiv.
3. *État-major prussien*, tome III, p. 187.

le feu de la barricade armée de canons et précédée d'abatis qui clôt le village vers l'est. A gauche, le mur du parc Metternich la flanque efficacement ; le général Berthaut donne l'ordre d'entrer dans cet enclos pour la tourner. Les sapeurs du génie enfoncent une porte ; puis le commandant Jacquot, avec la 6e compagnie de son bataillon, traverse rapidement la route sous une pluie de projectiles et se jette dans le parc. Le poste prussien qui garde le château de La Malmaison s'enfuit aussitôt, malgré l'intervention de la compagnie venue pour le relever. Sans attendre ses trois autres compagnies, le brave Jacquot continue parallèlement à la route, mais il vient bientôt se heurter à des abatis, répartis sur une grande étendue en avant du mur ouest du parc et de la mare qui reçoit le ruisseau de Saint-Cucufa. Il n'a avec lui qu'une soixantaine d'hommes et doit d'abord s'arrêter devant cet obstacle imprévu [1].

Cependant des renforts lui arrivent ; les francs-tireurs du 36e de marche, ceux de Paris, la tête de colonne du 36e envahissent le parc par la grande grille ou par des brèches rapidement pratiquées. Refoulant les Prussiens épars dans les massifs, nos tirailleurs tentent de remonter les pentes couvertes de fourrés épais, qui descendent du pavillon de la Tour [2]. Mais le gros des deux compagnies prussiennes s'y est retiré et leur feu arrête aussitôt notre attaque. Nos troupes hésitent ou se replient ; le lieutenant-colonel Colonieu réclame le concours du commandant Jacquot, qui hâte l'arrivée de ses 4e et 5e compagnies.

De son côté, le général Noël, voyant la colonne Berthaut fortement engagée, détache à son aide les francs-tireurs des 25e, 26e de marche et une compagnie de la Loire-Inférieure. Ce nouveau groupe ouvre des brèches au mur sud-est du parc et se précipite lui aussi dans la Garenne, prenant de flanc les tirailleurs ennemis ; ceux-ci reculent aussitôt [3].

---

1. Ducrot, tome Ier, p. 387 et suiv.
2. Kiosque construit près du mur sud-est du parc ; cette partie se nommait la Garenne.
3. Ducrot, tome Ier, p. 389 et suiv.

Cependant le commandant Jacquot, obliquant vers sa gauche, a rejoint le 36ᵉ de marche avec sa compagnie de zouaves. Mettant à profit l'intervention de la colonne Noël, il se jette sur la brèche ouverte dans le mur ouest du parc, au pied du mamelon de La Jonchère. Suivi des capitaines Ducos et Colonna d'Istria, il force le passage et s'élance sur les pentes opposées, à travers les haies, les arbustes qui les hérissent. Malgré une pluie de balles, il parvient à occuper avec sa poignée d'hommes un pavillon en bois construit dans un pli de terrain, à très courte distance de l'ennemi, qui est là en forces bien supérieures. Les deux lignes de tirailleurs restent quelque temps en présence, entretenant un feu vif. Nous attendons vainement l'arrivée du bataillon du 36ᵉ de marche, des 4ᵉ et 5ᵉ compagnies de zouaves. Il va être 4 heures [1].

Cependant les instants s'écoulent; le danger devient de plus en plus pressant; rien n'apparaît et, tout à coup, la sonnerie française de « cessez le feu » se fait entendre dans le parc de La Malmaison.

Le bataillon du 36ᵉ a d'abord suivi l'offensive du brave Jacquot; mais, au milieu du parc, il s'est vu assailli par le feu parti de la hauteur très dominante de La Jonchère. Au lieu de franchir rapidement cette zone dangereuse, il se trouble, se pelotonne sous les balles de cet ennemi invisible, puis ouvre le feu, sans ordre, de tous les côtés, au risque d'atteindre les zouaves. Ne parvenant pas à arrêter cette *tirerie*, l'un des officiers a la déplorable idée de faire sonner « cessez le feu ».

Cette sonnerie sert de signal à l'ennemi. Croyant que nous nous retirons, il se jette en avant avec des hourrahs retentissants. La 19ᵉ brigade s'est déployée tout entière; le 50ᵉ régiment prussien est accouru de La Celle-Saint-Cloud, portant un bataillon à la villa Metternich, un autre vers l'origine du ravin de Saint-Cucufa, le troisième en avant de La Celle-Saint-Cloud; deux compagnies de landwehr venant de Saint-Germain renforcent la gauche vers La Jonchère.

---

1. Ducrot, tome Iᵉʳ, p. 389 et suiv.; *État-major prussien*, tome III, p. 187; Mannich, historique cité.

A 4 heures environ, sept compagnies attaquent les zouaves du commandant Jacquot et refoulent cette poignée de braves sur l'angle sud-ouest du parc, non sans éprouver une vive résistance. Trois autres marchent de Bougival contre la partie nord du même enclos, où elles pénètrent également[1]. Malgré les forces croissantes de l'ennemi, Jacquot a d'abord voulu lui tenir tête. Il envoie son adjudant-major, Colonna d'Istria, demander des renforts au général Berthaut. Celui-ci s'est reporté en arrière pour donner des ordres à sa gauche. Il est à l'angle sud-est du parc et jette en avant le bataillon du Morbihan, quand survient Colonna. Le bataillon du 36ᵉ de marche, continuant de reculer, est venu s'abriter derrière le mur est du parc, qui est à peu près évacué.

Berthaut fait aussitôt chercher le 1ᵉʳ bataillon des mobiles de Seine-et-Marne, resté derrière la caserne de Rueil, beaucoup trop en arrière. Il longera le parc à l'extérieur pour marcher au secours des zouaves. Puis le général prescrit au lieutenant-colonel Colonieu de reporter en avant le bataillon du 36ᵉ avec les mobiles du Morbihan ; lui-même entre dans le parc.

A ce moment seulement, les 4ᵉ et 5ᵉ compagnies de zouaves, laissant la 3ᵉ à la garde de la villa Dollinger, débouchent à l'intérieur de cet enclos. Elles y rallient la plupart des francs-tireurs du 36ᵉ et marchent avec eux sur la brèche qui a donné passage à l'intrépide Jacquot. De nouveau elle est franchie au pas de course. Le capitaine Couvès, du 36ᵉ, tombe blessé, mais le lieutenant Deschamps le remplace, ramène ses soldats un instant ébranlés et escalade les pentes occupées quelques minutes auparavant par nous. La 5ᵉ compagnie de zouaves suit ce mouvement.

Il est 4ʰ 30 environ : Jacquot s'est reporté assez loin sur la gauche ; une partie des nouveaux venus le renforce ; le reste tiraille sur place, à courte portée[2].

A l'arrivée de ce petit renfort, le commandant Jacquot

---

1. Ducrot, tome Iᵉʳ, p. 389 et suiv.; *État-major prussien*, tome III, p. 188 et suiv.
2. Ducrot, tome Iᵉʳ, p. 391.

veut encore une fois reprendre l'attaque. Mettant son képi au bout de son sabre, il fait sonner la charge et s'élance en avant, suivi de quelques braves, le capitaine Ducos, le lieutenant Deschamps, une soixantaine d'hommes: Il est bientôt atteint d'une balle à l'épaule. Ducos ramène sa troupe en avant au cri de: « A moi, les zouaves! » Mais la moitié est déjà tuée ou blessée, l'ennemi va cerner le reste. Jacquot ordonne la retraite sur l'angle sud-ouest du parc. Elle s'opère rapidement; le brave commandant, atteint d'une deuxième balle, roule à terre. Ducos se précipite pour l'emporter, quand il est lui-même blessé de deux coups de feu. Le sergent-major Petit de Grandville prend le chef de bataillon sur ses épaules; mais, au bout de quelques pas, il est atteint à son tour. Des tirailleurs ennemis engagés dans un sentier menacent de nous tourner vers la gauche. Deschamps se jette vers eux avec quelques hommes et tente de les arrêter. Le capitaine L'lopis, avec les francs-tireurs du Mont-Valérien, a combattu dans le ravin de Saint-Cucufa jusqu'à ce qu'il soit contraint de se replier vers l'entrée sud-ouest du parc. Il accourt à l'aide de Deschamps et la lutte reprend plus vive que jamais. Une haie touffue, à hauteur d'homme, court le long du sentier, séparant les combattants. On se fusille à bout portant; tués et blessés s'amoncellent dans cet étroit espace. Le brave Deschamps tombe grièvement blessé, les Allemands vont nous envelopper; il faut se retirer vers le fond du ravin, suivis de près par eux. A droite, quelques hommes du 36e, de la 4e compagnie de zouaves, sont restés à la brèche par laquelle est sorti le commandant Jacquot. Ils ont même tenté de suivre sa deuxième attaque, mais eux aussi sont enfin débordés et se replient dans le parc. Nous cédons sur tous les points, après avoir subi de grosses pertes: le capitaine de zouaves Collin, l'adjudant-major Boysson, du 36e de marche, tués; les capitaines Lafforgue, Delapierregrosse, les sous-lieutenants Grimaud et Grass, blessés. Ce qui reste de combattants en avant du mur reflue vers la brèche, une ouverture de deux mètres de large, battue par un feu incessant. Beaucoup d'hommes tombent encore, parmi lesquels le sous-lieutenant

Lefaivre, du 36e, le seul officier encore debout[1]. Heureusement, un mouvement de retraite se dessine parmi les Allemands : c'est le 1er bataillon de Seine-et-Marne qui entre en ligne. Son arrivée, si tardive qu'elle soit, sauve du moins les derniers survivants parmi les braves combattants de La Jonchère.

Ce bataillon a traversé le bourg de Rueil dans toute sa longueur. Puis, soutenu par deux des mitrailleuses du capitaine de Grandchamps placées sur la terrasse dont nous avons parlé, il a longtemps tiraillé contre les bois vers La Celle-Saint-Cloud, à grande distance. A $4^h 30$, il est établi au sud du parc de La Malmaison, à gauche du pavillon de la Tour, face au ravin de Saint-Cucufa. Le feu des mitrailleuses ébranle les assaillants. Le lieutenant-colonel Franceschetti et le chef de bataillon de Piolenc saisissent cet instant pour entraîner leurs mobiles à l'ouest du ravin. L'ennemi recule en désordre et les défenseurs de la brèche du parc, dégagés, peuvent la repasser sans danger. Mais nos mobiles, menacés sur leurs deux flancs, n'en sont pas moins obligés de se retirer. Soutenus par celles des troupes du général Noël qui garnissent le bord est du plateau de Longboyau, ils repassent le ruisseau, non sans des pertes sensibles[2].

La majeure partie du bataillon du 36e, celui du Morbihan, les francs-tireurs de Paris, des zouaves, des mobiles de la Loire-Inférieure sont restés dans le parc de La Malmaison. Il est tellement battu par les feux plongeants de La Jonchère que nos soldats n'osent avancer. En vain Berthaut cherche à les jeter en avant. Ils se pelotonnent, s'abritent derrière des haies, des fourrés. Un grand nombre s'entassent dans le château. Il n'y a pas, évidemment, à poursuivre un

---

1. Ducrot, tome Ier, p. 393 et suiv. — Le général Ducrot attribue la retraite définitive de nos troupes à l'entrée en ligne de colonnes profondes venant de La Jonchère et de Bougival, de fractions de la landwehr de la garde arrivant de Saint-Germain. D'après l'*État-major prussien*, 2 compagnies de landwehr seulement auraient été engagées, et leur intervention devrait être placée plus tôt.

2. Ducrot, tome Ier, p. 395 et suiv.; *État-major prussien*, tome III, p. 188 et suiv.

mouvement offensif dans de telles conditions, sans réserves à proximité. Le général Berthaut prépare la retraite en faisant abattre un long pan de mur au sud-est du parc. Puis il place deux mitrailleuses sur une terrasse près de Bois-Préau.

Quand nos derniers tirailleurs rentrent dans le parc, les Allemands les suivent de près, mais le feu parti des fourrés et du château est assez vif pour les arrêter. Ils s'abritent derrière le mur ouest, jusqu'à l'évacuation complète du parc. Sur ce point, c'est le dernier épisode d'un combat qui n'est pas sans gloire : 200 à 300 hommes seulement ont résisté de 3 à 5 heures à des forces très supérieures[1]. Il faut ajouter que la plupart de nos troupes n'ont pas imité leur énergie et leur esprit de sacrifice ; elles ont même montré la plus grande faiblesse.

Pendant ce combat, la compagnie de zouaves (3ᵉ du 3ᵉ bataillon), restée dans la villa Dollinger, a continué de faire face à la barricade de Bougival ; le 2ᵉ bataillon de Seine-et-Marne, en réserve, s'est avancé jusqu'auprès de Bois-Préau. Le 2ᵉ bataillon de zouaves, en soutien de notre artillerie à l'extrême droite, s'est rapproché de Bougival avec elle[2].

Tout d'abord les deux pièces placées derrière la barricade de Bougival répondent seules à notre feu. Puis une batterie prussienne s'établit sur le plateau de La Jonchère, parfaitement à l'abri des vues du moulin des Gibets. Après une demi-heure de lutte très vive, nos deux batteries de Rueil parviennent à la déloger ; elle rouvre le feu à une certaine

---

1. Ducrot, tome Iᵉʳ, p. 395 et suiv. — D'après l'ouvrage officieux de Stieler v. Heydekampf (*Das V. Armee-Corps im Kriege gegen Frankreich 1870-1871*), plus de moitié du 46ᵉ prussien, une partie d'un régiment de landwehr de la garde, 5 compagnies du 6ᵉ prussien, 3 compagnies du 50ᵉ furent engagées à La Jonchère.

La 6ᵉ compagnie du 3ᵉ bataillon de zouaves perdit 2 officiers et 38 hommes sur 70 ; la 4ᵉ compagnie du bataillon du 36ᵉ de marche, 2 officiers et 45 hommes sur 90 ; la compagnie des francs-tireurs du Mont-Valérien, 2 officiers et 52 hommes sur 3 officiers et 100 hommes (Ducrot).

2. Ducrot, tome Iᵉʳ, p. 397. Les éclaireurs des zouaves et les 1ʳᵉ et 2ᵉ compagnies du 3ᵉ bataillon sont restés face au viaduc de Chatou.

distance, mais pour être bientôt réduite au silence, cette fois définitivement. Nos deux batteries de 12, celle de 4 quittent les abords de la station de Rueil et se portent à moins de 1,000 mètres de Bougival. Elles contribuent ainsi à tenir en respect les Allemands de La Jonchère [1].

À l'aile opposée de notre ligne, la batterie de 4 du capitaine Nismes s'est d'abord établie en avant du parc Richelieu, sur une terrasse. Elle est couverte par les francs-tireurs des 23e et 24e de marche, ceux du Mont-Valérien, les tirailleurs de la Seine et les éclaireurs du 28e mobiles. Plus à gauche sont les francs-tireurs de la 2e division. Le reste des colonnes Noël et Cholleton se tient dans les ravins voisins de la maison Crochard et sur le versant opposé. Quatre des mitrailleuses du capitaine de Grandchamps sont en réserve dans le parc Richelieu. Au signal de l'attaque générale, les francs-tireurs du Mont-Valérien, les tirailleurs de la Seine, les éclaireurs du 28e mobiles se jettent sur le plateau et couronnent la berge orientale du ravin de Saint-Cucufa, entre le parc de La Malmaison et celui de Buzenval.

Quant aux francs-tireurs de la 2e division, ils se précipitent sur le château de Buzenval, qu'ils occupent sans combat. Le capitaine Faure-Biguet pousse jusqu'au mur ouest du parc, traverse une brèche et se rabat par la porte du Longboyau vers le ravin de Saint-Cucufa ; l'ennemi est à 100 mètres à peine.

Il est 3 heures environ. Nos tirailleurs forment une ligne continue de l'intérieur du parc de Buzenval à l'angle sud-ouest de celui de La Malmaison. Le feu de notre artillerie du plateau des Gibets devenant inefficace à la distance où est l'ennemi, le commandant de Miribel porte ses batteries à hauteur de nos premières réserves. Les quatre mitrailleuses du capitaine de Grandchamps s'établissent à la jonction de la route de Saint-Cloud et du chemin du Longboyau. À droite sont trois pièces de la batterie Nismes ; les trois autres prennent position près du parc de La Malmaison et, avec nos

---

1. Ducrot, tome Ier, p. 397.

sept autres bouches à feu, interviennent activement vers La Jonchère[1].

Mais la colonne Noël, au lieu de se rabattre sur La Malmaison comme il est convenu, appuie trop au sud. Ses tirailleurs essaient de gagner les pentes boisées qui se relèvent vers La Celle-Saint-Cloud ; elles sont déjà garnies par l'ennemi, qui arrête facilement nos soldats, sans qu'ils 'aient pu donner la main au commandant Jacquot. D'ailleurs il se renforce constamment. Nos munitions s'épuisent, le centre de la ligne plie, quand surviennent les chasseurs à pied de la 2ᵉ division et deux compagnies de la Loire-Inférieure. Faure-Biguet rentre dans le bois du Longboyau, un instant évacué ; les chasseurs et les mobiles tiennent l'espace découvert qui sépare le parc de La Malmaison de la porte du Longboyau. Le combat recommence, aussi vif, vers le ravin de Saint-Cucufa. Faure-Biguet s'est encore rapproché de l'étang, mais pour peu de temps. Faute de munitions, il ramène ses francs-tireurs vers le château de Buzenval, en les faisant relever par les chasseurs de la 2ᵉ division[2].

A ce moment, l'ennemi prononce un mouvement général d'offensive. Pour mieux appuyer notre infanterie, Miribel jette hardiment ses pièces en avant, dans la zone efficace du feu allemand. La demi-batterie de gauche du capitaine Nismes s'établit sur la ligne même des tirailleurs, près de la porte du Longboyau. De là elle prend d'écharpe toute la croupe de La Jonchère. De même, le capitaine de Grandchamps porte deux mitrailleuses, d'abord près du parc de La Malmaison, puis sur le prolongement de nos trois pièces de 4. Ces cinq bouches à feu arrêtent tous les groupes ennemis qui se montrent vers La Jonchère. Leur tir ranime l'ardeur de nos tirailleurs, qui se reportent vers le ravin au moment même où les mobiles de Seine-et-Marne exécutent leur contre-attaque.

Il est 4ʰ 30 environ. Le parc du Longboyau est encore tenu

---

1. Ducrot, tome Iᵉʳ, p. 399 et suiv.
2. Ducrot, tome Iᵉʳ, p. 401. — Toute cette partie du combat est à peu près passée sous silence par l'État-major prussien.

par les chasseurs de la 2ᵉ division ; ceux des 1ʳᵉ et 3ᵉ divisions sont déployés au nord, le long du ravin de Saint-Cucufa, avec les tirailleurs de la Seine, les éclaireurs du 28ᵉ mobiles en deuxième ligne ; les francs-tireurs des 25ᵉ et 26ᵉ de marche se tiennent à l'extrême droite, près du parc de La Malmaison. Le combat continue, quoique nos chances de succès diminuent constamment, quand la sonnerie de : « Cessez le feu » retentit, là encore, sur nos derrières. Comme auparavant, nos jeunes soldats, affolés, ont tiré dans toutes les directions, et un officier n'a trouvé que ce détestable moyen de les arrêter[1]. Il se produit un instant d'hésitation dont l'ennemi profite aussitôt. Il s'élance dans l'intervalle du parc du Longboyau et de La Malmaison, malgré les décharges à mitraille des pièces du capitaine Nismes et l'action des mitrailleuses voisines. A gauche, un immense hourrah retentit : c'est le 2ᵉ bataillon du 50ᵉ régiment prussien qui se jette du chalet de Saint-Cucufa dans le parc du Longboyau. En un instant les 150 chasseurs de la 2ᵉ division sont refoulés hors de l'enclos, ainsi que les francs-tireurs du 23ᵉ de marche. Tous les murs voisins de la porte du Longboyau se garnissent de tirailleurs ennemis. On amène les avant-trains de nos pièces de 4, mais plusieurs attelages sont abattus en quelques instants ; on ne peut entraîner qu'un de ces canons, le plus rapproché du mur et que celui-ci a protégé. L'une des mitrailleuses de Grandchamps est également en danger ; un officier et un sous-officier sont mortellement frappés en voulant la sauver. Enfin l'énergie du capitaine y parvient.

Cependant des chasseurs, des francs-tireurs de la ligne tiennent encore une brèche voisine de la porte. Refoulés, ils se glissent un à un le long du mur pour atteindre cette bar-

---

1. Ducrot, tome Iᵉʳ, p. 402 et suiv. — Le général mentionne, à ce sujet, l'apparition des « casques de la garde ». Ces mots ne doivent s'entendre que pour la landwehr de la garde (qui ne portait pas de casques), car la garde royale prussienne n'intervint en aucune façon dans ce combat. M. Duquet écrit à tort que « la garde royale elle-même est accourue de Saint-Germain », où elle n'était pas (*Paris, la Malmaison, le Bourget et le Trente-et-un octobre*, p. 33).

rière dont les barreaux à claire-voie ne peuvent longtemps arrêter l'ennemi. Des francs-tireurs des 23ᵉ et 24ᵉ de marche, parmi lesquels un colosse nommé Maire[1], s'arc-boutent contre la porte que des coups de crosse, des poussées formidables menacent de jeter à terre. Des projectiles, des coups de baïonnette s'échangent au travers de ce fragile abri; le capitaine Gluck, du 24ᵉ, est blessé. Enfin cette lutte inégale cesse : les défenseurs de la porte se retirent au pas de course dans les vignes voisines.

Malgré la retraite à peu près générale de nos troupes, un groupe de chasseurs, de francs-tireurs, d'artilleurs tient encore autour des deux pièces de 4 restées en place. Trois compagnies prussiennes cherchent à s'en emparer. Vainement les capitaines Nismes et Lallier, celui-ci du 12ᵉ chasseurs à pied, se jettent à la baïonnette, avec une poignée d'hommes, sur les assaillants les plus proches et les font reculer. Un lieutenant prussien, plusieurs hommes sont tués ou blessés. De notre côté, les sous-lieutenants Goudmant et Schmidt (24ᵉ de marche, 12ᵉ chasseurs) sont grièvement blessés; il ne reste plus autour de Nismes et de Lallier que huit braves : sept chasseurs du 12ᵉ bataillon et le trompette d'artillerie Huguet[2].

Ils se retirent enfin, après avoir brûlé toutes leurs cartouches. Huguet a trois balles dans le corps. Il se tient pourtant à son poste, derrière le capitaine Nismes qu'il suit à cheval, jusqu'à la route de Saint-Cloud. Là il tombe mort.

Ce trait héroïque coïncide avec la fin de l'action. Le jour baisse; la retraite générale est ordonnée; elle se fait avec calme, sous la protection de l'artillerie. A droite les francs-

---

1. *Souvenirs de guerre* du colonel de Ponchalon. — M. de Ponchalon commandait les francs-tireurs du 23ᵉ. Le général Ducrot cite uniquement, à tort, les francs-tireurs du 24ᵉ de marche comme ayant défendu la porte.

2. Ducrot, tome Iᵉʳ, p. 406 et suiv.; *État-major prussien*, tome III, p. 189. Comme la précédente, cette partie du récit allemand est fort écourtée. Les sept braves du 12ᵉ chasseurs se nommaient Richard Thiébaud, Théodore Delattre, Nicolas Dalstein, Pierre Lebâtard, Étienne Noël, Dominique Croisat, Jacques Crue (Ducrot). L'*État-major prussien* escamote de la façon suivante le récit de leur fait d'armes : 3 compagnies des 5ᵘᵉ et 6ᵉ prussiens s'emparèrent de deux pièces « malgré l'inutile résistance opposée par les soutiens d'infanterie ».

COMBAT DE LA MALMAISON
(21 Octobre 1870)

Carte N°VI.

Extrait de la Carte des environs de Paris au $\frac{1}{40.000}$°

La ligne ferrée de S*t* Cloud à Marly-le-Roi n'existait pas en 1870.

tireurs des 25ᵉ et 26ᵉ de marche se replient lentement, le long du mur de La Malmaison, et traversent le parc Richelieu pour gagner le ravin Masséna. A gauche, le 1ᵉʳ bataillon du 19ᵉ de marche fait face au parc du Buzenval, d'où le 50ᵉ régiment prussien tente vainement de sortir; il se retire ensuite derrière la Maison-Brûlée. Les Allemands suivent à distance. Ils n'atteignent qu'à la nuit la hauteur de cette maison[1]. Le feu cesse peu à peu; seul, le Mont-Valérien continue à jeter quelques projectiles.

A notre extrême gauche, la colonne Martenot est restée inactive. Une compagnie du 7ᵉ mobiles de la Seine a simplement poussé jusque dans la redoute de Montretout, sans combat. L'ennemi ne se montre nulle part, et cette inutile démonstration prend fin à 5ʰ30 par le retour des troupes au rond-point de Courbevoie.

Le combat de La Malmaison nous coûtait plus de 500 hommes; l'ennemi en avait perdu 400 environ[2]. Quoi qu'en dise le général Ducrot, les résultats obtenus ne valaient pas ce sacrifice. Ils se bornaient en dernière analyse à ce fait qu'après le 22 octobre, les Allemands renoncèrent à établir des pièces à l'entrée est de Bougival[3]. On eût pu les en empêcher à moins de frais[4].

Pendant le combat nos troupes avaient fait une meilleure contenance qu'on n'aurait pu le prévoir. Leur mérite fut d'autant plus grand en cela que le décousu des ordres, le défaut d'homogénéité des colonnes, l'absence de direction supérieure pendant l'action étaient autant de circonstances défavorables[5]. Il paraît démontré que les Allemands prêtèrent

---

1. Ducrot, tome Iᵉʳ, p. 406 et suiv.; *État-major prussien*, tome III, p. 189. Les Allemands recueillirent dans le ravin Masséna un certain nombre de blessés abandonnés par nous.
2. Voir aux annexes.
3. Ducrot, tome Iᵉʳ, p. 408, d'après l'ouvrage officieux de Stieler v. Heydekampf.
4. Ce combat était tout à fait inutile, étant données les raisons alléguées par le général Ducrot (C. v. H., article cité).
5. Le général Ducrot est contraint de reconnaître que nos groupes ne présentaient pas « toute l'homogénéité désirable » (tome Iᵉʳ, p. 108 et suiv.).

un instant à notre sortie une importance qu'elle était loin d'avoir et qu'il en résulta une panique à Versailles. « A l'hôtel des Réservoirs, rendez-vous de cette foule titrée et chamarrée que les soldats désignent sour le nom d'*Armee-Buhler* (muguets d'armée), à l'état-major général, à l'hôtel de M. de Bismarck, des fourgons, attelés à la hâte, recevaient pêle-mêle les cartes, les malles et les liasses de papiers. A la préfecture, on déménageait les appartements du roi et on entassait, dans des voitures de réquisition, les bagages et jusqu'aux tiroirs des meubles pleins de linge et d'effets[1]. » « Les fourgons, chargés à la hâte, s'éloignaient par la rue des Chantiers et emportaient ce que le quartier général renfermait de plus précieux. Tous les officiers qui en avaient eu le temps avaient bouclé leurs valises et tout préparé pour le départ[2]. »

Ces faits ont souvent conduit à regretter que des mesures n'eussent pas été prises afin de mettre à profit le succès momentané obtenu par nos faibles colonnes. Le général Vinoy a même écrit[3] que « les conséquences d'une opération mieux combinée et menée plus à fond eussent peut-être été considérables ». Suivant notre opinion personnelle, l'organisation des forces parisiennes n'était pas assez avancée encore, pour qu'on risquât une grande sortie avec des chances sérieuses de succès. Mais, si l'on jugeait nécessaire de faire une tentative sur les hauteurs de Buzenval et de La Jonchère, il eût fallu opérer avec des forces plus homogènes, plus efficacement soutenues par notre artillerie et nos réserves[4]. Il aurait sur-

---

1. *Revue des Deux-Mondes*, 1er avril 1871. L'auteur, M. Pigeonneau, professeur à la Sorbonne, a été le témoin oculaire de ce qu'il raconte.
2. Delérot, *Versailles pendant l'occupation*, p. 127 et suiv. Une correspondance de Versailles, en date du 24 octobre 1870, et publiée par le *Daheim* de Leipzig, du 10 novembre, confirme la réalité de cette panique que les auteurs allemands affectent généralement d'ignorer. Il convient d'ajouter que le général Verdy du Vernois, dans ses *Souvenirs*, p. 211, en réduit beaucoup l'importance.
3. P. 224.
4. Il y a lieu de remarquer que, malgré le déploiement de près de 100 pièces, l'artillerie perdit seulement 1 officier et 17 hommes (Ducrot, tome 1er, p. 421); s'ils sont exacts, ces chiffres indiquent que son action ne fut pas suffisamment énergique.

Pendant le combat, des habitants de Bougival croyant l'ennemi déjà en retraite, assaillirent, dit-on, avec des fusils à vent des groupes qui traversaient

tout fallu se fixer un objectif déterminé, et ne pas se donner pour mission d'opérer une reconnaissance offensive, qui ne devait même pas avoir ce résultat de nous renseigner sur l'ennemi.

Pendant qu'une fraction du 14º corps combattait ainsi au sud-ouest du Mont-Valérien, plusieurs démonstrations avaient lieu sur le périmètre occupé par le 13º corps. Les divisions Blanchard et Maud'huy se portaient à « 300 ou 400 mètres » en avant des forts du sud, sans mettre en mouvement une seule bouche à feu [1]. Naturellement l'effet produit était nul. L'action de la division d'Exéa s'accentuait un peu plus vers Le Plant et Champigny, où opérait le colonel Galland, avec deux bataillons du 5º de marche et un bataillon du 7º [2]. A sa gauche, le général Daudel marchait au delà du rond-point de Plaisance avec le 8º de marche.

Le brave Galland, bien connu pour son exceptionnelle énergie à Puebla, poussait ses tirailleurs dans l'espace compris entre Le Tremblay et la Marne. Quelques-uns, entraînés par le lieutenant de Pontevès-Sabran, arrivaient aux premières maisons de Champigny. Là un feu roulant les arrêtait.

Au centre, entre les routes de Bry et de Champigny, le combat était également assez vif. L'arrivée de renforts ennemis nous obligeant à la retraite, d'Exéa faisait mettre deux sections de mitrailleuses en batterie à la redoute de la Faisanderie et une à Nogent. L'offensive de l'ennemi cessait aussitôt. A 5 heures, nos troupes repassaient la Marne, sans autre incident [3].

---

ce bourg. Deux d'entre eux furent fusillés séance tenante par les Prussiens, pour l'exemple, sans qu'il fût prouvé qu'ils avaient pris part à l'attaque.

1. Ducrot, tome Iᵉʳ, p. 349; Vinoy, p. 456. Le général Trochu avait donné des ordres formels pour qu'il en fût ainsi. « Il ne se fera, dans le 13º corps, aucun mouvement d'artillerie attelée.... »

2. Plus 50 volontaires environ de la garde nationale et une section de carabiniers parisiens (Ducrot, tome Iᵉʳ, p. 356).

3. Pertes françaises : 4 officiers blessés, 3 hommes tués, 23 blessés, 6 disparus (Ducrot, tome Iᵉʳ, p. 358).

Pertes de la division wurtembergeoise, le 21 octobre : 1 officier, 49 hommes, dont 9 tués et 1 disparu (*État-major prussien*, tome III, p. 51, Annexes).

CHAPITRE XXVII

PARIS EN OCTOBRE

M. de Bismarck et la révolution. — Les manifestations. — Gustave Flourens. — Le 8 octobre. — Sapia. — La presse révolutionnaire. — Responsabilités du gouvernement. — La *phrase* dans Paris. — Les vivres. — La mortalité. — Le moral de la population. — La situation.

M. de Bismarck comptait sur l'émeute autant, peut-être, que sur les forces allemandes. A Ferrières, il avait dit à Jules Favre, avec la brutale franchise qui est l'un de ses moyens de discussion : « Si, dans quelques jours, nous n'avons pas pris Paris, vous serez emportés par un mouvement populaire[1]. » A ses yeux, les agitations violentes, inévitables dans la grande ville, constituaient une arme dont il fallait user à propos. Cette opinion avait toujours été sienne. N'avait-il pas dit en septembre 1862, dans sa visite d'adieux au ministre des affaires étrangères, à Paris : « Le libéralisme est une niaiserie qu'il est toujours facile de mettre à la raison ; mais la révolution est une force.... Il faut savoir s'en servir[2]. » Ces prévisions ne furent pas démenties.

Comme nous l'avons vu, des manifestations journalières succédèrent au 4 septembre. Certaines couches de la population parisienne s'y livraient avec ce besoin de mouvement, ce désir irréfléchi d'agir, même sans but, qui les distinguent. Paris s'ennuyait, selon l'expression de Jules Ferry ; il trouvait un dérivatif à son inaction, à l'absence de nouvelles du dehors, dans des pèlerinages continuels à la statue de Strasbourg, des manifestations sur la place de la Concorde, devant l'Hôtel de ville. Dès le 22 septembre une bande armée, conduite par Gaillard père et Lermina, venait offrir son dou-

---

1. Ducrot, tome II, p. 29 ; J. Favre, tome Ier, p. 175 : « Pour ne parler que du présent, vous êtes nés d'une sédition et vous pouvez demain être jetés par terre par la populace de Paris. »
2. Ducrot, tome II, p. 30, en note.

teux appui au gouvernement, à condition qu'il aurait vis-à-vis de la Prusse une attitude énergique, qu'il organiserait la levée en masse, les barricades. Le même jour, à la tête d'une autre troupe de manifestants, Vermorel réclamait la suppression de la préfecture de police. Puis l'agitation s'accentuait. Au lieu de personnalités sans mandat, des fonctionnaires, des officiers de la garde nationale prenaient la direction du mouvement. Le 26 septembre, les maires de Paris, 180 chefs de bataillons de la garde nationale réclamaient la levée en masse et l'envoi de commissaires civils en province[1]. Le 5 octobre, le « major de rempart » Flourens se présentait sur la place de l'Hôtel-de-Ville, à la tête de dix des bataillons de Belleville, en armes. Il exigeait qu'on fît exécuter des sorties à la garde nationale, qu'on l'armât de chassepots, qu'on changeât le personnel administratif, qu'on procédât aux élections municipales. Ses gardes nationaux huèrent et sifflèrent Trochu, le général Tamisier. Au lieu de faire incarcérer, ce dangereux névrosé, on discuta avec lui. Il offrit sa démission ; on eut la bonhomie de la refuser, et il partit au cri de : « Vive la Commune[2] ! » C'est dans ces trois mots qu'allait se résumer, jusqu'à la fin du siège, tout le programme des revendications du parti avancé.

Le lendemain, le *Journal officiel* insérait une note déconseillant les manifestations de ce genre. Mais il publiait également un rapport du préfet de police, M. de Kératry, concluant à la suppression de son administration. Le gouvernement préparait même un décret dans ce sens, au risque de paraître faire choix d'un singulier moment.

Pourtant le général Trochu se rendait compte du danger de la situation. Le 7 octobre, en séance du conseil, il exposait la nécessité de ne pas rester inactif sous le coup des menaces de Flourens : On courrait risque d'être abandonné de

---

1. Ducrot, tome Ier, p. 28.
2. Larchey, p. 78; Ducrot, tome II, p. 31; J. Favre, tome Ier, p. 291; d'Hérisson, p. 180. Le singulier titre de Flourens lui fut donnée d'une façon officielle (*Procès-verbaux des séances du gouvernement*, 23 septembre; Rochefort, *les Aventures de ma vie*, tome II, p. 218).

tous. On discuta longuement cette question ; rien ne fut décidé [1]. La majorité des membres du gouvernement affichait la prétention de recourir à « la force morale » seule pour diriger Paris. Elle voulait « offrir au monde un spectacle sans analogue ; dans ses murailles une multitude de près de deux millions cinq cent mille hommes en proie aux privations les plus dures, à d'indicibles souffrances, à de fiévreuses agitations et à laquelle cependant toute liberté de penser, d'écrire, de parler, de se réunir était laissée [2] ». Il y avait une singulière imprudence à s'aventurer ainsi, au rebours de tout ce qu'enseigne l'étude du passé. Aux situations violentes, conviennent des lois de violence. Pendant les heures sombres de notre Révolution, alors que tout menaçait l'unité de la patrie, les Jacobins qui la sauvèrent n'eurent pas de ces scrupules d'enfant. Il fallait une naïveté peu ordinaire, un manque absolu de la pratique des choses, pour croire que des proclamations et des discours endigueraient les passions et les appétits de pareilles multitudes, placées dans les circonstances les plus extraordinaires.

Le 8 octobre, nouvelle manifestation. Plusieurs milliers de gardes nationaux en armes et de curieux, convoqués à l'Hôtel de ville par des affiches, s'y réunissent aux cris de : « Vive la Commune ! » Un instant le gouvernement est bloqué ; Trochu, accouru à cheval, avec deux ou trois cavaliers seulement, est accueilli par les cris : « A bas les capitulards ! A bas les traîtres ! » Il a peine à se dégager. La situation est menaçante, quand, vers 2 heures, le 84ᵉ bataillon de la garde nationale, commandant Bixio, réussit à former le carré sur la place. La plupart des manifestants disparaissent. Puis des bataillons dévoués au gouvernement surviennent les uns après les autres, et tout finit par deux revues passées sous une pluie torrentielle, au milieu de démonstrations sympathiques [3].

Le gouvernement puisa un semblant d'énergie dans le dan-

---

1. Ducrot, tome II, p. 31.
2. J. Favre, tome II, p. 187.
3. D'Hérisson, p. 182 et suiv.; Ducrot, tome II, p. 31 ; J. Favre, tome Iᵉʳ, p. 291 ; général Trochu, Œuvres, tome Iᵉʳ, p. 306.

ger qu'il avait couru. Il fit insérer au *Journal officiel* (9 oct.) une note conçue en termes moins anodins qu'à l'ordinaire et ajournant à la levée de siège les élections municipales[1]. Mais, le même jour, M. Rochefort écrivait à Flourens, qui lui demandait de donner sa démission, une lettre se terminant ainsi : « Je fais taire mes instincts politiques ; que nos braves amis de la première circonscription laissent sommeiller les leurs. Le moment venu, c'est-à-dire le Prussien parti, nous saurons bien nous retrouver tous[2]. » Quelle pouvait être l'autorité morale d'un gouvernement dont l'un des membres s'exprimait ainsi, publiquement?

Le soir du 10 octobre, M. de Kératry vint annoncer que, dans une réunion présidée par Flourens et Blanqui, douze chefs de bataillon de la garde nationale avaient signé une résolution tendant à renverser le gouvernement et à constituer la Commune. M. de Kératry réclama énergiquement l'arrestation de Flourens, de Blanqui et de Millière. Le général Trochu appuya cette demande, menaçant de se démettre s'il n'obtenait satisfaction. Mais aussitôt Jules Favre intervint en faveur de Millière ; J. Ferry, Arago, J. Simon pour Blanqui. On finit par décider l'arrestation de Flourens, à l'unanimité moins la voix de M. Rochefort; celle de Blan-

---

[1]. « Le gouvernement avait pensé qu'il était opportun et conforme aux principes de faire procéder aux élections de la municipalité de Paris. Mais, depuis cette résolution prise, la situation ayant été profondément modifiée par l'investissement de la capitale, il est devenu évident que des élections faites sous le canon seraient un danger pour la République. Tout doit céder à l'accomplissement du devoir militaire et à l'impérieuse nécessité de la concorde. Les élections ont donc été ajournées ; elles ont dû l'être.

« D'ailleurs, en présence des sommations que le gouvernement a reçues et dont il est encore menacé de la part des gardes nationaux en armes, son devoir est de faire respecter sa dignité et le pouvoir qu'il tient de la confiance populaire.

« En conséquence, convaincu que les élections porteraient une dangereuse atteinte à la défense, le gouvernement a décidé leur ajournement jusqu'à la levée du siège. »

M. J. Favre écrit à tort (tome Ier, p. 291) que cette note précéda la manifestation du 8 octobre. Elle en fut, au contraire, la conséquence et ne parut que le 9 (Larchey, p. 82).

Il est à peine nécessaire de faire remarquer qu'elle ne brillait ni par la rédaction, ni par la logique.

[2]. Larchey, p. 82.

qui fut également votée par tous, MM. Rochefort et Arago exceptés[1].

Quand il fallut en venir à l'exécution, le préfet de police, autorisé par le gouverneur à requérir la garde nationale, crut devoir proposer au général Tamisier de tendre à Flourens une sorte de guet-apens : il serait appelé dans le cabinet du général pour affaire de service et aussitôt arrêté. Tamisier s'y refusa avec la vive approbation de Trochu, et, finalement, on n'arrêta pas Flourens[2]. Là-dessus, se sentant impossible, M. de Kératry donna sa démission et partit en mission pour la province[3]. Il fut remplacé à la préfecture de police par Edmond Adam, qui, tout en montrant plus de pondération, n'allait pas tarder à faire preuve d'une indulgence excessive à l'égard des meneurs des partis avancés.

Quoiqu'on fût généralement convaincu que la Prusse n'était pas étrangère au mouvement révolutionnaire en préparation, on craignit une collision sanglante et l'on se résigna à attendre passivement les événements[4]. Flourens fut l'objet d'une instruction judiciaire, mais qui devait être suivie d'une ordonnance de non-lieu dès le 19 octobre.

Le 9, le commandant Sapia avait, contrairement à une défense formelle, rassemblé son bataillon (46e, des Gobelins) en armes. Il avait même fait prendre des cartouches et essayé de le faire marcher sur l'Hôtel de ville, déclarant qu'il s'agissait de renverser le gouvernement. Ses gardes nationaux n'en entendirent pas davantage, se jetèrent sur lui, le lièrent et l'amenèrent au Louvre couché dans une charrette. Envoyé aussitôt à Mazas, il passa le 21 octobre devant un conseil de guerre présidé par le contre-amiral du Quilio, reconnut l'exac-

---

1. Ducrot, tome II, p. 33 ; *Procès-verbaux des séances du gouvernement*.
2. Général Trochu, *Œuvres*, tome Ier, p. 314.
3. Voir notre *Campagne de la Loire. Coulmiers et Orléans*, p. 198, et *Josnes, Vendôme, Orléans*, p. 179. M. de Kératry avait proposé au gouvernement de se rendre en Espagne et de conclure avec ce pays une alliance offensive et défensive, moyennant la garantie de Cuba. Ce projet paraît même avoir, un instant, été pris au sérieux par Jules Favre (général Trochu, tome Ier, p. 315). Au sujet de M. de Kératry, voir les *Souvenirs* du général du Barail, tome II, p. 167.
4. Ducrot, tome II, p. 33 et suiv.

titude des faits et n'en fut pas moins acquitté[1]. Un orateur de club faisait voter l'expropriation et la mise hors la loi d'un grand industriel ; cette motion était publiée dans un journal révolutionnaire. Le gouvernement réclama l'arrestation des coupables. La justice les fit mettre en liberté, estimant qu'un pareil acte ne tombait pas sous le coup de la répression pénale. Un journaliste avait fait afficher sur les vitrines des kiosques où se vendent les journaux, par conséquent sur la voie publique, un prospectus renfermant des nouvelles mensongères qui étaient une véritable provocation au désordre : le préfet de police s'assura de sa personne. Ce ne fut qu'un cri d'indignation dans toute la presse ; elle accusa le gouvernement de barbarie. Les magistrats partagèrent cette appréciation. Une ordonnance de non-lieu fut rendue[2].

Dans ces conditions, toutes les injures, toutes les provocations étaient permises aux journaux. On y pouvait lire, chaque jour, des articles du ton de celui-ci :

« ....Séditieux ! parce que nous sommes républicains et n'allons pas à la messe !....

« Ce pouvoir éphémère, sorti de la pourriture impériale, glissé à l'Hôtel de ville par la longanimité publique, ce pouvoir qui a tout à se faire pardonner, paye d'audace. Il élève la voix et, d'accusé, se fait accusateur !

« Et de quelle cuisse olympienne sont donc sortis tous ces mirmidons ? Quelle nourrice blasonnée les a bercés ? Quelle ampoule les a oints, pour qu'on ne puisse pas leur parler ?....

« Picard singeant Charles Ier !.... et Jules Simon jouant à la Catherine de toutes les Russies !.... C'est trop fort !

« Le sacre de tous ces tyranneaux provisoires, c'est l'élasticité de conscience qui leur a permis de prêter serment au

---

1. Général Trochu, tome Ier, p. 317 ; Larchey, p. 106. — Sapia fut tué le 22 janvier dans une manifestation. Un carrier, Michel Desgranges, arrêté le 31 octobre, et convaincu d'espionnage, fut condamné, le 12 novembre, à 20 ans de travaux forcés. La seule exécution, pendant tout le siège, fut celle d'un soldat d'infanterie de marine, surpris désertant à l'ennemi.

A en croire M. Rochefort, tome II, p. 175, Sapia aurait été un *mouchard*, compromis dans le procès de Blois.

2. Jules Favre, tome Ier, p. 291 et suiv. Ce journaliste était M. Portalis (de *la Vérité*) [*Enquête*, rapport Chaper, p. 340 ; déposition J. Favre].

Bonaparte, lorsque les plus purs s'arrêtaient devant ces fourches caudines.

« Il n'y a pas là motifs à grands airs, ni à gestes à la Marie-Antoinette. Trochu n'est pas encore Bouillé, et ne peut penser à nous faire avaler son sabre comme il avale ses hosties. Qui a jamais parlé des victoires et conquêtes du général Tamisier[1]?.... »

Ainsi tous les rouages de la vie publique étaient arrêtés ou faussés dans leur action : un gouvernement divisé et faible, la justice militaire et civile d'une indulgence excessive, une presse qui considérait comme un crime le moindre empiétement sur ses libertés, une population qui réclamait bruyamment des sorties, la levée en masse, sans prendre garde que la discipline est la première condition du succès, tel était Paris vers la fin d'octobre[2]. Tous les éléments d'une révolution se trouvaient en présence ; il n'y manquait qu'une étincelle.

Nous l'avons dit et nous devons le répéter : la responsabilité première de ce désordre moral incombait au gouvernement et surtout au général Trochu. Il continuait d'admettre que, dans la défense de Paris, l'élément militaire, d'ordinaire souverain pendant un siège, devait être au contraire essentiellement subordonné[3]. Aussi, trop souvent, des mesures urgentes étaient-elles différées ou modifiées, parce qu'il fallait se plier aux nécessités politiques du moment. On s'inquiétait plus de l'opinion que de l'ennemi. On eût dit que le véritable adversaire n'était pas l'Allemand campé autour de Paris, mais cet être hybride, cette foule inconsciente, tou-

---

1. *La Patrie en danger*, 19 vendémiaire an 79 (10 octobre 1870, signé Tridon [futur membre de la Commune]). Voir aussi les numéros des 1er et 6 octobre, et les études de M. Gustave Geffroy (*l'Enfermé*, *Lecture* du 25 août 1896 et suiv.). Quant aux fausses nouvelles, elles sont de tous les jours. Voir le *Tribun* du 27 octobre, le *Drapeau rouge* du 4 novembre, la *Cloche* du 5 novembre, le *Siècle*, la *Liberté*, le *Combat* du 16 novembre. D'autres fois, les journaux publient des renseignements utiles à l'ennemi. Ainsi l'*Électeur libre* du 21 septembre (*Enquête*, rapport Chaper, p. 331 à 340).

2. J. Favre, tome Ier, p. 297 : « Paris voulait une défense désespérée, mais, en même temps, il voulait déchirer librement ceux qui la dirigeaient.... Il se consolait par l'indiscipline des privations qu'il endurait. »

3. J. Favre, tome Ier, p. 297.

jours prête à lapider ses héros de la veille. On ne cherchait même pas à la maîtriser, à diriger ses colères. On la berçait de mots creux, de phrases retentissantes. Gustave Courbet lisait à l'Athénée les grotesques épîtres qu'il jetait à la face des Allemands[1]. Louis Blanc adressait au peuple anglais sa lettre ampoulée et vide. Victor Hugo lançait aux Parisiens ses proclamations, pour lesquelles la forme lyrique ne cachait pas toujours la pauvreté du fond. La presse enchérissait avec ses nouvelles fausses, ses exagérations constantes, son perpétuel parti pris. Le *Réveil*, de Delescluze, le *Combat*, de Félix Pyat, la *Patrie en danger*, de Blanqui, et, à un moindre degré, le *Rappel*, de M. Vacquerie, la *Cloche*, de Louis Ulbach, préparaient par leurs articles enflammés les explosions prochaines. La « phrase » régnait en souveraine dans Paris. La fièvre obsidionale en était accrue. Comme pâture à tous ces cerveaux affolés de nouveauté, d'imprévu, le gouverneur jetait des rapports militaires d'une rare insignifiance. Le 4 octobre, par exemple, l'un d'eux constatait qu'une reconnaissance envoyée près de Créteil avait rapporté « 2 fusils, 1 sabre et 1 fourniment[2] » !

Tandis que le gouvernement de la Défense nationale était exposé, dans Paris, à des attaques chaque jour plus violentes, il s'affaiblissait par l'envoi en province de l'un de ses membres les plus énergiques, Gambetta.

Le 1er octobre, il était survenu une série de mauvaises nouvelles : l'évacuation d'Orléans, devant une démonstration de la cavalerie allemande[3], la reddition de Strasbourg, celle de Toul, la marche prétendue d'une armée sur Lyon. De plus, la Délégation de Tours venait de convoquer les électeurs pour le 15 octobre, en vue de la constitution d'une Assemblée nationale. Cette mesure surprenait grandement le gouvernement de Paris, que l'échec de l'entrevue de Ferrières avait amené à renoncer aux élections. Dans l'une des séances qui suivirent (3 oct.), le conseil s'occupa de cette situation, et

---

1. J. de Marthold, *Memorandum du siège de Paris, 1870-1871*, p. 136.
2. Voir également celui du 9 octobre, encore plus singulièrement rédigé.
3. *Campagne de la Loire. Coulmiers et Orléans*, p. 56.

Gambetta montra la nécessité d'adjoindre un président à la Délégation, afin de lui assurer plus de force et d'autorité.

Ces vues furent partagées et Jules Favre désigné, à l'unanimité, pour se rendre en province. Mais il déclina aussitôt ce mandat, qui l'eût, disait-il, arraché au poste du péril. Le conseil n'insista point pour le faire revenir sur ce refus, et la cause vaut d'en être citée : « C'est que tous mes collègues... avaient, je crois, écrit le général Trochu, dans l'esprit l'arrière-pensée, qui inquiétait le mien, de l'inaptitude notoire de ce président délégué, déjà fatigué, lourd et très âgé, *aux entreprises aéronautiques* [1]. »

Le général Trochu proposa alors la désignation de Gambetta, que sa jeunesse semblait appeler, en effet, à affronter les risques d'un « avènement en ballon ». C'est ainsi que le député de Belleville fut choisi pour cette redoutable tâche au lieu de tout autre, Jules Simon, par exemple qui aurait eu grand'chance de l'être en d'autres circonstances.

Ses pouvoirs ne furent point nettement définis : les circonstances ne le permettaient guère. On se bornait à lui donner la présidence de la Délégation, avec voix prépondérante en cas de partage. Ainsi le hasard des discussions décidait du départ de Gambetta pour la province, l'une des mesures du gouvernement dont la portée fut le plus considérable. On peut se demander si la présence du jeune tribun à Paris eût modifié les événements. A coup sûr, s'il n'avait pris la direction de la défense au dehors, celle-ci n'aurait point revêtu le caractère d'activité et d'énergie qu'elle allait dès lors présenter.

Il partit le 7 octobre, avec le ballon *Armand-Barbès*, laissant Paris confiant encore, mais inquiet et travaillé par les partis [2]. Les privations y devenaient plus sensibles. Le 28 octobre, on vendait aux Halles 1,000 kilogrammes de beurre

---

1. *Œuvres posthumes*, tome Ier, p. 305 ; *Enquête*, déposition Trochu. Les collègues de Gambetta ne lui avaient nullement confié la direction des affaires militaires; ils apprirent avec surprise qu'il s'en était chargé (J. Favre, tome II, p. 198).

2. Voir *Campagne du Nord en 1870-1871*, p. 38.

salé au prix de 38,000 fr.[1]. La mortalité s'accentuait : du 16 au 22, 1,746 décès ; du 23 au 29, 1,878. La variole se répandait : 360 cas dans la 2ᵉ semaine d'octobre[2]. Malgré tout, le moral de la population restait bon. Le 22 octobre était l'échéance du 1ᵉʳ terme de l'emprunt. Une telle affluence se pressa au ministère des finances qu'il fallut multiplier les guichets. Le *Journal officiel* annonça même que, contrairement à l'usage, ils resteraient ouverts le 23, un dimanche[3]. A l'encontre de ce qui arrive dans les sièges ordinaires, le gouverneur avait plutôt à calmer les ardeurs parfois irréfléchies des habitants qu'à réprimer leurs défaillances. A ce jeu il perdait peu à peu sa popularité si vite conquise. Les journaux avancés, les orateurs de clubs n'étaient plus seuls à l'accuser de faiblesse et d'inertie. Cette opinion se faisait jour, même parmi les plus modérés. Avec la sienne, l'influence de ses collègues baissait chaque jour. Ils étaient menacés d'une chute prochaine, alors qu'ils se croyaient le plus assurés de la confiance publique. Dans la matinée du 29 octobre, MM. Rochefort et Arago déclaraient que jamais la population n'avait été plus tranquille. « Quant à la Commune, disaient-ils, personne n'y songe plus[4]. » Pourtant la veille, rue Aumaire, devant un immense et fébrile auditoire, Ledru-Rollin s'était écrié : « Je me rappelle que c'est la grande Commune qui a sauvé de l'étranger le sol sacré de la patrie.... Lyon l'a déjà instituée.... Resterez-vous en arrière de Lyon, vous, Parisiens, qui avez toujours marché à la tête de la Révolution[5]?.... » La Commune devenait une sorte de panacée universelle pour les partis avancés. Ils y voyaient un remède à tous nos embarras, à toutes les souffrances de l'heure présente. Le mot Commune était pour eux le « Tarte à la crème » du marquis de Molière[6].

---

1. Larchey, p. 114.
2. Le nombre des *rationnaires* dans Paris était de 2,021,700, d'après un recensement sommaire fait le 25 octobre (Larchey, p. 107).
3. J. Favre, tome Iᵉʳ, p. 297.
4. *Procès-verbaux* cités.
5. Ducrot, tome II, p. 35 ; *Enquête, Rapport* Daru, p. 175.
6. Sarcey, p. 123.

Le moment approchait où un nouveau désastre donnerait aux meneurs l'occasion, longuement attendue, d'écraser le gouvernement sous le poids des haines, des colères patiemment excitées. Des bruits vagues se répandaient dans Paris au sujet de Bazaine. De sa part aucune communication officielle n'était parvenue depuis le 17 août, mais on parlait de négociations entreprises par lui, d'une capitulation prochaine. Dès le 24 octobre, en séance du gouvernement, on discutait la valeur et l'origine de ces nouvelles[1], sans paraître s'inquiéter encore. La masse de la population restait à l'écart de ces préoccupations, mais il y avait dans Paris comme un sentiment vague que nous touchions à de graves événements : ils allaient se produire à bref délai.

---

1. Mme Adam, p. 173; *Rapport* Chaper, p. 49. — Il n'est pas aisé de connaître l'origine de ces bruits. J. Favre écrit. tome Ier, p. 312 : « Un sous-officier prussien fait prisonnier au Bourget avait, il est vrai, parlé de la reddition de la place. Sur ce bruit, j'étais allé moi-même à Saint-Denis, j'avais interrogé le colonel qui avait entendu cet homme. Il m'avait répondu que sa déclaration n'avait aucune consistance; nous ne pouvions, dès lors, nous y arrêter. » Il s'agit là, évidemment, de l'officier prussien, blessé, interrogé le 28 octobre, au Bourget, par le colonel Martin. En effet, J. Favre alla, le 30, à Saint-Denis (tome Ier, p. 316), non pour féliciter M. de Bellemare, comme il l'écrit, mais sans doute pour interroger ce blessé. — Voir *Siège de Paris : Le Bourget-Champigny*.

D'autre part, en séance du gouvernement, le 27 octobre, J. Ferry déclare que les bruits de reddition de Bazaine viennent de Versailles, car des membres de la Société de secours aux blessés y ont entendu dire que Bazaine avait consenti à rendre Metz sous la condition qu'on le laisserait passer en Algérie avec toute son armée. C'est là un bruit absurde, qui se réfute de lui-même. (*Procès-verbaux* cités.)

ANNEXE 1.

LE COMMANDEMENT DANS PARIS

Général de division TROCHU, gouverneur de Paris[1].
Chef d'état-major général : Général de brigade Schmitz.
Sous-chef d'état-major général : Général de brigade Foy.
Chef du cabinet : Lieutenant-colonel du génie Usquin.
Sous-chef du cabinet : Capitaine de la garde nationale R. Brunet.
Commandant le grand quartier général : Chef d'escadron Lunel.

PLACE DE PARIS

Général de division Soumain, commandant la place.
Major de place : Colonel Lourde.
Médecin en chef de l'armée : Docteur Larrey.
Médecin en chef de la garde nationale : Docteur Champouillon.
Médecin en chef de la garde nationale mobile : Docteur Chenu.

ARTILLERIE

Commandant supérieur de l'artillerie des armées de la défense de Paris : Général de division Guiod.
Chef d'état-major : Lieutenant-colonel Allan, puis colonel Stoffel.
Adjoint : Chef d'escadron Notkiéwich (artillerie de marine).

Direction des parcs.

Colonel Bossut, *directeur.*
Lieutenant-colonel Bernard, *sous-directeur.*
Lieutenant-colonel Roche (artillerie de marine), *directeur du parc de l'artillerie de marine.*

---

[1]. Après le départ du maréchal Canrobert, le maréchal Baraguey-d'Hilliers fut investi du commandement de la 1re division militaire et de la place de Paris. Il le quitta avant l'arrivée du général Trochu, sans avoir donné sa démission (J. Richard, II, p. 13).

Commandement de la rive droite.

(Six premiers secteurs. — Forts et avancées.)

Général de division PELLISSIER (artillerie de marine).

Chef d'état-major : Lieutenant-colonel Chevillotte.
Commandant supérieur des trois premiers secteurs : Colonel PIERRE.
Commandant supérieur des trois derniers secteurs : Général de brigade OLIVIER (artillerie de marine).

Commandement de la rive gauche.

(Trois derniers secteurs. — Forts et avancées.)

Général de brigade RÉNÉ.

Chef d'état-major : Lieutenant-colonel Daugny.

GÉNIE

Commandant en chef du génie des armées de la défense de Paris : Général de division DE CHABAUD-LATOUR.

Chef d'état-major : Lieutenant-colonel, puis colonel Segrétain.
Chef du génie de la rive gauche : Chef de bataillon, puis lieutenant-colonel Laussédat.
Chef du génie de la rive droite : Chef de bataillon, puis lieutenant-colonel Ligrom.

Service des fortifications.

(Jusqu'au 8 janvier 1871.)

1er arrondissement.

(1er et 2e secteurs de l'enceinte, fort de Charenton, ouvrages de Saint-Maur, forts de Vincennes, de Nogent, de Rosny, de Noisy et de Romainville.)

Général de brigade MALCOR.

2e arrondissement.

(3e et 4e secteurs de l'enceinte, forts d'Aubervilliers, de l'Est, de Saint-Denis, de la Briche et du Mont-Valérien.)

Général de brigade DUBOIS-FRESNEY.

3ᵉ arrondissement.

(7ᵉ, 8ᵉ, 9ᵉ secteurs, forts d'Issy, de Vanves, de Montrouge, de Bicêtre et d'Ivry.)

Général de brigade JAVAIN [1].

INTENDANCE

Intendant en chef : Intendant général WOLFF.

Chef du cabinet : Sous-intendant Segonne.

Chef des services de la place de Paris : Intendant Danliou.

---

1. Le 8 janvier 1871, cette répartition fut modifiée :

1ᵉʳ arrondissement (comme à la première répartition) : Général de brigade *Malcor*.

2ᵉ arrondissement (4ᵉ secteur, forts d'Aubervilliers, de l'Est, de Saint-Denis et de la Briche) : Général de brigade *Dubois-Fresney*.

3ᵉ arrondissement (5ᵉ et 6ᵉ secteurs, forteresse du Mont-Valérien) : Général de brigade *Guillemaut*.

4ᵉ arrondissement (7ᵉ, 8ᵉ, 9ᵉ secteurs, forts d'Issy, de Vanves et de Montrouge) : Général de brigade *Riffault*.

5ᵉ arrondissement (forts de Bicêtre, d'Ivry et leurs avancées, ouvrages des Hautes-Bruyères et du Moulin-Saquet) : Colonel *Bernard de Courville* (J. Richard, tome II, p. 13 à 18).

ANNEXE 2.

RÉPARTITION DE L'ENCEINTE

1ᵉʳ Secteur (Bercy).

(Bastions 1 à 12, de la Seine à la rue de Montreuil.)

Général de brigade FARON (infanterie de marine), puis général de division BAROLLET DE PULIGNY (infanterie de marine).

Chef d'état-major : Chef d'escadron de Luppé (garde nationale).
Sous-chef d'état-major : N.
Major de place : Chef de bataillon Moreau.
Commandant l'artillerie : Colonel Guironnet de Massas.
Commandant le génie : N.

27 bataillons de la garde nationale : 14ᵉ, 48ᵉ, 49ᵉ, 50ᵉ, 51ᵉ, 52ᵉ, 53ᵉ, 56ᵉ, 73ᵉ, 93ᵉ, 94ᵉ, 96ᵉ, 99ᵉ, 121ᵉ, 122ᵉ, 126ᵉ, 150ᵉ, 162ᵉ, 182ᵉ, 183ᵉ, 198ᵉ, 199ᵉ, 200ᵉ, 210ᵉ, 212ᵉ, 254ᵉ.

Total : 37,124 gardes nationaux.

2ᵉ Secteur (Belleville).

(Bastions 12 à 24, de la rue de Montreuil à la route de Pantin.)

Général de division CAILLIER.

Chef d'état-major : Lieutenant-colonel de Richemont (garde nationale).
Sous-chef d'état-major : Chef d'escadron Delamarre (garde nationale).
Major de place : Chef de bataillon Vincent.
Commandant l'artillerie : Colonel Pierre.
Commandant le génie : Lieutenant-colonel Darodes.

55 bataillons de la garde nationale : 27ᵉ, 30ᵉ, 31ᵉ, 54ᵉ, 55ᵉ, 57ᵉ, 58ᵉ, 63ᵉ, 65ᵉ, 66ᵉ, 67ᵉ, 68ᵉ, 74ᵉ, 76ᵉ, 80ᵉ, 86ᵉ, 87ᵉ, 88ᵉ, 89ᵉ, 123ᵉ, 130ᵉ, 135ᵉ, 138ᵉ, 140ᵉ, 141ᵉ, 144ᵉ, 145ᵉ, 159ᵉ, 172ᵉ, 173ᵉ, 174ᵉ, 180ᵉ, 190ᵉ, 192ᵉ, 194ᵉ, 195ᵉ, 201ᵉ, 204ᵉ, 205ᵉ, 206ᵉ, 208ᵉ, 209ᵉ, 211ᵉ, 213ᵉ, 214ᵉ, 218ᵉ, 219ᵉ, 232ᵉ, 233ᵉ, 234ᵉ, 236ᵉ, 237ᵉ, 239ᵉ, 240ᵉ, 241ᵉ.

Total : 75,858 gardes nationaux.

3ᵉ Secteur (La Villette).

(Bastions 25 à 33, de la route de Pantin à la grande rue de La Chapelle.)

Général de brigade DE MONTFORT, puis général Clément THOMAS (de la garde nationale), puis vice-amiral BOSSE.

Chef d'état-major : Lieutenant-colonel Saint-Aure d'Étreillis (garde nationale).

Sous-chef d'état-major : Capitaine de frégate Clément (Félix).
Commandant les bastions : Capitaine de frégate Frizac.
Major de place : N.
Commandant l'artillerie : Colonel Ocher de Beaupré.
Commandant le génie : Lieutenant-colonel Karth.
38 bataillons de la garde nationale : 9ᵉ, 10ᵉ, 23ᵉ, 24ᵉ, 25ᵉ, 26ᵉ, 28ᵉ, 29ᵉ, 62ᵉ, 107ᵉ, 108ᵉ, 109ᵉ, 110ᵉ, 114ᵉ, 128ᵉ, 137ᵉ, 143ᵉ, 147ᵉ, 153ᵉ, 157ᵉ, 164ᵉ, 167ᵉ, 170ᵉ, 175ᵉ, 179ᵉ, 186ᵉ, 188ᵉ, 191ᵉ, 197ᵉ, 203ᵉ, 224ᵉ, 230ᵉ, 231ᵉ, 238ᵉ, 242ᵉ, 246ᵉ.

Total : 51,866 gardes nationaux.

4ᵉ Secteur (Montmartre).

(Bastions 34 à 45, de la grande rue de La Chapelle à la route d'Asnières.)

Contre-amiral COSNIER.

Chef d'état-major : Lieutenant-colonel Dufié (garde nationale).
Sous-chef d'état-major : Capitaine Cheilus (garde nationale).
Major de place : Chef de bataillon Rispal.
*Commandant les bastions de **droite** :* Capitaine de vaisseau d'Éllisalde de Castremont.
Commandant les bastions du centre : Capitaine de frégate Lefebvre d'Abancourt.
Commandant les bastions de gauche : Capitaine de vaisseau Martin (Paul).
Commandant l'artillerie : Colonel Fèvre.
Commandant le génie : Lieutenant-colonel Motet.
37 bataillons de la garde nationale : 6ᵉ, 7ᵉ, 11ᵉ, 32ᵉ, 34ᵉ, 36ᵉ, 61ᵉ, 64ᵉ, 77ᵉ, 78ᵉ, 79ᵉ, 116ᵉ, 117ᵉ, 124ᵉ, 125ᵉ, 129ᵉ, 142ᵉ, 152ᵉ, 154ᵉ, 158ᵉ, 166ᵉ, 169ᵉ, 189ᵉ, 215ᵉ, 216ᵉ, 216ᵉ bis, 220ᵉ, 225ᵉ, 228ᵉ, 229ᵉ, 235ᵉ, 245ᵉ, 247ᵉ, 252ᵉ, 253ᵉ, 256ᵉ, 258ᵉ.

Total : 52,953 gardes nationaux.

5ᵉ Secteur (Les Ternes).

(Bastions 46 à 54, de la route d'Asnières à l'avenue Uhrich.)

Général de brigade AMBERT, puis contre-amiral LE COURIAULT DU QUILIO.

Chef d'état-major : Chef d'escadron de Nivière (garde nationale), puis chef d'escadron Delchet (garde nationale).
Sous-chef d'état-major : Capitaine Lesterp (garde nationale).
Major de place : Chef de bataillon d'Aubier de Rioux.
Commandant les bastions : Capitaine de frégate Villedieu de Torcy.
Commandant l'artillerie : Colonel Roy.
Commandant le génie : Chef de bataillon Bompard.

33 bataillons de la garde nationale : 2ᵉ, 3ᵉ, 8ᵉ, 33ᵉ, 35ᵉ, 37ᵉ, 70ᵉ, 90ᵉ, 91ᵉ, 92ᵉ, 100ᵉ, 111ᵉ, 112ᵉ, 113ᵉ, 132ᵉ, 148ᵉ, 149ᵉ, 155ᵉ, 171ᵉ, 181ᵉ, 196ᵉ, 207ᵉ, 222ᵉ, 223ᵉ, 227ᵉ, 247ᵉ, 254ᵉ, 259ᵉ, 260ᵉ, bataillons d'Argenteuil, de Rueil, de Versailles, du Pecq ; légion de cavalerie.

Total : 42,563 gardes nationaux.

6ᵉ Secteur (Passy).

(Bastion 55 à la basse Seine et courtines 59 et 60.)

Contre-amiral vicomte DE FLEURIOT DE LANGLE [1].

Chef d'état-major : Capitaine de frégate Denuc.
Sous-chefs d'état-major : Lieutenant-colonel Brémard, lieutenant de vaisseau Brossard de Corbigny.
Commandant le demi-secteur de gauche : Capitaine de vaisseau Protet.
Commandant le demi-secteur de droite : Capitaine de frégate Philippe.
Major de place : Capitaine de cavalerie de Stahl.
Commandant l'artillerie : Colonel Virgile (artillerie de marine).
Commandant le génie : Colonel Guillemaut, puis chef de bataillon Rapatel.

---

1. Parmi les états-majors de commandants de secteurs, celui-ci était particulièrement bien pourvu en officiers : 3 aides de camp et 12 officiers d'ordonnance ! (J. Richard, tome II, p. 24).

ANNEXES. 329

15 bataillons de la garde nationale : 1ᵉʳ, 4ᵉ. 5ᵉ, 12ᵉ, 13ᵉ, 38ᵉ, 39ᵉ, 69ᵉ, 71ᵉ, 72ᵉ, 221ᵉ, 226ᵉ; bataillons de Sèvres, de Saint-Cloud.

Total : 17,922 gardes nationaux.

7ᵉ Secteur (Vaugirard).

(De la basse Seine à la route de Vanves, bastion 76.)

Contre-amiral marquis DE MONTAIGNAC DE CHAUVANCE.
Chef d'état-major : Capitaine de frégate de Longueville.
Sous-chef d'état-major : Chef d'escadron de Chambray.
Commandant de place : Colonel Danet.
Major de place : Capitaine Maret.
Commandant l'artillerie : Colonel Nourisson.
Commandant le génie : Colonel Johan.

15 bataillons de la garde nationale : 15ᵉ, 17ᵉ, 41ᵉ, 45ᵉ, 47ᵉ, 81ᵉ, 82ᵉ, 105ᵉ, 106ᵉ, 127ᵉ, 131ᵉ, 156ᵉ, 165ᵉ, 178ᵉ, 187ᵉ.

Total : 22,169 gardes nationaux.

8ᵉ Secteur (Montparnasse).

(Bastions 77 à 86, route de Vanves à la Bièvre.)

Contre-amiral baron MÉQUET.
Chef d'état-major : Capitaine de vaisseau Grasset, commandant en outre le demi-secteur de gauche (3ᵉ et 4ᵉ groupes de bastions).
Sous-chef d'état-major : Chef d'escadron Lunel (garde nationale).
Commandant les groupes de bastions : Capitaine de frégate de Laplanche, 1ᵉʳ groupe; capitaine de frégate comte Morand, 2ᵉ groupe; capitaine de frégate Garreau, 4ᵉ groupe.
Commandant la place : Chef de bataillon Chevrier.
Commandant l'artillerie : Lieutenant-colonel Guilhermy (G.) [artillerie de marine].
Commandant le génie : Chef de bataillon Hennebert.

20 bataillons de la garde nationale : 16ᵉ, 18ᵉ, 19ᵉ, 20ᵉ, 40ᵉ, 43ᵉ, 46ᵉ, 83ᵉ, 84ᵉ, 85ᵉ, 103ᵉ, 104ᵉ, 115ᵉ, 136ᵉ, 146ᵉ, 193ᵉ, 202ᵉ, 217ᵉ, 243ᵉ, 249ᵉ.

Total : 26,040 gardes nationaux.

9ᵉ Secteur (Les Gobelins).

(Bastions 87 à 94, de la Bièvre à la Seine.)

Contre-amiral HUGUETEAU DE CHALLIÉ.

Chef d'état-major : Capitaine de vaisseau d'Harcourt.
Sous-chef d'état-major : Lieutenant de vaisseau Chabaud-Arnault.
Commandant de place : Capitaine de Bache.
Commandant l'artillerie : Colonel Hudelist (artillerie de marine).

Commandant le génie : Lieutenant-colonel Tézenas, puis capitaine Ducos, puis chef de bataillon Mangin.

25 bataillons de la garde nationale : 21ᵉ, 22ᵉ, 42ᵉ, 44ᵉ, 59ᵉ, 60ᵉ, 97ᵉ, 98ᵉ, 101ᵉ, 102ᵉ, 118ᵉ, 119ᵉ, 120ᵉ, 133ᵉ, 134ᵉ, 144ᵉ, 151ᵉ, 160ᵉ, 161ᵉ, 163ᵉ, 176ᵉ, 177ᵉ, 184ᵉ, 185ᵉ, 248ᵉ, 251ᵉ.

Total : 33,460 gardes nationaux [1].

---

[1]. J. Richard, p. 19 et suiv.; Sarrepont, p. 80, d'après un tableau officiel de novembre 1870.

ANNEXE 3.

FORTS

COMMANDEMENT DE SAINT-DENIS

Vice-amiral DE LA RONCIÈRE LE NOURY, commandant supérieur des forces de la marine réunies à Paris, des deux subdivisions des forts de l'Est et du Sud ; du corps d'armée de Saint-Denis ; commandant directement les forts et la place de Saint-Denis.

Redoute de la Double-Couronne.

Chef de bataillon Zeler.

Fort de la Briche ou de l'Est.

Lieutenant-colonel Taffanel.

Fort d'Aubervilliers.

Colonel de Tryon.

SUBDIVISION DES FORTS DE L'EST

Commandant supérieur : Contre-amiral SAISSET.

Fort de Romainville.

Capitaine de vaisseau Zédé.

Fort de Noisy.

Capitaine de frégate Massion, puis capitaine de frégate Trève.

Fort de Rosny et redoutes voisines.

Capitaine de vaisseau Mallet.

SUBDIVISION DE VINCENNES

Commandant supérieur : Général de brigade RIBOURT.

Fort de Nogent.

Colonel Pistouley.

Place et forteresse de Vincennes.

Général de brigade Ribourt.

Fort de Charenton.

Capitaine Gourrael-Duraniou.

Redoutes de Gravelle et de la Faisanderie.

N.

SUBDIVISION DES FORTS DU SUD

Commandant supérieur : Contre-amiral Pothuau.

Fort d'Ivry.

Capitaine de vaisseau Krantz.

Fort de Bicêtre.

Capitaine de frégate Fournier.

Fort de Montrouge.

Capitaine de frégate Amet.

Fort de Vanves.

Colonel Cretin, puis lieutenant-colonel Brunon.

Fort d'Issy.

Colonel, puis général de brigade Guichard.

Batteries en avant de Vanves et d'Issy.

Chef d'escadron Dumas.

Forteresse du Mont-Valérien.

Colonel Porion, puis général de brigade Noël.

(J. Richard, tome II, p. 28 à 31.)

ANNEXE 4.

13ᵉ CORPS D'ARMÉE

(Organisé par décret du 13 août 1870.)

Général de division VINOY.

Chef d'état-major général : Général de brigade HOUIX DE VALDAN.
Sous-chef d'état-major général : Lieutenant-colonel Filippi.
Commandant l'artillerie : Général de brigade Renault d'Ubexi.
Chef d'état-major : Lieutenant-colonel Lucet.
Commandant le génie : Colonel Dupouet.
Chef d'état-major : Chef de bataillon Le Bescond de Coatpont.
Intendant militaire : Viguier.
Grand prévôt : Chef d'escadron Guillemard.

1ʳᵉ DIVISION D'INFANTERIE

Général de division D'EXÉA.

Chef d'état-major : Colonel de Belgaric.
Commandant l'artillerie : Chef d'escadron Charpentier de Cossigny.
Commandant le génie : Chef de bataillon Guyot.
Sous-intendant militaire : Desbuttes.
Prévôt : N.

1ʳᵉ Brigade.

Général de brigade MATTAT.

7ᵉ compagnie du 5ᵉ bataillon et 7ᵉ compagnie du 7ᵉ bataillon de chasseurs.

5ᵉ régiment de marche (2ᵉ, 9ᵉ, 11ᵉ) : Colonel Hanrion[1].

---

1. Les numéros entre parenthèses indiquent les régiments de ligne d'où furent tirés les 4ᵉˢ bataillons destinés à entrer dans les régiments de marche. Ces 4ᵉˢ bataillons étaient formés à 4 compagnies; on y ajouta ensuite des 5ᵉ et 6ᵉ compagnies. Leur effectif variait beaucoup. Le 30 août, par exemple, celui du 12ᵉ de ligne comptait 928 hommes, et celui du 49ᵉ, 306 (J. Richard, *Annuaire de la guerre 1870-1871*, tome II, p. 5).

Le 30 septembre, le 13ᵉ corps comptait 377 officiers et 30,308 hommes, sans les réserves d'artillerie et du génie. Il avait perdu 350 hommes de sa formation au 9 septembre, date de la rentrée dans Paris (Vinoy, p. 12). Il était alors à l'effectif de 35,000 hommes (Ducrot, tome Iᵉʳ, p. 456).

6ᵉ régiment de marche (12ᵉ, 15ᵉ, 19ᵉ) : Lieutenant-colonel de Guiny.

Total : 6 bataillons 1/3.

2ᵉ Brigade.

Général de brigade Daudel.
7ᵉ régiment de marche (20ᵉ, 23ᵉ, 25ᵉ) : Lieutenant-colonel Tarayre.
8ᵉ régiment de marche (29ᵉ, 41ᵉ, 43ᵉ) : Lieutenant-colonel Drouet.

Total : 6 bataillons.

ARTILLERIE

3ᵉ batterie du 10ᵉ régiment d'artillerie (4) : Capitaine Éon du Val.
4ᵉ batterie du 10ᵉ régiment d'artillerie (4) : Capitaine Duchâteau.
3ᵉ batterie du 11ᵉ régiment d'artillerie (à balles) : Capitaine Clavel.

Total : 18 pièces.

GÉNIE

1ʳᵉ compagnie de sapeurs du 2ᵉ régiment : Capitaine Coville.

Total pour la division : 12 bataillons 1/3, 18 pièces, 1 compagnie du génie.

2ᵉ DIVISION D'INFANTERIE

Général de division de Maud'huy.
Chef d'état-major : Colonel Crépey.
Commandant l'artillerie : Chef d'escadron Berthaut.
Commandant le génie : Chef de bataillon Mengin.
Sous-intendant militaire : De Kervanoël.
Prévôt : N.

1ʳᵉ Brigade.

Général de brigade Guérin, puis Dumoulin.
9ᵉ régiment de marche (51ᵉ, 54ᵉ, 59ᵉ) : Lieutenant-colonel Miquel de Riu.
10ᵉ régiment de marche (69ᵉ, 70ᵉ, 71ᵉ) : Lieutenant-colonel Damedor de Molans.

Total : 6 bataillons.

2ᵉ Brigade.

Général de brigade Blaise.

ANNEXES. 335

11ᵉ régiment de marche (75ᵉ, 81ᵉ, 86ᵉ) : Lieutenant-colonel Néc-Devaux.

12ᵉ régiment de marche (90ᵉ, 93ᵉ, 95ᵉ) : Lieutenant-colonel de Labaume.

Total : 6 bataillons.

ARTILLERIE

3ᵉ batterie du 2ᵉ régiment (4) : N.
4ᵉ batterie du 2ᵉ régiment (4) : Capitaine Foncin, Lamothe.
4ᵉ batterie du 9ᵉ régiment (à balles) : Capitaine Dufour.

Total : 18 pièces.

GÉNIE

15ᵉ compagnie de sapeurs du 2ᵉ régiment : Capitaine Pignat.

Total pour la division : 12 bataillons, 18 pièces, 1 compagnie du génie.

3ᵉ DIVISION D'INFANTERIE

Général de division BLANCHARD.

Chef d'état-major : Chef d'escadron Boudet.
Commandant l'artillerie : Chef d'escadron Magdelaine.
Commandant le génie : Chef de bataillon de Bussy
Sous-intendant militaire : Blanchard.
Prévôt : N.

1ʳᵉ Brigade.

Général de brigade DE SUSBIELLE.

7ᵉ compagnie du 1ᵉʳ bataillon et 7ᵉ compagnie du 2ᵉ bataillon de chasseurs.

13ᵉ régiment de marche (28ᵉ, 38ᵉ, 49ᵉ) : Lieutenant-colonel Morin.

14ᵉ régiment de marche (55ᵉ, 67ᵉ, 100ᵉ) : Lieutenant-colonel Vanche.

Total : 6 bataillons $^1/_3$.

2ᵉ Brigade.

Général de brigade GUILHEM.

35ᵉ régiment de ligne : Colonel de La Mariouse.
42ᵉ régiment de ligne : Colonel Avril de Lenclos.

Total : 6 bataillons.

ARTILLERIE

3ᵉ batterie du 9ᵉ régiment (4) : Capitaine Lourdel-Hénaut, Boissonnade.

3ᵉ batterie du 13ᵉ régiment (à balles) : Capitaine Torterue de Sazilly.

4ᵉ batterie du 13ᵉ régiment[1] (4) : Capitaine Vernoy.

Total : 18 pièces.

GÉNIE

15ᵉ compagnie de sapeurs du 3ᵉ régiment : Capitaine Castay.

Total pour la division : 12 bataillons $^1/_3$, 18 pièces, 1 compagnie du génie.

DIVISION DE CAVALERIE[2]

Général de division REYAU, du cadre de réserve.

Chef d'état-major : Chef d'escadrons Marquerie.
Sous-intendant militaire : N.
Prévôt : N.

1ʳᵉ Brigade.

Général de brigade MOUCHETON DE GERBROIS.
1ᵉʳ régiment de chasseurs.
9ᵉ régiment de chasseurs.

Total : 8 escadrons.

---

1. J. Richard remplace à tort ces 2 batteries par les 3ᵉ et 4ᵉ du 15ᵉ régiment.

2. Cette division n'eut qu'une existence nominale. Avant le départ du 13ᵉ corps pour Mézières, la 2ᵉ brigade partit sous les ordres du général Leforestier de Vendeuvre, pour rejoindre le 12ᵉ corps. La 1ʳᵉ brigade, formée de deux régiments venant d'Algérie, n'était pas encore constituée. Le 13ᵉ corps emmena donc avec lui le 6ᵉ hussards, de la brigade Jolif-Ducolombier, qui n'avait pu rejoindre l'armée. Ce régiment passa ensuite au 15ᵉ corps.

Le général Vinoy porte à la 2ᵉ brigade les 8ᵉ et 9ᵉ cuirassiers. Or, le 8ᵉ cuirassiers resta à l'armée de Châlons et capitula avec elle ; le 9ᵉ, très éprouvé à Frœschwiller, se refit à Versailles et passa ensuite au 15ᵉ corps (J. Richard, tome II, p. 7 et autres).

2ᵉ Brigade.

Général de brigade RESSAYRE.

7ᵉ régiment de chasseurs.
8ᵉ régiment de chasseurs.

 Total : 8 escadrons.

 Total pour la division : 16 escadrons.

RÉSERVE D'ARTILLERIE

Colonel HENNET.

 1ʳᵉ section : Chef d'escadron Lefébure.

3ᵉ batterie du 14ᵉ régiment (8) : Capitaine Gros.
4ᵉ batterie du 14ᵉ régiment (8) : Capitaine Malherbe, Royer.

 2ᵉ section : Chef d'escadron Delcros.

3ᵉ batterie du 6ᵉ régiment (12) : Capitaine Paret.
4ᵉ batterie du 6ᵉ régiment (12) : Capitaine Salles.

 3ᵉ section : Chef d'escadron Dorot.

3ᵉ batterie du 12ᵉ régiment (12) : N.
4ᵉ batterie du 12ᵉ régiment (12) : Capitaine Salvain.

 Total : 36 pièces.

PARC[1]

 Directeur : Colonel Hugon (passé au 15ᵉ corps).

---

1. Le 13ᵉ corps n'eut ni réserve, ni parc du génie. De ses trois compagnies divisionnaires du génie, une seule, celle de la 1ʳᵉ division, suivit le corps d'armée à Mézières ; les deux autres restèrent au fort de Vanves et aux ouvrages de Meudon (J. Richard, tome II, p. 7).

L'artillerie du 13ᵉ corps comprit également, après la rentrée à Paris, la 15ᵉ batterie de l'artillerie de la marine (capitaine Caris) [12].

Effectif du 13ᵉ corps le 20 septembre :

Division de Maud'huy :	Officiers.	Hommes.	Chevaux.
Artillerie.	12	415	334
Génie.	3	142	16
Infanterie, brigade Dumoulin :			
9ᵉ de marche.	48	2,851	26
10ᵉ de marche.	36	2,488	23
Brigade Blaise :			
11ᵉ de marche.	39	2,463	21
12ᵉ de marche.	46	2,582	20
Total.	184	10,491	440

Sous-directeur : Chef d'escadron Galle.

Total pour le 13ᵉ corps : 36 bataillons ²/₃, 90 pièces, 16 escadrons, 3 compagnies du génie.

	Officiers.	Hommes.	Chevaux.
Division Blanchard :			
Artillerie................	11	449	417
Génie................	3	109	11
Infanterie, brigade de Susbielle :			
13ᵉ de marche............	42	2,437	»
14ᵉ de marche............	35	2,300	»
Brigade Guilhem :			
35ᵉ de ligne............	62	2,090	»
42ᵉ de ligne............	61	1,669	»
Total............	214	9,054	428
Division d'Exéa :			
Artillerie................	13	465	450
Génie................	3	140	»
Infanterie, brigade Mattat :			
5ᵉ de marche............	50	2,609	»
6ᵉ de marche............	39	2,419	»
Brigade Daudel :			
7ᵉ de marche............	43	2,328	»
8ᵉ de marche............	31	2,352	»
Total............	179	10,313	450

Total pour le 13ᵉ corps, sans la cavalerie et la réserve d'artillerie : 577 officiers, 29,858 hommes, 1,318 chevaux (Vinoy, p. 436 et suiv.).

ANNEXE 5.

14ᵉ CORPS D'ARMÉE

(Organisé par décret du 31 août 1870[1].)

Général de division baron RENAULT.
Chef d'état-major général : Général de brigade APPERT.
Sous-chef d'état-major général : Lieutenant-colonel Warnet.
Commandant l'artillerie : Général de brigade Boissonnet.
Chef d'état-major : Lieutenant-colonel Fèvre.
Commandant le génie : Colonel Corbin.
Chef d'état-major : Chef de bataillon Perrin.
Intendant militaire : Lafosse[2].
Grand prévôt : Chef d'escadron Lamarche.

1ʳᵉ DIVISION D'INFANTERIE

Général de division BÉCHON DE CAUSSADE[3].

Chef d'état-major : Colonel Sautereau.
Commandant l'artillerie : Chef d'escadron Mathieu.
Commandant le génie : Chef de bataillon Houbigant.
Sous-intendant militaire : Beaumetz.
Prévôt : Capitaine Hurstel.

1ʳᵉ Brigade.

Général de brigade LADREIT DE LA CHARRIÈRE.

7ᵉ compagnie du 3ᵉ bataillon et 7ᵉ compagnie du 4ᵉ bataillon de chasseurs.

15ᵉ régiment de marche (10ᵉ, 14ᵉ, 26ᵉ) : Lieutenant-colonel Benedetti.

16ᵉ régiment de marche (35ᵉ, 38ᵉ, 39ᵉ) : Lieutenant-colonel Gaduel.

Total : 6 bataillons ⅓.

---

1. Effectif de 35,578 hommes vers le 4 septembre, dont 12,913 pour la 1ʳᵉ division ; 10,600 pour la 2ᵉ ; 11,000 pour la 3ᵉ (Ducrot, tome Iᵉʳ, p. 456).
2. J. Richard. Le général Ducrot, tome Iᵉʳ, p. 429, écrit *Baillod*.
3. Mort de maladie vers le 6 novembre.

2ᵉ Brigade.

Général de brigade Lecomte.

17ᵉ régiment de marche (42ᵉ, 46ᵉ, 48ᵉ) : Lieutenant-colonel Sermensan.

18ᵉ régiment de marche (8ᵉ, 88ᵉ, 87ᵉ) : Lieutenant-colonel Beaufort.

Total : 6 bataillons.

ARTILLERIE

17ᵉ batterie du 6ᵉ régiment (4) : N.
17ᵉ batterie du 7ᵉ régiment (4) : N.

Total : 12 pièces.

GÉNIE

1ʳᵉ section de la 16ᵉ compagnie du 2ᵉ régiment : Capitaine Rothmann.

Total pour la division : 12 bataillons $^1/_3$, 12 pièces, $^1/_2$ compagnie du génie.

2ᵉ DIVISION D'INFANTERIE

Général de division d'Hugues.
Chef d'état-major : Chef d'escadron Montels.
Commandant l'artillerie : Chef d'escadron Viguier.
Commandant le génie : Capitaine Bardonnaut.
Sous-intendant militaire : Dumoulin.
Prévôt : Lieutenant Lepetit-Didier.

1ʳᵉ Brigade.

Général de brigade Bocher.

7ᵉ compagnie du 6ᵉ bataillon et 7ᵉ compagnie du 9ᵉ bataillon de chasseurs.

19ᵉ régiment de marche (16ᵉ, 27ᵉ, 58ᵉ) : Lieutenant-colonel de Colasseau (tué le 19 septembre).

20ᵉ régiment de marche (72ᵉ, 83ᵉ, 87ᵉ) : Lieutenant-colonel Niel.

Total : 6 bataillons $^1/_3$.

2ᵉ Brigade.

Général de brigade Paturel.

ANNEXES.   341

21ᵉ régiment de marche (5ᵉ, 37ᵉ, 56ᵉ) : Lieutenant-colonel Maupoint de Vandeuil.

22ᵉ régiment de marche (7ᵉ, 77ᵉ, 99ᵉ) : Lieutenant-colonel Barbe.

Total : 6 bataillons.

ARTILLERIE

17ᵉ batterie du 8ᵉ régiment (4) : N.
17ᵉ batterie du 13ᵉ régiment (4) : N.

Total : 12 pièces.

GÉNIE

2ᵉ section de la 16ᵉ compagnie du 2ᵉ régiment : Capitaine Regneau.

Total pour la division : 12 bataillons $1/3$, 12 pièces, $1/2$ compagnie du génie.

3ᵉ DIVISION D'INFANTERIE

Général de brigade DE MAUSSION.

Chef d'état-major : Chef d'escadron Carré.
Commandant l'artillerie : Chef d'escadron de Miribel.
Commandant le génie : Capitaine Michon.
Sous-intendant militaire : Renault.
Prévôt : Lieutenant Thomas.

1ʳᵉ Brigade.

Général de brigade BENOÎT.

7ᵉ compagnie du 12ᵉ bataillon et 7ᵉ compagnie du 14ᵉ bataillon de chasseurs.

23ᵉ régiment de marche (3ᵉ, 13ᵉ, 21ᵉ) : Lieutenant-colonel Dupuy de Podio.

24ᵉ régiment de marche (24ᵉ, 30ᵉ, 31ᵉ) : Lieutenant-colonel Sanguinetti.

Total : 6 bataillons $1/3$.

2ᵉ Brigade.

Général de brigade COURTY.

25ᵉ régiment de marche (47ᵉ, 48ᵉ, 61ᵉ) : Lieutenant-colonel Jourdain.

26ᵉ régiment de marche (66ᵉ, 89ᵉ, 98ᵉ) : Lieutenant-colonel Lecerf.

Total : 6 bataillons.

ARTILLERIE

17ᵉ batterie du 9ᵉ régiment (4) : N.
17ᵉ batterie du 12ᵉ régiment (4) : N.

Total : 12 pièces.

GÉNIE

1ʳᵉ section de la 16ᵉ compagnie de sapeurs du 3ᵉ régiment : Capitaine Dorp.

Total pour la division : 12 bataillons $^1/_3$, 12 pièces, $^1/_2$ compagnie du génie.

RÉSERVE D'ARTILLERIE

Lieutenant-colonel DE VILLIERS.

1ʳᵉ section : Chef d'escadron Cavalier.

17ᵉ batterie du 4ᵉ régiment (à balles) : Capitaine Perrault.
17ᵉ batterie du 11ᵉ régiment (à balles) : Capitaine Trémoulet.

2ᵉ section : Chef d'escadron Warnesson.

8ᵉ batterie mixte[1] du 3ᵉ régiment (12) : Capitaine Moriau.
17ᵉ batterie du 3ᵉ régiment (12) : N.

3ᵉ section : Chef d'escadron Villate.

13ᵉ batterie mixte du 18ᵉ régiment (4 à cheval) : N.
13ᵉ batterie mixte du 19ᵉ régiment (4 à cheval) : N.

Total : 32 pièces.

PARC

Directeur : Lieutenant-colonel Astruc[2].

Détachement à pied de la 2ᵉ batterie *bis* du 14ᵉ régiment.

---

1. Attelée par le train d'artillerie et servie par l'artillerie.
2. Passé ensuite au 16ᵉ corps. Les batteries de la 3ᵉ section sont à 4 pièces.

Détachement de la 2ᵉ compagnie d'ouvriers.

5ᵉ compagnie *bis* et 14ᵉ compagnie *bis* du 1ᵉʳ régiment du train d'artillerie.

RÉSERVE DU GÉNIE

2ᵉ section de la 16ᵉ compagnie de sapeurs du 3ᵉ régiment : Capitaine Sancery.

Total pour le 14ᵉ corps : 37 bataillons, 68 pièces.

2 compagnies du génie. (Aucune cavalerie ne fut affectée à ce corps d'armée.)

ANNEXE 6.

GARDE NATIONALE MOBILE

Bataillons de la Seine.

1ᵉʳ bataillon, commandant Saillard, puis Orse ; 2ᵉ bataillon, Guidonet ; 3ᵉ bataillon, de Saint-Geniès, puis du Gratoux ; 4ᵉ bataillon, Borot ; 5ᵉ bataillon, Delcros ; 6ᵉ bataillon, Heintzler ; 7ᵉ bataillon, de Vernou de Bonneuil ; 8ᵉ bataillon, Léger ; 9ᵉ bataillon, Thierry ; 10ᵉ bataillon, Jenny ; 11ᵉ bataillon, Carrier-Vicaire ; 12ᵉ bataillon, Baroche, puis Huot de Neuvier ; 13ᵉ bataillon, d'Aigrevaux ; 14ᵉ bataillon, Jacob ; 15ᵉ bataillon, Prade ; 16ᵉ bataillon, Roger ; 17ᵉ bataillon, N. ; 18ᵉ bataillon, Delaître.

Bataillons des départements.

Ain : 2ᵉ bataillon, de la Servette ; 3ᵉ bataillon, de Kergolaëc ; 4ᵉ bataillon, de la Chapelle. — *Aisne* : 1ᵉʳ bataillon, de Puységur. — *Aube* : 1ᵉʳ bataillon, Mutel ; 2ᵉ bataillon, de Dampierre, puis Bouge ; 3ᵉ bataillon, Doé. — *Côtes-du-Nord* : 1ᵉʳ bataillon, Sabatier ; 2ᵉ bataillon, de Saint-Gouan ; 3ᵉ bataillon, Pasquiou ; 4ᵉ bataillon, de Saisy ; 5ᵉ bataillon, de Bourgogne. — *Côte-d'Or* : 1ᵉʳ bataillon, de Charandon ; 2ᵉ bataillon, Durolt ; 3ᵉ bataillon, Cruceret ; 4ᵉ bataillon, Paquet. — *Drôme* : 2ᵉ bataillon, d'Hagerne. — *Finistère* : 1ᵉʳ bataillon, Morhain ; 2ᵉ bataillon, de Liraudais ; 3ᵉ bataillon, de Legge ; 4ᵉ bataillon, de Réals ; 5ᵉ bataillon, de Lalande. — *Hérault* : 1ᵉʳ bataillon, de Fonclars ; 2ᵉ bataillon, Vincent ; 3ᵉ bataillon, Chavès. — *Ille-et-Vilaine* : 1ᵉʳ bataillon, Dezerseul ; 2ᵉ bataillon, Legonidec ; 3ᵉ bataillon, Plaine-Lépine ; 4ᵉ bataillon, Le Mintier de Saint-André ; 5ᵉ bataillon, Lessard. — *Indre* : 1ᵉʳ bataillon, Lejeune. — *Loire-Inférieure* : 3ᵉ bataillon, Josseaume ; 4ᵉ bataillon, de Lareinty ; 5ᵉ bataillon, du Pellan. — *Loiret* : 2ᵉ bataillon, de Franchessin ; 3ᵉ bataillon, Bigot de la Thouanne ; 4ᵉ bataillon, de Morogue ; 5ᵉ bataillon, de Moufle. — *Marne* : 1ᵉʳ bataillon, Dagonet. — *Morbihan* : 1ᵉʳ bataillon, Dauvergne ; 2ᵉ bataillon, Duriet ; 3ᵉ bataillon, Patissier. — *Puy-de-Dôme* :

1ᵉʳ bataillon, de la Fosse. — *Saône-et-Loire :* 1ᵉʳ bataillon, de Montmorillon; 2ᵉ bataillon, de Raffin; 5ᵉ bataillon, de Castellane-Norante. — *Seine-et-Marne :* 1ᵉʳ bataillon, de Piolenc; 2ᵉ bataillon, N.; 3ᵉ bataillon, N.; 4ᵉ bataillon, N. — *Seine-et-Oise :* 1ᵉʳ bataillon, Rolland; 2ᵉ bataillon, Fouju; 3ᵉ bataillon, Blot; 4ᵉ bataillon, Lacoste; 5ᵉ bataillon, d'Aucourt; 6ᵉ bataillon, d'Aguerre. — *Seine-Inférieure :* 1ᵉʳ bataillon, Chrétien; 3ᵉ bataillon, Besson; 4ᵉ bataillon, Ribaudeau; 5ᵉ bataillon, Journault. — *Somme :* 1ᵉʳ bataillon, Frère: 2ᵉ bataillon, de Rainneville; 3ᵉ bataillon, Duhan; 5ᵉ bataillon, de Saint-Aubanet; 6ᵉ bataillon, Mouronval. — *Tarn :* 1ᵉʳ bataillon, de la Fageole; 2ᵉ bataillon, Foucault; 3ᵉ bataillon, de Pelouan. — *Vendée :* 1ᵉʳ bataillon, Lemercier; 2ᵉ bataillon, Chapot; 3ᵉ bataillon, de la Boutetière, puis Béjarry; 4ᵉ bataillon, de Guinebault. — *Vienne :* 1ᵉʳ bataillon, Salvy; 2ᵉ bataillon, de Beaumont; 3ᵉ bataillon, Saint-Jalles. — *Yonne :* 1ᵉʳ bataillon, N.

Batteries.

Drôme : 1 batterie (Trouillier). — *Loire-Inférieure :* 2 batteries (Mesnard). — *Pas-de-Calais :* 1 batterie (Garnier). — *Rhône :* 1 batterie et 2 compagnies de pontonniers (Delocre). — *Seine :* 6 batteries (Hellot). — *Seine-et-Oise :* 3 batteries (d'Armonville).

J. Richard, tome II, p. 12 et 15, ne mentionne pas les mobiles de Seine-et-Marne, dont 4 bataillons assistèrent pourtant au siège.

L'ensemble de la garde mobile comptait encore 102,000 hommes à l'armistice (Vinoy, p. 119).

ANNEXE 7.

CAVALERIE

DIVISION DE CAVALERIE

Général de division DE CHAMPÉRON.
Chef d'état-major : Chef d'escadron Le Gentil de Rosmorduc.
Sous-intendant : N.
Prévôt : Lieutenant Riffaut.

1re Brigade.

Général de brigade MOUCHETON DE GERBROIS (du cadre de réserve).

13e régiment de dragons (escadrons des 1er, 3e, 9e, 10e dragons) : Colonel Lothe.

14e régiment de dragons (escadrons des 2e, 4e, 5e, 8e dragons) : Colonel Bonaparte.

Total : 8 escadrons.

2e Brigade.

Général de brigade COUSIN.

Escadron de spahis (3 pelotons détachés des 3 régiments) : Capitaine de Balincourt.

1er régiment de chasseurs à cheval : Colonel Gérard.

9e régiment de chasseurs à cheval : Colonel Charreyron.

Total : 9 escadrons.

Total pour la division : 17 escadrons.

BRIGADE DE CAVALERIE

Général de brigade DE PIERRES DE BERNIS.

1er régiment de marche de lanciers (escadrons des 1er et 8e lanciers) : Colonel de Berthois (retraité).

2e régiment de marche de cuirassiers (escadrons du 1er cuirassiers, des cent-gardes, des carabiniers et cuirassiers de la garde) : Lieutenant-colonel Mariani.

Régiment de marche mixte (1 escadron de chacun des régiments de ligne et de légère de la garde) : N.

Total : 12 escadrons.

GENDARMERIE

1er régiment provisoire de gendarmerie à cheval (8 escadrons) : Colonel Martenot-Chadelas de Cordoux, puis Allavène.

2e régiment provisoire de gendarmerie à cheval : Colonel Bouthier, puis lieutenant-colonel Blondel.

Régiment provisoire de gendarmerie à pied (3 bataillons à 6 compagnies, à dater du 1er octobre) : Colonel Dupré.

La garde de Paris (cavalerie et infanterie), le régiment des sapeurs-pompiers, les 5 bataillons de douaniers et ceux de forestiers ne prirent point de part aux opérations actives. Les gardiens de la paix, formés en bataillons, furent, au contraire, utilisés en dehors de l'enceinte[1].

---

1. J. Richard, tome II, *passim*; Ducrot, tome Ier, p. 82 et 83. Les 13e et 14e dragons portèrent d'abord le nom de 1er et 2e régiments de marche de dragons.

ANNEXE 8.

MARINE

FLOTTILLE DE LA SEINE

Commandant en chef : Capitaine de vaisseau THOMASSET.
Commandant en second : Capitaine de frégate Goux.
Chef d'état-major : Capitaine de frégate Rieunier.
Le yacht *Puebla :* Lieutenant de vaisseau Conneau.
Batteries flottantes 1, 2, 3, 4, 5, armées chacune de 2 pièces de 14° rayé : Lieutenants de vaisseau Rocomaure, de Rosamel, Chopart, Pougin de la Maisonneuve, Manescau.

L'*Estoc,* canonnière, 1 pièce de 16° rayé et 1 pièce de 4 rayé de montagne : Lieutenant de vaisseau d'Ainezy de Montpézat.

Canonnière Farcy, 1 pièce de 24 rayé : Lieutenant de vaisseau Farcy.

Canonnières Caronade, Escopette, Baïonnette, Claymore, Pierrier, Rapière, Sabre (1 pièce de 16° rayé et une pièce de 4 rayé de montagne) : Lieutenants de vaisseau Farcy, Pouvreau, Forestier, Auger-Dufresse, De la Tour du Pin, Scias, Petit.

Chaloupes-vedettes 1, 3, 5 (1 pièce de 12 rayé) : Lieutenant de vaisseau Chauvin.

Chaloupes-vedettes 2, 4, 6 (1 pièce de 12 rayé) : Lieutenant de vaisseau Weyl.

TROUPES

Marins (fusiliers et canonniers).

2ᵉ bataillon (Cherbourg) : Capitaine de frégate Salmon ;
3ᵉ bataillon (Brest) : Capitaine de frégate de Bray ;
4ᵉ bataillon (Rochefort) : Capitaine de frégate Massion ;
5ᵉ bataillon (Toulon) : Capitaine de frégate Valessie ;
6ᵉ bataillon (Brest) : Capitaine de frégate Ollivier ;
7ᵉ bataillon (Rochefort) : Capitaine de frégate Lefort (R. A.) ;
8ᵉ bataillon (Brest) : Capitaine de frégate Lagrange ;
9ᵉ bataillon (Lorient) : Capitaine de frégate Fournier (A. M.) ;

10ᵉ bataillon (Cherbourg) : Capitaine de frégate Desprez ;
11ᵉ bataillon (provenant du *Louis XIV*) : Capitaine de vaisseau Krantz ;
12ᵉ bataillon (Toulon) : Capitaine de frégate d'André ;
13ᵉ bataillon (Brest) : Capitaine de frégate Lamotte-Tenet.

Le 1ᵉʳ bataillon comprenait les marins détachés dans des postes spéciaux.

INFANTERIE DE MARINE

1ᵉʳ bataillon de marche (1ᵉʳ régiment) : Chef de bataillon Vesque.
2ᵉ bataillon de marche (2ᵉ régiment) : Chef de bataillon Darré.
3ᵉ bataillon de marche (3ᵉ régiment) : Chef de bataillon Bargone.
4ᵉ bataillon de marche (4ᵉ régiment) : Chef de bataillon Boussigon.

ARTILLERIE DE MARINE

16 batteries, dont 4 batteries *bis*.

Total des troupes de la marine : 13,941 hommes, dont 1,861 pour l'artillerie de marine et 514 pour la flottille [1].

---

[1]. J. Richard, p. 32. Le général Ducrot, tome Iᵉʳ, p. 156, donne pour la flottille l'effectif de 22 officiers et 540 hommes.

ANNEXE 9.

CORPS FRANCS

Ayant passé la revue d'effectif prescrite par le décret du 11 octobre.

INFANTERIE

Volontaires de la Seine (3ᵉ et 4ᵉ bataillons du 1ᵉʳ régiment d'éclaireurs) : Commandant Lafon, 40 officiers, 850 hommes.

Légion des volontaires de la France (4 compagnies) : Cailloué, 17 officiers, 259 hommes.

Francs-tireurs de la Presse (1 bataillon) : G. Aymard, Roland, 19 officiers, 320 hommes.

Francs-tireurs des Ternes (4 compagnies) : De Vertus, 17 officiers, 396 hommes.

Francs-tireurs de la Ville de Paris (2ᵉ bataillon et dépôt) : Chaboud-Mollard.

Francs-tireurs de l'Aisne (2ᵉ compagnie) : Dollé, Bouard, 2 officiers, 65 hommes.

Francs-tireurs des Lilas : Thomas-Anquetil, 3 officiers, 57 hommes.

Francs-tireurs de la Seine : Roudier, 11 officiers, 200 hommes[1].

Francs-tireurs sédentaires : Deschamps, 2 officiers, 28 hommes.

Francs-tireurs de la Gironde : Cavasso, 3 officiers, 74 hommes.

Tirailleurs parisiens : Lavigne, 4 officiers, 155 hommes.

Tirailleurs de la Seine : Dumas, 4 officiers, 104 hommes.

Tirailleurs-éclaireurs parisiens : Féry d'Esclands, 3 officiers, 64 hommes.

Légion des Amis de la France : Van der Meer, 18 officiers, 236 hommes.

Corps civique des carabiniers parisiens (2 compagnies) : Perrelli, 11 officiers, 132 hommes.

Chasseurs de Neuilly (2 compagnies) : De Jouvencel, Didion, 8 officiers, 246 hommes.

---

1. Dissous le 19 septembre et réorganisé en province sous le nom de Guérilla française. Suivant Ducrot, tome II, p. 370, le 2ᵉ bataillon de francs-tireurs de Paris fut licencié, le 25 octobre, pour indiscipline : Commandant Chaboud-Mollard, 26 officiers, 490 hommes.

Éclaireurs de la garde nationale (2 bataillons) : de Joinville, 37 officiers, 1,068 hommes.

Volontaires de la Défense nationale : Paira, 4 officiers, 109 hommes.

Guérilla de l'Ile-de-France (4 compagnies) : Péri (André), 14 officiers, 250 hommes.

Bataillon des mobiles de 1848 (6 compagnies) : Perron, 12 officiers, 270 hommes.

Éclaireurs de la garde nationale de la Seine (2⁰ arrondissement) : Cadiot, Valet, 4 officiers, 62 hommes.

Les corps suivants furent reconnus, bien que n'ayant pas passé la revue d'effectif.

Tirailleurs de Saint-Hubert : Thomas, 5 officiers, 129 hommes.

Corps des agents et gardes forestiers : Carraud, 55 officiers (2 bataillons).

Corps francs de la Compagnie de l'Est (pompiers armés) : Guebhard, Martin, de Sappel : 90 officiers, 2,300 hommes.

Francs-tireurs de Saint-Germain : De Richemond de Richardson.

Sauveteurs de la Seine : Lézeret de la Maurinie, 700 hommes.

Corps franc de Rouen : Desseaux.

Corps franc de Saint-Denis et Neuilly (2 compagnies) : Blanchard et Sageret, 7 officiers, 200 hommes.

Compagnie des gardes forestiers de la Couronne : De Castelbajac, de la Panouze, 33 officiers, 322 hommes[1].

Carabiniers du 11⁰ arrondissement : Othon, Vithmann, 2 officiers, 66 hommes.

Éclaireurs de la Seine : De Poulizac.

CAVALERIE

Éclaireurs à cheval de la Seine : Franchetti, puis Benoît-Champy, puis Faverot de Kerbrech, 9 officiers, 146 hommes.

Escadron de la légion des volontaires de la France : G. Fould, Thierrard, 4 officiers, 83 hommes.

---

[1]. Le général Ducrot (tome I⁰ʳ, p. 110) cite, en outre, la légion bretonne, les francs-tireurs alsaciens, les corps francs de Seine-et-Marne, du Haut-Rhin et des Vosges qui firent partie des armées de province (Voir *Campagne de la Loire* et *Campagne de l'Est*, Annexes).

M. le capitaine Dumas, *la Guerre sur les communications allemandes*, p. 314, auquel nous empruntons une partie de ces détails, note encore les Enfants perdus de Paris, Les 40 gentilshommes de Paris, comme ayant été organisés dans la Seine. Mais ces corps francs passèrent en province.

Escadron des Volontaires de la Seine, 1er régiment d'éclaireurs : De Pindray, 220 hommes.

Cavaliers de la République : Dardelle, 16 officiers, 296 hommes.

ARTILLERIE

1re compagnie de canonniers auxiliaires (bastions du 1er secteur) : Langereau, 6 officiers, 300 hommes.

1re compagnie *bis* de canonniers auxiliaires (bastions du 1er secteur) : Carrus, 6 officiers, 279 hommes.

2e compagnie de canonniers auxiliaires (bastions du 2^e secteur) : Maurice, 6 officiers, 237 hommes.

2^e compagnie *bis* de canonniers auxiliaires (bastions du 2^e secteur) : Coguet, 6 officiers, 278 hommes.

2^e compagnie *ter* de canonniers auxiliaires (bastions du 2^e secteur) : Wendling, 3 officiers, 160 hommes.

Compagnie de canonniers volontaires du bastion 12 : Rouart, 4 officiers, 140 hommes.

7^e compagnie de canonniers auxiliaires (7^e secteur) : Lesne, 6 officiers, 300 hommes.

8^e compagnie de canonniers auxiliaires (8^e secteur) : Forgeois, 6 officiers, 300 hommes.

9^e compagnie de canonniers auxiliaires (9^e secteur) : Mathieu, 6 officiers, 297 hommes.

1re compagnie de la 4^e batterie (?) : Dujardin, 6 officiers, 294 hommes.

2^e compagnie de la 4^e batterie (?) : Roy, 6 officiers, 295 hommes.

3^e compagnie de la 4^e batterie (?) : Tussaud, 3 officiers, 203 hommes.

3^e compagnie *bis* de la 4^e batterie (?) : D fresnoy, 3 officiers, 221 hommes.

5^e compagnie du bastion 50 : Roger, 6 officiers, 251 hommes.

5^e compagnie *bis* du bastion 50 : Terriou, 6 officiers, 256 hommes.

6e batterie de canonniers auxiliaires (bastion 57) : Poisson.

Canonniers volontaires (gardiens de la paix, 2 compagnies), 2e et 4e secteurs : Cadiat, 18 officiers, 237 hommes.

Canonniers volontaires (6e secteur) : Archer, 3 officiers, 188 hommes.

Canonniers de l'École polytechnique (bastion 87) : Manheim, 4 officiers, 70 hommes.

Corps d'artillerie des mitrailleuses : Pothier, 22 officiers, 399

ANNEXES. 353

hommes. (Connu d'abord sous le nom de « Corps franc d'artillerie » ; à la fin du siège, il formait 8 batteries à pied, 1 parc d'artillerie, 1 batterie de parc monté.)

Compagnie de canonniers volontaires dynamiteurs (autorisée le 15 janvier 1871) : Brüll, 2 officiers, 84 hommes.

Ouvriers auxiliaires d'artillerie (affectés en partie au service des ponts) : Ingénieur en chef Krantz.

GÉNIE

Corps auxiliaire du génie (6 compagnies d'ouvriers, 6 compagnies de sapeurs) : Ingénieur en chef Alphand.

Corps du génie volontaire dit « Bataillon auxiliaire du génie » : Flachat, 40 officiers, 236 hommes.

22 bataillons auxiliaires du génie créés le 6 octobre (bataillons non armés de la garde nationale).

Bataillon de mineurs auxiliaires du génie : Jacquot, 44 officiers.

Ouvriers auxiliaires du génie : Ingénieur en chef Ducros[1].

L'effectif des rationnaires et, *a fortiori*, des combattants de l'armée de Paris ne peut être précisé. D'après le général Ducrot, tome Ier, p. 456, en octobre on compta environ 278,000 rationnaires, dont 113,000 gardes mobiles. Vers la fin de novembre, il y en eut 298,000, y compris plusieurs bataillons de garde nationale mobilisée. En décembre, l'effectif total dépassa 310,000 hommes, en y comprenant 82 bataillons de mobilisés envoyés sous Paris.

---

1. Le corps auxiliaire du génie prit, le 7 novembre, le nom de Légion du génie auxiliaire de la garde nationale; il comprit 2 bataillons, 16 compagnies de guerre. Celles-ci sortirent de Paris à la fin de novembre, avec un effectif de 1,543 hommes. Elles rentrèrent le 24 janvier avec 965 hommes. Des 578 manquants, plus de moitié étaient morts ou malades; 280 tués, blessés ou pris (*Historique du corps*).

Les Ouvriers auxiliaires du génie devinrent le Corps d'ouvriers auxiliaires de la 2e armée, 2,000 hommes environ (Ducrot, tome Ier, 110 à 128).

Voir, pour ces corps francs, A. Martinien, *Corps auxiliaires créés pendant la guerre 1870-1871*.

ANNEXE 10.

ORDRE DE BATAILLE DE LA III° ARMÉE

(30 novembre 1870.)

Commandant en chef : Général Feldmarschall PRINCE ROYAL DE PRUSSE.
    Chef d'état-major : Général-lieutenant v. BLUMENTHAL.
    Quartier-maître général : Colonel v. Gottberg.
    Commandant l'artillerie : Général-lieutenant Herkt.
    Commandant le génie et les pionniers : Général-major Schulz.
    Intendant d'armée : Conseiller secret Barretzki.
    Médecin général d'armée : Médecin général Dr Böger.
    Commandant le quartier général : Major v. Winterfeld.
    Commandant la gendarmerie de campagne : Lieutenant-colonel v. Hymmen.

INSPECTION GÉNÉRALE D'ÉTAPES

Général inspecteur : Général-lieutenant v. GOTSCH.
Chef d'état-major : Major baron v. der Goltz.
Officier d'artillerie : Lieutenant-colonel Erdmann.
Officier du génie : Major Bachfeld.
Intendant : Conseiller d'intendance Schumann.
Commandant la gendarmerie de campagne : Major Haack.

INSPECTION GÉNÉRALE BAVAROISE DES ÉTAPES

Général inspecteur : Général-major v. MAYER.
Officier d'état-major : Lieutenant-colonel comte v. Verri della Bosia.
    Commandant l'artillerie : Major baron v. Harsdorf.
    Commandant le génie : Major Kleemann.
    Commissaire supérieur de guerre Backert.
    Commandant la gendarmerie de campagne : Capitaine Heiss.

IIe CORPS D'ARMÉE

Général d'infanterie v. Fransecky.
Chef d'état-major : Colonel v. Wichmann.
Commandant l'artillerie : Général-major v. Kleist.
Commandant le génie et les pionniers : Major Sandkuhl.

3e DIVISION D'INFANTERIE

Général-major v. Hartmann.
Officier d'état-major : Major Stockmar.

5e Brigade d'infanterie.

Général-major v. Koblinski.
2e régiment de grenadiers Roi Frédéric-Guillaume IV (1er poméranien) : Colonel v. Ziemitzky.
42e régiment d'infanterie (5e poméranien) : Colonel v. dem Knesebeck.
Total : 6 bataillons.

6e Brigade d'infanterie.

Colonel v. der Decken, puis colonel v. Wedell.
14e régiment d'infanterie (3e poméranien) : Colonel v. Voss, puis major v. Schorlemmer.
54e régiment d'infanterie (7e poméranien) : Lieutenant-colonel v. Rechenberg.
Total : 6 bataillons.

2e bataillon de chasseurs poméranien : Major v. Netzer, puis capitaine Schulz.
3e régiment de dragons du Neumark : Colonel baron v. Willisen, puis major v. Wedell.
1re Abtheilung à pied du 2e régiment d'artillerie de campagne (poméranien) : Major baron v. Eynatten (4 batteries).
1re compagnie des pionniers de campagne, avec équipage de ponts léger : Major v. Wissmann.
Détachement sanitaire n° 1.

Total pour la division : 13 bataillons, 4 escadrons, 24 pièces, 1 compagnie de pionniers.

4ᵉ DIVISION D'INFANTERIE

Général-lieutenant Hann v. Weyhern.
Officier d'état-major : Capitaine Boie.

7ᵉ Brigade d'infanterie.

Général-major du Trossel.

9ᵉ régiment de grenadiers de Colberg (2ᵉ poméranien) : Colonel v. Ferentheil u. Gruppenberg.

49ᵉ régiment d'infanterie (6ᵉ poméranien) : Lieutenant-colonel Laurin.

Total : 6 bataillons.

8ᵉ Brigade d'infanterie.

Général-major v. Kettler.

21ᵉ régiment d'infanterie (4ᵉ poméranien) : Lieutenant-colonel v. Lobenthal.

61ᵉ régiment d'infanterie (8ᵉ poméranien) : Colonel v. Wedell, puis lieutenant-colonel Weyrach.

Total : 6 bataillons.

11ᵉ régiment de dragons (poméranien) : Lieutenant-colonel v. Guretzky-Cornitz.

3ᵉ Abtheilung à pied du 2ᵉ régiment d'artillerie de campagne (poméranien) : Lieutenant-colonel Bauer (4 batteries).

2ᵉ compagnie de pionniers de campagne, avec colonne d'outils : Capitaine Grethen.

3ᵉ compagnie de pionniers de campagne : Capitaine Balcke.

Détachement sanitaire n° 2.

Total pour la division : 13 bataillons, 4 escadrons, 24 pièces, 2 compagnies de pionniers.

ARTILLERIE DE CORPS

Colonel Petzel.

Abtheilung à cheval du 2ᵉ régiment d'artillerie de campagne (poméranien) : Lieutenant-colonel Maschke (2 batteries).

2ᵉ Abtheilung à pied du 2ᵉ régiment d'artillerie de campagne (poméranien) : Major Hübner (4 batteries).

Détachement sanitaire n° 3.

Total : 36 pièces.

ANNEXES. 357

Abtheilung de colonnes du 2ᵉ régiment d'artillerie de campagne (poméranien) : Major Leo (5 colonnes de munitions d'artillerie, 4 colonnes de munitions d'infanterie, colonne de ponts).

2ᵉ bataillon du train (poméranien) : Colonel Schmelzer.

Total pour le corps d'armée : 25 bataillons, 8 escadrons, 84 pièces, 3 compagnies de pionniers.

Vᵉ CORPS D'ARMÉE

Général de brigade v. KIRCHBACH.
Chef d'état-major : Colonel v. DER ESCH.
Commandant l'artillerie : Colonel Gaede.
Commandant le génie et les pionniers : Capitaine May.

9ᵉ DIVISION D'INFANTERIE

Général-major v. SANDRART.
Officier d'état-major : Major Jacobi.

17ᵉ Brigade d'infanterie.

Colonel v. BOTHMER.
58ᵉ régiment d'infanterie (3ᵉ poméranien) : Colonel v. REX.
59ᵉ régiment d'infanterie (4ᵉ poméranien) : Colonel Eyl.

Total : 6 bataillons.

18ᵉ Brigade d'infanterie.

Général-major v. VOIGTS-RHETZ.
7ᵉ régiment de grenadiers du Roi (2ᵉ de la Prusse occidentale) : Colonel v. Köthen.
47ᵉ régiment d'infanterie (2ᵉ de la Basse-Silésie) : Colonel v. Flottow.

Total : 6 bataillons.

5ᵉ bataillon de chasseurs (1ᵉʳ silésien) : Major Bœdicker.
4ᵉ régiment de dragons (1ᵉʳ silésien) : Lieutenant-colonel v. Schenck.

1ʳᵉ Abtheilung à pied du 5ᵉ régiment d'artillerie de campagne (Basse-Silésie) : Major Ripping, puis major Schmidt (4 batteries).

1ʳᵉ compagnie de pionniers de campagne, avec équipage de ponts léger : Capitaine Scheibert, puis premier lieutenant v. Schnchen.

Détachement sanitaire n° 1.

> Total pour la division : 13 bataillons, 4 escadrons, 24 pièces, 1 compagnie de pionniers.

10ᵉ DIVISION D'INFANTERIE

Général-lieutenant v. SCHMIDT.

Officier d'état-major : Capitaine v. Struensee.

19ᵉ Brigade d'infanterie.

Colonel v. HENNING AUF SCHÖNHOFF.

6ᵉ régiment de grenadiers (1ʳᵉ de la Prusse occidentale) : Colonel Flöckher, puis lieutenant-colonel v. Webern.

46ᵉ régiment d'infanterie (1ᵉʳ de la Basse-Silésie) : Colonel v. Ehrhardt.

Total : 6 bataillons.

20ᵉ Brigade d'infanterie.

Général-major WALTHER V. MONBARY, puis colonel FLÖCKHER.

37ᵉ régiment de fusiliers (Westphalie) : Colonel v. Heinemann.

50ᵉ régiment d'infanterie (3ᵉ de la Basse-Silésie) : Colonel Michelmann.

Total : 6 bataillons.

14ᵉ régiment de dragons (Kurmark) : Colonel v. Schön.

3ᵉ Abtheilung du 5ᵉ régiment d'artillerie de campagne (Basse-Silésie) : Lieutenant-colonel Rœhl (4 batteries).

2ᵉ compagnie de pionniers de campagne, avec colonne d'outils : Capitaine Hummel.

3ᵉ compagnie de pionniers de campagne : Capitaine Güntzel.

Détachement sanitaire n° 2.

> Total pour la division : 12 bataillons, 4 escadrons, 24 pièces, 2 compagnies de pionniers.

ARTILLERIE DE CORPS

Lieutenant-colonel Köhler.

Abtheilung à cheval du 5ᵉ régiment d'artillerie de campagne (Basse-Silésie) : Major Pilgrim (2 batteries).

2ᵉ Abtheilung à pied du 5ᵉ régiment d'artillerie de campagne (Basse-Silésie) : Lieutenant-colonel v. Borries (4 batteries).

Détachement sanitaire n° 3.

Total : 36 pièces.

Abtheilung de colonnes du 5ᵉ régiment d'artillerie de campagne (Basse-Silésie) : Major Reiche (5 colonnes de munitions d'artillerie, 4 colonnes de munitions d'infanterie, colonne de ponts).

5ᵉ bataillon du train (Basse-Silésie) : Major Herwarth v. Bittenfeld.

Total pour le corps d'armée : 25 bataillons, 8 escadrons, 84 pièces, 3 compagnies de pionniers.

VIᵉ CORPS D'ARMEE

Général de cavalerie v. TÜMPLING.

Chef d'état-major : Colonel v. SALVIATI.
Commandant l'artillerie : Colonel v. RAMM.
Commandant le génie et les pionniers : Capitaine Guhl.

11ᵉ DIVISION D'INFANTERIE

Général-lieutenant v. GORDON.

Officier d'état-major : Major v. Schkopp.

21ᵉ Brigade d'infanterie.

Général-major v. MALACHOWSKI.

10ᵉ régiment de grenadiers (1ᵉʳ de Silésie) : Colonel v. Weller, puis lieutenant-colonel Baumeister.

18ᵉ régiment d'infanterie (1ᵉʳ de Posen) : Colonel baron v. Bock.

Total : 6 bataillons.

22ᵉ Brigade d'infanterie.

Général-major v. Eckartsberg.

38ᵉ régiment de fusiliers (Silésie) : Colonel v. Schmeling.

51ᵉ régiment d'infanterie (Basse-Silésie) : Colonel Knipping.

Total : 6 bataillons.

6ᵉ bataillons de chasseurs (2ᵉ de Silésie) : Major v. Walther.

8ᵉ régiment de dragons (2ᵉ de Silésie) : Lieutenant-colonel v. Winterfeld.

1ʳᵉ Abtheilung à pied du 6ᵉ régiment d'artillerie de campagne (Silésie) : Major v. Lilienhoff-Zwowitzki (4 batteries).

1ʳᵉ compagnie de pionniers de campagne avec équipage de pont léger : Capitaine Klescker.

2ᵉ compagnie de pionniers de campagne avec colonne d'outils : Capitaine Guhl, puis 1ᵉʳ lieutenant v. Nowag-Seeling.

Détachement sanitaire n° 2.

Total pour la division : 13 bataillons, 4 escadrons, 24 pièces, 2 compagnies de pionniers.

12ᵉ DIVISION D'INFANTERIE

Général-lieutenant v. Hoffmann.

Officier d'état-major : Major Kessler.

23ᵉ Brigade d'infanterie.

Colonel Gündell.

22ᵉ régiment d'infanterie (1ᵉʳ de la Haute-Silésie) : Colonel v. Quistorp.

62ᵉ régiment d'infanterie (3ᵉ de la Haute-Silésie) : Colonel v. Bessel.

Total : 6 bataillons.

24ᵉ Brigade d'infanterie.

Général-major v. Fabeck.

23ᵉ régiment d'infanterie (2ᵉ de la Haute-Silésie) : Colonel v. Briesen.

63ᵉ régiment d'infanterie (4ᵉ de la Haute-Silésie) : Colonel v. Thielau.

Total : 6 bataillons.

ANNEXES. 361

15ᵉ régiment de dragons (3ᵉ de Silésie) : Colonel v. Busse.
3ᵉ Abtheilung à pied du 6ᵉ régiment d'artillerie de campagne (Silésie) [4 batteries] : Major Bloch v. Blottnitz.
3ᵉ compagnie de pionniers de campagne : Capitaine Glum.
Détachement sanitaire n° 1.

> Total pour la division : 12 bataillons, 4 escadrons, 24 pièces, 1 compagnie de pionniers.

ARTILLERIE DE CORPS

Colonel Arnold.
Abtheilung à cheval du 6ᵉ régiment d'artillerie de campagne (Silésie) [2 batteries] : Major v. Garczynski.
2ᵉ Abtheilung à pied du 6ᵉ régiment d'artillerie de campagne (Silésie) [4 batteries] : Lieutenant-colonel Müller.
Détachement sanitaire n° 3.

> Total : 36 pièces.

Abtheilung de colonnes du 6ᵉ régiment d'artillerie de campagne (Silésie) : Capitaine Tomitius (5 colonnes de munitions d'artillerie, 4 colonnes de munitions d'infanterie).
6ᵉ bataillon du train (Silésie) : Lieutenant-colonel Arent.

> Total pour le corps d'armée : 25 bataillons, 8 escadrons, 84 pièces, 3 compagnies de pionniers.

XIᵉ CORPS D'ARMÉE[1]

Général-lieutenant v. BOSE, puis général-lieutenant v. SCHACHT-MEYER.
Chef d'état-major : Général-major Stein v. Kaminski.
Commandant l'artillerie : Général-major Hausmann.
Commandant l'artillerie et les pionniers : Major Crüger.

21ᵉ DIVISION D'INFANTERIE

Général-lieutenant Schachtmeyer, puis général-major v. Schkopp.
Officier d'état-major : Major v. Gottberg.

---

[1]. La 22ᵉ division d'infanterie fut détachée en octobre à l'Armee-Abtheilung du grand-duc de Mecklembourg, et le XIᵉ corps resta formé à une division.

41ᵉ Brigade d'infanterie.

Colonel v. Koblinski, puis colonel v. Förster.

80ᵉ régiment de fusiliers (Hesse) : Colonel v. Colomb, puis lieutenant-colonel v. Œtinger.

87ᵉ régiment d'infanterie (1ᵉʳ de Nassau) : Colonel Grolman, puis major Schulz.

Total : 6 bataillons.

42ᵉ Brigade d'infanterie.

Général-major v. Thile.

82ᵉ régiment d'infanterie (2ᵉ de la Hesse) : Colonel v. Grawert.

88ᵉ régiment d'infanterie (2ᵉ de Nassau) : Lieutenant-colonel Preuss.

Total : 6 bataillons.

11ᵉ bataillon de chasseurs (Hesse) : Major v. Johnston.

14ᵉ régiment de hussards (2ᵉ de la Hesse) : Colonel v. Bernuth.

1ʳᵉ Abtheilung à pied du 11ᵉ régiment d'artillerie de campagne (Hesse) [4 batteries] : Major v. Laugen.

2ᵉ compagnie de pionniers de campagne, avec colonne d'outils : Capitaine Eckert.

Détachement sanitaire n° 1.

Total pour la division : 13 bataillons, 4 escadrons, 24 pièces, 1 compagnie du génie.

ARTILLERIE DE CORPS

Colonel v. Oppeln-Bronikowski, puis major Knipfer.

Abtheilung à cheval du 11ᵉ régiment d'artillerie de campagne (Hesse) [2 batteries] : Major Knipfer, puis capitaine v. Ohnesorge.

3ᵉ Abtheilung à pied du 11ᵉ régiment d'artillerie de campagne (Hesse) [2 batteries[1]] : Major Arnold.

Détachement sanitaire n° 3.

Total : 24 pièces.

Abtheilung de colonnes du 11ᵉ régiment d'artillerie de campagne

---

1. Les deux autres marchaient avec la 22ᵉ division.

(Hesse), 2 colonnes de munitions d'artillerie, 2 colonnes de munitions d'infanterie, 1 colonne de ponts : Major Trüstedt.

11ᵉ bataillon du train (Hesse) : Major v. Gerhardt.

Total pour le corps d'armée : 13 bataillons, 4 escadrons, 48 pièces, 1 compagnie de pionniers.

IIᵉ CORPS BAVAROIS

Général d'infanterie chevalier v. HARTMANN.
Chef d'état-major : Général-major baron v. HORN.
Directeur de l'artillerie de campagne : Général-major Lutz.
Directeur du génie de campagne : Lieutenant-colonel Fogt.

3ᵉ DIVISION D'INFANTERIE

Général-lieutenant chevalier v. WALTHER.

Officier d'état-major : Major Streiter.

5ᵉ Brigade d'infanterie.

Général-major v. SCHLEICH.

Officier d'état-major : Capitaine v. Staudt.

6ᵉ régiment d'infanterie Roi Guillaume de Prusse : Colonel Bösmiller.

7ᵉ régiment d'infanterie Hohenhausen : Colonel Höfler.

8ᵉ bataillon de chasseurs : Major Gebhard.

Total : 6 bataillons. (Le 7ᵉ régiment est à 2 bataillons.)

6ᵉ Brigade d'infanterie.

Général-major v. DIEHL.

Officier d'état-major : Major Girl.

14ᵉ régiment d'infanterie Hartmann : Colonel baron v. Nesselrode-Hugenpoet.

15ᵉ régiment d'infanterie Roi Jean de Saxe : Colonel baron v. Treuberg.

3ᵉ bataillon de chasseurs : Lieutenant-colonel baron v. Horn.

Total : 6 bataillons. (Le 14ᵉ régiment est à 2 bataillons.)

1ᵉʳ régiment de chevau-légers Empereur Alexandre de Russie : Colonel v. Grundherr zu Altenthann u. Weyherhaus.

Abtheilung du 4ᵉ régiment d'artillerie Roi (4 batteries) : Major Mehler.

Colonne de munitions du 4ᵉ régiment d'artillerie.

3ᵉ compagnie sanitaire.

Total pour la division : 12 bataillons, 4 escadrons, 24 pièces.

4ᵉ DIVISION D'INFANTERIE

Général-lieutenant comte v. Bothmer.

Officier d'état-major : Lieutenant-colonel Wirthmann.

7ᵉ Brigade d'infanterie.

Général-major Börries v. Witzell.
Officier d'état-major : Capitaine Kellner.

5ᵉ régiment d'infanterie Grand-duc de Hesse : Colonel v. Mühlbaur.

9ᵉ régiment d'infanterie Wrede : Colonel v. Heeg.

6ᵉ bataillon de chasseurs : Major Caries.

Total : 6 bataillons. (Le 5ᵉ régiment n'a que 2 bataillons.)

8ᵉ Brigade d'infanterie.

Colonel comte v. Leublfing, puis major Hess.
Officier d'état-major : Capitaine Orff.

3ᵉ bataillon du 1ᵉʳ régiment d'infanterie Roi : Major baron v. Dürsch.

3ᵉ bataillon du 5ᵉ régiment d'infanterie Grand-duc de Hesse : Major baron v. Feilitzsch.

1ᵉʳ bataillon du 7ᵉ régiment d'infanterie Hohenhausen : Major Curtius.

3ᵉ bataillon du 11ᵉ régiment d'infanterie v. der Tann : Major v. Gropper.

3ᵉ bataillon du 14ᵉ régiment d'infanterie Hartmann : Major Remich v. Weissenfels.

5ᵉ bataillon de chasseurs : Lieutenant-colonel baron v. Gumppenberg, puis major Hess.

Total : 6 bataillons.

10ᵉ bataillon de chasseurs : Colonel v. Heckel, puis major baron v. Wulffen.

2ᵉ régiment de chevau-légers Taxis : Lieutenant-colonel Kiliani.

Abtheilung du 4ᵉ régiment d'artillerie Roi (4 batteries) : Lieutenant-colonel baron v. Crailsheim.

Colonne de munitions du 4ᵉ régiment d'artillerie.

2ᵉ compagnie sanitaire.

Total pour la division : 13 bataillons, 4 escadrons, 24 pièces.

Brigade de uhlans.

Colonel HORADAM.

Officier d'état-major : Capitaine Belli de Pino.

1ᵉʳ régiment de uhlans, vacant Grand-duc héritier Nicolas de Russie : Comte v. Ysenburg-Philippseich.

2ᵉ régiment de uhlans Roi : Colonel baron v. Pflummern.

5ᵉ régiment de chevau-légers Prince Otto : Colonel v. Weinrich.

2ᵉ batterie à cheval du 2ᵉ régiment d'artillerie Brodesser : Capitaine baron v. Massenbach.

Total : 12 escadrons, 6 pièces.

Abtheilung de réserve d'artillerie

Colonel baron v. MÜLLER.

1ʳᵉ division : 3 batteries du 2ᵉ régiment d'artillerie Brodesser : Lieutenant-colonel Eckart[1].

2ᵉ division : 2 batteries du 2ᵉ régiment d'artillerie Brodesser, et 1 batterie de mitrailleuses (4 pièces) du 4ᵉ régiment d'artillerie Roi (à dater du 7 novembre) : Major Blanc.

3ᵉ division : 3 batteries du 2ᵉ régiment Brodesser[2] : Major Hollenbach.

Colonne de munitions du 4ᵉ régiment d'artillerie Roi.

Total : 52 pièces.

2ᵉ division du génie de campagne (3 compagnies du génie, 2 équipages de pionniers, 2 équipages de ponts, 1 équipage de télégraphes de campagne) : Major Kern.

---

[1]. Renforcée du 26 novembre au 16 décembre par la batterie de mitrailleuses à 4 pièces renvoyée du 1ᵉʳ corps bavarois.

[2]. Dont 1 batterie à dater du 17 octobre.

Colonne principale de munitions du 2ᵉ régiment d'artillerie Brod-esser : Major Redenbacher.

> Total pour le corps d'armée : 25 bataillons, 20 escadrons, 106 pièces, 3 compagnies de pionniers.

DIVISION DE LANDWEHR DE LA GARDE

Général-lieutenant baron v. LOËN.

Officier d'état-major : Capitaine Herwarth v. Bittenfeld.

1ʳᵉ Brigade de landwehr de la garde.

Colonel GIRODZ v. GAUDY.

1ᵉʳ régiment de landwehr de la garde : Colonel v. Plehwe.

2ᵉ régiment de landwehr de la garde : Lieutenant-colonel v. Münchhausen.

Total : 6 bataillons.

2ᵉ Brigade de landwehr de la garde.

Colonel v. RŒHL.

1ᵉʳ régiment de grenadiers de landwehr de la garde : Lieutenant-colonel prince zu Schönburg-Waldenburg.

2ᵉ régiment de grenadiers de landwehr de la garde : Lieutenant-colonel v. Besser.

Total : 6 bataillons.

Abtheilung combinée d'artillerie (3 batteries de réserve de la garde) : Major v. Schweizer.

1ʳᵉ compagnie de pionniers de forteresse du Xᵉ corps d'armée : Capitaine Pertz.

Colonne de ponts du Xᵉ corps d'armée avec escadron d'escorte : 1ᵉʳ lieutenant Bertram.

> Total pour la division : 12 bataillons, 18 pièces, 1 compagnie de pionniers.

> Total pour la IIIᵉ armée : 125 bataillons, 48 escadrons, 424 pièces, 14 compagnies de pionniers[1].

---

[1]. Ordre de bataille résumé d'après l'*État-major prussien*, tome III, Annexes, p. 224 à 242.

ANNEXE 11.

ORDRE DE BATAILLE DE L'ARMÉE DE LA MEUSE

(IVe ARMÉE)

Au 30 novembre 1870.

Commandant en chef : Général d'infanterie PRINCE ROYAL DE SAXE.

Chef d'état-major : Général-major baron v. SCHLOTHEIM.

Commandant le génie et les pionniers[1] *:* Lieutenant-colonel Oppermann.

Intendant d'armée : Major Schurig.

Médecin général d'armée : Médecin général Dr Schiele.

Commandant le grand quartier général : Capitaine v. Wurmb.

INSPECTION GÉNÉRALE DES ÉTAPES

Inspecteur général : Colonel v. Blücher.

CORPS DE LA GARDE

Général de cavalerie AUGUSTE, PRINCE DE WURTEMBERG.

Chef d'état-major : Général-major v. DANNENBERG.

Commandant l'artillerie : Général-major Kraft Prince zu Hohenlohe-Ingelfingen.

Commandant le génie et les pionniers : Lieutenant-colonel Bogun v. Wangenheim.

1re DIVISION D'INFANTERIE

Général-major v. PAPE.

Officier d'état-major : Capitaine v. Holleben.

---

[1]. L'État-major prussien, tome III, Annexes, p. 242, n'indique pas de commandant l'artillerie.

1ʳᵉ Brigade d'infanterie.

Général-major v. KESSEL.
1ᵉʳ régiment de la garde à pied : Lieutenant-colonel v. Oppell.
3ᵉ régiment de la garde à pied : Colonel v. Linsingen.
  Total : 6 bataillons.

2ᵉ Brigade d'infanterie.

Général-major v. MEDEM.
2ᵉ régiment de la garde à pied : Colonel comte v. Kanitz, puis major Passow.
Régiment des fusiliers de la garde : Lieutenant-colonel v. Papstein.
4ᵉ régiment de la garde à pied : Colonel v. Neumann.
  Total : 9 bataillons.

Bataillons des chasseurs de la garde : Major v. Arnim.
Régiment des hussards de la garde : Lieutenant-colonel v. Hymmen.
1ʳᵉ Abtheilung à pied du régiment d'artillerie de campagne de la garde (4 batteries) : Lieutenant-colonel v. Bychelberg.
1ʳᵉ compagnie de pionniers de campagne, avec équipage de ponts léger : Capitaine v. Bock.
Détachement sanitaire n° 1.
  Total pour la division : 16 bataillons, 4 escadrons, 24 pièces, 1 compagnie de pionniers.

2ᵉ DIVISION D'INFANTERIE

Général-lieutenant v. BUDRITZKI.
Officier d'état-major : Capitaine v. Weiher.

3ᵉ Brigade d'infanterie.

Colonel KNAPPE V. KNAPPSTADT, puis colonel comte v. KANITZ.
1ᵉʳ régiment de grenadiers de la garde Empereur Alexandre : Colonel v. Zeuner.
3ᵉ régiment de grenadiers de la garde Reine Élisabeth : Lieutenant-colonel v. Bernhardi.
  Total : 6 bataillons.

4ᵉ Brigade d'infanterie.

Général-major v. BERGER.

ANNEXES. 369

2ᵉ régiment de grenadiers de la garde Empereur François : Lieutenant-colonel v. Bœhn.

4ᵉ régiment de grenadiers de la garde Reine : Major v. Rosenberg.

Total : 6 bataillons.

Bataillon des tirailleurs de la garde : Major v. Bœltzig.

2ᵉ régiment de uhlans de la garde : Colonel Henri prince de Hesse et sur le Rhin.

3ᵉ Abtheilung à pied du régiment d'artillerie de campagne de la garde (4 batteries) : Lieutenant-colonel v. Rheinbaben.

2ᵉ compagnie de pionniers de campagne avec colonne d'outils : Capitaine v. Spankeren.

3ᵉ compagnie de pionniers de campagne : Capitaine v. Krause, puis 1ᵉʳ lieutenant v. Wittenburg.

Détachement sanitaire n° 2.

Total pour la division : 13 bataillons, 4 escadrons, 24 pièces, 2 compagnies de pionniers.

DIVISION DE CAVALERIE DE LA GARDE

Général-lieutenant comte v. DER GOLTZ.

Officier d'état-major : Major v. Saldern-Ahlimb.

1ʳᵉ Brigade.

Général-major comte v. BRANDENBURG I.

Régiment des gardes du corps : Colonel v. Krosigk.

Régiment des cuirassiers de la garde : Colonel baron v. Brandenstein.

Total : 8 escadrons.

2ᵉ Brigade.

Général-lieutenant ALBRECHT, PRINCE DE PRUSSE (fils).

1ᵉʳ régiment de uhlans de la garde : Lieutenant-colonel v. Rochow.

3ᵉ régiment de uhlans de la garde : Colonel Frédéric-Guillaume, prince zu Hohenlohe-Ingelfingen.

Total : 8 escadrons.

3ᵉ Brigade.

Général-major comte v. BRANDENBURG II.

1ᵉʳ régiment de dragons de la garde : Major v. Brozowski.

2ᵉ régiment de dragons de la garde : Major baron v. Zedlitz-Leipe.

Total : 8 escadrons.

Total pour la division : 24 escadrons.

ARTILLERIE DE CORPS

Colonel v. HELDEN-SARNOWSKI.

Abtheilung à cheval du régiment d'artillerie de campagne de la garde (3 batteries) : Major baron v. Buddenbrock.

2ᵉ Abtheilung à pied du régiment d'artillerie de campagne de la garde (4 batteries) : Major v. Krieger.

Détachement sanitaire n° 3.

Total : 42 pièces.

Abtheilung de colonnes du régiment d'artillerie de campagne de la garde : Capitaine v. Grævenitz (5 colonnes de munitions d'artillerie, 4 colonnes de munitions d'infanterie, colonne de ponts).

Bataillon du train de la garde : Major v. Schickfus.

Total pour le corps de la garde : 29 bataillons, 32 escadrons, 90 pièces, 3 compagnies de pionniers.

IVᵉ CORPS D'ARMÉE

Général d'infanterie v. ALVENSLEBEN I.

Chef d'état-major : Colonel v. THILE.

Commandant l'artillerie : Général-major v. Scherbening.

Commandant le génie et les pionniers : Lieutenant-colonel v. Elester.

7ᵉ DIVISION D'INFANTERIE

Général-lieutenant v. GROSS *dit* v. SCHWARZHOFF.

Officier d'état-major : Capitaine Bergmann.

13ᵉ Brigade d'infanterie.

Général-major v. BORRIES, puis colonel v. KROSIGK.

26ᵉ régiment d'infanterie (1ᵉʳ de Magdebourg) : Colonel v. Schmeling.

66ᵉ régiment d'infanterie (3ᵉ de Magdebourg) : Lieutenant-colonel v. Rauchhaupt.

Total : 6 bataillons.

14ᵉ Brigade d'infanterie.

Général-major v. Zychlinski.

27ᵉ régiment d'infanterie (2ᵉ de Magdebourg) : Colonel v. Pressentin.

93ᵉ régiment d'infanterie (Anhalt) : Colonel v. Krosigk, puis major v. Fuchs.

Total : 6 bataillons.

4ᵉ bataillon de chasseurs (Magdebourg) : Major baron v. Lettow-Vorbeck, puis capitaine baron v. Reibnitz.

7ᵉ régiment de dragons (Westphalie) : Lieutenant-colonel baron v. Schleinitz.

1ʳᵉ Abtheilung à pied du 4ᵉ régiment d'artillerie de campagne (4 batteries) : Lieutenant-colonel v. Freyhold.

2ᵉ compagnie de pionniers de campagne, avec colonne d'outils : Capitaine Tetzlaff.

3ᵉ compagnie de pionniers de campagne : Capitaine v. Wasserschleben.

Détachement sanitaire n° 1.

Total pour la division : 13 bataillons, 4 escadrons, 24 pièces, 2 compagnies de pionniers.

8ᵉ DIVISION D'INFANTERIE

Général-lieutenant v. Schœler.

Officier d'état-major : Capitaine v. Alten.

15ᵉ Brigade d'infanterie.

Général-major v. Kessler.

31ᵉ régiment d'infanterie (1ᵉʳ de Thuringe) : Colonel v. Bonin.

71ᵉ régiment d'infanterie (3ᵉ de Thuringe) : Lieutenant-colonel v. Klœden.

Total : 6 bataillons.

16ᵉ Brigade d'infanterie.

Colonel v. Scheffler.

86ᵉ régiment de fusiliers (Schleswig-Holstein) : Colonel v. Horn.
96ᵉ régiment d'infanterie (7ᵉ de Thuringe) : Lieutenant-colonel v. Redern.

Total : 6 bataillons.

12ᵉ régiment de hussards (Thuringe) : Lieutenant-colonel v. Suckow.
2ᵉ Abtheilung à pied du 4ᵉ régiment d'artillerie de campagne (Magdebourg) [4 batteries] : Major v. Gilsa.
1ʳᵉ compagnie de pionniers de campagne avec équipage de ponts léger : Capitaine Schulz I, puis 1ᵉʳ lieutenant Augustin.
Détachement sanitaire n° 2.

Total pour la division : 12 bataillons, 4 escadrons, 24 pièces, 1 compagnie de pionniers.

ARTILLERIE DE CORPS

Colonel Crusius.

Abtheilung à cheval du 4ᵉ régiment d'artillerie de campagne (Magdebourg) [2 batteries] : Lieutenant-colonel Forst.
3ᵉ Abtheilung à pied du 4ᵉ régiment (4 batteries) : Major Steltzer.
Détachement sanitaire n° 3.

Total : 36 pièces.

Abtheilung de colonnes du 4ᵉ régiment d'artillerie : Major Meisner (5 colonnes de munitions d'artillerie, 4 d'infanterie).
4ᵉ bataillon du train (Magdebourg) : Major v. Wyssogota-Zakrzewski.

Total pour le corps d'armée : 25 bataillons, 8 escadrons, 84 pièces, 3 compagnies de pionniers.

ANNEXES. 373

XIIᵉ CORPS D'ARMÉE (ROYAL SAXON)

Général-lieutenant GEORGES, PRINCE DE SAXE.

Chef d'état-major : Colonel v. Zezschwitz, puis lieutenant-colonel Schubert.

Commandant l'artillerie : Général-major Köhler.

Commandant le génie et les pionniers : Major Klemm.

1ʳᵉ DIVISION D'INFANTERIE (Nᵒ 23)

Général-major v. Montbé.

Officiers d'état-major : Lieutenant-colonel Schubert, capitaine v. Treitschke.

1ʳᵉ Brigade d'infanterie (nº 45).

Général-major : N. (colonel Garten).

1ᵉʳ régiment de grenadiers (Leib) nº 100 : Colonel v. Rex.

2ᵉ régiment de grenadiers Roi Guillaume de Prusse nº 101 : Colonel v. Seydlitz-Gerstenberg, puis lieutenant-colonel v. Schimpff.

Régiment de tirailleurs (fusiliers) nº 108 : Colonel baron v. Hausen.

Total : 9 bataillons.

2ᵉ Brigade d'infanterie (nº 46).

Général-major v. Montbé, puis colonel v. Seydlitz-Gerstenberg.

3ᵉ régiment d'infanterie Prince-Royal nº 102 : Colonel Rudorff.

4ᵉ régiment d'infanterie nº 103 : Colonel Dietrich.

Total : 6 bataillons.

1ᵉʳ régiment de cavalerie Prince-Royal : Lieutenant-colonel v. Sahr.

1ʳᵉ Abtheilung à pied du 12ᵉ régiment d'artillerie de campagne (4 batteries) : Lieutenant-colonel v. Watzdorf.

2ᵉ compagnie de pionniers de campagne, avec colonne d'outils : Capitaine Richter.

4ᵉ compagnie de pionniers de campagne : Capitaine Friedrich.
Détachement sanitaire n° 1.

Total pour la division : 15 bataillons[1], 4 escadrons, 24 pièces, 2 compagnies de pionniers.

2ᵉ DIVISION D'INFANTERIE (N° 24)

Général-lieutenant Nehrhoff v. Holderberg.

Officiers d'état-major : Major v. Tschwisky u. Bögendorf, capitaine v. Bülow.

3ᵉ Brigade d'infanterie (n° 47).

Général-major v. Leonhardi, puis colonel v. Elterlein.

5ᵉ régiment d'infanterie Prince Frédéric-Auguste n° 104 : Colonel v. Elterlein, puis lieutenant-colonel Schumann.

6ᵉ régiment d'infanterie n° 105 : Colonel v. Tettau.

1ᵉʳ bataillon de chasseurs Prince Royal n° 12[2] : Lieutenant-colonel comte v. Holtzendorff.

Total : 7 bataillons.

4ᵉ Brigade d'infanterie (n° 48).

Général-major v. Schulz, puis colonel v. Abendroth.

7ᵉ régiment d'infanterie Prince Georges n° 106 : Colonel v. Abendroth, puis major v. Mandelsloh.

8ᵉ régiment d'infanterie n° 107 : Colonel baron v. Lindemann, puis major v. Bosse.

2ᵉ bataillon de chasseurs n° 13 : Major v. Götz, puis capitaine Walde.

Total : 7 bataillons.

2ᵉ régiment de cavalerie : Lieutenant-colonel Genthe.

2ᵉ Abtheilung à pied du 12ᵉ régiment d'artillerie de campagne (4 batteries) : Lieutenant-colonel Richter.

3ᵉ compagnie de pionniers de campagne, avec équipage de ponts léger : Capitaine Schubert.

Détachement sanitaire n° 2.

Total pour la division : 14 bataillons, 4 escadrons, 24 pièces, 1 compagnie de pionniers.

---

1. Les 1ᵉʳ et 2ᵉ bataillons du 101ᵉ étaient détachés auprès de la 12ᵉ division de cavalerie, au nord de Paris.
2. Détaché à la 12ᵉ division de cavalerie.

12ᵉ DIVISION DE CAVALERIE

Général-lieutenant comte zur Lippe.
Officier d'état-major : Capitaine v. Kirchbach.

1ʳᵉ Brigade de cavalerie (n° 23).

Général-major Krug v. Nidda.
Régiment de cavalerie de la garde : Colonel v. Carlowitz.
1ᵉʳ régiment de uhlans n° 7 : Colonel v. Miltitz.
Total : 8 escadrons.

2ᵉ Brigade de cavalerie (n° 24).

Général-major Senfft v. Pilsach.
3ᵉ régiment de cavalerie : Colonel v. Standtfest.
2ᵉ régiment de uhlans n° 18 : Lieutenant-colonel v. Trosky.
Total : 8 escadrons.

1ʳᵉ batterie à cheval du 12ᵉ régiment d'artillerie de campagne : Capitaine Zenker.
Total pour la division : 16 escadrons, 6 pièces.

ARTILLERIE DE CORPS

Colonel Funcke, puis lieutenant-colonel Oertel.
3ᵉ Abtheilung à pied du 12ᵉ régiment d'artillerie de campagne (3 batteries) : Major Hoch.
4ᵉ Abtheilung à pied du 12ᵉ régiment (4 batteries[1]) : Lieutenant-colonel Oertel, puis major v. der Pforte.
Détachement sanitaire n° 3.
Total : 42 pièces.

Abtheilung de colonnes du 12ᵉ régiment d'artillerie : Lieutenant-colonel Schörmer, puis major Brüske (5 colonnes de munitions d'artillerie, 4 d'infanterie, 1 de ponts).
12ᵉ bataillon du train : Colonel Schmalz.

Total pour le corps d'armée : 27 bataillons, 24 escadrons, 96 pièces, 3 compagnies de pionniers.

---

1. Dont une détachée à la 12ᵉ division de cavalerie.

DIVISION DE CAMPAGNE WURTEMBERGEOISE

Général-lieutenant v. OBERNITZ.
Chef d'état-major : Colonel v. TRIEBIG.
Commandant l'artillerie : Colonel v. Sick.
Officier du génie : Capitaine Schott v. Schottenstein.

1re Brigade de campagne.

Général-major v. REITZENSTEIN.
Officier d'état-major : Capitaine Pfaff.
1er régiment d'infanterie Reine Olga : Colonel v. Berger.
7e régiment d'infanterie : Colonel v. Rampacher.
2e bataillon de chasseurs : Lieutenant-colonel v. Knörzer.
Train sanitaire n° 1.

Total : 5 bataillons[1].

2e Brigade de campagne.

Général-major v. STARKLOFF.
Officier d'état-major : Capitaine Sarwey.
2e régiment d'infanterie : Colonel v. Ringler.
5e régiment d'infanterie Roi Charles : Colonel v. Hügel I.
3e bataillon de chasseurs : Lieutenant-colonel v. Link.

Total : 5 bataillons.

3e Brigade de campagne.

Général-major v. HÜGEL, puis colonel v. MAUCH.
Officier d'état-major : Capitaine Schill.
3e régiment d'infanterie : Colonel v. Pfeiffelmann.
8e régiment d'infanterie : Colonel v. Mauch, puis lieutenant-colonel v. Schröder.
1er bataillon de chasseurs : Lieutenant-colonel v. Brandenstein.
Train sanitaire n° 3.

Total : 5 bataillons.

---

[1]. Les régiments wurtembergeois étaient à 2 bataillons.

Brigade de cavalerie.

Général-major comte v. Schéler.
Officier d'état-major : Capitaine comte v. Zeppelin.
1ᵉʳ régiment de cavalerie Roi Charles : Colonel v. Harling.
3ᵉ régiment de cavalerie Roi Guillaume : Colonel v. Falkenstein[1].
4ᵉ régiment de cavalerie Reine Olga : Colonel comte v. Normann-Ehrenfels.

Total : 10 escadrons.

ARTILLERIE

1ʳᵉ Abtheilung d'artillerie de campagne (3 batteries) : Lieutenant-colonel v. Marchtaler.
2ᵉ Abtheilung d'artillerie de campagne (3 batteries) : Lieutenant-colonel Roschmann.
3ᵉ Abtheilung d'artillerie de campagne (3 batteries) : Major Lenz.

Total : 54 pièces.

Corps des pionniers avec train de ponts et colonne d'outils : Lieutenant-colonel Löffler.
Réserve de munitions attelée (3 colonnes) : Capitaine Cuhorst.
Train : Capitaine Uhland.

Total pour la division : 15 bataillons, 10 escadrons, 54 pièces, 2 compagnies de pionniers.

Total pour l'armée de la Meuse : 96 bataillons, 74 escadrons, 324 pièces ; 11 compagnies de pionniers[2].

---

1. A 2 escadrons seulement.
2. D'après l'*État-major prussien*, tome III, Annexes, p. 242 à 253.

ANNEXE 12.

COMBAT DE CHATILLON

(19 septembre 1870.)

Pertes des troupes françaises.

15e de marche et chasseurs à pied :
5 hommes tués ; 3 officiers, 33 hommes blessés.

16e de marche :
1 officier, 3 hommes tués ; 1 officier, 20 hommes blessés.

17e de marche :
1 officier, 21 hommes tués ; 3 officiers, 129 hommes blessés.

18e de marche :
7 hommes tués ; 1 officier, 22 hommes blessés.

19e de marche :
2 officiers, 35 hommes tués ; 8 officiers, 205 hommes blessés ; 1 officier, 1 homme disparus.

20e de marche :
Néant.

21e de marche :
2 hommes tués ; 1 officier, 3 hommes blessés.

22e de marche :
5 hommes tués ; 1 officier, 18 hommes blessés.

Régiment de zouaves de marche :
5 hommes tués ; 2 officiers, 21 hommes blessés ; 60 hommes disparus.

26e de marche :
2 hommes blessés.

7e bataillon des mobiles de la Seine :
3 hommes tués, 14 blessés.

Gendarmerie :
4 officiers, 8 hommes blessés.

2e cuirassiers de marche :
1 homme tué ; 1 officier, 8 hommes blessés.

ANNEXES. 379

Régiment mixte :
1 homme tué, 8 blessés.

Artillerie :
7 hommes tués ; 3 officiers, 50 hommes blessés.

Génie :
Néant.

Total : 4 officiers, 95 hommes tués ; 28 officiers, 541 hommes blessés ; 1 officier, 61 hommes disparus.

Total général : 33 officiers, 697 hommes (Ducrot, tome Ier, p. 57 et suiv.).

Nos 76 bouches à feu tirèrent 11,000 coups (tome Ier, p. 62).

Pertes des troupes allemandes.

Ve Corps d'armée prussien.

7e régiment d'infanterie :
8 hommes tués, 17 blessés.

47e régiment d'infanterie :
1 officier, 33 hommes tués ; 2 officiers, 67 hommes blessés ; 1 homme disparu.

4e dragons :
1 homme tué, 1 blessé.

14e dragons :
3 hommes tués, 3 blessés, 1 disparu.

5e régiment d'artillerie :
7 hommes tués ; 3 officiers, 30 hommes blessés.

2e détachement sanitaire :
1 homme blessé.

Total : 1 officier, 52 hommes tués ; 5 officiers, 118 hommes blessés ; 2 hommes disparus.

IIe Corps d'armée bavarois.

6e régiment d'infanterie :
2 hommes tués ; 3 officiers, 9 hommes blessés ; 1 homme disparu.

7e régiment d'infanterie :
3 officiers, 19 hommes tués ; 1 officier, 48 hommes blessés ; 12 hommes disparus.

8e bataillon de chasseurs :
1 homme tué, 11 blessés.

14ᵉ régiment d'infanterie :
1 officier, 6 hommes tués ; 2 officiers, 22 hommes blessés.

15ᵉ régiment d'infanterie :
1 officier, 10 hommes tués ; 24 hommes blessés ; 3 hommes disparus.

3ᵉ bataillon de chasseurs :
16 hommes tués ; 21 blessés, 4 disparus.

4ᵉ régiment d'artillerie (3ᵉ Abtheilung) :
2 officiers, 5 hommes tués ; 14 hommes blessés.

5ᵉ régiment d'infanterie :
1 homme tué, 6 blessés.

9ᵉ régiment d'infanterie :
1 homme blessé, 1 disparu.

6ᵉ bataillon de chasseurs :
1 homme tué, 4 blessés.

1ᵉʳ régiment d'infanterie :
2 hommes tués, 3 blessés.

5ᵉ régiment d'infanterie :
1 homme tué, 2 blessés.

4ᵉ régiment d'artillerie (4ᵉ Abtheilung) :
1 homme tué, 1 blessé.

Total : 7 officiers, 65 hommes tués ; 6 officiers, 166 hommes blessés ; 21 disparus.

2ᵉ division de cavalerie.

1ᵉʳ hussards :
1 homme blessé.

Total général : 8 officiers, 117 hommes tués ; 11 officiers, 285 hommes blessés ; 23 hommes disparus ; soit 19 officiers, 425 hommes.

Les Allemands perdirent 104 chevaux (*État-major prussien*, tome III, Annexes, p. 6 et 7).

ANNEXE 13.

COMBAT DE CHEVILLY

ET OPÉRATIONS SECONDAIRES

(30 septembre 1870.)

Pertes des troupes françaises.

Brigade Dumoulin.

9ᵉ de marche :
7 officiers, 52 hommes tués ; 7 officiers, 378 hommes blessés.

10ᵉ de marche :
1 officier, 38 hommes tués ; 3 officiers, 163 hommes blessés.

7ᵉˢ compagnies des 5ᵉ et 7ᵉ chasseurs :
6 hommes tués, 14 blessés.

Brigade Guilhem.

État-major :
1 officier tué.

35ᵉ de ligne :
5 officiers, 80 hommes tués ; 14 officiers, 605 hommes blessés ;
5 officiers (dont 2 blessés), 74 hommes disparus.

42ᵉ de ligne :
1 officier, 41 hommes tués ; 3 officiers, 114 hommes blessés ;
19 hommes disparus.

Mobiles de la Côte-d'Or :
1 officier, 15 hommes tués ; 4 officiers, 30 hommes blessés.

Brigade Blaise.

11ᵉ de marche :
1 officier, 12 hommes tués ; 5 officiers, 103 hommes blessés.

12ᵉ de marche :
2 officiers, 30 hommes tués ; 10 officiers, 230 hommes blessés.

Mobiles de la Vendée :
1 officier, 4 hommes blessés.

Brigade Daudel.

7ᵉ et 8ᵉ de marche :

1 homme blessé.

Brigade Cousin.

Escadron de spahis :

1 officier, 3 hommes blessés.

9ᵉ chasseurs :

2 officiers, 10 hommes blessés.

Artillerie.

3ᵉ batterie du 2ᵉ régiment :

2 hommes tués, 8 blessés.

4ᵉ batterie du 6ᵉ régiment :

4 hommes blessés.

Génie.

1 homme tué, 1 blessé.

Total pour le combat de Chevilly : 19 officiers, 277 hommes tués ; 50 officiers, 1676 hommes blessés ; 5 officiers, 93 hommes disparus.

Brigade Susbielle.

13ᵉ de marche :

3 hommes tués, 16 blessés.

14ᵉ de marche :

5 hommes blessés.

Brigades Mattat et Bernis.

2 officiers blessés.

Total : 45 hommes tués, blessés ou disparus.

Total général : 19 officiers tués, 52 blessés, 5 disparus ; 280 hommes tués, 1,721 blessés, 93 disparus, soit 76 officiers, 2,091 hommes.

Ces chiffres, donnés par le général Ducrot (tome Iᵉʳ, p. 279 à 289), paraissent au-dessous de la réalité, notamment pour l'artillerie. Les batteries non mentionnées n'auraient pas eu de pertes.

Pertes du VIᵉ Corps prussien.

10ᵉ régiment d'infanterie :

2 officiers, 20 hommes tués ; 7 officiers, 65 hommes blessés.

6ᵉ bataillon de chasseurs :

1 homme tué, 4 blessés.

ANNEXES.

22ᵉ régiment d'infanterie :
1 officier, 6 hommes tués ; 32 hommes blessés.

62ᵉ régiment d'infanterie :
2 officiers, 4 hommes tués ; 2 officiers, 24 hommes blessés.

23ᵉ régiment d'infanterie :
3 officiers, 83 hommes tués ; 7 officiers, 95 hommes blessés, 6 disparus.

63ᵉ régiment d'infanterie :
1 officier, 19 hommes tués ; 2 officiers, 36 hommes blessés ;

15ᵉ régiment de dragons :
1 homme blessé.

6ᵉ régiment d'artillerie :
2 hommes tués, 5 blessés.

6ᵉ bataillon de pionniers :
1 officier, 3 hommes tués ; 7 hommes blessés.

> Total : 10 officiers, 138 hommes tués ; 18 officiers, 269 hommes blessés ; 6 hommes disparus.
>
> Total général : 28 officiers, 413 hommes de troupe.

Le total des pertes des autres corps de la IIIᵉ armée s'éleva, le 30 septembre, à 32 tués, blessés ou disparus (*État-major prussien*, tome III, Annexes, p. 35).

ANNEXE 14.

COMBAT DE BAGNEUX

(13 octobre 1870.)

Pertes des troupes françaises.

État-major :
1 officier blessé.

9ᵉ de marche :
1 officier, 4 hommes blessés.

10ᵉ de marche :
8 hommes blessés.

13ᵉ de marche :
3 hommes tués ; 1 officier, 35 hommes blessés.

14ᵉ de marche :
2 officiers, 24 hommes tués ; 70 hommes blessés, 5 disparus.

16ᵉ de marche :
3 hommes blessés.

35ᵉ de ligne :
1 officier, 9 hommes tués ; 22 hommes blessés.

42ᵉ de ligne :
8 hommes tués, 12 blessés, 3 disparus.

Gardiens de la paix :
1 officier, 1 homme tués ; 1 officier, 14 hommes blessés.

Mobiles de la Côte-d'Or :
27 hommes tués ; 1 officier, 112 hommes blessés.

Mobiles de l'Aube :
1 officier, 4 hommes tués ; 1 officier, 15 hommes blessés.

Génie :
1 homme blessé.

Artillerie :
6 hommes tués, 16 blessés.

Total : 5 officiers, 82 hommes tués ; 9 officiers, 312 hommes blessés ; 8 hommes disparus [1].

Total général : 14 officiers, 402 hommes de troupe.

---

1. D'après le général Ducrot, tome Iᵉʳ, p. 345.

Pertes du IIe Corps bavarois[1].

6ᵉ régiment d'infanterie :
1 homme blessé.

7ᵉ régiment d'infanterie :
1 homme tué, 5 blessés.

15ᵉ régiment d'infanterie :
8 hommes tués, 24 blessés, 1 disparu.

5ᵉ régiment d'infanterie :
9 hommes tués, 9 blessés.

9ᵉ régiment d'infanterie :
1 homme tué, 8 blessés.

1ᵉʳ régiment d'infanterie (3ᵉ bataillon) :
3 officiers, 34 hommes tués; 3 officiers, 62 hommes blessés; 28 hommes disparus.

5ᵉ régiment d'infanterie (3ᵉ bataillon) :
13 hommes tués, 16 blessés.

11ᵉ régiment d'infanterie (3ᵉ bataillon) :
6 hommes tués; 1 officier, 12 hommes blessés.

14ᵉ régiment d'infanterie (3ᵉ bataillon) :
2 hommes tués; 1 officier, 8 hommes blessés.

5ᵉ bataillon de chasseurs :
1 officier, 22 hommes tués; 1 officier, 40 hommes blessés; 32 hommes disparus.

2ᵉ compagnie sanitaire :
1 homme blessé.

2ᵉ régiment d'artillerie.
6 hommes blessés.

> Total : 4 officiers, 96 hommes tués; 6 officiers, 199 hommes blessés; 61 hommes disparus.

> Total général : 10 officiers, 356 hommes de troupe.

---

[1]. D'après l'*État-major prussien*, tome III, Annexes, p. 44. — Le général Ducrot (tome Iᵉʳ, p. 345) porte à 3 officiers tués, 6 blessés, 55 hommes tués, 240 blessés, 120 disparus les pertes des Allemands.

ANNEXE 15.

COMBAT DE LA MALMAISON

(21 octobre 1870.)

Pertes des troupes françaises.

Régiment de zouaves de marche :
1 officier, 27 hommes tués ; 4 officiers, 34 hommes blessés.

3ᵉ bataillon du Morbihan (31ᵉ) :
1 homme tué ; 2 officiers, 24 hommes blessés ; 5 hommes disparus.

1ᵉʳ bataillon de Seine-et-Marne :
1 officier, 8 hommes tués ; 1 officier, 38 hommes blessés ; 1 officier, 1 homme disparus.

36ᵉ de marche :
2 officiers, 34 hommes tués ; 6 officiers, 54 hommes blessés ; 22 hommes disparus.

Francs-tireurs de Paris :
1 homme tué ; 7 blessés.

Francs-tireurs du Mont-Valérien :
16 hommes tués ; 2 officiers, 29 hommes blessés ; 7 hommes disparus.

Tirailleurs de la Seine :
5 hommes tués, 12 blessés.

Éclaireurs du 28ᵉ mobiles :
2 hommes tués, 3 blessés.

5ᵉ bataillon de la Loire-Inférieure :
3 hommes tués, 5 blessés.

Chasseurs à pied :
9 hommes tués ; 3 officiers, 48 hommes blessés ; 3 hommes disparus.

Francs-tireurs de la 3ᵉ division :
1 officier, 11 hommes tués ; 2 officiers, 25 hommes blessés ; 1 homme disparu.

Francs-tireurs de la 1ʳᵉ division :
Néant.

Francs-tireurs de la 2ᵉ division :
1 officier, 6 hommes tués ; 1 officier, 15 hommes blessés.

19ᵉ de marche :
8 hommes tués ; 1 officier, 16 hommes blessés ; 2 hommes disparus.

Francs-tireurs des Ternes :
3 hommes blessés.

Artillerie :
8 hommes tués ; 1 officier, 9 hommes blessés.

Génie :
4 hommes blessés.

Total : 6 officiers, 139 hommes tués ; 23 officiers, 326 hommes blessés ; 1 officier, 41 hommes disparus.

Total général : 30 officiers, 506 hommes de troupe.

D'après l'*État-major prussien* (tome III, p. 189), nous aurions perdu 500 tués ou blessés et plus de 120 prisonniers. D'ailleurs, les chiffres donnés dans l'ouvrage du général Ducrot sont probablement au-dessous de la vérité. Ils ne concordent pas avec ceux communiqués à la presse peu après le 11 octobre : 2 officiers tués, 15 blessés, 11 disparus ; 30 hommes tués, 230 blessés, 153 disparus (Larchey, p. 101).

Pertes du Vᵉ Corps prussien.

58ᵉ régiment d'infanterie :
2 hommes tués, 7 blessés.

59ᵉ régiment d'infanterie :
2 hommes blessés.

5ᵉ bataillon de chasseurs :
1 homme blessé.

6ᵉ régiment d'infanterie :
3 officiers, 32 hommes tués ; 2 officiers, 74 hommes blessés.

46ᵉ régiment d'infanterie :
3 officiers, 55 hommes tués ; 7 officiers, 90 hommes blessés ; 1 homme disparu.

37ᵉ régiment d'infanterie :
10 hommes tués, 8 blessés, 1 disparu.

50ᵉ régiment d'infanterie :
1 officier, 9 hommes tués ; 20 hommes blessés, 1 disparu.

5ᵉ régiment d'artillerie :
4 hommes blessés.

1ᵉʳ régiment de landwehr de la garde :
2 officiers, 21 hommes tués ; 3 officiers, 52 hommes blessés.

Total : 9 officiers, 129 hommes tués ; 12 officiers, 258 hommes blessés ; 3 hommes disparus.

Total général : 21 officiers, 390 hommes de troupe (*État-major prussien*, tome III, Annexes, p. 50).

Les chiffres donnés par le général Ducrot (tome Iᵉʳ, p. 422) diffèrent sensiblement : 4 officiers tués, 13 blessés ; 53 hommes de troupe tués, 320 blessés, 24 disparus.

INDEX

A

Abrantès (duc d'), 8 et suiv.
Adam (Edmond), 316.
Adam (Mme Edmond), 18 et *passim*.
Aiguevives (d'), 16.
Alfieri, 62.
Algau (commandant), 249 et suiv.
Alimentation de Paris, 134, 242.
Alimentation des Allemands, 218.
Alsace-Lorraine (annexion de l'), 211.
Amagne, 68 et suiv.
Ambert (général), 100 et *passim*.
Ambulances, 139.
André (capitaine de frégate), 286.
Angleterre, 206.
Appert (général), 190.
Arago (Emmanuel), 11 et *passim*.
Arago (Étienne), 18 et *passim*.
Argenteuil, 269 et *passim*.
Armée (IIIe allemande), 354.
Armée de la Meuse, 367.
Armement de Paris, 131.
Artillerie à Paris, 113, 352.
Attaque brusquée de Paris, 197.
Attaque régulière de Paris, 267.
Attigny, 68 et suiv.
Aubry (commandant), 258.
Aumale (duc d'), 96.
Autriche, 206.

B

Bagenski (von), 65 et *passim*.
Bagneux (13 octobre), 276, 384.
Bajau (capitaine), 295.
Ballue (A.), 105 et *passim*.
Baltique (expédition de la), 50.
Banes de Gardone (de), 24.
Baraguey d'Hilliers (maréchal), 323.
Barail (général du), 59.
Barret (capitaine), 181.
Barricades (commission des), 238.
Barthélemy-Saint-Hilaire, 11.
Basset de Belavalle, 15.
Battisti (capitaine), 186.
Bauer (Mgr), 47.
Bazaine (maréchal), 2 et *passim*, 322.
Beaufort d'Hautpoul (général de), 116.
Bec-d'Oiseau (escarmouche), 86.
Bellevue (30 septembre), 258.
Benedeck (général), 53.
Benedetti (commandant), 258.
Bentzmann (général de), 108.
Berezowski, 206.
Bernis (général de), 101 et *passim*.
Berthaut (général), 116, 291 et *pass*.
Bertrand (A.), 26.
Bescherelle, 11.
Besson (conseiller d'État), 26.
Bethmont (Paul), 11 et suiv.
Bibesco (commandant), 192.
Bismarck (comte de), 42 et *passim*.
Bixio (commandant), 314.
Blaise (général), 231 et *passim*.
Blanc (Louis), 319.
Blanchard (général), 67 et *passim*.
Blanqui, 2, 215, 315.
Blume (major), 294 et *passim*.

Bocher (général), 177.
Bocquenet (capitaine), 182.
Boisdenemetz (commandant de), 221.
Boissonnet (général), 182.
Bombardement de Paris, 267.
Bondy (19 septembre), 158.
Bonnet (lieutenant-colonel), 183 et suiv.
Bothmer (général von), 286.
Boudet (vice-président), 36.
Bougival, 291 et suiv.
Bourbon (Palais-), 13 et suiv.
Bourget (20 septembre), 221.
Bourget (23 septembre), 222.
Bourget (28 octobre), 322.
Boysson (adjudant-major), 302.
Brame (député), 57.
Brideau, 2, 3.
Briefen (colonel von), 256.
Buffet (député), 16.
Bugeaud (maréchal), 48.
Buloz (capitaine), 295.
Burgoyne (sir John), 27 et suiv.
Busson-Billault, 57.
Buzenval, 292 et suiv.

C

Cachan (7 octobre), 272.
Candaval (Lafond de), 5.
Canrobert (maréchal), 49, 323.
Carette (Mme), 4 et suiv.
Caris (capitaine), 232.
Caro (E.), 40 et *passim*.
Carrey de Bellemare (général), 220.
Cathelineau (général de), 219.
Cavalerie à Paris, 113, 346.
Caussade (général de), 18 et suiv.
Chabaud-Latour (général de), 95 et suiv.
Chalain (capitaine de), 184, 295 et *passim*.
Châlons, 4.

Châlons (conférence), 51 et suiv.
Champéron (général de), 113.
Champigneul, 70.
Champigny (21 octobre), 311.
Changarnier (général), 62.
Chaper (député), 113 et *passim*.
Chappuis (général), 151.
Charrière (général de La), 277 et suiv.
Château-Porcien, 73 et suiv.
Châtillon (hauteurs), 98, 105, 161.
Châtillon (redoute), 162, 174 et suiv.
Châtillon (19 septembre), 171 et suiv., 378.
Châtillon (panique), 195.
Châtillon (13 octobre), 280.
Châtillon-sur-Seine (surprise), 176.
Chaudordy (de), 216.
Chaumont-Porcien, 73 et suiv.
Chauvière, 3.
Chemins de fer, 106, 271.
Chennevières (Henri de), 241.
Chesnelong, 16.
Chevilly (19 septembre), 202.
Chevilly (30 septembre), 244, 381.
Chevreau (ministre), 8, 114.
Chevreuse (18 septembre), 167.
Chislehurst, 27.
Choisy-le-Roi (pont prétendu), 244.
Cholleton (lieutenant-colonel), 292.
Clamart (30 septembre), 259.
Clamart (13 octobre), 282.
Claretie (Jules), 266 et *passim*.
Clémenceau, 36.
Clément-Duvernois, 3 et *passim*.
Clément Thomas (général), 124.
Clotilde (princesse), 25 et suiv.
Cochery, 34 et *passim*.
Collasseau (lieutenant-colonel de), 181.
Collin (capitaine), 302.
Collio (commandant), 180.
Colonna d'Istria (capitaine), 300.
Colonieu (lieutenant-colonel), 297.

INDEX.

Comité de défense, 101.
Commandement dans Paris, 323.
Commune de Paris, 321.
Conchy (commandant de), 289.
Corbeil, 91 et *passim*.
Cornudet (Michel), 147 et *passim*.
Corps d'armée :
    13e, 332.
    14e, 339.
Corréard (général), 116.
Coulommiers, 90.
Courbet (Gustave), 240.
Cousin (général), 229.
Cousin-Montauban (général), 49.
Couvès (capitaine), 301.
Creil, 89.
Crémieux, 11 et suiv.
Créteil, 87 et *passim*.
Créteil (19 septembre), 202.
Cristiani de Ravaran (commandant), 257.

D

Dampierre (commandant de), 279.
Dancourt (capitaine), 5.
Dannemois (18 septembre), 171.
Darblay, 91.
Darimon (député), 34.
Daru (député), 8 et *passim*.
Dassonville (capitaine), 184, 295.
Daudel (général), 165 et *passim*.
David (Jérôme), 7, 100.
Dejean (général), 50.
Delapierregrosse (capitaine), 302.
Delaroche (Henri), 265.
Délégation de Tours, 115 et *passim*.
Delérot, 310.
Delescluze, 29, 143, 319 et *passim*.
Deschamps (capitaine), 295.
Deschamps (lieutenant), 301.
Desgranges (Michel), 317.
Desjardins (G.), 146 et *passim*.
Desquer (André), 239.

Desseaux (député), 11.
Déthorey (capitaine), 184, 295.
Diehl (colonel von), 180.
Dilhan, 228.
Dorian, 11 et *passim*.
Draveil (escarmouche), 87.
Dréolle (Ernest), 12 et suiv.
Duboys-Fresnay (général), 108.
Ducos (capitaine), 300.
Ducrot (général), 62 et *passim*.
Dumas (sénateur), 134.
Dumoulin (général), 233 et suiv.
Dupanloup (Mgr), 43.
Dupont (secrétaire général), 63.
Dupuy de Lôme, 16.
Duquet (Alfred), 17 et *passim*.

E

Écly, 73 et suiv.
Écordal, 68 et suiv.
Élection des officiers, 117.
Élysée (palais), 15.
Emprunt, 5, 321.
Enceinte de Paris, 326.
Engelhard, 36.
Épernay, 6.
Épinay (capitaine d'), 295.
Eppes, 83.
Ernouf, 80.
Espée (de l'), 179.
Espions à Paris, 124, 243.
Esquiros (député), 15.
Estancelin (député), 11 et suiv.
Eudes, 2, 3.
Evans (Dr), 27 et suiv.
Exéa (général), 67.

F

Fabre de Navacelle (colonel), 128.
Faure-Biguet (capitaine), 298.
Favé (général), 6 et *passim*.

Faverot de Kerbrech (capitaine), 161 et suiv.
Favre (Jules), 6 et *passim*.
Fayet (capitaine), 191.
Fayolle (inspecteur), 87.
Ferrier (E.), 26.
Ferrières (entrevue), 206.
Ferry (Charles), 18 et *passim*.
Ferry (Jules), 11 et *passim*.
Figaro (Le), 241.
Fleury (Édouard), 83.
Fleury (général), 17.
Fleury (13 octobre), 282.
Floquet (Charles), 23 et *passim*.
Flourens (Gustave), 43, 313 et *pass*.
Fortifications de Paris, 95, 326.
Forts de Paris, 97, 331.
France (Anatole), 26.
Franceschetti (lieutenant-colonel), 303.
Franchetti (éclaireurs), 88 et *pass*.
Francs (corps), 129, 350.
Frédéric-Charles (prince), 85 et *passim*.
Frères de la Doctrine chrétienne, 5.
Froment (capitaine), 295.

G

G. A. (lieutenant-colonel Grouard), 68 et *passim*, 267.
Gagneur (député), 11.
Gaillard (père), 312.
Galland (colonel), 311.
Gallien (maire), 219.
Gambetta, 3 et *passim*.
Gambetta (départ), 319.
Garde nationale, 14 et *passim*, 120.
Garnier-Pagès, 11 et *passim*.
Garnison de Paris, 110.
Gaudin, 17.
Geffroy (Gustave), 2, 3 et *passim*.
Geneviève (proclamation de sainte), 61.
Génie à Paris, 114, 353.
Gennevilliers (presqu'île), 224, 269, 290.
Genton, 16.
Girault du Cher, 11 et suiv.
Gladstone, 144 et *passim*.
Gletty (soldat), 279.
Gluck (capitaine), 308.
Gœtze, 93.
Goltz (Colmar von der), 216.
Goncourt (Journal des), 1 et *pass*.
Gortschakoff (chancelier), 206.
Goudmant (lieutenant), 308.
Grandchamps (capitaine Pinel de), 184, 295 et suiv.
Grandperret, 57.
Grange-Dame-Rose (18 septembre), 169.
Granville (lord), 144, 207 et *pass*.
Grass (lieutenant), 302.
Grévy (député), 34.
Grimaud (lieutenant), 302.
Guignicourt, 68 et suiv.
Guilhem (général), 69 et *passim*.
Guillemaut (colonel), 161.
Guillot (Siméon), 5.
Guiod (général), 101 et *passim*.
Guiraud (de), 34.
Guizot, 95.
Guyot-Montpayroux, 11.
Gymnase (3 septembre), 10.

H

H. (C. von), 85 et *passim*.
Habillement à Paris, 138.
Hartmann (général von), 186.
Haussonville (d'), 4.
Haute-Maison (château), 210.
Hautes-Bruyères (22-23 septembre), 230.
Heckel (lieutenant-colonel von), 286.
Hendlé, 209.
Henriot (garde), 84.

INDEX. 393

Hérisson (comte d'), 2 et *passim*.
Hervé (Édouard), 3.
Heylli (G. d'), 87.
Hindersin (général von), 267.
Hirson, 68 et suiv.
Hoffmann (général von), 73 et *pass*.
Houeix (capitaine), 247 et suiv.
Hugo (Victor), 39, 319 et *passim*.
Hugues (général d'), 163 et *passim*.
Huguet (trompette), 308.

I

Imbert de Saint-Amand, 26 et suiv.
Impératrice Eugénie, 4 et suiv.
Inaumont, 73 et suiv.
Internationale, 143.
Investissement de Paris, 151, 203, 218.

J

Jacquelot du Boisrouvray (commandant), 68.
Jacques *dit* Lafontaine, 121.
Jacquin, 76 et suiv.
Jacquot (capitaine, commandant), 179, 297 et *passim*.
Jamain (chef de bataillon), 221.
Javain (général), 108 et *passim*.
Javal (Léopold), 11.
Jenny (capitaine), 295.
Johnston, 35.
Joinville-le-Pont (15 septembre), 159.
Josseau (député), 17.
Jurien de la Gravière (amiral), 13.

K

Keller (député), 2, 145.
Kératry (de), 11 et *passim*.
Kirchbach (général von), 184 et *pass*.
Kleist (général von), 267.
Kolb-Bernard, 16.

L

Ladvocat (capitaine), 184, 295.
Lafforgue (capitaine), 302.
Lallier (capitaine), 308.
Lamartine (de), 60.
Lamber (Juliette), 18 et *passim*.
Lamoricière (général de), 48.
Langlois (colonel), 124.
Laon, 6 et suiv., 68 et suiv., 83 et suiv.
Lapaque (capitaine), 295.
Larchey (Lorédan), 14 et *passim*.
Lareinty (de), 101.
Larquet (capitaine), 295.
Larrieu, 11.
Launois, 70 et suiv.
Lavannes (escarmouche), 82.
Lebœuf (maréchal), 114.
Lebreton (général), 22.
Lebreton (Mme), 25 et suiv.
Lebrun (général), 49.
Le Cesne, 11.
Lecomte (colonel), 47 et *passim*.
Lecomte (général), 177.
Lefaivre (sous-lieutenant), 303.
Lefebvre-Pontalis, 34.
Lefrançois (capitaine), 260.
Législatif (Corps), 2 et suiv.
Le Gouil, 279.
Le Hon, 17.
Le Main (lieutenant-colonel), 221.
Lemas, 89.
Lemoine (John), 47.
Lermina, 215, 312.
Leroux (Ernest), 34.
Lepage (capitaine), 184.
Lesage, capitaine, 295.
Lespiau (lieutenant-colonel), 202.
Lesseps (de), 13 et suiv.
Lévy (chef de bataillon), 161 et suiv.
L'Hay (30 septembre), 255.
Liniers (général de), 116.

Loire (armée de la), 9, 228 et *pass.*
Longboyau (21 octobre), 306.
Lumigny, 90.
Lyon, 24.
Lyons (lord), 207 et suiv.

M

Machéroménil, 72.
Mac-Mahon, 2, 6 et suiv.
Magne, 57.
Magnin, 11 et suiv.
Maillé (comte de), 53.
Maire (franc-tireur), 308.
Malcor (général), 108.
Malmaison (La), 30 septembre, 236.
Malmaison (La), 7 octobre, 274.
Malmaison (La), 12 octobre, 274.
Malmaison (La), 21 octobre, 291.
Mangin (commandant), 272.
Marine à Paris, 110, 348.
Marle, 78 et suiv.
Mariouse (colonel de La), 248 et suiv.
Marseille (3 septembre), 24.
Martel, 17.
Martenot (général), 292 et suiv.
Martimprey (général de), 49.
Martin (colonel), 322.
Mattat (général), 165 et suiv.
Maubeuge, 68.
Maud'huy (général de), 67 et *pass.*
Maussion (général de), 163 et *pass.*
Mazade (de), 230.
Mazères (J. B.), 194.
Meaux (escarmouche), 86.
Meckel (éléments de tactique), 176.
Mecklembourg-Schwerin (duc de), 83 et suiv.
Mégy, 42.
Mellinet (général), 25 et suiv.
Méric de Bellefonds (lieutenant-colonel), 168.

Mérimée (Prosper), 8.
Metternich (prince de), 8 et suiv., 206 et suiv.
Metz (batailles de), 5.
Metzinger (capitaine), 249.
Mézières, 6 et suiv., 67 et suiv.
Michelet, 3.
Millard, 91.
Millaud (maison), 277 et suiv.
Millière, 29, 315 et *passim.*
Mimerel (lieutenant-colonel), 256.
Miribel (commandant de), 192, 305 et *passim.*
Mobile (garde), 114, 344.
Mobiles de Paris, 115, 344.
Mobilisés de Paris, 125.
Montaigu (colonel), 124.
Montanié, 53.
Montcornet, 68 et suiv.
Montebello (marquis de), 147.
Montmagny (19 septembre), 158.
Montmartre (3 septembre), 10.
Montmédy (bombardement), 81.
Montmesly (17 septembre), 164.
Montmesly (30 septembre), 259.
Mortalité à Paris, 242, 321.
Mortcerf (escarmouche), 86.
Moulin-Saquet (22-23 septembre), 231.
Moussoir (G.), 103 et *passim.*
Mowat-Bedfort (commandant), 284.
Mun (marquis de), 52, 91 et *pass.*
Münnich, 218 et *passim.*
Murat (princesse Anna), 57.
Mure (commandant de La), 249.

N

Napoléon III, 4 et suiv.
Napoléon (prince Jérôme), 50.
Neumayer (général), 48.
Néverlée (capitaine de), 183.
Niel (maréchal), 114.

INDEX. 395

Nigra (chevalier), 25 et suiv.
Nismes (capitaine), 295 et suiv.
Noël (général), 292 et suiv.
Nord (campagne du), 79.
Normale (école supérieure), 5.
Novion-Porcien, 71 et suiv.
Novy, 73 et suiv.

O

Octobre (cinq), 313.
Octobre (huit), 314.
Ollivier (Émile), 1 et suiv.
Ordinaire, 11.
Orléans (princes d'), 4, 54.

P

Palikao (général de), 2 et suiv.
Paret (capitaine), 287.
Paris place forte, 93.
Parisien (le), 148.
Paturel (général), 185.
Pavé-Blanc (19 septembre), 177 et suiv.
Pélissier (général), 108 et *passim*.
Pelletan (Eugène), 11 et suiv.
Perrault (capitaine), 184, 295.
Perrier (sous-intendant), 134.
Perrot (député), 46 et *passim*.
Pertes à Paris, 378.
Petit-Bicêtre (18 septembre), 168.
Petit-Bicêtre (19 septembre), 177 et suiv.
Petit de Grandville (sergent-major), 302.
Peyrusse, 35.
Picard (Arthur), 18, 214 et *passim*.
Picard (Ernest), 11 et suiv.
Pierre (de), 16.
Pierrefitte (19 septembre), 158.
Pierrefitte (21 septembre), 220.
Pierrefitte (23 septembre), 220.

Piétri (préfet), 12.
Pinard (député), 3, 11.
Piolenc (commandant de), 303.
Piré (marquis de), 8.
Plessis-Picquet, 168 et suiv.
Plessis-Picquet (19 septembre), 183 et suiv.
Plichon (maison), 10 octobre, 277.
Poirier (J.), 74 et suiv.
Poix, 70 et suiv.
Pompadour (carrefour), 88 et *pass*.
Pompiers de province, 3.
Pontevès-Sabran (lieutenant de), 311.
Portalis (Édouard), 317.
Pottier (lieutenant-colonel), 276.
Prince royal de Prusse, 6 et *passim*.
Prince royal de Saxe, 6 et *passim*.
Proust (Antonin), 45 et *passim*.
Puiseux, 68 et suiv.
Pyat (Félix), 29, 319 et *passim*.

Q

Quatre-Septembre, 13 et suiv.
Quilio (amiral du), 316.
Quistorp (colonel), 231.

R

Rainneville (député de), 146 et *passim*.
Rameau (capitaine), 252.
Rampont, 11.
Ranc, 2, 3.
Raspail, 15.
Reichshoffen (6 août), 1.
Règnier (espion), 213.
Reille (colonel), 290.
Reims, 66 et suiv.
Renault (général), 183.
Rendu (A.), 105 et *passim*.
René (général), 108.

Rethel, 68 et suiv.
Revue (13 septembre), 146.
Reyau (général), 86.
Rheinbaben (général von), 71 et passim.
Richard (Jules), 47 et passim.
Rigault de Genouilly (amiral), 50.
Ring (de), 209.
Rochefort (Henri), 3 et passim.
Robinet de Cléry, 124 et passim.
Rössler, 219.
Ronçière le Noury (amiral de La), 129 et passim.
Rouher, 53.
Rousse (E.), 234 et passim.
Rousset (commandant), 74 et passim.
Rubelles (escarmouche), 89.
Rueil, 291 et suiv.
Ruisseau (Le), 18 septembre, 171.
Russie, 206.

Seine (mobiles de la), 21, 52 et passim.
Sénat, 7 et suiv.
Sénart, 145.
Senlis, 89.
Sèvres (19 septembre), 201.
Shermann (général), 216.
Simon (Jules), 11 et suiv.
Sivry (17 septembre), 167.
Soissons (bombardement), 89.
Soumain (général), 59.
Sourdière (rue de La), 12.
Stains (19 septembre), 158.
Stains (23 septembre), 221.
Steenackers, 11, 237.
Stieler von Heydekampf, 178 et suiv.
Strasbourg, 211 et suiv.
Susane (général), 113 et passim.
Susbielle (général de), 69 et passim.
Swiney (commandant), 284.

S

Saint-Arnaud (maréchal), 49.
Saint-Victor (Paul de), 60.
Saisset (amiral), 86 et passim.
Sand (George), 3.
Sandrart (général von), 182.
Sapia (commandant), 239, 316.
Saragosse (siège), 61.
Sarcey (Francisque), 1 et passim.
Sardou (Victorien), 28.
Sarrepont (major de), 15 et passim.
Saulces-aux-Bois, 71 et suiv.
Saussaye (ferme de La), 247 et suiv.
Schaubourger (capitaine), 257.
Schmidt (lieutenant), 308.
Schmitz (général), 22 et passim.
Schneider (L.), 92 et passim.
Schneider (président), 9 et suiv.
Secteurs à Paris, 326.
Sedan (bataille), 6 et suiv.
Sedan (capitulation), 65.

T

Tachard, 11.
Taille (capitaine de La), 282.
Tamisier (général), 125.
Tann (général von der), 85 et pass.
Tarigo (capitaine), 189.
Ténot (Eugène), 93.
Tergnier, 79 et suiv.
Théâtres à Paris, 148.
Thélin (trésorier), 26.
Théremin d'Hame (général), 83 et suiv.
Thiais (19 septembre), 202.
Thiais (30 septembre), 253 et suiv.
Thiers (Adolphe), 4, 145, 206, 208.
Thoumas (général), 128.
Tirard, 53 et passim.
Tissier (colonel), 6, 67.
Tissot (ambassadeur), 141, 208.
Tourteron, 68 et suiv.
Trente sous (les), 122.

Tripier (général), 272.
Trivaux (ferme), 18 septembre, 168 et suiv.
Trivaux (ferme), 19 septembre, 179.
Trochu (général), 4 et *passim*.
Trochu (Mme), 32.
Tuilerie (La), 19 septembre, 177.
Tuileries (palais), 15 et suiv.
Tümpling (général von), 73 et *pass*.

U

Ulbach (Louis), 319.

V

Vacquerie, 319.
Vaillant (maréchal), 48 et *passim*.
Valdan (général de), 72.
Valentin, 36.
Valfrey (J.), 145 et *passim*.
Vanche (lieutenant-colonel), 280.
Vandevelde (colonel), 95.
Variole à Paris, 321.
Verdy du Vernois (général), 65.
Vermorel, 215, 313.
Vernou-Bonneuil (commandant de), 177.
Versailles (18 septembre), 167.
Vervins, 68 et suiv.

Veuillot (Louis), 241.
Victor-Emmanuel (roi), 145.
Villejuif (22-23 septembre), 230.
Villeneuve Saint-Georges (17 septembre), 166.
Villetaneuse (19 septembre), 158.
Villette (attentat de La), 2.
Villiers (lieutenant-colonel de), 184.
Vinoy (général), 6 et *passim*.
Vinoy (retraite), 65.
Viollet-le-Duc, 37 et *passim*.
Vitet (académicien), 37 et *passim*.
Vougy (de), 8.

W

Wachenhuisen (Hans), 151.
Walther (général von), 187.
Waubert (général de), 51.
Werder (général von), 208.
Wilson (député), 11.
Wimpffen (général de), 14.
Wurtemberg (prince de), 265.

Y

Y. K., 170 et *passim*.
Yriarte (Ch.), 67 et suiv.

TABLE DES CARTES

	Pages.
Carte n° 1. — Retraite du 13ᵉ corps	80
Carte n° 2. — L'investissement de Paris	164
Carte n° 3. — Combat de Montmesly	166
Carte n° 4. — Combats de Châtillon et de Bagneux	196
Carte n° 5. — Combat de Chevilly	260
Carte n° 6. — Combat de La Malmaison	308

TABLE DES MATIÈRES

                                                       Pages.

INTRODUCTION. V

Ire PARTIE
LE 4 SEPTEMBRE

CHAPITRE Ier
AVANT LE 4 SEPTEMBRE

Nos premières défaites. — Trouble général des esprits. — L'empereur. — La marche sur Montmédy. — Premiers bruits de désastres. — Séance du 3 septembre au Corps législatif. — Télégramme de l'empereur. — Séance de nuit. — Proposition Jules Favre. — Dangers à craindre . . . 1

CHAPITRE II
LE 4 SEPTEMBRE AU PALAIS-BOURBON

La matinée aux Tuileries. — Mesures prises au Palais-Bourbon. — La séance du Corps législatif. — La déchéance. — L'impératrice et la déchéance. — Envahissement du Palais-Bourbon. — La déchéance est proclamée. — Gambetta et Jules Favre. — A l'Hôtel de ville. 13

CHAPITRE III
AUX TUILERIES

Le général Trochu et la régente. — Sa rencontre avec J. Favre. — Sa rentrée au Louvre. — Départ de l'impératrice. — Son arrivée chez le docteur Evans. — Son départ pour l'Angleterre 22

CHAPITRE IV
A L'HÔTEL DE VILLE

Jules Favre à l'Hôtel de ville. — Constitution du gouvernement. — Le général Trochu se rend à l'Hôtel de ville. — Il accepte la présidence. — Le Corps législatif et le Sénat 29

CHAPITRE V

RÉFLEXIONS

Aspect de Paris au 4 septembre. — Joie générale. — Les Prussiens sont oubliés. — M. Vitet. — Pouvait-on éviter la déchéance? — Fâcheuses conséquences à prévoir 37

CHAPITRE VI

LE GOUVERNEMENT DE LA DÉFENSE NATIONALE

Les membres du gouvernement. — Leur opposition aux choses militaires. — Biographie du gouverneur de Paris. — Son caractère. — Le gouvernement et les partis avancés 42

IIᵉ PARTIE

PARIS PLACE FORTE

CHAPITRE VII

RETRAITE DU 13ᵉ CORPS

Dispositions des Allemands après Sedan. — Le général Vinoy à Mézières. — Dispositions pour la retraite du 13ᵉ corps. — Combat de Saulces-aux-Bois. — Bivouac de Novion-Porcien. — Marche des Allemands sur Chaumont-Porcien. — Ordres du prince royal. — Le 13ᵉ corps à Montcornet. — Arrivée à Marle. — Départ pour Paris 65

CHAPITRE VIII

MARCHE DES ALLEMANDS SUR PARIS

Débuts du mouvement sur Paris. — Occupation de Laon. — La IIIᵉ armée. — La cavalerie allemande sous Paris. — Premières escarmouches vers Créteil. — La IVᵉ armée. — Tentative sur Soissons. — Sentiments de l'ennemi en débouchant sous Paris 81

CHAPITRE IX

PARIS PLACE FORTE

Situation de Paris. — Ses avantages. — La Seine et la Marne, les canaux. — L'enceinte. — Les forts. — Les hauteurs du sud et de l'ouest. — Travaux faits avant le siège. — Ouvrages extérieurs entrepris. — Destruction d'ouvrages. — Organisation du commandement 93

TABLE DES MATIÈRES.

CHAPITRE X

LA GARNISON DE PARIS

Pages.

Les troupes de ligne. — Infanterie, cavalerie, armes spéciales. — Garde mobile. — Bataillons de la Seine. — Bataillons de province. — Élection des officiers. — Rôle de la garde mobile à Paris 110

CHAPITRE XI

LA GARDE NATIONALE. — LES CORPS FRANCS

La garde nationale sous l'Empire. — L'armement général des citoyens. — Les trente sous. — Organisation des bataillons. — Bonne volonté du plus grand nombre. — Les compagnies de guerre. — Les corps francs. 120

CHAPITRE XII

L'ARMEMENT ET L'APPROVISIONNEMENT DE PARIS

Armement de l'enceinte et des forts. — Wagons blindés, flottille. — Munitions. — Alimentation de Paris. — Le sous-intendant Perrier. — Le pain. — Les meules. — M. Clément Duvernois. — Les bestiaux. — La viande de cheval. — L'équipement. — Les hôpitaux 131

IIIᵉ PARTIE
CHATILLON

CHAPITRE XIII

PARIS APRÈS LE 4 SEPTEMBRE

La population. — Ses illusions. — Le gouvernement. — Les municipalités. — Les élections. — Les rapports avec l'étranger. — La Délégation de Tours. — Revue du 13 septembre. — Arrestation du général Ambert. — Les lieux publics à Paris. — Le Parisien. — La situation. 141

CHAPITRE XIV

L'INVESTISSEMENT DE PARIS

Les Allemands et la résistance de Paris. — L'investissement est décidé. — Ordre donné. — Dispositions aux IIIᵉ et IVᵉ armées. — L'investissement au nord. — Les avant-postes. — Le 13ᵉ corps. — Mouvement vers l'est. — Les généraux Ducrot et Trochu. — Nos ouvrages extérieurs. — Répartition du 14ᵉ corps 15

CHAPITRE XV

COMBATS DE MONTMESLY ET DE PETIT-BICÊTRE

Pages.

Reconnaissance sur Montmesly. — Le Ve corps prussien. — Résultats du combat de Montmesly. — Le IIe corps bavarois. — Reconnaissances de Ducrot. — Combat de Petit-Bicêtre. — Résultats. — Emplacements de la IIIe armée. — Lettre du gouverneur à Ducrot. — Ordres pour le 19 septembre 164

CHAPITRE XVI

COMBAT DE CHATILLON

Début du combat. — Prise de la Tuilerie. — L'ennemi est refoulé vers Petit-Bicêtre. — Débandade des zouaves. — Retraite de notre droite. — Intervention du IIe corps bavarois. — Retraite de notre gauche. — Perte de la Tuilerie. — Ducrot fait front sur la lisière du plateau. — Le Ve corps reprend son mouvement sur Versailles. — Les Bavarois attaquent Plessis-Picquet. — Retraite du 15e de marche. — Déroute de la division Caussade. — Faux mouvement du général de Maussion. — Évacuation de la redoute de Châtillon. — Résultats du combat. — Réflexions 176

IVe PARTIE

CHEVILLY

CHAPITRE XVII

L'INVESTISSEMENT

Occupation de Versailles par le Ve corps. — Le VIe corps. — Escarmouches sur le plateau de Villejuif. — L'investissement à l'est de Paris. — Rupture des communications par télégraphe et par voie ferrée. 201

CHAPITRE XVIII

L'ENTREVUE DE FERRIÈRES

Le gouvernement de la Défense nationale et les grandes puissances. — J. Favre et lord Lyons. — Démarches auprès de M. de Bismarck. — Leur insuccès. — Départ de J. Favre pour les avant-postes allemands. — Entrevue de la Haute-Maison. — Entrevue de Ferrières. — Conditions de la Prusse. — Retour de J. Favre. — Accueil qui lui est fait à Paris. — Rupture des négociations. — Réflexions 206

CHAPITRE XIX

LES LIGNES D'INVESTISSEMENT

Pages.

Cantonnement et alimentation des troupes allemandes. — Établissement de ponts. — Emplacement du IVe corps. — Combats de Pierrefitte et de Stains (23 septembre). — La garde prussienne. — Le XIIe corps. — Travaux de défense de l'armée de la Meuse. — Les Wurtembergeois. — Le XIe corps. — Le VIe corps. — Le IIe corps bavarois. — Le Ve corps prussien. — La cavalerie prussienne. — Le Ier corps bavarois. 218

CHAPITRE XX

PARIS DU 20 AU 30 SEPTEMBRE

Nouveaux emplacements donnés aux 13e et 14e corps. — Réoccupation du plateau de Villejuif. — Le 14e corps. — Reconnaissance de la Malmaison. — État moral de Paris. — La discipline. — Les manifestations. — Les vivres, les espions. 229

CHAPITRE XXI

COMBAT DE CHEVILLY

Projets du général Vinoy. — Modifications apportées par le gouverneur. — Ses instructions. — Attaque de Chevilly. — Mort du général Guilhem. — L'ennemi reprend l'offensive. — Retraite des 35e et 42e de ligne. — Attaque de Thiais. — Retraite du 11e de marche. — Attaque de l'Hay. — Échec des 9e et 10e de marche. — La brigade Mattat. — Résultats de ces combats. — Réflexions. 244

Ve PARTIE

BAGNEUX-LA MALMAISON

CHAPITRE XXII

PROJETS DES ALLEMANDS

Impressions des Allemands. — Arrivée des XIe corps et Ier corps bavarois. — Départ de von der Tann pour la Loire. — Nouveaux emplacements de la IIIe armée. — Projets d'attaque contre Paris. — Le IVe corps. — La presqu'île de Gennevilliers. — Les lignes ferrées. — Le parc de siège. 265

CHAPITRE XXIII

PREMIERS JOURS D'OCTOBRE

Travaux sur le plateau de Villejuif. — Occupation de Cachan, de la maison Plichon. — Alerte du 14 octobre. — Le 14e corps. — Reconnaissances sur La Malmaison. — Le bulletin journalier des opérations . . . 272

CHAPITRE XXIV

COMBAT DE BAGNEUX

Instructions du gouverneur. — Dispositions de Vinoy. — Prise de Bagneux. — Attaque de Châtillon. — Combat dans ce village. — Occupation de Clamart. — Continuation du combat dans Châtillon. — Ordre de la retraite. — Évacuation de Châtillon, de Bagneux et de Clamart. — Résultats du combat, réflexions 276

CHAPITRE XXV

DU 13 AU 21 OCTOBRE

Au sud et à l'est de Paris. — La presqu'île de Gennevilliers. — Reconnaissance projetée par Ducrot. — Ses ordres pour le 21 octobre. — Leur complication. — Résultats à en attendre 289

CHAPITRE XXVI

COMBAT DE LA MALMAISON

Débuts de l'action. — Dispositions des Prussiens. — Notre colonne de droite. — Colonnes Cholleton, Martenot, Paturel. — Attaque du commandant Jacquot sur La Jonchère. — Intervention du général Noël. — Retour offensif des Prussiens. — Nouvelle tentative de Jacquot. — Son échec. — Intervention des mobiles de Seine-et-Marne. — Retraite définitive. — Les colonnes Noël et Cholleton. — La batterie Nismes. — La porte de Longboyau. — La fin du combat. — Résultats. — Démonstrations du 13e corps 295

CHAPITRE XXVII

PARIS EN OCTOBRE

M. de Bismarck et la révolution. — Les manifestations. — Gustave Flourens. — Le 8 octobre. — Sapia. — La presse révolutionnaire. — Responsabilités du gouvernement. — La *phrase* dans Paris. — Les vivres. — La mortalité. — Le moral de la population. — La situation . . . 312

ANNEXES

		Pages.
1.	Le commandement dans Paris	323
2.	Répartition de l'enceinte	326
3.	Forts	331
4.	13ᵉ corps d'armée	333
5.	14ᵉ corps d'armée	339
6.	Garde nationale mobile	344
7.	Cavalerie	346
8.	Marine	348
9.	Corps francs	350
10.	Ordre de bataille de la IIIᵉ armée	354
11.	Ordre de bataille de l'armée de la Meuse	367
12.	Combat de Châtillon. Pertes	378
13.	Combat de Chevilly et opérations secondaires. Pertes	381
14.	Combat de Bagneux. Pertes	384
15.	Combat de La Malmaison. Pertes	386

Index 389

Table des cartes 399

BERGER-LEVRAULT ET Cie, ÉDITEURS
PARIS, 5, RUE DES BEAUX-ARTS. — 18, RUE DES GLACIS, NANCY

CAMPAGNE DE L'AN 14 (1805)

LE CORPS D'ARMÉE AUX ORDRES DU MARÉCHAL MORTIER
COMBAT DE DÜRRENSTEIN

Par le Capitaine ALOMBERT
DE LA SECTION HISTORIQUE DE L'ÉTAT-MAJOR DE L'ARMÉE

Un volume in-8 de 425 pages, avec une carte, un croquis et une gravure. 1897.
Prix : broché, 6 fr.

BAUTZEN
(UNE BATAILLE DE DEUX JOURS) 20-21 MAI 1813

Par le Commandant FOUCART
CHEF DE BATAILLON AU 54e RÉGIMENT D'INFANTERIE

Un volume in-8 de 351 pages, avec quatre croquis. 1897. Prix, broché .... 5 fr.

LA GUERRE SERBO-BULGARE DE 1885
COMBATS DE SLIVNICA (17, 18 et 19 novembre)

Par le Colonel REGENSPURSKY
DE L'ARMÉE I. ET R. AUSTRO-HONGROISE

Traduit de l'allemand par le lieutenant BARTH, du 54e régiment d'infanterie.

Un volume in-8 de 236 pages, avec 2 cartes et 3 tableaux. 1897. Broché .... 5 fr.

LE GÉNÉRAL
BOURBAKI
Par le Commandant GRANDIN
LAURÉAT DE L'INSTITUT DE FRANCE ET DE LA SOCIÉTÉ D'ENCOURAGEMENT AU BIEN

Un volume in-8 de 309 pages, avec un portrait et le fac-similé d'une lettre autographe
de Bourbaki à l'auteur. 1898. Broché. .... 5 fr.

UN HÉROS DE LA DÉFENSE NATIONALE
VALENTIN
Et les derniers jours du siège de Strasbourg

Par Lucien DELABROUSSE

Volume in-8 avec un portrait, un autographe de Valentin et deux cartes, broché.
1898. Prix : 5 fr. ; franco par la poste : 5 fr. 50 c.

BERGER-LEVRAULT ET Cie, ÉDITEURS
PARIS, 5, RUE DES BEAUX-ARTS. — 18, RUE DES GLACIS, NANCY

Pierre LEHAUTCOURT

LA DÉFENSE NATIONALE EN 1870-1871

Campagne de la Loire. — Ire Partie: *Coulmiers et Orléans.* 1893. Un volume in-8 de 478 pages, avec 6 cartes, broché. . . . . **7 fr. 50 c.**
— IIe Partie: *Josnes, Vendôme, Le Mans.* 1895. Un volume in-8 de 448 pages, avec 13 cartes, broché. . . . . **7 fr. 50 c.**
Campagne de l'Est. — Ire Partie: *Nuits-Villersexel.* 1896. Un volume in-8 de 301 pages, avec 7 cartes, broché. . . . . **5 fr.**
— IIe Partie: *Héricourt-La Cluse.* 1896. Un volume in-8 de 311 pages, avec 4 cartes, broché. . . . . **5 fr.**
Campagne du Nord. — Nouvelle édition, entièrement revue et corrigée. 1897. Un volume in-8 de 359 pages, avec 9 cartes, broché. . . . . **6 fr.**
Siège de Paris. — IIe et IIIe Parties (*En préparation*).

ÉDUCATION ET INSTRUCTION DES TROUPES

PAROLES SELON MIKHAEL IVANOVITCH

Par LOUKIANE GARLOVITCH, Cosaque du Kouban.

1re partie. — **La Doctrine.** Volume grand in-8 . . . . **3 fr.**
2e partie. — **La Méthode.** Volume grand in-8 . . . . **3 fr.**
3e partie. — **Nos grandes Manœuvres, Destructions nécessaires.** Volume grand in-8 . . . . **3 fr.**

Dictionnaire militaire. *Encyclopédie des sciences militaires*, rédigée par un comité d'officiers de toutes armes. — L'ouvrage formera deux gros volumes grand in-8 à deux colonnes, d'environ 80 feuilles (1280 pages) chacun. — Il paraît par livraisons de 8 feuilles (128 pages). — L'ouvrage complet comprendra environ 20 livraisons. Six livraisons sont en vente. — Le 1er volume (lettres A à G) sera terminé en février 1898. — Une *feuille spécimen* de 16 pages est envoyée gratuitement. — Prix de la livraison . . . . **3 fr.**

BIBLIOGRAPHIE GÉNÉRALE
DE LA GUERRE DE 1870-1871

RÉPERTOIRE ALPHABÉTIQUE ET RAISONNÉ
des publications de toute nature concernant la guerre franco-allemande parues en France et à l'Étranger

Par le commandant PALAT
chef de bataillon breveté au 51e régiment d'infanterie
précédemment au bureau de l'état-major de l'armée

Un beau volume in-8 de 592 pages. 1897. — Prix, broché. **15 fr.**

Nancy, Imp. Berger-Levrault et Cie

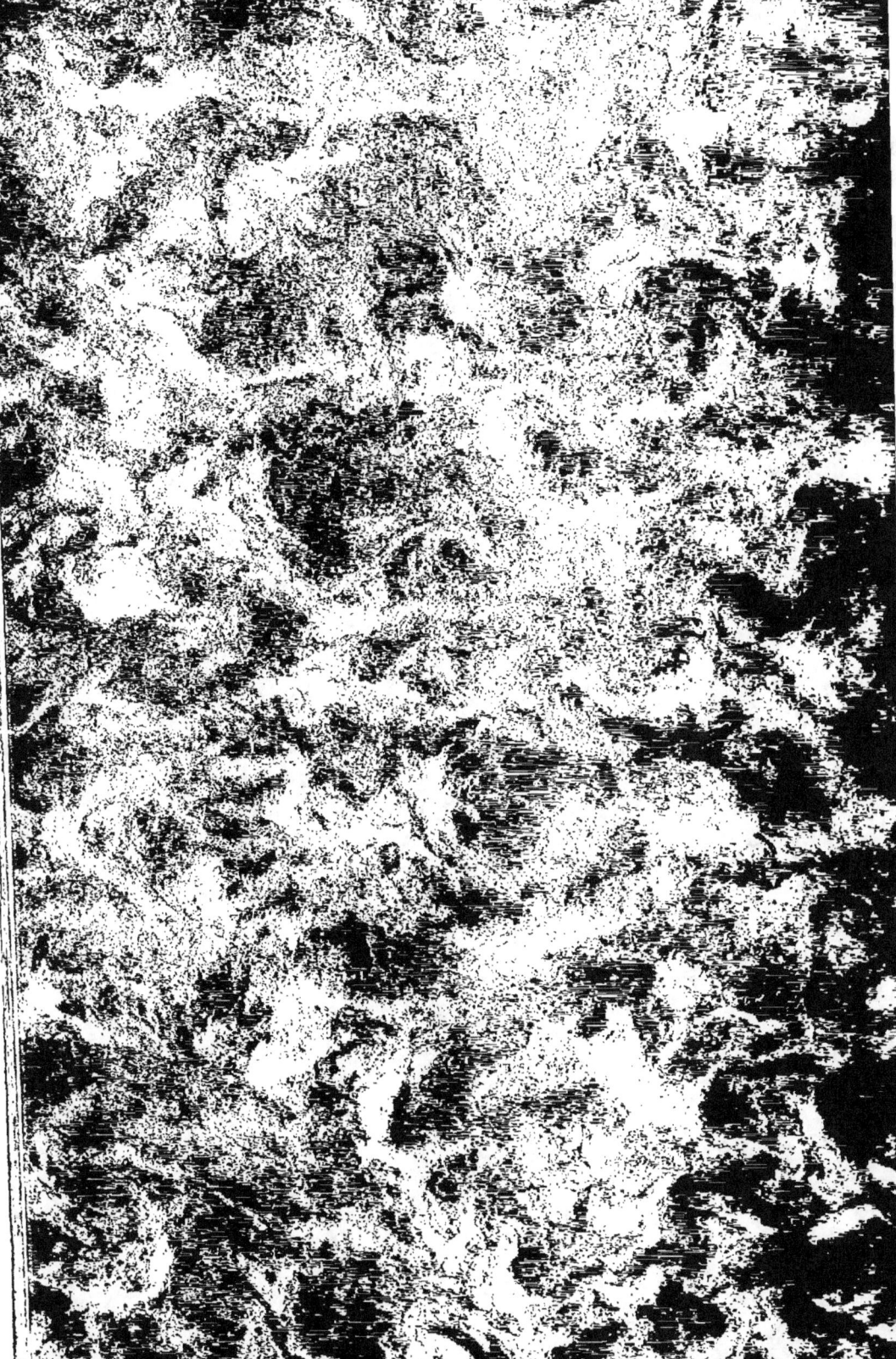

www.ingramcontent.com/pod-product-compliance
Lightning Source LLC
Chambersburg PA
CBHW060927230426
43665CB00015B/1859